D1721224

Beiträge zur Hagiographie

Herausgegeben von
HEDWIG RÖCKELEIN (federführend), ANDREAS BIHRER, KLAUS HERBERS
und JULIA WEITBRECHT

Band 26

www.steiner-verlag.de/brand/Beitraege-zur-Hagiographie

Konfigurationen des Wunders

Texte, Praktiken und Funktionen in Spätantike, Mittelalter und Früher Neuzeit

Herausgegeben von Nina Nowakowski,
Elke Koch und Julia Weitbrecht

Franz Steiner Verlag

Gedruckt mit freundlicher Unterstützung
der Fritz Thyssen Stiftung für Wissenschaftsförderung

Umschlagabbildung:
Sog. Meister der Wunder von Mariazell (1515–1525): Auferweckung eines in einen
Brunnen gestürzten toten Kindes, Wien, Albertina, Inventarnummer DG2014/16/8

Bibliografische Information der Deutschen Nationalbibliothek:
Die Deutsche Nationalbibliothek verzeichnet diese Publikation in der Deutschen
Nationalbibliografie; detaillierte bibliografische Daten sind im Internet über
dnb.d-nb.de abrufbar.

www.steiner-verlag.de
Layout und Herstellung durch den Verlag
Satz: SchwabScantechnik, Göttingen
Druck: Beltz Grafische Betriebe, Bad Langensalza
Gedruckt auf säurefreiem, alterungsbeständigem Papier.
Printed in Germany.
ISBN 978-3-515-13561-0 (Print)
ISBN 978-3-515-13567-2 (E-Book)
https://doi.org/10.25162/9783515135672

Inhalt

III. Modellierung durch Heils-Geschichten

IV. Evidenz und Episteme

Einleitung

NINA NOWAKOWSKI / ELKE KOCH / JULIA WEITBRECHT

Das Wunder bildet in Mittelalter und Früher Neuzeit den Gegenstand immenser Text-produktion. Als göttliches Handeln aufgefasst, wird dem Wunder in diesen Texten Geltung zugeschrieben; es erhält zugleich je unterschiedliche Formen, Bedeutungen und Funktionen. Einige Prinzipien erscheinen dabei für den Wunderdiskurs und seine epochale Produktivität grundlegend: Um das Wunder als Deutungsmuster zur Gel-tung zu bringen und anschlussfähig zu machen, braucht es Wiederholung und Wie-dererkennbarkeit – es müssen Wundersemantiken, -topoi und -skripte etabliert und verfestigt werden, die durch Erwartbarkeit Plausibilität und Vertrauen schaffen und dadurch für Glaubwürdigkeit sorgen können. Zugleich treiben sowohl der Anspruch auf die Heilsrelevanz des Wunders als auch das konstitutive Problem seiner Verfüg-barkeit Pluralisierungstendenzen hervor – in den Fortschreibungen, Anpassungen, Variationen und Indienstnahmen nimmt das Wunder vielfältige, mitunter auch kon-kurrierende Ausprägungen an, wobei seine Legitimationskraft ebenso wie sein Faszi-nationspotential diese Dynamik befeuern.[1]

Für die narrative Textsorte der Wundererzählung ist ein solches Wunderskript im Rückgriff auf den literaturtheoretischen Ansatz des klassischen Strukturalismus iden-tifiziert worden:

> Ausgangspunkt der Erzählung ist immer eine ausweglos erscheinende Notsituation, die durch übernatürliche Hilfe einer Lösung zugeführt wird. In Anlehnung an V. Ja. Propps strukturanalytische Überlegungen zum Märchen gelangt P. Gallais zu folgender Grund-

---

[1] KÖBELE, Illusion, S. 375, sieht das Wunder in Heiligenlegenden als „Serienphänomen" davon be-stimmt, dass es einerseits als einzigartige Gnadengabe erscheinen soll, andererseits als geradezu mechanischer Heiligkeitsbeweis fungiere und daher wiedererzählt werden müsse, ohne indes „[r]eli-giöse und erzählerische Routine" werden zu dürfen. Ob die von Köbele diagnostizierten Spannungen Wundertexte insgesamt prägen, bleibt im interdisziplinären Austausch weiter zu klären.

struktur: ‚manque > intervention de l'adjuvant > liquidation du manque'. Der Behebung des Mangels entspricht das von Assion formulierte ‚Prinzip des guten Ausgangs der Handlung'.[2]

Der Umstand, dass christliche Wundererzählungen des Mittelalters durch bestimmte Strukturmuster geprägt sind, ist nicht zuletzt dadurch bedingt, dass die Wunder, die durch heilige Personen bewirkt worden sein sollen, nach autoritativen Vorbildern gestaltet sind: Sie greifen auf ein biblisches Inventar zurück.[3] Als religiöses Phänomen ist das Wunder zwar kein Spezifikum des Christentums,[4] doch haben die westlichen Wunderdiskurse in den Erzählungen der Evangelien und Apokryphen eine historische Basis, die ihrerseits vorgängige Muster wie Heilungserzählungen und Prophetie aufgreifen. Im Mittelalter gewinnt die literarische Produktivität des Wunders eine Eigendynamik: Mirakelerzählungen entstehen als genuin mittelalterliche Textsorte in immenser Zahl. Zugleich werden Wunder ubiquitär in allen Formen religiöser Literatur sowie der Historiographie thematisiert. Dadurch werden die Muster der biblischen Darstellungsformen des Wunders auf so erhebliche Weise erweitert, dass es in historischer Sicht gilt, diese Pluralisierung angemessen zu erfassen. Es erscheint daher sinnvoll, Wundererzählungen nicht nur im Hinblick auf eine gemeinsame Struktur zu untersuchen oder auf Grundlage bestimmter Schemaelemente zu typologisieren. Dies gilt umso mehr, als die proliferierenden vormodernen Wundertexte sich nicht gattungsmäßig eingrenzen lassen, sondern in unterschiedlichen textuellen Formen und medialen Formationen erscheinen und zueinander in Beziehung treten.

Somit ist die Vielfalt von textuellen Wunderdarstellungen in Bezug auf verschiedene Traditionen und Kontexte, die damit verbundenen spezifischen Funktionalisierungen und die Praktiken, an die sie anschließen und auf die sie hinwirken, als Forschungsaufgabe ernst zu nehmen. Sie erfordert interdisziplinäre Perspektiven, zu deren Entwicklung dieser Band beitragen will. Der Begriff der Konfiguration bietet sich an, um die Perspektiven verschiedener Disziplinen auf Wundertexte zusammenzuführen, die notwendig sind, um sie in einem diskursiven Zusammenhang erforschen zu können. ‚Konfiguration' nimmt keine Festlegungen in Bezug auf textanalytische Konzepte (semiotisch, narratologisch, gattungstypologisch etc.) oder auf die Ebene der Analyse (Text-Kontext, Form-Funktion etc.) vor, sondern lässt eine hohe Flexibilität dafür zu, welche Aspekte im jeweiligen Zugang zum spezifischen Gegenstand fokussiert werden sollen. Unter ‚Konfigurationen' lassen sich damit unterschiedliche Dimensionen des Wunders erfassen: Traditionsbildungen und Überlieferungszusammenhänge, textuelle und mediale Verfahren, diskursive Entwürfe sowie konkrete Gebrauchszusammenhänge.

---

2   SCHNEIDER, Mirakel, Sp. 688. Das erste Zitat im Zitat stammt von GALLAIS, Remarques, S. 119; das zweite Zitat im Zitat stammt von ASSION, Die Mirakel der Hl. Katharina, S. 13.
3   WARD, Miracles, S. 162, bezeichnet die Bibel als „ultimate literary source" für Mirakel.
4   Vgl. KLEINE u. a., Wunder.

Dies lässt sich paradigmatisch anhand der Konzeptualisierung von ‚Heil' verfolgen, für die Wundertexte konstitutiv und prägend sind: In Mirakeln wird die Vielfalt des Konzepts ‚Heil' in besonderem Maße ‚greifbar'. Die Erforschung der Konfigurationen, in denen es als konkrete Erfahrungen von z. B. Hilfe,[5] Heilung[6] und Strafe[7] modelliert wird, kann bisherige systematische Überlegungen zu Verfahren der Heilsteilhabe sinnvoll erweitern und ausdifferenzieren.[8] Dass Wundertexte vielfältige Möglichkeiten ausbilden, Heil zu konstituieren, wird insbesondere im Hinblick auf das mit ihnen verbundene Merkmal der Serialität deutlich, das diese in zweifacher Hinsicht prägt: Zum einen sind textuelle Darstellungen von Wundern – wie in Bezug auf die biblischen Wunder bereits erwähnt – oft an vorgängigen Mustern orientiert bzw. nach Vorbildern gestaltet, sodass sich in Bezug auf bestimmte inhaltliche Merkmale Serien von Wundertexten bilden und beschreiben lassen. Zum anderen werden gerade Mirakel auffällig häufig in Verbünden überliefert.[9] Diese Tendenz zur Sammlung bzw. Kompilation führt dazu, dass sie sich für eine serielle Rezeption anbieten. Für die Heilskonstitution in den Wundertexten ist die Tendenz zur Serialität insofern folgenreich, als im Modus von Wiederholung und Wiedererkennbarkeit die Erfahrbarkeit von Heil beglaubigt wird, Heilsentwürfe dabei aber zugleich pluralisiert erscheinen, insofern sie funktional auf andere Kontexte, Bedürfnisse und Interessen ausgerichtet werden. Dies sei an einem Beispiel illustriert, in dem Texte in einer intermedialen Konstellation stehen:

---

5   Vgl. KOCH, *triuwe, trôst* und *helfe*.
6   Vgl. SIGNORI, Die Wunderheilung.
7   Vgl. NOWAKOWSKI, Verdammter Teufelsfreund.
8   Vgl. etwa die Überlegungen zur Gnadenverfügbarkeit von Berndt Hamm, z. B. HAMM, Die Dynamik. Vgl. auch Forschungsarbeiten zur Heilsmedialität von Christian Kiening, z. B. KIENING, Einleitung. Darüber hinaus lässt sich bezogen auf Wunder auch die Polyfunktionalität legendarischen Erzählens verdeutlichen. Vgl. WEITBRECHT u. a., Legendarisches Erzählen (s. Sachregister Mirakel, Wunder/Wunderbericht, S. 277).
9   Vgl. HILG, Marienmirakelsammlungen.

Aines armen man khind fiel yn ainen tieffen Prun/darin vßer nacht gelegen. Do verhieß er es zw vnser frawen gen Zell/es wär leßendig oder
tödt/do fandt Er das khind tödt/vnd als er Mariam mit grosser ann-
dacht anrueffet/ward es leßendig vnd prachts gen Zell.

Abb. 1 Sog. Meister der Wunder von Mariazell (1515–1525): Auferweckung eines in einen
Brunnen gestürzten toten Kindes, Wien, Albertina, Inventarnummer DG2014/16/8

Der hier dargestellte Holzschnitt[10] zeigt eine Szene, in der sich ein bevorstehendes Wunderereignis abzeichnet: Ein Kind fällt nicht nur sprichwörtlich, sondern in einem hohen Bogen in einen Brunnen. Sein Vater steht hilflos daneben und erhebt flehend die Hände und sein Gesicht zum Himmel: Er bittet Maria, die das Jesuskind hält, um Beistand. Es lässt sich erahnen, dass Marias Blick in Richtung des Kindes geht, während sich das Jesuskind segnend dem Vater zuwendet. Die Blickrichtungen lassen eine Art Dreieck zwischen den dargestellten Personen entstehen und legen eine Handlungskette nahe, die aufs Wunderwirken zuläuft. Dieses ist nicht Teil der bildlichen Darstellung, doch der Holzschnitt enthält zusätzlich zur Bildebene einen kurzen Text, der die dargestellte Szene und die anschließenden Ereignisse schildert:

> Aines armen man khind fiel yn ainen tieffen Prun / darin vber nacht gelegen. Do verhiefs er es zw vnfer frawen gen Zell / es war lebendig oder tôdt / do fandt Er das khindt tôdt / vnd als er Mariam mit groffer anndacht anrueffet / ward es lebendig vnd prachts gen Zell.

Der Text deutet durch die narrative Folge der Ereignisse an, dass die Praktik des Gebets mit dem Ereignis des Wunders in einem kausalen Zusammenhang steht. Im Zusammenspiel mit dem Bild wird die im Text ausgesparte Urheberschaft des Wunders verdeutlicht – Maria und Jesus wurden durch das Gebet, das sich dort in den gefalteten und erhobenen Händen des Mannes zeigt, bewogen, ein Wunder zu wirken, sodass das Kind durch ihre Hilfe aus dem Brunnen geborgen und anschließend wieder zum Leben erweckt werden konnte. Auch wird im Text kenntlich, in welchen funktionalen Zusammenhang dieses Wunderereignis einzuordnen ist. Gleich zweimal wird auf einen konkreten Ort, auf Zell, verwiesen.

Die Darstellung stammt aus einer Holzschnittserie mit ähnlichen Szenen aus den ersten Jahrzehnten des 16. Jahrhunderts, die dem sog. Meister der Wunder aus Mariazell zugeschrieben werden. Das Wallfahrtszentrum Mariazell ist durch verschiedene Legenden, in denen u. a. Marienbildnisse eine wichtige Rolle spielen, als ,Gnadenort' ausgewiesen.[11] Das eigentliche Heiltum Mariazells ist dementsprechend seit dem 13. Jahrhundert eine Holzskulptur der Muttergottes mit Kind. Diesem Marienbildnis wird eine besondere Heilswirksamkeit zugesprochen, die dafür sorgt, dass Mariazell die wohl bis heute beliebteste Wallfahrtsstätte Österreichs darstellt. Zum anhaltenden Erfolg Mariazells trugen Andachtsbilder bei, zu denen auch die Wunderdarstellungen der Holzschnittserie gerechnet werden können, aus der das ,Brunnenbild' (Abb. 1) stammt. In den 22 bzw. 25 Darstellungen dieser Serie[12] wird immer wieder deutlich

---

10   Aus der Holzschnittserie des sog. Meisters der Wunder von Mariazell (1515–1525). Für die Abdruckgenehmigung danken wir dem Museum Albertina Wien.
11   Zur Geschichte vgl. BORN, Mariazell; VERHEGGEN/SNIJDERS, Der Wallfahrtsort.
12   Im Berliner Kupferstichkabinett findet sich die Serie mit 25 Blatt, in der Wiener Albertina ein unvollständiges Exemplar mit 22 Blatt.

Ain iunger khnecht von Znaym kham gen Zell/dem het der schlag dy ain seytten vnd armb seines leybs verderbt. Als pald er sein gepett opffert/ ward Er gesundt vnd bewegt all sein glider.

Abb. 2 Sog. Meister der Wunder von Mariazell (1515–1525): Heilung eines jungen Knechts aus Znaim, der seit einem Schlagfluss gelähmt war, Wien, Albertina, Inventarnummer DG2014/16/18

gemacht, woher Beistand, Hilfe und Unterstützung zu erwarten sind, wenn man diese braucht – nämlich von *vnſer frawen gen zell*. In funktionaler Hinsicht lässt sich in der Serie der Holzschnitte eine lokal ausgerichtete marianische Wunder-Programmatik feststellen, die durch wiederkehrende Elemente gekennzeichnet ist. In Bezug auf die Art und Weise des Erreichens von Heil lassen sich zugleich Variationen feststellen, welche etwa die Konstellationen von Heil und Ort betreffen:[13] Während der Vater für sein verunglücktes Kind in der konkreten Unfallsituation an Ort und Stelle um Hilfe bittet, wobei Mariazell, das sie nach der Gebetserhörung gemeinsam aufsuchen, nur im Bildhintergrund zu erahnen ist (Abb. 1), stellt ein anderer Holzschnitt der Serie dar, dass erkrankte Menschen, wenn sie reisefähig sind, für ihr Hilfegesuch nach Mariazell kommen sollten (Abb. 2).

Die Darstellung zeigt einen halbseitig gelähmten Mann, der mit zwei Helfern, die ihn stützen, vor einem Mariazeller Altar zu erkennen ist, wo er selbst betet. Über dem Mann ist Maria mit dem Kind in zweifacher Ausführung zu sehen: Zum einen ist sie auf dem Altar dargestellt und zum anderen als Erscheinung am Himmel. Wie beim ‚Brunnenbild‘ (Abb. 1) interagieren die himmlischen Versionen von Maria und Jesus-kind durch Blicke und Gesten mit dem Hilfesuchenden, der aufgrund seiner Erkran-kung nur einen Arm zu ihnen heben kann. Aus dem Text lässt sich erfahren, dass der Kranke durch sein Gebet an Ort und Stelle geheilt wird: *Ain iunger khnecht von Znaym kham gen Zell / dem het der ſchlag dy ain ſeytten und armb ſeines leybs verderbt. Als paldt er ſein gepett opffert / ward Er geſunt und bewegt all ſein glider.*

Dass die wunderbare marianische Hilfe nicht bedingungslos ist, illustriert ein weiterer Holzschnitt der Serie (Abb. 3).
Auch hier ist ein Mann vor einem Mariazeller Marienaltar platziert, Maria und das Jesuskind sind auch erneut in doppelter Ausführung zu sehen. Doch weder die Gottes-mutter noch das Jesuskind blicken zur Person vor dem Altar. Jesus wendet sich sogar demonstrativ von dieser ab. Der Text verdeutlicht, dass sich das Wunder hier nicht in Form von Hilfe realisiert, die auf Zuwendung zum Gegenüber beruht, sondern als Strafe:

Ain Pehämb verhieß ſich gen Zell / und verſprach nymmer zurauben / noch in krieg zuzie-chen / das hat er nit gehalten. Und als er nachmalln gen Zell khamb / viel Er vor dem mit-tern alltar gechling als ain tôdter nider auff dy Erd / mit püllen und grauſſamen geſchray. Do er zu ym ſelbſt khamb / hat Er peicht / und ſolch glûb ſtet zuhalten verſprochen.

---

13   Dass die in Mariazell im Rahmen von Andachtsbildern dargestellten Wunderereignisse vielfach auf marianische Hilfe bei der Familienplanung bezogen sind, wobei Aspekte wie Geburtskompli-kationen, Unfruchtbarkeit oder Totgeburten in den Fokus rücken, akzentuiert SIGNORI, Defensiv-gemeinschaften; sowie SIGNORI, Wunder, S. 70–73 u. S. 111–114.

Abb. 3 Sog. Meister der Wunder von Mariazell (1515–1525): Ein Böhme, der gelobt
hatte, nie mehr zu rauben und in den Krieg zu ziehen, fällt vor dem Mariazeller Altar
totengleich auf die Erde und erneuert daraufhin sein Gelübde, Wien, Albertina,
Inventarnummer DG2014/16/14

Der Mann, der in Mariazell zuvor gelobt hatte, sich aller Gewalttaten zu enthalten, sich aber nicht daran hielt, bricht beim erneuten Besuch schreiend am Altar zusammen. Tatsächlich ist der Moment der wunderbaren Bestrafung im Bild dargestellt – während der Text offenlässt, was die affektive Überwältigung des Sünders auslöst, wird durch die seriell etablierte Semantik der Blickachsen der Zusammenbruch als Wunder präsentiert. Die im zeitlichen Verlauf entfaltete Wirkung der Bestrafung zeigt wiederum der Text, denn als der Sünder aus seiner Ohnmacht erwacht, beichtet er und bessert sich.

Die drei Holzschnitte verdeutlichen im Hinblick auf die zugrundeliegende Wunderprogrammatik, die Mariazell als Gnadenort ausweist, dass Wundertexte nur im Hinblick auf ihre diskursive und kontextuelle Vernetzung ‚funktionieren‘. Erkennbar wird zudem, wie die serielle Anlage zur Plausibilisierung beitragen kann: Die hier gezeigten Wunderdarstellungen sind nicht nur in stilistischer Hinsicht eindeutig als Teil einer Serie zu identifizieren, sondern auch im Hinblick auf Muster des Wundergeschehens: In ihnen greift stets das ‚Prinzip des guten Ausgangs der Handlung‘,[14] wobei jeweils eine „Begegnung von ([…] hilfebedürftigen) Menschen mit dem Heiligen oder Numinosen (Gott, Heilige, Sakramente, sakrale Gegenstände)“ im Bild dargestellt wird, die „zu einer Änderung ihres körperlichen, sozialen oder geistigen Zustandes führ[t] (z. B. Heilung, Bekehrung, Rettung).“[15] Doch fallen beim Vergleich der drei Darstellungen auch Differenzen auf, von denen hier nur einige genannt seien: Im ersten Beispiel wirkt Maria ein Totenerweckungswunder (Abb. 1), im zweiten Beispiel ein Heilungswunder (Abb. 2), im dritten Beispiel steht ein Strafwunder im Fokus, das zur *conversio* führt (Abb. 3).[16] Maria wird zwar jeweils mit ihrem kindlichen Sohn auf dem Arm dargestellt, doch gibt es in der Interaktion zwischen der Heiligen und dem Jesuskind einerseits und den hilfebedürftigen Menschen andererseits Unterschiede. Die Holzschnitte zeigen zudem, dass man mit unterschiedlichen Handlungen und Dispositionen – Fürbitte (Abb. 1), Gebet (Abb. 2) und Gelübde (Abb. 3) – ein Wunder zu provozieren können glaubte.

Die Holzschnittserie bildet eine Mirakelreihe bzw. Wundersammlung, in der Bilder und Texte, aber auch Darstellungsmodi und Muster von Heil in Verbindung gebracht werden. Über die serielle Struktur bzw. im Modus der Kompilation wird dabei ein als „Heilskombinatorik“ charakterisierbares „Ineinander von Akkumulation und iterierender Wiederholung“[17] entfaltet. Dabei werden – in für Wunderserien typischer Weise – verschiedene Möglichkeiten entworfen, Heil zu erfahren. Die Bedeutung des

---

14   SCHNEIDER, Mirakel, Sp. 688.
15   HAUBRICHS, Mirakel, S. 608.
16   Zwischen unterschiedlichen Gruppen von Wundererzählungen unterscheidet in Bezug auf das Neue Testament ERLEMANN, Wunder, S. 142–149.
17   LECHTERMANN, Grüß Dich, Maria, S. 65

Wunders vermittelt sich gerade über die Vielfalt der Formierungsmöglichkeiten von Heil in seiner Ausgestaltung.[18]

Was sich im Beispiel für die mit dem Wunder verbundenen pluralen Optionen für Formierungen von Heil gezeigt hat, lässt sich auf weitere Bereiche beziehen, in denen Wunderdarstellungen diskursiv und pragmatisch wirksam werden, etwa indem sie das Wunder als Deutungskategorie konfigurieren und mit Ordnungsentwürfen oder Wissensmodi verbinden. Dies erkunden die in diesem Band versammelten Beiträge in Bezug auf Texte zwischen Antike und Früher Neuzeit. Auf breiter Materialbasis loten sie das große Spektrum an Möglichkeiten aus, Wunder zu vermitteln, darzustellen, zu funktionalisieren oder thematisch auszurichten.

Der Erkenntniswert von religiösen Wundertexten ist in allen an diesem Sammelband beteiligten Disziplinen lange geringgeschätzt worden. Erst seit einigen Jahrzehnten betont etwa die geschichtswissenschaftliche Forschung, dass Texte, die Wunderereignisse beschreiben, als wichtige Zeugnisse historischer Lebenswelten zu verstehen sind, wenn sie auch moderne Kriterien der Faktizität nicht erfüllen.[19] Jüngere theologische Forschungen zeigen, dass das Wunder zu den zentralen Aspekten des Christentums seit dessen Anfängen gehört und etwa ein bevorzugtes Feld darstellt, auf dem Religionskonkurrenzen ausgetragen werden.[20]

Ein besonderes Desiderat stellt die literaturwissenschaftliche Auseinandersetzung mit vormodernen Wundertexten dar: Zwar wurde seit den 1960er Jahren verschiedenen Texten und Textsorten, in denen Wunder im Mittelpunkt stehen, Aufmerksamkeit geschenkt, wobei sowohl materialphilologisch ausgerichtete Zugänge als auch konzeptionelle Fragestellungen berücksichtigt wurden,[21] aber das umfangreiche Material ist weder hinreichend beschrieben, noch umfassend erschlossen. Die germanistisch-mediävistische Legendenforschung hat sich in den letzten Jahrzehnten zwar intensiv mit vitenförmigen legendarischen Erzählungen auseinandergesetzt, aber das Mirakel, das um das Wunderereignis kreist, wurde dabei nur in Ansätzen zur Kenntnis genommen:[22] Die über 50 Jahre alte Charakterisierung der Mirakelerzählung als „Stiefkind

---

18 Eine ganz andere Perspektive auf das Wundererzählen vertritt Bleumer, der davon ausgeht, dass in allen legendarischen Wunderdarstellungen eine gemeinsame Heilsvorstellung zum Tragen komme. Vgl. BLEUMER, Ereignis, S. 157 f.

19 Vgl. DARTMANN, Wunder als Argumente; HEINZELMANN/HERBERS/BAUER, Mirakel im Mittelalter; SIGNORI, Wunder. Für eine literaturwissenschaftliche Problematisierung der Konzepte ‚Faktizität' und ‚Fiktionalität' als Beschreibungskategorien religiöser Texte vgl. KOCH, Fideales Erzählen.

20 Vgl. ANGENENDT, Das Wunder; ZIMMERMANN, Faszination.

21 Vgl. EBEL, Das altromanische Mirakel; ASSION, Die Mirakel der Hl. Katharina; UKENA, Die deutschen Mirakelspiele; SIGAL, L'homme et le miracle; SPANGENBERG, Maria; KUPFERSCHMIED, Die altisländischen und altnorwegischen Marienmirakel.

22 Dazu dürfte auch an Rosenfelds Differenzierung zwischen Legende und Mirakel beigetragen haben. Vgl. ROSENFELD, Legende, S. 25. Das Wunder in der Legende diskutieren aus narratologischer Perspektive BLEUMER, Historische Narratologie; EDER, Von Wundern und Flatulenzen.

der Legendenforschung"[23] ist daher noch immer zutreffend. Neben einer Hinwendung zu diesem Texttyp gilt es, das Feld mit Blick auf die unterschiedlichen Textsorten, die Wunderdarstellungen enthalten (z. B. Akten, Spiele, Exempel, Gebete, Bibelepik) noch weiter abzustecken. Die interdisziplinäre Ausrichtung des Bandes zielt damit auch auf ein vertieftes Verständnis des Verhältnisses von Literatur und Religion.[24]

Vor diesem Hintergrund will der vorliegende Band zu einer weitergehenden wissenschaftlichen Auseinandersetzung mit Wundertexten anregen und Wege zu einem methodisch vielfältigen und interdisziplinären Austausch über gegenstandsadäquate Zugänge und Beschreibungsmöglichkeiten aufzeigen. Die folgenden Parameter sind daher als Anregung und keinesfalls als vollständiges Arbeitsprogramm zu verstehen.

Virulent bleiben systematische Fragen der Typologisierung und Gattungszuschreibung von Wundertexten. Unter welchen Gesichtspunkten können Typenbildungen sinnvoll sein, um Vergleiche zu systematisieren? Für das Mirakel deutet sich an, dass darin jeweils unterschiedliche Sinnangebote zwischen Exemplarizität und Exzeptionalität austariert werden. Es scheint daher lohnend, Wundernarrative in diesem Spannungsfeld zu verorten und dabei zu ihren jeweiligen Kontexten in Beziehung zu setzen, um der Polyfunktionalität von Wundern weiter nachzugehen.

Die für Wunderdiskurse leitenden Aspekte von ‚Deutung‘ und ‚Geltung‘ erfordern verschiedene methodische Zugänge, die nach ihrer Relationierung in den jeweiligen Texten fragen. Fruchtbar erscheint es, zunächst die Begrifflichkeit zu schärfen und das Wortfeld in den Blick zu nehmen. Bereits hier zeichnen sich unterschiedliche Konzeptionen des Wunders als Heilstaten oder als Zeichen ab, die grundlegend für unterschiedliche Ausfaltungen des Wunderdiskurses sind. Eine zentrale textuelle Kommunikationsstrategie wird sichtbar, wenn Wunder als Argumente verwendet und in Legitimationsnarrative eingebunden werden. Im Verhältnis von Deutung und Geltung kommt hier der Aspekt der Transformation zum Tragen: Die Veränderung von Personen, Gemeinschaften und Institutionen wird auf Wunder zurückgeführt. Es steht zu fragen, wie Wundererzählungen diese Veränderungen konturieren, indem sie materielle, spirituelle und soziale Dimensionen zueinander in Beziehung setzen. Wundertexte scheinen nicht nur Legitimation zu stiften, indem sie sich auf göttliches Handeln berufen, sondern arbeiten selbst daran, die Legitimationskraft von Wundern zu fundieren. Dennoch bleiben Geltungsansprüche nicht unangefochten, können doch mit dem Wunder als Deutungskategorie in Texten auch Unschärfen und Ambivalenzen verbunden sein.

Innerhalb der Geltungshorizonte spielt die Intertextualität von Wundererzählungen eine wichtige Rolle, denn diese berufen sich häufig auf andere Wundertexte, deren Geltung bereits etabliert ist. Die konfigurative Leistung von Wundertexten erwächst somit maßgeblich aus ihrer diskursiven und kontextuellen Vernetzung – eine Wun-

---

23   ASSION, Mittelalterliche Mirakel-Literatur, S. 172.
24   Vgl. WEIDNER, Handbuch (ohne ‚Wunder‘ als Lemma).

dererzählung allein ‚macht' noch kein Wunder. Insbesondere in Sammlungskontexten wie der Mariazeller Holzschnittserie kann sichtbar gemacht werden, wie Wundertexte sich wechselseitig plausibilisieren können. In text- und überlieferungsgeschichtlicher Perspektive lässt sich von einer Art ‚Wundermagnetismus' sprechen: Wundererzählungen werden an Orte und an Personen geheftet und bilden ein intertextuelles bzw. -mediales Netzwerk. Aus solchen Zusammenhängen heraus schöpft das Erzählen von Wundern das Potential, seinerseits modellierend auf andere Diskurse, Konzepte und Praktiken einzuwirken bzw. daran teilzuhaben. Dies ist an je konkreten Texten und Überlieferungssituationen exemplarisch zu erhellen.

Die für diesen Band gewählte Perspektive auf Konfigurationen des Wunders verspricht somit Erkenntnis darüber, unter welchen Bedingungen diese erfolgreich dazu beitragen, einen Wunderdiskurs zu festigen. Doch kann sie es ebenso ermöglichen, den Blick auf Fragen der Evidenz und der epistemologischen Ordnung von Wundern zu richten,[25] auf Zweifel an ihnen, ihre Anfälligkeit und Manipulierbarkeit, die sie immer wieder zum Gegenstand von Kritik werden lässt. Wie werden etwa Wahrheitsansprüche in Darstellungen des Wunders auch in ästhetischer Hinsicht verhandelt?

Eine Beschäftigung mit ‚Konfigurationen des Wunders' erfordert somit gleichermaßen Kontextsensibilität wie methodische Vielfalt, um ihre spezifisch historischen, religiösen, medialen, stoff- oder gattungsspezifischen Implikationen in den Blick zu nehmen. Je fallbezogen sollen die Relationen zwischen Darstellungsverfahren, religiösen Rahmungen und historischer Kontextualisierung in Bezug auf die funktionale Ausrichtung von Wundertexten und die mit ihnen verbundenen Praktiken genauer bestimmt werden. So hoffen wir mit den in diesem Band versammelten Fallstudien noch weitere Untersuchungen zu diesem vielfältigen Forschungsfeld anzuregen.

Die in diesem Band versammelten Beiträge gehen auf eine Tagung zurück, die vom 9.–11. September 2021 in Berlin stattfand und von der Fritz Thyssen Stiftung großzügig gefördert wurde. Hierfür ebenso wie für die Übernahme des Druckkostenzuschusses bedanken wir uns herzlich. Andreas Bihrer (Kiel) und Claire Taylor Jones (Notre Dame) haben sich mit Moderationen an der Tagung beteiligt. Paul Stein (Berlin) hat uns vor Ort in Berlin engagiert unterstützt, Æther Flachmann (Köln) die Drucklegung des Bandes gewissenhaft begleitet. Ihnen allen danken wir sehr herzlich. Für die Aufnahme in die Reihe „Beiträge zur Hagiographie" sei Andreas Bihrer, Klaus Herbers und Hedwig Röckelein ebenso gedankt wie den Mitarbeiterinnen des Franz Steiner Verlags in Stuttgart für die gute Betreuung des Bandes.

Magdeburg, Berlin und Köln im Oktober 2023
Nina Nowakowski, Elke Koch, Julia Weitbrecht

---

25   Vgl. noch immer grundlegend SCHREINER, „Discrimen veri ac falsi"; DASTON, Marvelous Facts.

Bibliographie

ANGENENDT, Arnold, Das Wunder – religionsgeschichtlich und christlich, in: Mirakel im Mittelalter. Konzeptionen, Erscheinungsformen, Deutungen, hg. v. Martin HEINZELMANN / Klaus HERBERS / Dieter R. BAUER (Beiträge zur Hagiographie 3), Stuttgart 2002, S. 95–113.

ASSION, Peter, Die mittelalterliche Mirakel-Literatur als Forschungsgegenstand, in: Archiv für Kulturgeschichte 50 (1968), S. 172–180.

DERS., Die Mirakel der Hl. Katharina von Alexandrien. Untersuchungen und Texte zur Entstehung und Nachwirkung mittelalterlicher Wunderliteratur, Bamberg 1969.

BLEUMER, Hartmut, Ereignis. Eine narratologische Spurensuche im historischen Feld der Literatur, Würzburg 2020.

DERS., ,Historische Narratologie'? Metalegendarisches Erzählen im Silvester Konrads von Würzburg, in: Historische Narratologie – Mediävistische Perspektiven, hg. v. Harald HAFERLAND / Matthias MEYER (Trends in Medieval Philology 19), Berlin/New York 2010, S. 231–261.

BORN, Robert, Mariazell, in: Religiöse Erinnerungsorte in Ostmitteleuropa. Konstitution und Konkurrenz im nationen- und epochenübergreifenden Zugriff, hg. v. Joachim BAHLCKE / Stefan ROHDEWALD / Thomas WÜNSCH, Berlin 2013, S. 52–65.

DARTMANN, Christoph, Wunder als Argumente. Die Wunderberichte in der Historia Mediolanensis des sogenannten Landulf Senior und in der Vita Arialdi des Andrea von Strumi (Gesellschaft, Kultur und Schrift. Mediävistische Beiträge 10), Frankfurt a. M. u. a. 2000.

DASTON, Lorraine, Marvelous Facts and Miraculous Evidence in Early Modern Europe, in: Critical Inquiry 18 (1991), S. 93–124.

EBEL, Uda, Das altromanische Mirakel. Ursprung und Geschichte einer literarischen Gattung, Heidelberg 1965 (Studia Romanica 8).

EDER, Daniel, Von Wundern und Flatulenzen. Narratologische Überlegungen zum Forschungsparadigma des ,legendarischen Erzählens', in: Euphorion 113 (2019), S. 257–292.

ERLEMANN, Kurt, Wunder. Theorie – Auslegung – Didaktik, Tübingen/Basel 2021.

GALLAIS, Pierre: Remarques sur la structure des miracles de Notre Dame, in: Cahiers d'études médiévales 1 (1974), S. 117–134.

HAMM, Berndt, Die Dynamik von Barmherzigkeit, Gnade und Schutz in der vorreformatorischen Religiosität, in: Lutherjahrbuch 81 (2014), S. 97–134.

HAUBRICHS, Wolfgang, [Art.] Mirakel. In: Reallexikon der deutschen Literaturwissenschaft, Bd. 2. Hrsg. v. Harald Fricke u. a. Berlin 2007, S. 608–612.

Mirakel im Mittelalter. Konzeptionen, Erscheinungsformen, Deutungen, hg. v. Martin HEINZELMANN / Klaus HERBERS / Dieter R. BAUER (Beiträge zur Hagiographie 3), Stuttgart 2002.

HILG, Hardo, Art. ,Marienmirakelsammlungen', in: ²VL 6 (2010), Sp. 19–42.

KIENING, Christian, Einleitung, in: Medialität des Heils im späten Mittelalter, hg. v. Carla DAUVEN-VAN KNIPPENBERG / Cornelia HERBERICHS / DEMS. (Medienwandel, Medienwechsel, Medienwissen 10), Zürich 2009, S. 7–20.

KLEINE, Christoph u. a., Art. ,Wunder I–VII', in: Theologische Realenzyklopädie 36 (2004), S. 378–415.

KÖBELE, Susanne, Die Illusion der ,einfachen Form'. Über das ästhetische und religiöse Risiko der Legende, in: Beiträge zur Geschichte der deutschen Sprache und Literatur 134 (2012), S. 365–404.

KOCH, Elke, Fideales Erzählen. In: Poetica 51 (2020), S. 85–118.

DIES., *triuwe, trôst* und *helfe*. Divergenzen und Konvergenzen geistlicher und weltlicher Konzeptionen in den Marienbüchern des Bruders Philipp und des ,Passionals', in: Das Mittelalter.

Perspektiven mediävistischer Forschung, hg. v. Susanne LEPSIUS / Susanne REICHLIN, Berlin 2015 (2), S. 344–361.

KUPFERSCHMIED, Irene Ruth, Die altisländischen und altnorwegischen Marienmirakel. München 2017 (Münchner Nordistische Studien 17).

LECHTERMANN, Christina, Grüß Dich, Maria! Das ‚Ave‘ im ersten Buch des ‚Passional‘, in: Vollstes Verständnis, hg. v. Claus PIAS / Stefan RIEGER, Zürich, Berlin 2016, S. 53–72.

NOWAKOWSKI, Nina, Verdammter Teufelsfreund. Vorsicht als Bedingung für nachhaltige Heilserfahrung im Mirakel ‚Udo von Magdeburg‘, in: Diabolische Vigilanz. Studien zur Inszenierung von Wachsamkeit in Teufelserzählungen des Spätmittelalters und der Frühen Neuzeit, hg. v. Jörn Bockmann u. a. (Vigilanzkulturen 2), Berlin 2022, S. 27–44.

ROSENFELD, Hellmut, Legende, Stuttgart ³1972.

SCHNEIDER, Ingo, Art. ‚Mirakel‘, in: Enzyklopädie des Märchens. Handwörterbuch zur historischen und vergleichenden Erzählforschung 9 (1999), Sp. 682–691.

SCHREINER, Klaus, „Discrimen veri ac falsi“. Ansätze und Formen der Kritik in der Heiligen- und Reliquienverehrung des Mittelalters. In: Archiv für Kulturgeschichte 48 (1966), S. 1–53.

SIGAL, Pierre-André, L'homme et le miracle dans la France médiévale (XIe–XIIe siècle), Paris 1985.

SIGNORI, Gabriela, Defensivgemeinschaften. Kreißende, Hebammen und ‚Mitweiber‘ im Spiegel spätmittelalterlicher Geburtswunder, in: Das Mittelalter 1,2 (1996), S. 113–134.

DIES., Wunder. Eine historische Einführung, Frankfurt a. M., New York 2007.

DIES., Die Wunderheilung. Vom heiligen Ort zur Imagination, in: Wunder. Poetik und Politik des Staunens im 20. Jahrhundert, hg. v. Alexander C. T. GEPPERT / Till KOESSLER, Frankfurt a. M. 2010, S. 71–94.

SPANGENBERG, Peter-Michael, Maria ist immer und überall. Die Alltagswelten des spätmittelalterlichen Mirakels, Frankfurt a. M. 1987.

UKENA, Elke, Die deutschen Mirakelspiele des Spätmittelalters, 2 Bde. Bern/Frankfurt a. M. 1975.

VERHEGGEN, Evelyne / SNIJDERS, Jac, Der Wallfahrtsort Mariazell, in: Arbeitskreis Bild Druck Papier. Tagungsband Graz 2015, hg. v. Konrad VANJA u. a. Münster/New York 2016, S. 17–24.

WARD, Benedicta, Miracles and the Medieval Mind. Theory, Record and Event 1000–1215. Philadelphia 1982.

Handbuch Literatur und Religion, hg. v. Daniel WEIDNER, Stuttgart 2016.

WEITBRECHT, Julia u. a., Legendarisches Erzählen. Optionen und Modelle in Spätantike und Mittelalter, Berlin 2019 (Philologische Studien und Quellen 273).

ZIMMERMANN, Ruben, Faszination der Wunder Jesu und der Apostel. Die Debatte um die frühchristlichen Wundererzählungen geht weiter, Göttingen 2020.

I. Typologien und Traditionen

Marienwunder – Marienmirakel
Oder warum das Gleiche doch nicht Dasselbe ist

GABRIELA SIGNORI

Seit den späten 70er Jahren befasst sich die internationale Mittelalterforschung extensiv mit dem Wunder als Vorstellung und Praxis – ein Forschungsfeld, das in Deutschland zuvor vor allem die Volkskunde bestellt hatte, die Volks- und Wunderglauben noch für Synonyme hielt. Von solch ideologisch geprägten Zweikulturen-Modellen hat sich die Geschichtsforschung seit längerem verabschiedet. Aus der überwältigenden Fülle an älterer und neuerer Forschungsliteratur habe ich 2007 versucht, eine operationelle Synthese zu erstellen, die zu weiteren Forschungen hätte anregen sollen.[1] Meine Synthese ist nun bald 15 Jahre alt; seitdem habe ich mich, was meine eigenen Forschungen anbelangt, vom Wunder weit entfernt. Meine nachfolgenden Überlegungen, die auf einem Vergleich von Wunder und Mirakel, religiöser Praxis und ästhetischer Überformung, basieren, erfolgen dementsprechend aus der Distanz beziehungsweise aus der Vogelperspektive, was zu Fehleinschätzungen führen kann. Ich bitte um Nachsicht.

In den rund 15 Jahren seit Erscheinen meiner Synthese sind viele neue und anregende Studien hinzugekommen, wie den großen Literaturdatenbanken IBSS, IMB und den ‚Regesta imperii‘ zu entnehmen ist.[2] Von 2004 bis 2021 zähle ich in der IMB unter dem Schlagwort ‚Wunder‘ 1046 Einträge; ähnlich lautet der Befund für den Opac der ‚Regesta imperii‘; in der IBSS sind es 775 Aufsätze (ohne Bücher). Darunter befindet sich selbstverständlich auch allerlei Sachfremdes, das den Begriff ‚Wunder‘ metaphorisch verwendet wie zum Beispiel das Wirtschaftswunder. 2011, 2013 und 2021 sind drei Handbücher hinzugekommen mit unterschiedlicher Reichweite: das erste mit einem religionsvergleichenden Zuschnitt, das zweite als breit angelegter Überblick von der Antike bis ins Reformationszeitalter, während sich das dritte Handbuch vornehmlich, aber sehr unsystematisch mit dem spätmittelalterlichen Wunderbericht befasst.[3]

---

1   SIGNORI, Wunder.
2   IBSS = International Bibliography of Social Sciences; IMB = International Medieval Bibliography.
3   TWELFTREE, Cambridge Companion to Miracles; BARTLETT, Why Can the Dead; KATAJA-LA-PELTOMAA / KUULIALA / MCCLEERY, Companion to Medieval Miracle Collections.

Die Literaturfülle wirkt auf Anhieb bedrohlich, gleichwohl lässt sich erkennen, dass sich der Forschungsschwerpunkt in der Geschichtswissenschaft tendenziell vom Mittelalter in die Frühe Neuzeit und die Neuzeit verlagert hat, und die jüngere Forschung auf die Bedeutung fokussiert, die das Wunder in Reformation und Gegenreformation sowie als Korrektiv zum Narrativ der entzauberten Moderne einnimmt.[4] Für die Geschichtswissenschaft war diese epochale Öffnung wichtig, um die vorurteilsbeladene Gleichsetzung von Wunderglaube und Mittelalter zu durchbrechen.[5] Das Mittelalter ist nicht wundergläubiger als andere Epochen, wie es mit Luther noch die ältere Reformationsgeschichte vertrat; im Gegenteil, das 20. Jahrhundert sprengt rein quantitativ alle bisher bekannten Wunderdimensionen; umgekehrt entwickelten Mönchstheologen wie Guibert von Nogent (gest. um 1125) schon zu Beginn des 12. Jahrhunderts die einschlägigen Argumente, die in der Reformationspolemik und im Kulturkampf zu Gemeinplätzen gerinnen sollten.[6]

Als literarische Kleinform ist das Mirakel in der jüngeren germanistischen Literaturwissenschaft auf weit weniger Interesse gestoßen als in der Geschichtswissenschaft, wie die Herausgeberinnen dieses Bandes in ihrer Einleitung bemerken.[7] Das gilt auch für das Marienmirakel, das hier als Brücke fungieren soll, um den in diesem Band intendierten Austausch zwischen den Disziplinen zu erleichtern. Präferiert werden von der germanistischen Literaturwissenschaft ausgewählte Mirakelstoffe wie der Theophilus-Faust-Stoff, die ‚Küsterin Beatrix‘ oder der ‚Judenknabe‘.[8] Die letzte diesbezügliche deutschsprachige Monographie ist allerdings über zwanzig Jahre alt.[9] Das literari-

---

4   JOHNSON, Magistrates, Madonnas, and Miracles; GEPPERT / KOESSLER, Wunder; SOERGEL,
      Miracles and the Protestant Imagination; PARIGI, The Rationalization of Miracles; GARNETT / ROS-
      SER, Spectacular Miracles; BALZAMO, Les miracles; BIALECKI, Diagram for Fire; O'SULLIVAN, Dis-
      ruptive Power.
5   MÖLLER, Frömmigkeit.
6   Zum Fortleben der mittelalterlichen Kritik am Reliquienwesen, wie sie unter anderem Guibert
      von Nogent (SALALORI, De pignoribus sanctorum,) formuliert hatte, siehe etwa MOULIN, Reli-
      ques et miracles.
7   Zum Konzept der kleinen beziehungsweise einfachen Formen, das auf den (nicht unumstrittenen)
      deutschen Kunst-, Sprach- und Literaturwissenschaftler André Jolles (1874–1946) zurückgeht, vgl.
      HOLZNAGEL, Einleitung; JOLLIN-BERTOCCHI / KURTS-WÖSTE / PAILLET u. a., La Simplicité;
      JÄGER / MATALA DE MAZZA / VOGL, Einleitung.
8   KÄLIN, Maria, muter der barmherzekeit; BURMEISTER, Der Judenknabe.; GARNIER, Le Miracle de
      Théophile; DIES., Le miracle de la chaste impératrice; WAGNER, Rezeption der Beatrix-Legende;
      ROOT, The Theophilus Legend; GERBER, Transzendenz berühren.
9   Bis in die jüngste Vergangenheit hinein benutzte die Literaturwissenschaft im Mirakelkontext
      häufig den Begriff Legende, eine konzeptuelle Unschärfe, die Hardo Hilg im Verfasserlexikon
      schon 1987 beanstandet hat (HILG, Art. ‚Marienmirakelsammlungen‘, S. 19). Germanistik und Ro-
      manistik schließen an die Handschriftenstudien des österreichischen Romanisten Adolf Mussafia
      (1835–1905) an, der Chronologie und Verbreitungswege der Marienwunder nachgezeichnet hat,
      die von Byzanz aus über Mitteleuropa und das Mittelmeer bis in den arabischen Raum vordrangen
      (MUSSAFIA, Studien zu den mittelalterlichen Marienlegenden I–V; DERS., Über die von Gautier
      von Coinci benutzten Quellen; Villecourt, Les collections arabes des Miracles de la Sainte Vier-
      ge). Mirakel und Legende können sich wie im Passional ergänzen, identisch sind sie aber nicht:

sche Wunder beschränkt sich zwar nicht auf Maria, aber seit dem 12. Jahrhundert wird es monumental von Maria beherrscht. Wie das Wunder im Allgemeinen, kann sich auch das Marienwunder in verschiedenen Gattungen einschreiben und dabei zugleich seine Funktion verändern (Brief, Chronik, Kommentarliteratur, Legendar, Pamphlet, Predigt, Roman, theologische Summe und Wundersammlungen).[10]

In der Romanistik ist die Mirakelforschung sehr viel lebendiger als in der Germanistik, dergestalt, dass die Fülle an Neuerscheinungen kaum noch zu überblicken ist.[11] Im Fokus der Aufmerksamkeit stehen indes weniger ausgewählte Stoffe, denn ausgewählte Autoren beziehungsweise Sammlungen wie diejenigen von Adgar, Alfons dem Weisen, Gauthier de Coinci oder Gonzalo de Berceo.[12] Unter den französischen und spanischen Übersetzungen treten königliche Auftragswerke mit reichem Bilderschmuck hervor wie die Prachthandschriften aus der französischen Bibliothèque nationale oder der Biblioteca de El Escorial, die in der Kunstwissenschaft seit längerem viel Beachtung finden.[13]

Die Einsicht ist trivial, aber Literatur- und Geschichtswissenschaft sprechen gewöhnlich von Unterschiedlichem, wenn sie von Wundern sprechen. Ihre Forschungsobjekte sind nicht kongruent: Sie handeln von unterschiedlichen Texttypen, die in unterschiedlichen Gebrauchs- und Funktionszusammenhängen stehen. Das, würde ich meinen, erschwert das fächerübergreifende Gespräch. Der Unterschied wird deutlich im Vergleich zum hagiographischen Post-mortem oder Schreinwunder und zum In-vita-Wunder: Das Schreinwunder dokumentiert die Gebetserhörung und fungiert als Sammlung überwiegend als Werbeschrift, die auf ein lokales Heiligtum zugeschnitten ist oder als Teil des hagiographischen Dossiers Heiligkeit bestätigt und bekräftigt. Das In-vita-Wunder hingegen ist, wie der Name besagt, ein konstitutiver Bestandteil der

HAMMER, Erzählen vom Heiligen: narrative Inszenierungsformen von Heiligkeit im Passional, S. 69–151; WEITBRECHT / BENZ / HAMMER u. a., Legendarisches Erzählen, S. 9–21.

10   RÜTH, Representing Wonder, S. 889 f.: „Thus, miracle stories do not constitute a genre, but rather a set of textual elements susceptible of appearing in different textual and pragmatic contexts. They cannot be read without explicitly taking their function within a larger textual ensemble into account." – GOULLET / PHILLIPART, Le Miracle médiéval, S. 10: „Le miracle s'insinue dans quantité de genres … Mais son site de prédilection est assurement hagiographique."

11   BENOÎT, L'art littéraire; ROSS, Mary as Mother and Other; O'CALLAGHAN, Alfonso X and the ‚Cantigas de Santa Maria'; BENOÎT, La Vierge Marie; FLORY, Marian Representations; Krause / Stone, Gautier de Coinci; Lundahl, The Evolution of the Marian Image; TIMMONS / BOENIG, The Miracles of the Virgin; Daas, The Politics of Salvation; BENOIT, Le gracial d'Adgar; BESCHEA, Corps, cœur, âme et raison; GONZÁLEZ, Du nouveau sur Adgar; KOZEY, Por cantigas o por rimas; FIDALGO FRANCISCO, Alfonso X el Sabio.

12   Adgar's Marienlegenden; Gautier de Coinci, Les Miracles de Nostre Dame; Alfonso X., the Learned, Cantigas de Santa Maria; Gonzalo de Berceo, Milagros de Nuestra Señora.

13   MANION, Imaging the Marvelous; DUYS, Manuscripts; DIES., Reading Royal Allegories; RUSSAKOFF, Portraiture, Politics, and Piety; DIES., Imagining the Miraculous. Zu den Cantigas: ELLIS, Textual-Pictorial Convention; MORAIS, Los Codices de las Cantigas de Santa Maria; TWOMEY, The Sacred Space.

Vita, der hagiographischen Lebensbeschreibung. Das literarische Mirakel lässt dem Autor gewöhnlich sehr viel mehr Gestaltungsspielraum, sich als Autor in das Wunder ein- oder das Wunder umzuschreiben; und es erfüllt, indem es unterhalten, erbauen und belehren will, rezeptionsästhetisch andere Funktionen als das In-vita- oder Post-mortem- beziehungsweise Schreinwunder.

Hagiographisches Dossier	Schreinwunder
Leben	–
In-vita-Wunder	–
Post-mortem-Wunder (Schreinwunder)	von der Vita losgelöste Post-mortem-Wunder oder andere mit einem konkreten Ort oder Bild verbundene Wunder als eigenständige Sammlung

Schreinwunder und hagiographisches Post-mortem-Wunder sind, was Form und Inhalt anbelangt, weitgehend identisch; allein der Kontext divergiert, zumal letzteres gewöhnlich als Teil eines umfassenderen hagiographischen, Heiligkeit zu konstituierenden Dossiers fungiert.[14] Das Schreinwunder braucht die Vita nicht zwangsläufig, wie die vielen lokalen Wunderbücher zeigen, die zu Werbezwecken oder als Erinnerungsmedium überwiegend (aber nicht ausschließlich) an Marienheiligtümern angelegt wurden.[15]

Steht das Post-mortem-Wunder gewöhnlich im Dienste der Heiligsprechung, wird das In-vita-Wunder hingegen meist dazu verwendet, dem Heiligen Christusförmigkeit zu verleihen, das heißt Konformität zu dem Christus herzustellen, der Blinde sehend, Lahme gehend und Tote auferstehen lässt. Dasselbe tut auch das früh- und hochmittelalterliche Schrein- oder post-mortem-Wunder. Der Fokus liegt beim In-vita-Wunder jedoch auf der Christusförmigkeit des Heiligen, nicht auf der Christusförmigkeit des Wunders, auf die die Schrein- und post-mortem-Wunder fokussieren.[16] Beim einen geht es um die Gleichförmigkeit der Akteure, beim anderen um die Gleichförmigkeit der Aktion, die Tat. Wie etwa in der Vita Bernhards von Clairvaux (gest. 1153) sind diese In-vita-Wunder engmaschig von Bibelzitaten durchwoben, die die Grenzen zwischen Vorbild und Abbild tendenziell auflösen.[17]

---

14   VAUCHEZ, La sainteté; KRÖTZL, Miracles au tombeau; DERS., Miracula post mortem.
15   Die meisten autonomen, an ein lokales Heiligtum gebundenen Wunderbücher beziehen sich auf Marienheiligtümer, aber nicht ausschließlich. Liber miraculorum sancte Fidis; Libre miraculorum sancti Aegidii; Livre des miracles de Sainte-Catherine-de-Fierbois (1375–1470); Miracula b. Martialis anno 1388 patrata.
16   UYTFANGHE, Stylisation biblique; DERS., La typologie de la sainteté; DERS., L'intertextualité biblique.
17   Geoffroy d'Auxerre, Notes sur la vie et les miracles de saint Bernard, S. 72–177. Vgl. SIGAL, L'homme et le miracle, S. 17–35.

So verschiedenartig die Texttypen und ihre Funktionslogiken auch sind, es lassen sich – wenngleich vorwiegend auf formaler Ebene – auch einige Gemeinsamkeiten identifizieren. Auf diese Gemeinsamkeiten fokussiert der erste Teil meiner Ausführungen; im zweiten Teil kehre ich zu den gattungsspezifischen Unterschieden zurück. Der Typenvergleich könnte helfen, die Profile unserer Forschungsobjekte zu schärfen. In einem dritten und letzten Schritt wende ich mich den zeitgenössischen Definitionen in Theologie und Kirchenrecht zu, um abschließend zu klären, in welchem Bezug sie zu Wunder und Mirakel stehen. Für das literarische Wunder, soviel sei an dieser Stelle vorweggenommen, interessieren sich die Theologen nicht, nur für das christliche Wunder und dessen rechtliche Rahmung, was meine Ausführungen zwar in eine eigentümliche Schieflage bringt, aber dennoch festgehalten werden sollte.

Für das literarische Wunder benutze ich im Folgenden konsequent den Begriff Mirakel, für das Wunder als religiöse Vorstellung und Praxis belasse ich es beim Wunder. Dabei konzentriere ich mich auf das Marienmirakel und das Marienwunder, weil sie die spätmittelalterliche Wunderproduktion rein mengenmäßig beherrschen. Die Differenzierung zwischen Wunder und Mirakel ist willkürlich und etymologisch ohne jeden Zweifel widersinnig; aber sie hilft mir, meine Argumente konzeptuell zu schärfen. Den Begriff Schreinwunder benutze ich als Kollektivbegriff für das breite Spektrum an Wundern, die sich gewöhnlich über das Medium des Gebets (Anrufung) vor Ort oder aus der Ferne an Orten einstellen, die ein wundertätiges Bild oder eine Reliquie als heilig auszeichnen oder deren Kirche selbst als wundertätig gilt. Die Chronologie führt im Mittelalter vom Oratorium über die Reliquie zum Bild.[18]

I. Die Gemeinsamkeiten

Schreinwunder und Mirakel verhandeln prinzipiell unterschiedliche Sachverhalte; trotzdem befinden sie sich in einem kontinuierlichen Austausch: Bald bedient sich das Mirakel beim Schreinwunder, bald das Schreinwunder beim Mirakel. Nordfranzösische und spanische Marienmirakelsammlungen nehmen Schreinwunder aus Laon, Rocamadour und Soissons auf, nicht nur ausgewählte Wunder, sondern teils ganze Wundersammlungen.[19] Mit dem neuen Kontext (hier wörtlich zu verstehen) verschiebt sich die Bedeutung des Wunders vom Lokalen zum Allgemeingültigen. Das Wunder wird zum Mirakel. Die in Nürnberg gedruckte Auswahl Altöttinger Marien-

18 SCHMUHL / WIPFLER, Kontinuitäten und Brüche; CORRY / HOWARD / LAVEN, Madonna's Miracles; SANSTERRE, Sacralité et pouvoir thaumaturgique; DERS., La substitution des images aux reliques; DERS., Entre sanctuaires et images; Balzamo, Image miraculeuse; SANSTERRE, Les images sacrées.

19 LINDGREN, Les miracles de Notre Dame de Soissons versifiés par Gautier de Coinci; METTMANN, Die Soissons-Wunder in den ‚Cantigas de Santa Maria'; DUYS, Reading Royal Allegories; DIES., The Audience in the Story; BENOIT, Reliques et images; FUCHS, Les collections de Miracles de la Vierge.

wunder wiederum verwandelt zu Werbezwecken literarische Marienmirakel in erzählte, verbürgte und bezeugte Realität.[20] Es scheint auf Anhieb einfacher, das Wunder
in ein Mirakel zu verwandeln. Wie gesagt, spielt in beiden Fällen der Kontext eine
herausragende Bedeutung; er entscheidet darüber, wie das Wunder/Mirakel gelesen
beziehungsweise verstanden werden muss.

Es gibt ort- und zeitlose Mirakel und es gibt solche, die wie das Schreinwunder
im Sinne von Roland Barthes (1915–1980) mit Raum- und Zeitkoordinaten als Rea-
litätseffekten operieren.[21] Die Koordinaten verbürgen, dass das Geschilderte wahr ist,
das heißt, als Ereignis genau verortet und datiert werden kann. Wo zur Beglaubigung
zusätzlich Zeugen bemüht werden, wird das Wunder zum Rechtsakt; diese Nähe ist
als Produkt einer zunehmenden Verrechtlichung der Welt zu begreifen, die auch das
Numinose erfasst.[22] Erst in der frühen Neuzeit tritt der Arzt immer häufiger an die
Stelle des Zeugen: Die wissenschaftliche Authentifizierung verdrängt die rechtliche
Beglaubigung.[23]

Mit der Ortsgebundenheit des Schreinwunders kontrastiert die Ubiquität der Schauplätze, in die sich das Marienmirakel einschreibt. Maria ist, wie es Peter-Michael Spangenberg vor Jahren treffend resümiert hat, „immer und überall".[24] Maria verkörpert die
universelle Kirche und erhebt universellen Geltungsanspruch. Dennoch wird dieses
Überall auch im Mirakel größtenteils konkretisiert und identifiziert, wie in der mittellateinischen Sammlung des englischen Mönchchronisten William von Malmesbury
(gest. um 1143), der seinerzeit eine der umfangreichsten Mirakelsammlungen zusam-
menstellte.[25] Die Stoffe sind unterschiedlich alt und die Schauplätze auf dem ganzen
Erdball verstreut, von Konstantinopel über Toledo bis nach Canterbury. Das Marienmirakel wird zum Fenster, das auf die Welt öffnet. Seine primäre Funktion aber ist bei
Wilhelm von Malmesbury Gebete und liturgische Neuerungen etablieren zu helfen.[26]
In dieser Form war die Marienverehrung zu Beginn des 12. Jahrhunderts ein Novum![27]

Wo das Marienmirakel in monastischer Gewandung daherkommt, verzichtet es
hingegen häufig auf Raum- und Zeitkoordinaten und strebt nach didaktischer Allge-
meingültigkeit wie in der Geschichte des Mönchs, der zu Ehren Marias häufig fünf
Psalmen betet, die mit den Buchstaben M. A. R. I. A. beginnen (I Mir 23): „Nachdem

20   SIGNORI, Wallfahrt, Wunder und Buchdruck um 1500.
21   BARTHES, Le bruissement du langage, S. 167–174 (L'effet de reél). Vgl. KLEIHUES, Realitätseffekte,
      S. 1–12.
22   SIGNORI, Wunder, S. 46–50; SMOLLER, From Authentic Miracles to a Rhetoric of Authenticity.
23   DUFFIN, Medical Miracles.
24   SPANGENBERG, Maria ist immer und überall.
25   William of Malmesbury, Miracles of the Blessed Virgin Mary. Vgl. WINKLER / DOLMANS, Disco-
      vering William of Malmesbury; Williams BOYARIN, Miracles of the Virgin in Medieval England,
      S. 13–41.
26   IHNAT, Marian Miracles and Marian Liturgies.
27   CLAYTON, The Cult of the Virgin in Anglo-Saxon England.

er gestorben war, geschah ein sehr schönes Wunder, denn man fand in seinem Mund fünf frische Rosen, leuchtendrot und hell und mit grünen Blättern, als seien sie soeben gepflückt worden."[28] In diesen zeit- und ortlosen Marienmirakeln nähert sich das Mirakel dem Exempel an.[29] In ihrem Plädoyer für eine intensivierte literaturwissenschaftliche Beschäftigung mit dem Marienmirakel hebt Claire M. Waters speziell auf diesen didaktischen Mirakeltypus ab, der im Klosterkontext entstand und dort auch ein Eigen- und Fortleben entwickelte wie in Caesarius' von Heistersbach (gest. nach 1240) für Novizen konzipierten ,Dialogus miraculorum'.[30] Als gattungskonstitutiv identifiziert Waters dabei das didaktische Moment der Wiederholung, der Iteration.[31] Diese Mirakel gleichen sich bestechend.

Gattungskonstitutiv scheint mir für beide Wundertypen vor allem die Überlieferungsart als Sammlung zu sein. Marienmirakel wie ,Theophilus', ,Hildefons' oder der ,Marienbräutigam' (Abb. 1) können als eigenständige Erzählung kursieren; meist liegen sie jedoch, genauso wie das Schreinwunder, als Sammlung in großer Zahl vor. Das klingt lapidar, die Quantität ist im hagiographischen Kontext jedoch Bedeutungsträger sui generis.[32]

Wiederholung und Häufung beziehen sich selbstverständlich aufeinander; sie verfolgen aber unterschiedliche Ziele. Häufung suggeriert Größe, Wiederholung unterstützt das Memorieren, das Einprägen.[33] Geordnet sind die Sammlungen bald chronologisch, bald thematisch. Die thematische Ordnung wiederum setzt Selektion und Überarbeitung voraus – sowohl beim Schreinwunder als auch beim Mirakel, sei es als Teil eines hagiographischen Dossiers oder als eigenständige Wundersammlung.[34] Das führt dazu, dass am Schluss jede Sammlung ein eigenes Profil besitzt.

Die Gemeinsamkeiten zwischen Wunder und Mirakel wären, so mein erstes Zwischenfazit, demnach primär formaler Art. Weit markanter als die Gemeinsamkeiten scheinen mir jedoch die Unterschiede zwischen Wunder und Mirakel zu sein; sie betreffen allerdings primär den Inhalt, weniger die Form. Meine Gegenüberstellung fokussiert im Folgenden auf das unterschiedliche Personal, die unterschiedliche Gotteslehre und den unterschiedlichen Gebrauch der Texte.

---

28   Gautier de Coinci, D'un moigne en cui bouche on trouva cinc roses nouveles, in: Ders., Les Miracles de Nostre Dame, Bd. 2, S. 224–226: *Et quant Dieu pleut qu'a sa fin vint,* | *Mout biaus myracles en avint,* | *Car trovees furent encloses* | *En sa bouche cinc fresches roses* | *Cleres, vermeilles et foillies* | *Com se luez droit fuissent coillies.* Vgl. BROUGHTON, The Rose.

29   OPPEL, Exempel und Mirakel; COUSSEMACKER, La nonne giflée par le crucifix; HANSKA, *Miracula* and *Exempla.*

30   SMIRNOVA / POLO DE BEAULIEU / BERLIOZ, The Art of Cistercian Persuasion.

31   WATERS, What's the Use?

32   FOEHR-JANSSENS, Le recueil au Moyen Âge; Le recueil au Moyen Âge. La fin du Moyen Âge.

33   CARRUTHERS, The Book of Memory; DIES., The Craft of Thought, S. 9, 103, 117.

34   AZZAM / COLLET, Le manuscrit 3142 de la Bibliothèque de l'Arsenal; DIES., Mise en recueil; MASAMI, La formation; WILSON, Writing Miracle Collections.

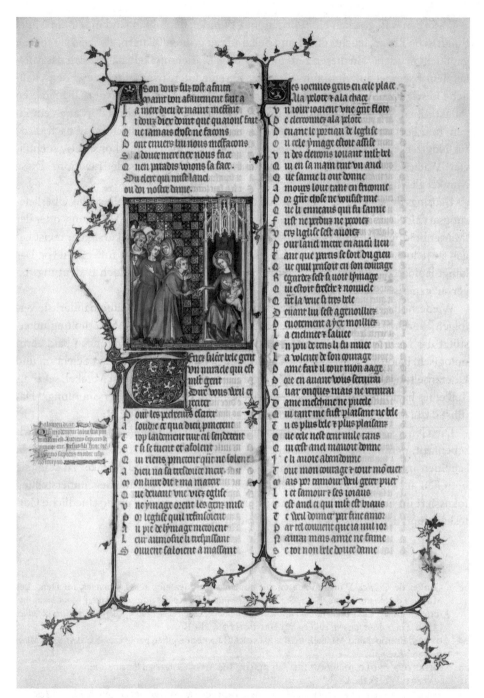

Abb. 1: Gautier de Coinci, Les Miracles de Notre-Dame, Paris, BN, ms. fr. 24541, fol. 51v: miracle de Notre Dame: l'enfant à l'anneau | Der Marienbräutigam.

II. Die Unterschiede

Wo es nicht als Predigt konzipiert ist oder zu Werbezwecken dient und als Aufmerksamkeitsgenerator auf besonders spektakuläre Gebetserhörungen setzt, ist das Schreinwunder pragmatische Literatur, serielles, sakrales Verwaltungsschrifttum.[35] Im Fokus der Aufmerksamkeit steht jeweils die Heilung (Gebetserhörung); der Protagonist der Geschichte ist gewöhnlich der Erhörte; der oder die Heilige rückt in der Erzählung meist in den Hintergrund, selbst beim Strafwunder.[36] Im Marienmirakel hingegen kann die Muttergottes und Jungfrau Maria als *dramatis persona* auf die Bühne des Wundergeschehens treten: Sie interagiert mit den Menschen, greift persönlich in das Handlungsgeschehen ein, das sie stets zum Guten wendet wie im Fall der aussätzigen Gondrée aus den ‚Miracles de Nostre Dame‘ des Gautier von Coinci (II Mir 24).[37] Mehr noch, Maria wird im Mirakel menschengleich gemacht, handelt, denkt und fühlt wie Menschen, im Guten wie im Schlechten, so etwa als eifersüchtige Braut im ‚Marienbräutigam‘, die mittelalterliche Vorlage für Eichendorffs Erzählung ‚Das Marmorbild‘ (1819).[38]

Dies- und Jenseits interagieren beim Schreinwunder allenfalls im Heilschlaf, der Incubatio beziehungsweise Enkoimesis, oder in der Marienerscheinung, mit der im Wunderkontext jeweils sehr konkrete kultspezifische Botschaften verknüpft sind. Der Heilschlaf ist eine ostkirchliche Besonderheit, die im frühen Mittelalter über Byzanz in den Westen gelangte und in den Cosmas-und Damian-Legenden weiterwirkte.[39] Er wird in den Wundergeschichten deutlich als eine andere Wahrnehmungsdimension markiert (eben als Schlaf), ebenso die Marienerscheinung, die sich als Vision vom Traum abhebt.[40]

Auch das Marienmirakel operiert mit Erscheinungen; im Marienmirakel können die Grenzen zwischen Diesseits und Jenseits jedoch ganz aufgehoben werden, können Dies- und Jenseits interagieren, sich auf Augenhöhe begegnen. Die französische Literaturwissenschaft benutzt für diese Wunderwelt den Begriff des *merveilleux,* zuweilen auch den des Phantastischen. Die *merveille* sei positiv, das Fantastische wird mit Dä-

---

35 SIGNORI, Maria zwischen Kathedrale, Kloster und Welt; GOODICH, Miracles and Wonders, S. 29–46.

36 SIGNORI, Wunder, S. 33–36 (Anm. 1), S. 137–141.

37 Gautier de Coinci, De Gondree, comment nostre dame li rendi son nez, in: Ders., Les Miracles de Nostre Dame, Bd. 4, S. 216–243.

38 SANSTERRE, Vivantes ou comme vivantes; D'ANNOVILLE / RIVIÈRE, Faire parler; BRETEL, Les images de la Vierge.

39 GOODICH, Miracles and Wonders, S. 100–116; BERNARDI, Rêve et guérison; KLANICZAY, Dream Healing; DAL SANTO, Text, Image, and the „Visionary Body"; ZIMMERMANN, One Leg in the Grave Revisited. Zum Traum allgemein vgl. GEROK-REITER / WALD, Traum und Vision; Expériences oniriques dans la littérature et les arts du Moyen Âge au XVIIIᵉ siècle.

40 DIERKENS, Apparitions et miracles; BARNAY, Le ciel sur la terre; DE SANTIS, Denkbilder.

monen assoziiert.[41] Ob dies dem Spezifikum des Marienmirakels als Interaktionsfläche von Dies- und Jenseits gerecht wird, vermag ich als Geschichtswissenschaftlerin nicht zu beurteilen. Ich würde als Spezifikum aber eher die Selbstverständlichkeit sehen, mit der Dies- und Jenseits im Marienmirakel interagieren, die auf einer quasi mystischen Distanzlosigkeit aufbaut, die gewöhnlich für das Gebet charakteristisch ist, das in vielen Mirakeln die Interaktion zwischen Dies- und Jenseits rahmt.[42] Diese Nähe zum Gebet bestätigen Mirakel wie der Psalmen singende Mönch. Die Nähe zum Gebet zeigt sich aber auch darin, dass volkssprachliche Marienmirakelsammlungen zum Teil in Stundenbüchern überliefert sind.[43]

Um eine didaktische Wirkung zu erhöhen, setzt das Mirakel milieuspezifische Akzente, passt sich dem Publikum an, das es adressiert: Es kleidet wörtlich Bischöfe ein, zieht im Kloster die Mönchskutte an, streift sie am Hof und in der Stadt wieder ab und kleidet sich höfisch oder kaufmännisch.[44] Diese gesellschaftlichen Anverwandlungen können einer Sammlung ihr spezifisches soziales Gepräge verleihen, sie können in ein und derselben Sammlung aber auch zusammenkommen. Je größer die Mirakelsammlung, desto heterogener ist auch in dieser Hinsicht der Inhalt.

Das Marienmirakel kreiert eine religiöse Phantasiewelt, die integriert und ausschließt, ermahnt, anstachelt, unterhält und unterweist. Es lässt Bilder sprechen, Blumen aus dem Mund verstorbener Marienverehrer wachsen oder es zeigt Maria als eifersüchtige Braut. Es kann virulent antijüdisch sein und Irrlehren bekämpfen, zugleich propagiert es den Nutzen des Gebets und verkündet eine radikale Theologie der Reue, die Marias Barmherzigkeit keine Grenzen setzt, durch ihre Fürsprache alles verzeihbar werden lässt.[45] Zuständig ist die Gottesmutter dabei vornehmlich für monströse Sünden wie Selbstmord, Kindstötung, Teufelspakt und Apostasie.[46] Das Mirakel stärkt die

---

41   DUBOST, Aspects fantastiques; DERS., Fantastique médiéval. Nach Tzvetan TODOROV, Introduction à la littérature fantastique, Paris 1970, S. 36–41, ist die Ungewissheit (hésitation) bei Leser und Protagonist über die Natur des Erlebten gattungskonstitutiv für das Fantastische. Dieser Zweifel aber fehlt meines Erachtens dem Wunder. Zum *merveilleux* vgl. LE GOFF, Le merveilleux dans l'Occident médiéval; GRINGRAS, Motifs merveilleux et poétiques des genres au Moyen Âge; DUBOST, La Merveille médiévale; LATIMIER-IONOFF / PAVLEVSKI-MALINGRE / SERVIER, Merveilleux et marges dans le livre profane; La Raison du merveilleux à la fin du Moyen Âge et dans la première modernité.

42   COLOMBANI, La prière du cœur; MIEDEMEA / SCHROTT / UNZEITIG, Sprechen mit Gott.

43   BRAYER, Livres d'heures; BUSBY, Codex and Context.

44   KOPPELMAN, Becoming Her Man.

45   SHEA, Adgar's ,Gracial'; BOLLO PANADERO, Heretics and Infidels; SIGNORI, Judenfeindschaft ohne Juden; IHNAT, Mother of Mercy; DIES., William of Malmesbury and the Jews; DRAKE, A Century of Miracles, S. 312–410; SNOW, Mary's Role.

46   MEALE, The Miracles of Our Lady, S. 134: „she acts as indulgent mother to all mankind, her partiality towards her followers overriding notions of justice, as represented by her Son."; FOEHR-JANSSENS, Histoire poétique du péché, S. 215 f. Williams BOYARIN, Miracles of the Virgin in Medieval England, S. 24, schreibt, Maria „shows a seemingly arbitrary, even perverse, affection for the most horrendous of sinners."

Gewissheit, dass ausnahmslos alle Sünder erhört werden, vorausgesetzt sie beichten und empfinden wahrhafte Reue.[47] Das Marienmirakel befreit die reuige Seele von der drückenden Last jeder Sünde.

Das Schreinwunder hingegen stützt sich auf festgeschriebene Rituale, Handlungsabläufe, wenn nicht gar Automatismen, die der Gläubige zu vollziehen hat, um die gewünschte Wirkung zu erzielen. Die Formstrenge ist beachtlich; die Formen selbst verändern sich jedoch im Verlauf der Zeit. Der Heilige erscheint im Schreinwunder vergleichsweise profillos, selbst im didaktischen Strafwunder, in dem er eingreift oder an seiner Statt Dämonen walten lässt. Pastoraltheologischer Nutzen ist dem rohen, ungeschliffenen Schreinwunder (das nicht zur Predigt benutzt wird) fremd; es will den Menschen nicht zu einem moralisch besseren Menschen machen; es heilt die, die an die Möglichkeit einer Heilung glauben. Im Schreinwunder werden gewöhnlich auch keine Hassbotschaften verbreitet.[48] Der Heilige wird im Schreinwunder eigentlich zur Nebensache. Im Fokus der Aufmerksamkeit steht der Gläubige, an dem das Wunder vollzogen wird; das Wunder selbst ist Gottesbeweis, das Medium der Theophanie der menschliche Körper.[49]

III. Zeitgenössische Definitionen

Die mittelalterlichen Theologen interessieren sich nicht für das Mirakel; auch zum besseren Verständnis der zum Teil radikalen Veränderungen, die das christliche Wunder im Verlauf der Jahrhunderte erlebt, tragen sie wenig bei, zu groß sind die Pfadabhängigkeiten, in denen sie sich bewegen. Deswegen setze ich ihre Diskussion an das Ende meines Vergleichs. Die Theologen fokussieren auf das christliche Wunder und seine historischen, katechetischen und pastoraltheologischen Funktionen. Ich resümiere an dieser Stelle kurz Bekanntes.[50] Seit dem ausgehenden 4. Jahrhundert räumt das zur Institution gewordene Christentum dem Post-mortem- beziehungsweise Schreinwunder einen festen Platz im christlichen Glaubensgebäude ein, als Instrument der Konversion, der Glaubenskonsolidierung und der Häresiebekämpfung: Das Wunder

---

47 DELUMEAU, L'aveu et le pardon. Zu Maria vgl. SPANGENBERG, Maria ist immer und überall, S. 130–145; MERTENS FLEURY, Maria Mediatrix; BILLER, Handling Sin. Speziell zu Maria vgl. CUCHE, La Vierge médiatrice; KUNSTMANN, The Virgin's Mediation.

48 SIGNORI, Kultwerbung – Endzeitängste – Judenhass, S. 433–472.

49 BLAY, Natürlich Wunder?, S. 126–142.

50 WARD, Miracles and the Medieval Mind, 1000–1215; HEINZELMANN / HERBERS / BAUER, Mirakel im Mittelalter; DIERKENS, Réflexions sur le miracle au haut Moyen Âge; GOODICH, Miracles and Wonders, S. 8–28; BREWER, Wonder and Scepticism in the Middle Ages, S. 31–45.

ist Theophanie, im Wunder wird das Unsichtbare sichtbar, das Wunder macht dem Gläubigen Gottes Existenz erfahrbar.[51] Augustinus (gest. 430) versteht das Wunder als ein indirektes Zeugnis des Auferstehungswunders. Diejenigen, die für diesen Glauben gestorben seien, wirkten durch Christus gegenwärtig Wunder, die den Glauben wiederum stärkten und verbreiteten. Was immer die Märtyrer täten, geschehe aber nur durch Christus beziehungsweise auf Fürbitte oder durch Eintreten des Märtyrers vor Christus. In diesem katechetischen Sinn ist das Wunder in Augustinus' ‚Sermones ad populum' omnipräsent.[52] Auch für Gregor den Großen (gest. 604) hat das Wunder zweihundert Jahre später primär eine glaubensapologetische Funktion, das heißt, auch bei Gregor soll das Wunder den Glauben stärken und vertiefen; es fungiert auch als Korrektiv gegen Irrlehren wie schon bei Augustinus in Reibung mit den Donatisten.[53] Dennoch ist das Wunder für Gregor den Großen erlässlich: „wahre Heiligkeit beweisen allein die *spiritualia miracula* der Liebe und Gottesergebenheit."[54] Tugendheiligkeit und Wundertätigkeit stehen in einem Spannungsverhältnis zueinander.

Die theologischen Funktionszuweisungen bewegen sich in Pfadabhängigkeit zu den Kirchenvätern und sind in diesem Sinne historisch ausgesprochen träge. Davon zu unterscheiden sind die theologischen Definitionsversuche. Sie häufen sich aber erst Jahrhunderte später, als sich im Zeitalter der großen Summen und Nachschlagewerke die Theologie zur Wissenschaft erhob.[55] Die Gelehrten gehen meist vergleichend vor, arbeiten die Gemeinsamkeiten und Unterschiede heraus, die *miraculum* und *mirabile*, *signum* und *prodigium* verbinden oder unterscheiden. Die deutsche Sprache erlaubt es nicht, diese kategorialen Unterschiede zu bezeichnen. Dafür müssen wir auf Latinismen wie die Mirabilie oder die Prodigie rekurrieren, Begriffe, die es laut Duden in der deutschen Sprache gar nicht gibt.[56]

Die mittelalterlichen Wörterbücher leiten den Begriff *miraculum* gewöhnlich vom Deponens *mirari* ab (*Item a miror hoc miraculum ...*), und definieren das Wunder als etwas, das „gegen den Lauf der Natur" geschehe, wie die Jungfrauengeburt oder die

---

51   NIE, Poetics of Wonder.
52   BLAY, Natürlich Wunder?, S. 71–109. Buchführung und Verschriftung des Wunders werden in der ‚Civitas dei' in den Vordergrund gerückt.
53   LAKE, Hagiography and the Cult of Saints.
54   SCHREINER, *Discrimen veri ac falsi*, S. 21; CRACCO, Ascesi e ruolo dei *viri dei* nell'Italia di Gregorio Magno; UYTFANGHE, Scepticisme doctrinal au seuil du Moyen Âge?; MCCREADY, Signs of Sanctity, S. 84–110.
55   REXROTH, Fröhliche Scholastik.
56   Zu den Prodigien vgl. CRAMER, Der Umgang mit dem Wunderbaren in der Natur; SCHENDA, Wunder-Zeichen; AEWERDIECK, *Vp der hogen Cantzel des blawen Hemmels*; JONES / SPRUNGER, Marvels, Monsters, and Miracles; SONDERGAARD / THORNING HANSEN, Monsters, Marvels and Miracles; FREEMAN, Wonders, Prodigies and Marvels. Zu den Mirabilien vgl. unter vielen anderen MIEDEMA, ‚Mirabilia Romae'; MOSETTI CASARETTO / CIOCCA, Mirabilia; Mirabilia e merveille; SINISI, Il fantastico nel Medioevo di area germanica; STIEGEMANN, Wunder Roms im Blick des Nordens von der Antike bis zur Gegenwart; KYNAN-WILSON, Subverting the Message.

Totenerweckung.[57] Die unterschiedlichen Definitionen sind in der Forschung schon vielfach diskutiert worden; ich fasse abermals kurz zusammen:[58] Wunder und Mirabilie sei gemein, meint der englische Geschichtenerzähler Gervasius von Tilbury (gest. 1235), dass sie beim Betrachter Verwunderung auslösten. Unter Wunder verstünden wir Phänomene, die den Gesetzen der Natur zuwiderliefen, unter Mirabilie hingegen Phänomene, die unser Verstand nicht erfassen könne, obwohl sie den Gesetzen der Natur gehorchten, Phänomene, die uns in Erstaunen versetzten.[59] Für Albertus Magnus (gest. 1280) ist hingegen Erwartbarkeit das Kriterium, das das *miraculum* vom *mirabile* unterscheidet, nicht die Verwunderung oder das Erstaunen. Die Mirabilie sei zwar ein Werk der Schöpfung, der Rechtfertigung und der Lobpreisung Gottes, sie bewege sich aber im Bereich des Erwartbaren. Für Erwartung steht der lateinische Begriff *spes*. Im Wunder – das hieße, Blinde und Lahme heilen sowie Tote zum Leben erwecken – „sei keine Hoffnung", *de quibus nulla sit spes*. Kurz, diese Wunder seien nicht vorhersehbar, nicht zu erwarten. Nur einen graduellen, keinen substantiellen Unterschied sieht Albertus Magnus zwischen den Begriffen *signum* und *prodigium*; das eine verweise auf kleine Dinge, das andere auf große Ereignisse: *signum est in minoribus, et prodigium in majoribus*.[60] Die mittelalterlichen Theologen benutzen, wie der LLT-Datenbank zu entnehmen ist, die Begriffe hingegen meist als Synonyme in der Verdoppelung als *signum et prodigium* (95 Treffer).[61] Die Prodigie ist für die Theologen ein kontroveser Begriff durch seine Affinität zur *superstitio*.[62] Wie Uguccione da Pisa (gest. 1210) in seinen ‚Derivationes' orientiert sich Thomas von Aquin (gest. 1274) bei seiner Definition ausschließlich an den Naturgesetzen. Als Wunder im „eigentlichen Wortsinn" zu bezeichnen sei, was jenseits der natürlichen Ordnung geschehe, *quod fit praeter ordinem totius naturae creatae*.[63] Und es sei ausschließlich Gott, der Wunder bewirken könne. Dionysius der Kartäuser (gest. 1471) präzisiert in seiner Summe, dass es auf dieses *totius naturae creatae* ankomme.[64]

---

57 Uguccione da Pisa, Derivationes, Bd. 2, S. 774 f. Auf Uguccione bezieht sich das ‚Catholicon' des Johannes Balbus (gest. 1298), eines der ersten gedruckten Bücher.

58 GOODICH, Miracles and Wonders, S. 19–28.

59 Gervasius von Tilbury, Kaiserliche Mußestunden / Otia imperialia, S. 308 f. Vgl. DUCHESNE, Miracles et merveilles chez Gervais de Tilbury; DASTON / PARK, Wunder und die Ordnung der Natur, S. 25–77; SAINT GIRONS, Schrecken, Staunen, Wundern.

60 Albertus Magnus, Comentarii in secundum librum Sententiarum, distinctio 18 G, art. 5, S. 319. Im klassischen Latein verheißen die Prodigien hingegen meist Unglück, können aber auch Missgeburten bei Mensch und Tier bedeuten, die wiederum als schlechtes Vorzeichen gelesen werden konnten. Davon grenzen sich die mittelalterlichen Theologen deutlich ab.

61 www.brepols.net/Pages/BrowseBySeries.aspx?TreeSeries=LLT-O [abgerufen am 23.12.2023].

62 Rodríguez Fernández, Dialéctica intelectual y conflicto religioso en torno al prodigium pagano y el miraculum cristiano.

63 Thomas von Aquin, Summa theologie I, quaestio 114. 4 cap. Vgl. POULIOT, La doctrine du miracle chez Thomas d'Aquin; BERCEVILLE, Du miracle au surnaturel.

64 Dionysius Cartusianus, Summa fidei orthodoxae, Liber I, art. 151, pars. 4, S. 197.

Sowohl für Albertus Magnus als auch für Thomas von Aquin ist das Wunder demnach primär eine Beobachtungskategorie, die sich an ihrem Naturverständnis orientiert, während es bei Gervasius von Tilbury um die Wirkung der Beobachtung geht. Dass sich das Naturverständnis verändern kann und mithin die entsprechende Erwartungshaltung, wird von Thomas von Aquin mitbedacht.[65] Staunen und Erwarten sind dem historischen Wandel gegenüber offener. Alle drei Autoren schreiben in demselben 13. Jahrhundert, in dem sich in ganz Europa die Marienmirakelsammlungen sowohl in Latein als auch in den Volkssprachen multiplizieren; aber keiner geht näher auf diesen Wundertypus ein, der weder Wunder noch Mirabilie ist, sich aber behänd über Naturgesetze hinwegsetzt und eine übernatürliche Welt kreiert, in der Dies- und Jenseits interagieren. Die Theologen interessieren sich nicht für das Mirakel, sondern ausschließlich für das biblische Wunder und dessen Fortleben in Hagiographie und Heiligsprechungsverfahren. Dieses Wunder beherrscht die früh- und hochmittelalterlichen Wundersammlungen monumental, wie Pierre-André Sigal gezeigt hat, verliert seit dem 13. Jahrhundert aber sukzessive an Bedeutung.[66] Diese radikalen Veränderungen in der spätmittelalterlichen Wunderpraxis sehen die in ihren Pfadabhängigkeiten verfangenen Theologen aber nicht.

In demselben 13. Jahrhundert, in dem sich allenthalben die Definitionsversuche häufen, stellen die Kanonisten das Post-mortem-Wunder erstmals explizit in den Dienst des Heiligsprechungsverfahrens. Dass Heiligkeit nicht auf Wunder verzichten kann, darin waren sich die Rechtsgelehrten einig; uneins waren sie sich lediglich, wie Thomas Wetzstein gezeigt hat, über die konkrete Form. Gottfried von Trani (gest. 1245) meint, dass Wunder „auf das Wirken Gottes, nicht aber auf Zauberei" zurückgehen müssten; überdies müssten sie „die Kräfte der Natur überschreiten, den heilswirksamen Verdienst eines Menschen, nicht jedoch bestimmte Formeln zur Ursache haben und der Stärkung des Glaubens dienen."[67] Innozenz IV. (gest. 1254) hingegen vertritt die Ansicht, dass Kandidaten, die zwar ein heiligenmäßiges Leben geführt, aber keine Wunder vollbracht hätten, nicht heiligzusprechen seien. Die Positionen der Kanonisten unterscheiden sich demnach nicht substantiell, sondern graduell: Die einen meinen, Wundertätigkeit allein sei nicht verehrungswürdig, die anderen entgegnen, dass ein heiligenmäßiger Lebenswandel nicht ausreiche, um als heilig verehrt zu werden. Es geht also ausschließlich um die Frage: ‚Wieviel'?[68] Das Wunder selbst ist nach kanonischem Recht fortan unverzichtbar, und die Kontrolle seiner Authentizität der Kirche vorbehalten.[69] Wie bei den Theologen gelten auch bei den Kanonisten die Naturge-

65   KLYMENKO, Semantiken des Wandels, S. 65–96.
66   SIGAL, L'homme et le miracle.
67   WETZSTEIN, Heilige vor Gericht, S. 246.
68   Die Zahl wird immer wichtiger, vgl. WETZSTEIN, *Virtus morum et virtus signorum?*; WIRTH, Légende et miracles de saint Thomas d'Aquin.
69   KRÖTZL / KATAJALA-PELTOMAA, Miracles in Medieval Canonization Processes.

setze als Maßstab, an dem das Wunder gemessen wird.[70] Die „naturwissenschaftliche Wende" des Wunders setzt aber erst ein, als zu Beginn der Neuzeit immer häufiger die Ärzte Teil des Prüfungsverfahrens wurden.

Theologie und Schreinwunder gehen demnach eigene Wege, aber ihre Wege kreuzen sich regelmäßig, wenngleich in verschiedenen Kontexten. Wenig Berührungspunkt haben hingegen Mirakel und Wunder. Es sind zwei weitgehend differente Beschreibungskategorien. Damit habe ich meine Ausführungen begonnen; darauf komme ich abschließend zurück. Mirakel und Schreinwunder folgen unterschiedlichen Funktionslogiken, werden unterschiedlich gebraucht und gelesen und bezwecken Unterschiedliches: Das Wunder handelt gewöhnlich vom Körper, das Mirakel von der Seele, das Wunder heilt, das Mirakel lädt die Menschen ein, sich moralisch zu bessern. Daran ändert sich im Verlauf der Jahrhunderte sehr wenig. Im 13. Jahrhundert verrechtlicht sich das Wunder und streift zugleich immer häufiger das Gegennatürliche ab, operiert immer ausschließlicher mit dem Unerwarteten.[71] Spes ist die Kategorie der Zukunft. Das Wunder wird domestiziert oder, so man will, veralltäglicht. Im gleichen Zug wird das Mirakel immer phantastischer!

Bibliographie

Quellen

Adgar's Marienlegenden nach der Londoner Handschrift Egerton 612, hg. v. Carl NEUHAUS (Altfranzösische Bibliothek 9), Wiesbaden 1968 [1886].

Albertus Magnus, Comentarii in secundum librum Sententiarum, hg. v. Auguste BORGNET (Opera omnia 28), Paris 1894.

Alfonso X., the Learned, Cantigas de Santa Maria. An Anthology, hg. v. Stephen PARKINSON, Cambridge 2013.

Benoît, Jean-Louis, Le gracial d'Adgar. Miracles de la vierge. Dulce chose est de Deu cunter (Témoins de notre histoire 15), Turnhout 2012.

Les Chansons à la Vierge de Gautier de Coinci (1177/78–1236). Édition musicale critique avec introduction et commentaires par Jacques Challey, Paris 1959.

Dionysius Cartusianus, Summa fidei orthodoxae (Opera omnia 17 und 18), Montreuil / Tournai 1899.

Gautier de Coinci, Les Miracles de Nostre Dame, hg. v. Frédéric KOENIG (Textes littéraires français 64, 95, 131 und 176), 4 Bde., Genf 1955–1970.

Gautier de Coinci. Miracles, Music, and Manuscripts, hg. v. Kathy M. Krause / Alison Stone (Medieval Texts and Cultures of Northern Europe 13), Turnhout 2006.

Geoffroy d'Auxerre, Notes sur la vie et les miracles de saint Bernard (Sources chrétiennes 548), Paris 2011.

---

70 SMOLLER, Defining the Boundaries; WILSON, Conceptions of the Miraculous.
71 SIGNORI, Die Wunderheilung, S. 71–94.

Gerson, Jean, Contra impugnantes, in: L'œuvre polémique [492–530], hg. v. Palémon GLORIEUX, Paris 1973.

Gervasius von Tilbury, Kaiserliche Mußestunden / Otia imperialia, eingel., übers. und mit Anmerkungen vers. v. Heinz Erich STIENE (Bibliothek der Mittellateinischen Literatur 7), zweiter Halbband, Stuttgart 2009.

Gonzalo de Berceo, Milagros de Nuestra Señora, hg. v. Fernando Baños Vallejo (Clásicos 3), Barcelona 2019.

Gregor der Große, Vita Benedicti / Das Leben und die Wunder des verehrungswürdigen Abtes Benedikt, übers. und komm. v. Gisela VOLLMANN-PROFE, Stuttgart 2015.

Guibert von Nogent, De pignoribus sanctorum, hg. v. Matteo SALAROLI (Corpus Christianorum in Translation 24), Turnhout 2015.

Legenda sancti Thome, Oxford, Bodleian Library, Additional A. 263.

Le Brun-Gouanvic, Claire, Ystoria sancti Thome de Aquino de Guillaume de Tocco (1323). Édition critique, introduction et notes (Studies and Texts 127), Toronto 1996.

Liber miraculorum sancte Fidis, hg. v. A. BOUILLET (Collection de textes pour servir à l'étude et à l'enseignement de l'histoire), Paris 1897./The Book of Sainte Foy, übers. v. Pamela SHEIN GORN / Robert L.A. CLARK, Philadelphia 1995.

Liber miraculorum sancti Aegidii, hg. v. Pietro GULIELMO, in: Analecta Bollandiana 9 (1890), S. 393–423.

Livre des miracles de Sainte-Catherine-de-Fierbois (1375–1470), hg. v. Yves CHAUVIN, Poitiers 1976.

Miracula S. Martialis anno 1388 patrata, hg. v. François ARBELLOT / Charles De Smedt, in: Analecta Bollandiana 1 (1882), S. 411–446./Les miracles de Saint Martial accomplis lors de l'Ostension de 1388, hg. v. Jean-Loup LEMAÎTRE, in: Bulletin de la société archéologique et historique du Limousin 102 (1975), S. 67–139.

Thomas von Aquin, Summa theologie. www.corpusthomisticum.org/sth0000.html [abgerufen am 17.09.2022].

Uguccione da Pisa, Derivationes, hg. v. Enzo CECCHINI, 2 Bde., Florenz 2004.

William of Malmesbury, Miracles of the Blessed Virgin Mary, hg. v. Rodney M. THOMSON / M. WINTERBOTTOM, Woodbridge 2015.

Forschungsliteratur

AEWERDIECK, Björn, *Vp der hogen Cantzel des blawen Hemmels*. Prodigien und urbaner Raum. Deutung und Bewältigung eines spektakulären Halophänomens über Hamburg 1589, in: Gelebte Normen im urbanen Raum? Zur sozial- und kulturgeschichtlichen Analyse rechtlicher Quellen in Städten des Hanseraums (13. bis 16. Jahrhundert), hg. v. Hanno BRAND / Sven RABELER / Harm VON SEGGERN (Groningen Hanze Studies 5), Hilversum 2014, S. 149–181.

AZZAM, Wagih / COLLET, Olivier / FOEHR-JANSSENS, Yasmina, Mise en recueil et fonctionnalités de l'écrit, in: Le recueil au Moyen Âge. Le Moyen Âge central, hg. v. Yasmina FOEHR-JANSSENS / Olivier COLLET (Texte, codex & contexte 8), Turnhout 2017, S. 11–34.

AZZAM, Wagih / COLLET, Olivier, Le manuscrit 3142 de la Bibliothèque de l'Arsenal. Mise en recueil et conscience littéraire au XIIIᵉ siècle, in: Cahiers de civilisation médiévale 44 (2001), S. 207–245.

BALZAMO, Nicolas, Image miraculeuse. Le mot, le concept et la chose, in: L'image miraculeuse dans le christianisme occidental. Moyen Âge – Temps modernes, hg. v. DEMS. / Estelle LEUTRAT (Collection "Renaissance"), Tours 2020, S. 15–41.

DERS., Les miracles dans la France du XVIᵉ siècle. Métamorphoses du surnaturel (Le miroir des humanistes 14), Paris 2014.

BARNAY, Sylvie, Le ciel sur la terre. Les apparitions de la Vierge au Moyen Âge, Paris 1999.

BARTLETT, Robert, Why Can the Dead Do Such Great Things? Saints and Worshippers from the Martyrs to the Reformation, Princeton/Oxford 2013.

BARTHES, Roland, Le bruissement du langage (Essais critiques 4), Paris 1993.

BENOÎT, Jean-Louis, L'art littéraire dans les ‚Miracles de Nostre Dame‘ de Gautier de Coinci, Paris 1997.

DERS., Reliques et images. Les lieux de pèlerinage dans les ‚Miracles de Notre-Dame‘ d'Adgar et de Gautier de Coinci, in: La mémoire à l'œuvre. Fixations et mouvances médiévales, hg. v. Caroline CAZANAVE (Annales littéraires de l'université de Franche-Comté), Besançon 2013, S. 69–85.

La Vierge Marie dans la littérature française. Entre foi et littérature, hg. v. Jean-Louis BENOÎT, Lyon 2014.

BERCEVILLE, Gilles, Du miracle au surnaturel. De Thomas d'Aquin à Duns Scot. Un changement de problèmatique, in: Duns Scot à Paris, 1302–2002, hg. v. Olivier BOULNOIS / Elizabeth KARGER / Jean-Luc SOLÈRE u. a. (Textes et études du Moyen Age, 26), Turnhout 2005, S. 563–579.

BERNARDI, Anne-Marie, Rêve et guérison dans le monde grec des époques tardive et byzantine, in: Guérisons du corps et de l'âme: approches pluridisciplinaires, hg. v. Pascal BOULHOL / Françoise GAIDE / Mireille LOUBET, Aix-en-Provence 2006, S. 123–134.

BESCHEA, Florin, Corps, cœur, âme et raison dans les ‚Miracles de Nostre Dame‘ de Gautier de Coinci et dans les ‚Miracles de Nostre Dame par personnages‘, Indiana University 2013.

BIALECKI, Jon, A Diagram for Fire. Miracles and Variation in an American Charismatic Movement, Oakland 2017.

Handling Sin. Confession in the Middle Ages, hg. v. Peter BILLER, York 2013 [1996].

BLAY, Martin, Natürlich Wunder? Eine Rekonstruktion des Wunderbegriffs im Horizont der Emergenztheorie, Münster 2018.

BOLLO PANADERO, María Dolores, Heretics and Infidels: The ‚Cantigas de Santa Maria‘ as Ideological Instrument of Cultural Codification, in: Romance Quarterly 55 (2008), S. 163–173.

BRAYER, Édith, Livres d'heures contenant des textes en français, in: Bulletin d'information de l'Institut de recherche et d'histoire des textes 12 (1963), S. 31–102.

BRETEL, Paul, Les images de la Vierge dans les miracles narratifs de Notre Dame (XIIᵉ–XIVᵉ siècles), in: La Vierge dans les arts et les littératures du Moyen Age, hg. v. DEMS. / Michel ANDROHER / Aymat CATAFAU (Nouvelle bibliothèque du Moyen Âge 120), Paris 2017, S. 297–319.

BREWER, Keagan, Wonder and Scepticism in the Middle Ages (Routledge Research in Medieval Studies 8), London/New York 2016.

BROUGHTON, Laurel, The Rose, the Blessed Virgin Undefiled. Incarnational Piety in Gautier's Miracles de Nostre Dame, in: Gautier de Coinci. Miracles, Music, and Manuscripts, hg. v. M. Krause / Alison Stone (Medieval Texts and Cultures of Northern Europe 13), Turnhout 2006, S. 281–299.

BURMEISTER, Heike A., Der Judenknabe: Studien und Texte zu einem mittelalterlichen Marienmirakel in deutscher Überlieferung (Göppinger Arbeiten zur Germanistik 654), Göppingen 1998.

BUSBY, Keith, Codex and Context: Reading Old French Verse Narrative in Manuscript, 2 Bde., Amsterdam 2002.

CARRUTHERS, Mary J., The Book of Memory. A Study of Memory in Medieval Culture, Cambridge 1990.

DIES., The Craft of Thought: Meditation, Rhetoric, and the Making of Images, 400–1200, Cambridge 1998.

CLAYTON, Mary, The Cult of the Virgin Mary in Anglo-Saxon England (Studies in Anglo-Saxon England 2), Cambridge 1990.

COLOMBANI, Dominique, La prière du cœur dans les ‚Miracles de Nostre Dame‘ de Gautier de Coinci, in: La prière au Moyen Âge. Littérature et civilisation (Senefiance 10), Aix-en-Provence 1981, S. 73–90.

Madonna's Miracles. The Holy Home in Renaissance Italy, hg. v. Maya CORRY / Deborah HOWARD / Mary LAVEN, London/New York 2017.

COUSSEMACKER, Sophie, La nonne giflée par le crucifix. Itinéraire d'un miracle marial devenu support d'un exemplum, in: Miracles d'un autre genre: récritures médiévales en dehors de l'hagiographie, hg. v. Olivier BIAGGINI / Bénédicte MILLAND-BOVE, Madrid 2012, S. 229–254.

CRACCO, Giorgio, Ascesi e ruolo dei viri dei nell'Italia di Gregorio Magno, in: Hagiographie, cultures et sociétés, Paris 1981, S. 283–297.

CRAMER, Thomas, Der Umgang mit dem Wunderbaren in der Natur. Portenta, Monstra und Prodigia in der Zoologie des Mittelalters und der frühen Neuzeit. Die Gleichzeitigkeit des Ungleichzeitigen, in: Knowledge, Science, and Literature in Early Modern Germany, hg. v. Gerhild SCHOLZ WILLIAMS / Stephan K. SCHINDLER, Chapel Hill 1996, S. 151–192.

CUCHE, Marine, La Vierge médiatrice, in: Cahiers de recherches médiévales et humanistes 23 (2012), S. 377–396.

Daas, Martha Mary, The Politics of Salvation: Gonzalo de Berceo's Reinvention of the Marian Myth, London 2011.

DAL SANTO, Matthew J., Text, Image, and the „Visionary Body" in Early Byzantine Hagiography: Incubation and the Rise of the Christian Image Cult, in: Journal of Late Antiquity 4 (2011), S. 31–54.

Faire parler et faire taire les statues, de l'invention de l'écriture à l'usage de l'explosif, hg. v. Michel D'ANNOVILLE / Yann RIVIÈRE (Collection de l'École Française de Rome 520), Rom 2016.

DASTON, Lorraine / PARK, Katharina, Wunder und die Ordnung der Natur, Berlin 1998.

La Raison du merveilleux à la fin du Moyen Âge et dans la première modernité. Textes et images, hg. v. Dominique DE COURCELLES (Rencontres 399. Colloques, congrès et conférences sur la Renaissance européenne 102), Paris 2019.

Expériences oniriques dans la littérature et les arts du Moyen Âge au XVIIIe siècle, hg. v. Mireille DEMAULES (Colloques, congrès et conférences sur le Moyen Âge 22), Paris 2016.

DE NIE, Giselle, Poetics of Wonder. Testimonies of the New Christian Miracles in the Late Antique Latin World (Studies in the Early Middle Ages 31), Turnhout 2011.

DE SANTIS, Andrea, Denkbilder. Zum Wechselspiel zwischen Erscheinung und Wahrnehmung, Paderborn 2013.

DELUMEAU, Jean, L'aveu et le pardon. Les difficultés de la confession, XIIIe–XVIIIe siècle, Paris 1990.

DIERKENS, Alain, Réflexions sur le miracle au haut Moyen Âge, in: Miracles, prodiges et merveilles au Moyen Age, Paris 1995, S. 9–30.

Apparitions et miracles, hg. v. Alain DIERKENS (Problèmes d'histoire des religions 2), Brüssel 1991.

Mirabilia e merveille. Le trasformazioni del meraviglioso nei secoli XII–XV, hg. v. Martina DI FEBO, Macerata 2014.

DRAKE, Harold Allen, A Century of Miracles: Christians, Pagans, Jews, and the Supernatural, 312–410, Oxford 2017.

DUBOST, FRANCIS, Aspects fantastiques de la littérature narrative médiévale (XIième–XIIième siècles). L'autre, l'ailleurs, l'autrefois (Nouvelle bibliothèque du Moyen Âge 15), Genf 1991.

DERS., Fantastique médiéval. Esquisse d'une problématique, in: La Merveille médiévale, hg. v. DEMS., Paris 2016, S. 121–143.

DERS., La Merveille médiévale (Essais sur le Moyen Age 60), Paris 2016.

DUCHESNE, Annie, Miracles et merveilles chez Gervais de Tilbury, in: Miracles, prodiges et merveilles au Moyen Age, Paris 1995, S. 151–158.

DUFFIN, Jacalyn, Medical Miracles. Doctors, Saints, and Healing in the Modern World, Oxford 2009.

DUYS, Kathryn A., Manuscripts that Preserve the Songs of Gautier de Coinci's ‚Miracles de Nostre Dame‘ Listed by Date and Sigla, in: Gautier de Coinci. Miracles, Music, and Manuscripts, hg. v. Kathy M. KRAUSE / Alison STONES, Turnhout 2006, S. 367 f.

DIES., Reading Royal Allegories in Gautier de Coinci's ‚Miracles de Nostre Dame‘. The Soissons Manuscript (Paris, BnF, Ms. n. a. fr. 24541), in: Collections in Context. The Organization of Knowledge and Community in Europe, hg. v. Karen L. FRESCO / Anne DAWSON HEDEMAN, Columbus 2011, S. 208–236.

DIES., The Audience in the Story. Novices Respond to History in Gautier de Coinci's ‚Chasteé as nonains‘, in: Telling the Story in the Middle Ages. Essays in Honor of Evelyn Birge Vitz, hg. v. ders., Elizabeth Emery / Laurie Postlewate (Gallica, 36), Cambridge 2015, S. 77–92.

ELLIS, C. John, Textual-Pictorial Convention as Politics in the ‚Cantigas de Santa Maria‘ (Ms. Escorial T. I.1) of Alfonso X el Sabio, Amherst 2003.

Alfonso X el Sabio. Cronista y protagonista de su tiempo, hg. v. Elvira FIDALGO FRANCISCO, San Millán de la Cogolla 2020.

FLORY, David A., Marian Representations in the Miracle Tales of Thirteenth-Century Spain and France, Washington 2000.

FOEHR-JANSSENS, Yasmina, Histoire poétique du péché: de quelques figures littéraires de la faute dans les ‚Miracles de Nostre Dame‘ de Gautier de Coinci, in: Gautier de Coinci. Miracles, Music, and Manuscripts, hg. v. M. Krause / Alison Stone (Medieval Texts and Cultures of Northern Europe 13), Turnhout 2006, S. 215–216.

Le recueil au Moyen Âge. Le Moyen Âge central, hg. v. Yasmina FOEHR-JANSSENS (Texte, Codex & Contexte 8), Turnhout 2010.

FREEMAN, Elizabeth, Wonders, Prodigies and Marvels. Unusual Bodies and the Fear of Heresy in Ralph of Coggeshall's ‚Chronicon Anglicanum‘, in: Journal of Medieval History 26 (2000) S. 127–144.

FUCHS, Karin, Les collections de Miracles de la Vierge. Rassembler, copier, réécrire, in: Miracles, vies et réécritures dans l'Occident médiéval, hg. v. Monique GOULLET / Martin HEINZELMANN (Beihefte der Francia 65), Ostfildern 2006, S. 67–91.

GARNETT, Jane / ROSSER, Gervase, Spectacular Miracles. Transforming Images in Italy from the Renaissance to the Present, London 2013.

GARNIER, Annette, Le Miracle de Théophile. Ou comment Théophile vint à la pénitence (Textes et traductions des classiques français du Moyen Âge 6), Paris 1998.

DIES., Le miracle de la chaste impératrice. *De l'empeeris qui garda sa chasteé contre mout de temptations* (Textes et traductions des classiques français du Moyen Âge 75), Paris 2006.

Wunder. Poetik und Politik des Staunens im 20. Jahrhundert, hg. v. Alexander C. T. GEPPERT / Till KOESSLER, Frankfurt am Main 2010.

GERBER, Jennifer, Transzendenz berühren. Die (halbe) Kerze als Schnittstelle zwischen Transzendenz und Immanenz im Marienmirakel ‚Erscheinung am Lichtmesstage‘ des ‚Passionals‘, in: Getting the sense(s) of Small Things = Sinn und Sinnlichkeit kleiner Dinge. Das Mittelalter 25 (2020), S. 294–310.

Traum und Vision in der Vormoderne. Traditionen, Diskussionen, Perspektiven, hg. v. Annette GEROK-REITER / Christine WALD, Berlin 2012.

Motifs merveilleux et poétiques des genres au Moyen Âge, hg. v. Francis GINGRAS (Rencontres 151), Paris 2015.

GONZÁLEZ, Déborah, Du nouveau sur Adgar et son Gracial (XIIᵉ siècle), in: Cahiers de civilisation médiévale, Xᵉ–XIIᵉ siècles 62 | 246 (2019), S. 177–184.

GOODICH, Michael, Miracles and Wonders. The Development of the Concept of Miracle, 1150–1350, Aldershot/Burlington 2007.

GOULLET, Monique / PHILLIPART, Guy, Le Miracle médiéval. Bilan d'un colloque, in: Miracles, vies et réécritures dans l'Occident médiéval, hg. v. DERS. / Martin HEINZELMANN (Beihefte der Francia 65), Ostfildern 2006, S. 9–20.

Miracles, vies et réécritures dans l'Occident médiéval, hg. v. Monique GOULLET / Martin HEINZELMANN (Beihefte der Francia 65), Ostfildern 2006.

IIAMMER, Andreas, Erzählen vom Heiligen. Narrative Inszenierungsformen von Heiligkeit im Passional (Literatur – Theorie – Geschichte 10), Berlin/Boston 2015.

HANSKA, Jussi, Miracula and Exempla – A Complicated Relationship, in: A Companion to Medieval Miracle Collections, hg. v. Sari KATAJALA-PELTOMAA / Jenni KUULIALA / Iona MCCLEERY (Reading Medieval Sources 5), Leiden/Boston 2021, S. 125–143.

Mirakel im Mittelalter. Konzeptionen, Erscheinungsformen, Deutungen, hg. v. Martin HEINZELMANN / Klaus HERBERS / Dieter BAUER, Stuttgart 2002.

Le recueil au Moyen Âge. La fin du Moyen Âge, hg. v. Tania van HEMELRYCK / Stefania MARZANO (Texte, Codex & Contexte 9), Turnhout 2010.

HILG, Hardo, Art. ‚Marienmirakelsammlungen', in: Verfasserlexikon 8 (1987), Sp. 19–42.

HOLZNAGEL, Franz-Josef, Einleitung, in: Die Kunst der brevitas. Kleine literarische Formen des deutschsprachigen Mittelalters, hg. v. DEMS. / Ricarda BAUSCHKE-HARTUNG / Susanne KÖBELE u. a. (Wolfram Studien 24), Berlin 2017, S. 9–25.

IHNAT, Kati, Mother of Mercy, Bane of the Jews. Devotion to the Virgin Mary in Anglo-Norman England, Princeton 2016.

DIES., William of Malmesbury and the Jews, in: Discovering William of Malmesbury, hg. v. Rodney M. THOMSON / Emily DOLMANS / Emily A. WINKLER, Woodbridge 2017, S. 49–63.

DIES., Marian Miracles and Marian Liturgies in the Twelfth-Century Miracle Narratives, in: Contextualising Miracles in the Christian West, 1100–1500. New Historical Approaches, hg. v. Matthew Mesley / Louise Wilson (Medium Aevum Monographs. NS 32), Oxford 2014, S. 63–98.

JÄGER, Maren / MATALA DE MAZZA, Ethel / VOGL, Joseph, Einleitung, in: Verkleinerung: Epistemologie und Literaturgeschichte kleiner Formen, hg. v. DENSJOHNSON, Trevor, Magistrates, Madonnas, and Miracles. The Counter Reformation in the Upper Palatinate, Farnham 2009.

La Simplicité. Manifestations et enjeux culturels du simple en art, hg. v. Sophie JOLLIN-BERTOCCHI / Lia KURTS-WÖSTE / Anne-Marie PAILLET u. a. (Bibliothèque de grammaire et de linguistique 51), Paris 2017.

Marvels, Monsters, and Miracles: Studies in the Medieval and Early Modern Imaginations, hg. v. Timothy S. JONES / David A. SPRUNGER (Studies in Medieval Culture 42), Kalamazoo 2002.

KÄLIN, Beatrice, Maria, muter der barmherzekeit. Die Sünder und die Frommen in den Marienlegenden des alten Passionals (Deutsche Literatur von den Anfängen bis 1700 17), Bern 1994.

A Companion to Medieval Miracle Collections, hg. v. Sari KATAJALA-PELTOMAA / Jenni KUULIALA / Iona MCCLEERY (Reading Medieval Sources 5), Leiden/Boston 2021.

KLANICZAY, Gábor, Dream Healing and Visions in Medieval Latin Miracle Accounts, in: The Vision Thing. Studying Divine Intervention, hg. v. DEMS. / William A. CHRISTIAN (Collegium Budapest Workshop Series 18), Budapest 2009, S. 37–64.

DERS., The Inquisition of Miracles in Medieval Canonization Processes, in: Miracles in Medieval Canonization Processes. Structures, Functions and Methodologies, hg. v. Christian KRÖTZL / Sari KATAJALA-PELTOMAA (International Medieval Research 23), Turnhout 2018, S. 43–73.

Realitätseffekte. Ästhetische Repräsentation des Alltäglichen im 20. Jahrhundert, hg. v. Alexandra KLEIHUES, Paderborn 2008.

KLYMENKO, Iryna, Semantiken des Wandels. Zur Konstruktion von Veränderbarkeit in der Moderne (Histoire 160), Bielefeld 2019, S. 65–96.

KOOPMANNS, Rachel, Wonderful to Relate. Miracle Stories and Miracle Collecting in High Medieval England, Philadelphia/Oxford 2011.

KOPPELMAN, Kate, Becoming Her Man. Transcoding in Medieval Marian Literature, in: Exemplaria 22 (2010), S. 200–222.

KOZEY, James Patrick, *Por cantigas o por rimas*. Poetry and Politics at Court in Iberia, 1000–1300, Cornell Universität 2019.

KRAFFT, Otfried, Papsturkunde und Heiligsprechung. Die päpstlichen Kanonisationen vom Mittelalter bis zur Reformation. Ein Handbuch (Archiv für Diplomatik. Beiheft 9), Köln/Weimar/Wien 2005.

KRÖTZL, Christian, Miracles au tombeau – miracles à distance. Approches typologiques, in: Miracle et Karama. Hagiographies médiévales comparées, hg. v. Denise AIGLE (Bibliothèque de l'École des Hautes Études. Section des Sciences Religieuses 109), Turnhout 2000, S. 557–567.

DERS., *Miracula post mortem*. On Function, Content, and Typological Changes, in: Miracles in Medieval Canonization Processes. Structures, Functions and Methodologies, hg. v. DEMS. / Sari KATAJALA-PELTOMAA (International Medieval Research 23), Turnhout 2018, S. 157–176.

KUNSTMANN, Pierre, The Virgin's Mediation. Evolution and Transformation of the Motif, in: Parisian Confraternity Drama of the Fourteenth Century. The ‚Miracles de Nostre Dame par personnages‘, hg. v. Donald MADDOX / Sara STURM-MADDOX, Turnhout 2008, S. 163–178.

KYNAN-WILSON, William, Subverting the Message. Master Gregory's Reception of and Response to the ‚Mirabilia urbis Romae‘, in: Journal of Medieval History 44 (2018), S. 347–364.

LAKE, Stephen, Hagiography and the Cult of Saints, in: A Companion to Gregory the Great, hg. v. Bronwen NEIL (Brill's Companions to the Christian Tradition 47), Leiden u. a. 2013, S. 225–246.

Merveilleux et marges dans le livre profane à la fin du Moyen Age (XIIe–XVe siècle), hg. v. Adeline LATIMIER-IONOFF / Joanna PAVLEVSKI-MALINGRE / Alicia SERVIER (Répertoire iconographique de la littérature du Moyen Age. Les études du RILMA 8), Turnhout 2017.

LE GOFF, Jacques, Le merveilleux dans l'Occident médiéval, in: L'Etrange et le Merveilleux dans l'Islam médiéval (colloque organisé par l'Association pour l'avancement des études islamiques en mars 1974 à Paris), hg. v. Mohammed Arkoun / Jacques Le Goff / T. Fahd / M. Rodinson, Paris 1978, S. 61–79.

LINDGREN, Lauri, Les miracles de Notre Dame de Soissons versifiés par Gautier de Coinci (Acta societatis Fennicae. Series B 129), Helsinki 1963.

LUNDAHL, Diane Marie, The Evolution of the Marian Image and the Valuation of the Feminine and its Correlation in Gonzalo de Berceo, Alfonso X, and Juan Ruiz, Diss. Arizona State University 2007.

MASAMI, Okubo, La formation de la collection des Miracles de Gautier de Coinci (première partie), in: Romania 123, 489–490 (2005), S. 141–212.

MCCREADY, William D., Signs of Sanctity. Miracles in the Thought of Gregory the Great (Studies and Texts 91), Toronto 1989, S. 84–110.

MEALE, Carol M., The Miracles of Our Lady. Context and Interpretation, in: Studies in the Vernon Manuscript, hg. v. Derek PEARSALL, Rochester 1990, S. 115–136.

MEENS, Rob, Penance in Medieval Europe, 600–1200, Cambridge 2014.

MERTENS FLEURY, Katharina, Maria Mediatrix – *mittellos mittel aller súnder,* in: Modelle des Medialen im Mittelalter, hg. v. Christian KIENING / Martina STERCKEN (Das Mittelalter 15/2), Berlin 2010, S. 33–47.

Contextualizing Miracles in the Christian West, 1100–1500. New Historical Approaches, hg. v. Matthew M. MESLEY / Louise Elisabeth WILSON (Medium Aevum Monographs. NS 32), Oxford 2014.

METTMANN, Walter, Die Soissons-Wunder in den ‚Cantigas de Santa Maria‘, in: Homenagem a Joseph M. Piel por ocasião do seu 85° aniversário, hg. v. Dieter Kremer, Tübingen 1988, S. 615–620.

Sprechen mit Gott. Redeszenen in mittelalterlicher Bibeldichtung und Legende, hg. v. Nine Robijntje MIEDEMA / Angela SCHROTT / Monika UNZEITIG (Historische Dialogforschung 2), Berlin 2012.

MIEDEMA, Nine Robijntje, Die ‚Mirabilia Romae‘. Untersuchungen zu ihrer Überlieferung; mit Edition der deutschen und niederländischen Texte (Münchener Texte und Untersuchungen zur deutschen Literatur des Mittelalters 108), Tübingen 1996.

MÖLLER, Bernd, Frömmigkeit in Deutschland um 1500, in: Archiv für Reformationsgeschichte 56 (1965), S. 6–30.

MORAIS, Alba Alonso, Los Codices de las Cantigas de Santa Maria, in: Alfonso X el Sabio. Cronista y protagonista de su tiempo, hg. v. Elvira FIDALGO FRANCISCO (Colección Instituto Literatura y Traducción 29), San Millán de la Cogolla 2020, S. 227–248.

Mirabilia. Gli effetti speciali nelle letterature del Medioevo, hg. v. Francesco MOSETTI CASARETTO / Roberta CIOCCA, Alessandria 2014.

MOULIN, Michèle, Reliques et miracles. Continuité de la controverse antipapiste au XXIᵉ siècle, in: Revue d'histoire du protestantisme 1 (2016), S. 417–429.

MUSSAFIA, Alfons, Studien zu den mittelalterlichen Marienlegenden I–V, Sitzungsberichte der Kaiserlichen Akademie der Wissenschaften in Wien 113–139, 1887–1898.

DERS., Über die von Gautier von Coinci benutzten Quellen, Wien 1896.

O'CALLAGHAN, Joseph F., Alfonso X and the ‚Cantigas de Santa Maria‘. A Poetic Biography (The Medieval Mediterranean 16), Leiden/Boston/Köln 1998.

O'SULLIVAN, Michael E., Disruptive Power: Catholic Women, Miracles, and Politics in Modern Germany, 1918–1965 (German and European Studies 31), Toronto/Buffalo/London 2018.

PARIGI, Paolo, The Rationalization of Miracles, Cambridge 2012.

POULIOT, François, La doctrine du miracle chez Thomas d'Aquin. „Deus in omnibus intime operatur" (Bibliothèque thomiste 56), Paris 2005.

PRUDLO, Donald S., Heretics, Hemorrhages, and Herrings: Miracles and the Canonizations of Dominican Saints, in: A Companion to Medieval Miracle Collections, hg. v. Sari KATAJALA-PELTOMAA / Jenni KUULIALA / Iona MCCLEERY (Reading Medieval Sources 5), Leiden/Boston 2021, S. 54–77.

REXROTH, Frank, Fröhliche Scholastik. Die Wissenschaftsrevolution des Mittelalters, München 2018.

RODRÍGUEZ FERNÁNDEZ, Antonio, Dialéctica intelectual y conflicto religioso en torno al prodigium pagano y el miraculum cristiano: scientia, magia y superstitio, in: Arys 11 (2013), S. 285–312.

ROOT, Jerry, The Theophilus Legend in Medieval Text and Image, Cambridge 2017.

ROSS, Andrew Frank, Mary as Mother and Other: Representations of the Virgin in the Miracles de Nostre Dame of Gautier of Coinci, Ph.D. Berkeley 1998.

RÜTH, Axel, Representing Wonder in Medieval Miracle Narratives, in: The Long Shadow of Political Theology, h. v. Stephen G. NICHOLS (Modern Language Notes. French Issue Supplement), Baltimore 2011, S. 89–114.

RUSSAKOFF, Anna, Portraiture, Politics, and Piety. The Royal Patronage of Gautier de Coinci's ‚Miracles de Nostre Dame‘ (Paris, BnF, MS nouv. acqu. fr. 24541), in: Studies in Iconography 37 (2016), S. 146–180.

DIES., Imagining the Miraculous: Miraculous Images of the Virgin Mary in French Illuminated Manuscripts, ca. 1250–ca. 1450, Toronto 2019.

SAINT GIRONS, Baldine, Schrecken, Staunen, Wundern, in: Poetiken des Staunens. Narratologische und dichtungstheoretische Perspektiven, hg. v. Mireille SCHNYDER / Nicola GESS / Johannes BARTUSCHAT u. a. (Poetik und Ästhetik des Staunens 1), München/Paderborn 2019, S. 13–36.

SANSTERRE, Jean-Marie, Sacralité et pouvoir thaumaturgique des statues mariales (Xᵉ siècle – première moitié du XIIIᵉ siècle), in: Revue Mabillon: Revue internationale d'histoire et de littérature religieuses 22 (2011), S. 53–77.

DIES., Vivantes ou comme vivantes. L'animation miraculeuse d'images de la Vierge entre Moyen Âge et époque moderne, in: Revue de l'histoire des religions 2 (2015), S. 155–182.

DIES., La substitution des images aux reliques, et ses limites, dans la diffusion de la *virtus* des saints (espace français, fin XIIIᵉ–XVᵉ s.), in: Analecta Bollandiana 136 (2018), S. 61–106.

DIES., Entre sanctuaires et images. L'individualisation locale du personnage céleste (XIIᵉ–XVIᵉ siècle), in: L'image miraculeuse dans le christianisme occidental. Moyen Âge – Temps modernes, hg. v. Nicolas BALZAMO / Estelle LEUTRAT (Collection „Renaissance"), Tours 2020, S. 197–212.

DIES., Les images sacrées en Occident au Moyen Âge. Histoire, attitudes, croyances. Recherches sur le témoignage des textes, Madrid 2021.

SCHENDA, Rudolf, Wunder-Zeichen: Die alten Prodigien in neuen Gewändern. Eine Studie zur Geschichte eines Denkmusters, in: Fabula. Zeitschrift für Erzählforschung 38 (1997), S. 14–32.

SCHMUHL, Yvonne / WIPFLER, Esther Pia, Kontinuitäten und Brüche im Bildgebrauch von der Antike bis zum Mittelalter. Ein transdisziplinärer Beitrag zur Debatte um das „Kultbild" und ihren Begriffen, in: Inkarnat und Signifikanz. Das menschliche Abbild in der Tafelmalerei von 200 bis 1250 im Mittelmeerraum, hg. v. DENS., München 2017, S. 31–42.

SCHREINER, Klaus, „Discrimen veri ac falsi". Ansätze und Formen der Kritik in der Heiligen- und Reliquienverehrung des Mittelalters, in: Archiv für Kulturgeschichte 48 (1966), S. 1–53.

SHEA, Jennifer, Adgar's ‚Gracial‘ and Christian images of Jews in Twelfth-Century Vernacular Literature, in: Journal of Medieval History 33 (2007), S. 181–196.

SIGAL, Pierre-André, L'homme et le miracle dans la France médiévale (XIᵉ–XIIᵉ siècle), Paris 1985.

SIGNORI, Gabriela, Maria zwischen Kathedrale, Kloster und Welt. Hagiographische und historiographische Annäherungen an den Typus der hochmittelalterlichen Wunderpredigt, Sigmaringen 1995.

DIES., Wallfahrt, Wunder und Buchdruck um 1500. Jacobus Issickemers ‚Buchlein der zuflucht zu Maria der muter gottes im alten Oding' (Kaspar Hochfeder: Nürnberg 1497), in: Maria allerorten. Die Muttergottes mit geneigtem Haupt, 1699–1999. Das Gnadenbild der Ursulinen zu Landshut. Altbayerische Marienfrömmigkeit im 18. Jahrhundert, hg. v. Franz NIEHOFF (Schriften aus den Museen der Stadt Landshut 5), Landshut 1999, S. 53–66.

DIES., Kultwerbung – Endzeitängste – Judenhass. Wunder und Buchdruck an der Schwelle zur Neuzeit, in: Mirakel im Mittelalter. Konzeptionen, Erscheinungsformen, Deutungen, hg. v. Martin HEINZELMANN / Klaus HERBERS / Dieter R. BAUER (Beiträge zur Hagiographie 3), Stuttgart 2002, S. 433–472.

DIES., Wunder. Eine historische Einführung (Historische Einführungen 2), Frankfurt am Main 2007.

DIES., Die Wunderheilung. Vom heiligen Ort zur Imagination, in: Wunder. Poetik und Politik des Staunens im 20. Jahrhundert, hg. v. Alexander C. T. GEPPERT / Till KOESSLER, Frankfurt am Main 2010, S. 71–94.

DIES., Judenfeindschaft ohne Juden. Die Marienmirakel des englischen Benediktinermönchs Wilhelm von Malmesbury (ca. 1095 bis ca. 1143), in: Mittellateinisches Jahrbuch 46 (2011), S. 1–13.

DIES., Thomas von Aquin oder wie aus einem Intellektuellen ein Mystiker (gemacht) wird (Zeitschrift für deutsches Altertum und deutsche Literatur. Beihefte), Stuttgart 2022.

Il fantastico nel Medioevo di area germanica: atti del XXXI Convegno dell'Associazione Italiana di Filologia Germanica (Bari, 25–27 maggio 2011), bearb. v. Angelo NICHILO, hg. v. Lucia SINISI, Bari 2015.

The Art of Cistercian Persuasion in the Middle Ages and Beyond. Caesarius of Heisterbach's ‚Dialogue on Miracles' and its Reception, hg. v. Victoria SMIRNOVA / Marie-Anne POLO DE BEAULIEU / Jacques BERLIOZ, Leiden 2015.

MANION, Margaret M., Imaging the Marvelous and Fostering Marian Devotion. The ‚Miracles de Notre Dame' and French Royalty, in: Tributes to Lucy Freeman Sandler. Studies in Illuminated Manuscripts, hg. v. Katherine Allen SMITH / Carol Herselle KRINSKY, London 2007, S. 253–269.

SMOLLER, Laura A., Defining the Boundaries of the Natural in Fifteenth-Century Brittany: The Inquest into the Miracles of Saint Vincent Ferrer (d. 1419), in: Viator 28 (1997), S. 333–359.

DIES., From Authentic Miracles to a Rhetoric of Authenticity. Examples from the Canonization and Cult of Vincent Ferrer, in: Church History 80 (2011), S. 773–797.

SNOW, Joseph T., Mary's Role in the Repudiation of the Beliefs of Pagans, Jews and Moors, in: Medievalista 27 (2020), S. 1–18.

SOERGEL, Philip M., Miracles and the Protestant Imagination. The Evangelical Wonder Book in Reformation Germany, Oxford 2012.

Monsters, Marvels and Miracles. Imaginary Journeys and Landscapes in the Middle Ages, hg. v. Leif SONDERGAARD / Ramus THORNING HANSEN, University Press of Southern Denmark 2005.

SPANGENBERG, Peter-Michael, Maria ist immer und überall: die Alltagswelten des spätmittelalterlichen Mirakels, Frankfurt am Main 1987.

Wunder Roms im Blick des Nordens von der Antike bis zur Gegenwart: Katalog zur Ausstellung im Erzbischöflichen Diözesanmuseum Paderborn, hg. v. Christoph STIEGEMANN, Petersberg 2017.

TIMMONS, Patricia / BOENIG, Robert, The Miracles of the Virgin and the Medieval „Spin". Gonzalo de Berceo and his Latin Sources, in: The Journal of Medieval Latin 17 (2007), S. 226–237.

TODOROV, Tzvetan, Introduction à la littérature fantastique, Paris 1970.

The Cambridge Companion to Miracles, hg. v. Graham H. TWELFTREE, Cambridge 2011.

TWOMEY, Lesley K., The Sacred Space of the Virgin Mary in Medieval Hispanic Literature from Gonzalo de Berceo to Ambrosio Montesino (Támesis. Série A: Monografías 381), Woodbridge 2019.

UYTFANGHE, Marc van, Scepticisme doctrinal au seuil du Moyen Âge? Les objections du diacre Pierre dans les ‚Dialogues' de Grégoire le Grand, in: Grégoire le Grand, hg. v. Jacques FONTAINE / Robert GILLET / Stan M. PELLISTRANDI, Paris 1986, S. 315–326.

DERS., Stylisation biblique et condition humaine dans l'hagiographie mérovingienne (600–750) (Verhandelingen van de Koninklijke Academie voor Wetenschappen, Letteren en Schone Kunsten van België, Klasse der Letteren 120), Brüssel 1987.

DERS., La typologie de la sainteté en Occident vers la fin de l'Antiquité (avec une attention spéciale aux modèles bibliques), in: Scrivere di santi. Atti del II convegno di studio dell'Associazione Italiana per lo Studio della Santità, dei Culti e dell'Agiografia, hg. v. Gennaro Luongo (Pubblicazioni dell'AISSCA 2), Rom 1998, S. 17–48.

DERS., L'intertextualité biblique dans la plus ancienne Vie de saint Arnoul, éveque de Metz (VIIe siècle), in: Hagiographica 26 (2019), S. 1–46.

VAUCHEZ, André, La sainteté en Occident aux derniers siècles du Moyen Âge d'après les procès de canonisation et des documents hagiographiques (Bibliothèque des écoles françaises d'Athènes et de Rome 241), Rom 1981.

VILLECOURT, Louis, Les collections arabes des Miracles de la Sainte Vierge, in: Analecta Bollandiana 42 (1924), S. 21–68 und 266–287.

WAGNER, Fritz, Zur Rezeption der Beatrix-Legende, in: *wort unde wise – singen unde sagen*. Festschrift für Ulrich Müller zum 65. Geburtstag, hg. v. Ingrid BENNEWITZ (Göppinger Arbeiten zur Germanistik 741), Göppingen 2007, S. 137–144.

WARD, Benedicta, Miracles and the Medieval Mind. Theory, Record and Event, 1000–1215, Philadelphia 1982.

WATERS, Claire M., What's the Use? Marian Miracles and the Working of the Literary, in: The Medieval Literary Beyond Form, hg. v. Robert J. MEYER-LEE / Catherine SANOK, Cambirdge 2018, S. 5–34.

WEITBRECHT, Julia / BENZ, Maximilian / HAMMER, Andreas u. a., Legendarisches Erzählen. Optionen und Modelle in Spätantike und Mittelalter (Philologische Studien und Quellen 273), Berlin 2019.

WETZSTEIN, Thomas, Heilige vor Gericht: das Kanonisationsverfahren im europäischen Spätmittelalter (Forschungen zur kirchlichen Rechtsgeschichte und zum Kirchenrecht 28), Köln/Weimar/Wien 2004.

DERS., *Virtus morum et virtus signorum*? Zur Bedeutung der Mirakel in den Kanonisationsprozessen des 15. Jahrhunderts, in: Mirakel im Mittelalter. Konzeptionen, Erscheinungsformen, Deutungen, hg. v. Martin HEINZELMANN / Klaus HERBERS / Dieter BAUER, Stuttgart 2002, S. 351–376.

WILLIAMS BOYARIN, Adrienne, Miracles of the Virgin in Medieval England. Law and Jewishness in Marian Legends, Cambridge 2010.

WILSON, Louise Elisabeth, Conceptions of the Miraculous. Natural Philosophy and Medical Knowledge in the Tirteenth-Century Miracula of St Edmund of Abingdon, in: Contextualizing Miracles in the Christian West, 1100–1500. New Historical Approaches, hg. v. DERS. / Matthew M. MESLEY (Medium Aevum Monographs. NS 32), Oxford 2014, S. 99–126.

DIES., Writing Miracle Collections, in: A Companion to Medieval Miracle Collections, hg. v. Sari KATAJALA-PELTOMAA / Jenni KUULIALA / Iona MCCLEERY (Reading Medieval Sources 5), Leiden/Boston 2021, S. 15–35.

WINKLER, Emily A. / DOLMANS, Emily, Discovering William of Malmesbury. The Man and his Work, in: Discovering William of Malmesbury, hg. v. DENS. / Rodney M. THOMSON, Woodbridge 2017, S. 1–11.

WIRTH, Jean, Légende et miracles de saint Thomas d'Aquin, in: Micrologus 21 (2013), S. 397–409.

One Leg in the Grave Revisited. The Miracle of the Transplantation of the Black Leg by the Saints Cosmas and Damian, hg. v. Kees ZIMMERMANN, Eelde 2013.

Zur Gattung ‚Wundererzählung‘
Die Thaumata der Thekla in
‚Vita et Miracula Sanctae Theclae‘ als Beispiel

RUBEN ZIMMERMANN

Die wissenschaftliche Beschäftigung mit Wundergeschichten des frühen Christentums hatte sich im Zuge der Dominanz historisch-kritischer Methodik im 20. Jh. häufig auf die Frage der Historizität der Wunder konzentriert.[1] Entsprechend lauteten die Fragen: Entspricht den Geschichten über wundersame Ereignisse, wie sie in der frühchristlichen Literatur von Jesus und den Aposteln erzählt werden, eine außersprachliche Wirklichkeit? Hat Jesus (oder ein:e Apostel:in) ‚wirklich‘ diese Wunder vollbracht? Welche Wunder sind ‚echt‘ und welche entstammen der späteren Tradition? Der Text der Erzählung wurde entsprechend nur als mehr oder weniger zuverlässige Quelle für historische Ereignisse wahrgenommen, ohne sie in ihrer sprachlichen Verfasstheit zu würdigen.

Im Folgenden soll hingegen die Wunder*erzählung* im Mittelpunkt des Interesses stehen. Konkret soll die narrative Darstellung und Kommunikation von Wundern durch Texte in den Blick genommen werden: Wie funktionieren die Wundergeschichten? Mit welchen sprachlichen Elementen bringen sie das Wunderhafte zur Darstellung und wodurch ziehen sie Lesende in ihren Bann, sei es, dass sie faszinieren, sei es, dass sie zu Ablehnung und Protest herausfordern? Welchen Zweck verfolgt die Erzählinstanz, wenn sie über Wunder erzählt? Ich möchte dabei besonders auch nach übergreifenden Elementen der verschiedenen Arten von Wundererzählungen, nach der Typizität der Texte, also der Gattung ‚Wundererzählung‘ fragen. Diese formkritische bzw. formgeschichtliche Fragestellung ist zwar nicht gänzlich neu,[2]

---

1   Vgl. dazu den Überblick ZIMMERMANN, (De-)Konstruktion der Wunder Jesu, S. 95–125; ferner KOLLMANN, Rehabilitierung, S. 3–25.

2   Eine frühe Phase formgeschichtlicher Erforschung der Wundergeschichten war durch religionsgeschichtliche Textvergleiche bestimmt, indem man Analogien zwischen der Form der frühchristlichen Texte und hellenistischen Wunderberichten z. B. aus Epidauros oder in der Apollonios-Vita

aber doch bisher kaum mit literaturwissenschaftlicher Theorieanbindung betrieben worden und keineswegs allgemein akzeptiert. Denn selbst innerhalb der Theologie wurde die Existenz der Gattung ‚Wundergeschichte' teilweise radikal bestritten. So hatte Klaus Berger in seiner Formgeschichte formuliert: „Wunder/Wundererzählung ist kein Gattungsbegriff, sondern die moderne Beschreibung eines antiken Wirklichkeitsverständnisses."[3] Bis in die Gegenwart hat dieses Verdikt in der Bibelwissenschaft nachgewirkt.[4] Doch auch in der Literaturwissenschaft ist die Textsorte ‚Wundergeschichte' keineswegs allgemein anerkannt. So fehlt eine Gattung ‚Wundererzählung' beispielsweise im ‚Handbuch der literarischen Gattungen'[5] ebenso wie im Handbuch der phantastischen Literatur.[6]

Gibt es folglich die ‚Wundererzählung' überhaupt als Gattung *sui generis*? Kann man Texte anhand bestimmter Kriterien quellen- und disziplinübergreifend zu einer Textsorte des Wunderhaften zusammenfassen? Um die Frage zu beantworten, gilt es zunächst, einige Grundfragen zu Gattung und Gattungsdefinition anzusprechen. Im Anschluss möchte ich die definitorischen Vorschläge am Beispiel der Thaumata der Apostelin Thekla prüfen. Die vor kurzem erstmals in deutscher Übersetzung[7] erschienene griechische Schrift ‚Vita et Miracula Sanctae Theclae' (Leben und Wunder der Heiligen Thekla) wird auf das letzte Drittel des 5. Jh. datiert,[8] womit der Text in den zeitlichen Rahmen der primär mittelalterlichen Referenztexte in diesem Band passt.

---

gesehen hat, so z. B. HERZOG, Wunderheilungen; rückblickend dazu WOLTER, Heilungsberichte; SOLIN, Epidauros; ferner KOSKENNIEMI, Apollonios. Ein strukturalistischer Ansatz zur Formbestimmung findet sich bei THEISSEN, Wundergeschichten.

3   BERGER, Formgeschichte, S. 305. Wörtlich wieder in der bearbeiteten Neuauflage DERS., Formen und Gattungen im Neuen Testament, S. 362.

4   METTERNICH, Wahrheit. Die Vf.in plädiert abschließend in ihrer Dissertation über die Heilung der Blutflüssigen Frau dafür, „den Begriff ‚Wundergeschichte' zugunsten von ‚Dynamis'-Geschichte aufzugeben." (a. a. O., S. 231); ferner ALKIER, Kreuz, S. 521.

5   LAMPING, Handbuch.

6   Vgl. BRITTNACHER/MAY, Phantastik. Unter „genres" finden sich Artikel wie „Märchen – Sage – Legende", „Schauerroman" oder „Conte fantastique"; bei „Themen" zwar „Magie", „Geister und Dämonen" oder „Okkultismus, Spiritismus, Seelenwanderung", aber kein direkter Verweis auf Wundergeschichten, vgl. DIES., Phantastik, a. a. O., III. 3, S. 273–594. In der Mediävistik ist der Mirakel-Begriff als Textbezeichnung eingeführt; zur Diskussion siehe den Beitrag von Gabriela Signori im vorliegenden Band.

7   Vgl. Pseudo-Basilius von Seleukia, Vita et Miracula.

8   Vgl. KOLLMANN, Einleitung, S. 74: „Die Fertigstellung von *Wunder der heiligen Thekla* lässt sich damit recht genau bestimmen. Sie erfolgte wahrscheinlich im Jahr 468 unmittelbar nach dem Tod des Bischofs Basilius von Seleukia und noch vor der Taufe des Isokasios; allerspätestens aber vor Zenons Rückkehr auf den Thron im Jahr 475."

I. Gattungstheoretische Vorklärungen[9]

Die vielfältigen Bedeutungszuschreibungen an den Begriff ‚Gattung‘ (Harald Fricke listet sieben auf[10]) zeigen, dass der Begriff in den Literaturwissenschaften kontrovers diskutiert wird. Es wird bisweilen sogar grundsätzlich bestritten, ob es Gattungen überhaupt gibt.[11]

Im Kontext von Mediävist:innen möchte ich an den durchaus nicht unpassenden Vergleich von Klaus Hempfer erinnern, der die Frage nach der Existenz von Gattungen mit dem mittelalterlichen ‚Universalien-Streit‘ zwischen ‚Nominalisten‘ und ‚Realisten‘ in Beziehung gesetzt hat.[12] Bezogen auf die Gattungsthematik können wir dann simplifizierend fragen, ob Gattungen existieren (realistische Position) oder erst auf der Ebene der Metasprache konstruiert und somit erfunden werden (nominalistische Position). Entsprechend kann die Frage nach der Aufgabe der Definitionsleistung präzisiert werden: „Müssen wir vorhandene Gattungen durch ‚Real-Definitionen‘ *beschreiben,* oder können wir sie lediglich durch ‚Nominal-Definitionen‘ sprachlich so oder auch anders *konstruieren?*"[13]

Soweit ich es beurteilen kann, kann man einen mehrheitlichen Trend in der Literaturwissenschaft ausmachen, der dem Nominalismus oder neuerdings wohl eher dem Konstruktivismus zugeneigt ist. Gattungen werden nicht vorgefunden, sondern erfunden. Sie sind von Menschen erdacht, sie existieren nur durch Begriffe und Kriterien, die sie davon bilden. Allerdings sind diese Konstrukte nicht willkürlich. Die Gattungskonstruktionen setzen schon eine kommunikative Praxis mit Gattungen, einen Gattungsdiskurs und vielfach sogar schon eine Geschichte der Gattung voraus. Hempfer nennt dieses Vorfindliche „quasi-normative Fakten" (*faits normatifs*), denen in der wissenschaftlichen Analyse eine gewisse Eigenständigkeit zuerkannt werden könne, sodass es zur Interaktion zwischen Erkenntnissubjekt und zu erkennendem Objekt

---

9 Vgl. zum Folgenden ausführlich ZIMMERMANN, Gattung, S. 313–322.

10 Vgl. FRICKE, Definieren, 10–12. Fricke unterscheidet: übergeordneter *Sammelbegriff* für Literaturzweige, *Klassenbildungen* wie ‚Gebrauchsliteratur‘, ‚Frauenliteratur‘, *Grundqualitäten* wie ‚das Lyrische‘, ‚das Epische‘, ‚das Dramatische‘, *Schreibweisen* als Repertoire transhistorischer Invarianten wie ‚das Satirische‘, ‚das Komische‘, ‚das Tragische‘, *historische Textgruppen* (wie ‚Verssatire‘, ‚Prosaroman‘, ‚Tragödie‘) und *Untergruppen* (wie ‚Anakreontische Ode‘, ‚Briefroman‘, ‚Bürgerliches Trauerspiel‘) oder für metrisch bestimmte *Formen* (wie ‚Sonett‘, ‚Rondeau‘, ‚Limerick‘).

11 ENZENSBERGER, Gattungen, 64–82. Vgl. zum Grundproblem ausführlich ZYMNER, Gattungstheorie, insbesondere „Kapitel 2: Gibt es Gattungen überhaupt?", S. 37–60.

12 Vgl. HEMPFER, Gattungstheorie, S. 30–36.

13 FRICKE, Definieren, S. 10; Horn unterscheidet zwischen Gattungen und Gattungsbegriffen, vgl. HORN, Theorie, S. 9: „Wichtig ist es nun, die Gattungen als etwas Objektives, die literarischen Produkte Kennzeichnendes einerseits und die Gattungsbegriffe als sie nach Möglichkeit adäquat Abbildendes, aber allemal subjektiv Mitbedingtes andererseits auseinanderzuhalten. Denn die Gattungen selber sind [...] übergeschichtlich, indem sie immer und überall in neuen Formen wiederkehren, die Gattungsbegriffe der Poetik dagegen sind geschichtlich-kulturell bedingt."

komme, aus der die Gattungskonstruktion erwachse.[14] Rüdiger Zymner spricht entsprechend von einem „abgeschwächten Nominalismus"[15].

Gleichwohl sind vorfindliche Gattungsbegriffe kein festes literarisches Formen-
repertoire, dem im Sinne klassifikatorischer Gattungspoetik einzelne Texte einfach zugeordnet werden könnten. Gattungen sind vielmehr Teil einer kommunikativen Praxis
mit und über Texte. Das einleitende Formelement „Es war einmal ..." ruft bei einem:r
Lesenden ein bestimmtes Setting ins Bewusstsein (hier: Märchen), das aus einer vorgängigen Praxis (wiederholtes Hören, Lesen, Vorlesen von Märchen) erwachsen ist.
Dieser kommunikationsorientierte Ansatz impliziert zugleich, dass man ein starres
System von Gattungen durch ein flexibles und zeitbedingtes System mit offenen Rän-
dern ersetzen sollte. Typisierte Textsorten werden in der literarischen Kommunikation ständig verschoben, vermischen sich und entwickeln sich auf diachronen Achsen
vorwärts und zurück. Sie sind „fluide Schreib- und Lektüremuster, die aus der sozialen
und literarischen Interaktion zwischen dem schreibenden Sender und dem hörenden/
lesenden Empfänger hervorgehen."[16]

Damit diese Kommunikation gelingt, bedarf es einer gewissen Gattungskompetenz.
Diese muss nicht nur erworben werden, sondern könnte strukturell bereits genetisch
angelegt sein. So hat Mary Gerhart erwogen, ob der Mensch in Analogie zur ‚Language
Acquisition Device' bzw. ‚Linguistic Competence' von Noam Chomsky nicht auch eine
„Gattungskompetenz" („generic competence"[17]) besitzt, die es ermöglicht, jenseits konkreter Sprechakte übergeordnete Zusammenhänge, wiederkehrende Muster und letztlich Textsorten wahrzunehmen und gezielt zu gebrauchen. Dies macht allerdings nicht
gesellschaftliche Prägung obsolet. Gattungswissen wird ohne Zweifel auch durch Bildung erworben und ist an soziale Milieus und deren Bildungsmöglichkeiten gebunden.

Wenn wir nun von der Möglichkeit von Gattungskonstruktionen ausgehen, die
die historische Kontextualisierung und kommunikative Praxis berücksichtigt, stellt
sich die Frage, wie Gattungen unter diesen Bedingungen definiert werden können.
Ich lehne mich hierbei an den Vorschlag von Fricke an, der hinsichtlich einer kritischen Begriffsexplikation den historischen Gattungsdiskurs einbezog und hinsichtlich
der Kriteriologie eine Kombination aus einer präzisen und flexiblen Definitionslogik
vorschlug.[18] Auf der einen Seite greift er die möglichst eingrenzende, von Aristoteles
eingeführte und scholastisch ausgearbeitete Begriffsstruktur von *genus proximum* +
differentia[e] specifica[e] auf. Er kombiniert aber diese ‚starre' Definition mit der Flexi-

---

14   Vgl. HEMPFER, Gattungstheorie, S. 125.
15   Vgl. hier ZYMNER, Gattungstheorie, S. 59; HEMPFER, Gattungstheorie, S. 124 f.
16   BACKHAUS, Doppelwerk, S. 459.
17   GERHART, Generic Competence, S. 29–44.
18   Vgl. FRICKE, Definitionen, S. 9: „Am angemessensten also bestimmt man einen Gattungsbegriff
      weder zu starr durch eine ‚einfache Addition' notwendiger Merkmale noch zu weich durch eine
      ‚offene Reihe' alternativer Merkmale, sondern durch eine Verbindung aus beiden: durch eine *Fle-
      xible Definition.*" Vgl. dazu bereits FRICKE, Norm, S. 144–154.

bilität der an Wittgensteins Begriff der *Familienähnlichkeit* angelehnten Idee des offenen Merkmalsbündels.[19] Auf diese Weise kann man einerseits ‚notwendige' Merkmale
benennen (Verknüpfung: ‚und' z. B. [1] + [2] + [3]), und sie zugleich mit ‚fakultativen'
Merkmalen (Verknüpfung ‚und/oder' z. B. [1] u/o [2] u/o [3]) kombinieren.

Ferner ist es gerade die Kombination aus formalen und inhaltlichen Kriterien, die
ein Merkmalsbündel einer Gattung ausmachen.[20] Mit einem breiten Konsens der Lite-
ratur- und Geisteswissenschaft ist ohnehin die starre Trennung von Form und Inhalt
aufzugeben, und stattdessen vom „content of the form" (White) bzw. der „Semantisierung der Formen" (Nünning) zu sprechen.[21]

II. Die Gattungsdefinitionen im Kompendium
der frühchristlichen Wundererzählungen

Die Rede von Wundergeschichten durchzieht die Auslegungs- und Wirkungsgeschichte des Alten und Neuen Testaments nahezu zwanzig Jahrhunderte lang. Unter
diskurs- und erinnerungstheoretischen Gesichtspunkten gibt es die Kommunikation
über und mit Wundertexten schon lange[22] und – Frickes Modell der diachronen Begriffsexplikation aufnehmend – wäre es anmaßend, die Existenz einer Gattung allein
vor diesem Traditionsstrom bestreiten zu wollen. Indem ein Meta-Diskurs über eine
bestimmte Gruppe von Texten vollzogen wird, wird in konstruktivistischer Hinsicht
bereits ein wesentliches Kriterium der Gattung ‚Wundergeschichte' erfüllt.

Darüber hinaus gibt es gute Gründe, die es plausibel erscheinen lassen, dass selbst
die Autoren des Neuen Testaments, wie z. B. die in der Tradition mit den Namen
Matthäus, Markus, Lukas oder Johannes belegten anonymen Verfasser von Evangelien, ein Gattungsbewusstsein für diese Texte hatten. Auch wenn übergeordnete Gattungsbegriffe wie θαῦμα (*thauma*), τέρας (*teras*) oder παράδοξον (*paradoxon*) noch
fehlen oder noch nicht gattungsspezifisch verwendet werden,[23] zeigen kompositionelle
Aspekte ein Bewusstsein für die Zusammengehörigkeit bestimmter Perikopen. So fügte z. B. Matthäus abweichend von seinen Vorlagen in Mt 8,1 bis 9,8 sechs Texte zusammen, die in Gegenstand und Erzählweise beträchtlich variieren, aber seines Erachtens
offenbar doch als zusammengehörig gesehen werden sollten. Neben Heilungs- und

---

19   Vgl. in dieser Weise STRUBE, Philosophie, S. 29–66; HEMPFER, Status, S. 14–32.
20   Vgl. LAMPING, Handbuch, S. XV: Dieter Lamping spricht in seinem Handbuch von einer Gattung
     als einer Gruppe von Texten, „die nach verschiedenen Gesichtspunkten" verbunden sind: „etwa
     nach der *Form* wie beim Sonett, nach dem *Inhalt* wie beim Kriminalroman oder nach der *Darstel-
     lungsweise* wie bei der Satire." (a. a. O., S. XV).
21   Vgl. WHITE, Content of the Form; NÜNNING, Semantisierung, S. 684 f.
22   Vgl. zum frühchristlichen Diskurs WATSON, Discourse; allgemein TWELFTREE, Miracles.
23   Lediglich σημεῖον (*sēmeion*) gewinnt für das Johannesevangelium einen paratextuellen klassifika-
     torischen Rang (so z. B. Joh 2,11; 20,30–31).

Austreibungserzählungen wird hierbei auch eine Handlung an der Natur (Mt 8,23–27) aufgeführt. In ähnlicher Weise verknüpfte Lukas die Erzählungen von vier Wundern Jesu ohne erkennbaren inneren (z. B. auf Handlungspersonen bezogenen) Zusammenhang in Kapitel 8 zusammen: (1) Naturwunder (Lk 8,22–25), (2) Exorzismus bzw. Dämonenaustreibung (Lk 8,26–39), (3) Heilung (Lk 8,43–48) und (4) Auferweckung (Lk 8,40–42.49–56).[24] Im Johannesevangelium gibt es thematische bzw. raumsemantische Zusammenfügungen (z. B. Joh 2–4: Kana-Zyklus, der von zwei Wundergeschichten gerahmt wird; Heilungen in Verbindung mit den Wasserstellen Bethesda und Shiloa in Joh 5 und 9) oder eine klassifikatorische Zuschreibung, Zählung, Metakommunikation oder Retrospektive einzelner Texte jeweils mit dem Begriff σημεῖον (sēmeion) (so Joh 2,11; 4,48.54; 12,37; 20,30).[25]

Die nun folgende Definition nimmt diesen quellenbezogenen und wirkungsgeschichtlichen Diskurs auf. Sie versucht darüber hinaus eine Kriteriologie zu beschreiben, die eine möglichst breite Textbasis dieses Diskurses aufzunehmen vermag. Man kann m. E. deshalb mit gutem Recht behaupten, dass diese Definition induktiv aus der Lektüre und Auslegung der Texte gewonnen wurde.

II.1. Die fünf Grundelemente der Gattung ‚Wundererzählung'

Die beiden Bände des „Kompendiums der frühchristlichen Wundererzählungen"[26] stellen deutsche Übersetzungen und Kommentierungen von 138 Wundererzählungen aus 16 Quellentexten im Entstehungszeitraum von 1.–6. Jahrhundert n. Chr. dar. Die von den 98 Autorinnen und Autoren der beiden Bände mitgetragene Definition lautet demnach:[27]

Eine *frühchristliche* Wundergeschichte ist eine faktuale mehrgliedrige Erzählung (1) von der Handlung eines Wundertätigen (*Jesu oder eines Jesusanhängers*) an Menschen, Sachen oder Natur (2),

die eine sinnlich wahrnehmbare, aber zunächst unerklärbare Veränderung auslöst (3),

textimmanent (4a) und/oder kontextuell (4b) auf das Einwirken göttlicher Kraft zurückgeführt wird

und die Absicht verfolgt, den Rezipienten/die Rezipientin in Staunen und Irritation zu versetzen (5a) um ihn/sie damit zu einer *Erkenntnis über Gottes Wirklichkeit zu führen* (5b) (allgemein: Erkenntnis zu führen) und/oder *zum Glauben bzw. zu einer Verhaltensänderung zu bewegen* (5c) (allgemein: an eine nachfolgende Handlung zu appellieren).

---

24   Vgl. mehr dazu bei ZIMMERMANN, Hinführung, S. 5–27.
25   Vgl. POPLUTZ, Wundererzählungen, S. 659–668.
26   Vgl. ZIMMERMANN u. a., Kompendium.
27   Vgl. ZIMMERMANN, Hinführung, S. 30; sowie DERS., Akten, S. 25; DERS., Gattung, S. 322; vgl. eine kritische Diskussion der Gattung aus unterschiedlichen Perspektiven in DERS., Faszination (hier die Beiträge von Dormeyer, Münch, Durst und Kiffiak), sowie meine Entgegnung in DERS., Replik, S. 219–227.

Die Definition bezieht sich zunächst auf frühchristliche Wundererzählungen. Sie ist aber so angelegt, dass die Kursivschreibung den spezifisch christlichen Aspekt aufnimmt, ohne den die Definition auch auf andere nichtchristliche Texte übertragen werden kann. Abstrahiert werden hierbei fünf Kriterien benannt:

1. Narration: Eine Wundergeschichte ist eine mehrgliedrige Erzählung, die in faktualer Erzählweise präsentiert wird.

2. Handlungsfigur und Handlung: Ein Wundertäter vollzieht eine konkrete Handlung an Menschen oder Sachen oder Natur.

3. Handlungsfolgen: Die Handlung löst eine sinnlich wahrnehmbare Statusveränderung aus, die aber unerklärbar ist und die übliche Ordnung bzw. Norm durchbricht.

4. Urheber – Deutung: Das Einwirken Gottes bzw. allgemeiner einer numinosen Kraft wird direkt oder indirekt als Urheber bzw. Grund der Veränderung benannt; die Unerklärbarkeit wird damit mit einem spezifischen Deutungsangebot verbunden.

5. Wirkungsästhetik: Die Erzählung hat eine spezifische Wirkung auf den/die Rezipierenden: Sie wirkt irritierend, kognitiv erschließend, pistisch motivierend und ethisch appellativ.

Während ich an anderer Stelle jedes dieser Kriterien ausführlich erläutert habe,[28] möchte ich hier nur einzelne Aspekte herausgreifen.

II.2. Die Mehrgliedrigkeit

Wundergeschichten werden als ‚mehrgliedrige‘ Erzählungen beschrieben. Damit wird das Feld durchaus weit für flexible Gestalten und Elemente der Einzelerzählungen geöffnet. Hiermit entsteht eine Schnittmenge zur strukturellen „Vielgestaltigkeit"[29] des legendarischen Erzählens. Nicht nur Heiligenlegenden, sondern auch Wundergeschichten zeigen eine „extreme Flexibilität auf der Ebene ihrer diskursiven Vermittlung"[30]. Gleichwohl möchte ich doch auch auf den Wert der zumindest im heuristischen Sinne hilfreichen Reduktion von Elementen hinweisen. Die Einzelelemente, die im Folgenden aufgelistet werden, sind sicherlich nicht erschöpfend. Sie zeigen gleichwohl (insbesondere auch durch die übergeordnete Systematisierung), dass die Elemente auch nicht beliebig sind. In Anknüpfung an Gerd Theißen[31] möchte ich im Folgenden mehr als 30 Motive benennen, die sich in frühchristlichen, aber auch vielen späteren Wundererzählungen finden lassen. Die Definitionslogik einer flexiblen

---

28 Vgl. ZIMMERMANN, Gattung, S. 323–343.
29 Vgl. KOCH/WEITBRECHT, Einleitung, S. 9–21, 13.
30 Ebd.
31 Vgl. THEISSEN, Wundergeschichten, S. 57–83.

Kriteriologie aufnehmend, sei hier zwischen notwendigen (U = und) und optionalen (UO = und/oder) Motiven unterschieden:[32]

Tab. Motive der Gattung Wundererzählung

Einleitung (einleitende Motive)	**1. Erzähleinleitung**	
	U 2. Auftreten der Handlungsfiguren	U 2a Wundertäter
		UO 2b Hilfsbedürftige/r
		UO 2c Stellvertreter/Gesandtschaften
		UO 2d Menge
		UO 2e Gegner
Exposition (expositionelle Motivik)	**U 3. Charakterisierung der Not** (Krankheit, Mangel, Problem etc.)	
	U 4. Begegnung mit dem Wundertäter	UO 4a. Erschwernis der Annäherung
		UO 4b. Niederfallen
		UO 4c. Hilferufe
		UO 4d. Bitten und Vertrauensäußerungen
	UO 5. Zurückweichen	UO 5a. Missverständnis
		UO 5b. Skepsis und Spott
		UO 5c. Kritik (durch Gegner)
		UO 5d. Gegenwehr des Dämons
	UO 6. Verhalten des Wundertäters	UO 6a. Pneumatische Erregung
		UO 6b. Zuspruch
		UO 6c. Argumentation
		UO 6d. Sich-Entziehen
Mitte (zentrale Motive)	**U 7. Wunderhandlung (im engeren Sinn):** Handlung an Menschen, Sachen oder Natur	UO 7a. Szenische Vorbereitung
		UO 7b. Berührung
		UO 7c. Heilende Mittel
		UO 7d. Wunderwirkendes Wort
		UO 7e. Gebet
	U 8. Konstatierung einer Veränderung	UO 8a. Erzählerkommentar
		UO 8b. Demonstration
Schluss (finale Motive)	**U 9. Reaktionen durch Handlungsfiguren** (Wundertäter, Geheilte, Gegner, Menge etc.)	UO 9a. Schweige-/Geheimhaltungsgebot
		UO 9b Entlassung
		UO 9c Admiration
		UO 9d Akklamation
	UO 10. Erzählerkommentar	UO 10a. Ablehnende/zustimmende/gespaltene Folgehandlungen
		UO 10b Ausbreitung des Rufes
		UO 10c Deutungsangebot

---

32   Vgl. diese Tabelle auch in ZIMMERMANN, Gattung, S. 328.

II.3. Die faktuale Erzählweise: „Phantastische Tatsachenberichte"

In Anknüpfung an die Unterscheidung Genettes zwischen „faktualer" und „fiktionaler" Erzählweise[33] ist es zunächst heuristisch weiterführend, wahrzunehmen, dass Wundergeschichten im Erzählmodus (das „Wie" der Erzählung) faktual sind. Das bedeutet, dass sie sich als Erzählungen zu erkennen geben, die den Anspruch erheben, auf Ereignisse der Geschichte zu rekurrieren, sie sind historische Erzählungen. Inwiefern dieser Anspruch auch eingelöst wird, muss uns hier auf der literarischen Ebene nicht interessieren. Sie sind also von fiktionalen Geschichten (wie z. B. Parabeln) zu unterscheiden, die diesen Anspruch nicht haben.

Nun haben die realitätsbezogene Literaturwissenschaft ebenso wie die narrative Geschichtswissenschaft in den letzten Jahren überzeugend herausgearbeitet, dass die strikte (ja schon auf Aristoteles zurückzuführende[34]) Trennung zwischen Geschichtsschreibung und Dichtung eine idealisierte Reduktion darstellt. Text und Geschichte bzw. Fiktion und Faktenreferenz sind in den meisten Textformen auf vielfältige Art und Weise verschlungen, wie leicht an autobiographischen Erzählungen oder historischen Romanen erkannt werden kann.[35] Weiterführend ist etwa die von Klein/Martinez eingeführte Rede von „Wirklichkeitserzählungen"[36]. Demnach gibt es u. a. faktuales Erzählen mit fiktionalisierenden Erzählverfahren oder sogar mit fiktiven Inhalten. Für mich besteht eine Pointe der Wundergeschichte gerade darin, dass die faktuale Erzählweise in einer bewussten Spannung zum realitätsdurchbrechenden Inhalt steht. Letzteres ist bekanntlich ein Merkmal der phantastischen Literatur. Nur wenn durch die faktuale Erzählweise erst einmal der Boden des gewohnten Wirklichkeitssystems bereitet ist, entfalten die paradoxen Inhalte des Wunders ihre volle Wirkung. Während (insbesondere in der theologischen Wunderforschung) diese Spannung immer wieder in eine Richtung verflacht wurde (d. h. man hat entweder das Paradoxe rationalistisch wegerklärt, oder man hat den faktualen Charakter der Erzählung ignoriert), möchte ich sie als konstitutiv für die Wundererzählung betrachten und spreche provokant von „Phantastischen Tatsachenberichten"[37]. Es ist diese spannungsvolle „Doppelkonditionierung", die – so Koschorke – besonders die Dynamik der bilingualen Semiosphäre hervorrufe.[38] Entsprechend habe ich eine zweite Definition vorgeschlagen, die diese Spannung besonders in den Mittelpunkt rückt.

---

33 Vgl. GENETTE, Fiktionale Erzählung, faktuale Erzählung, S. 65–94.
34 Vgl. Aristoteles, Poetik, 1451b.
35 Vgl. zu dieser Problematik ausführlich mit Literaturverweisen ZIMMERMANN, Verschlungenheit und Verschiedenheit.
36 Siehe KLEIN/MARTÍNEZ, Wirklichkeitserzählungen, S. 4 f.
37 Vgl. ZIMMERMANN, Phantastische Tatsachenberichte.
38 Vgl. KOSCHORKE, Wahrheit und Erfindung, S. 371–376 (der hierbei Lotman aufnimmt). Vgl. ausführlich zum Beitrag Koschorkes für die Gattung Wundererzählungen, ZIMMERMANN, Phantastische Tatsachenberichte, S. 373–379.

Wundergeschichten sind im Redemodus grundsätzlich faktuale Erzählungen, die gleichwohl fiktionalisierende Erzählverfahren in unterschiedlichem Maße einschließen. Im
Blick auf die erzählten Inhalte bewegen sie sich bewusst auf der Grenze zwischen Realitätsbezug (Realistik) und Realitätsdurchbrechung (Phantastik).[39]

Die Wundererzählungen inszenieren durch die Erzählung realitätsdurchbrechender
Inhalte im faktualen Erzählmodus die Paradoxie. Sie sind so gesehen Darstellungsme-
dien von Paradoxien. Von hier aus ließe sich auch eine Brücke zum Mediävist Peter
Strohschneider schlagen, der Legenden als literarische Reflexionsmedien kulturim-
manenter Basisparadoxien betrachtet hat.[40]

II.4. Die Wirkungsästhetik: Von der Konfiguration zur Refiguration

Als dritten Punkt möchte ich den Blick auf die Pragmatik der Texte lenken. Wundergeschichten ziehen den Leser und die Hörerin in ihren Bann, sie faszinieren, amü-
sieren und distanzieren durch die skurrilen Inhalte und rezipierendenorientierten
Erzählformen. Sie tun dies mit einer spezifischen Absicht. Die dem Band zugrunde
liegende Tagung hatte den Titel „Konfigurationen des Wunders"[41]. Der Begriff ‚Konfiguration' lässt an Ricœurs Erzähltheorie denken, in der er bei der Beschreibung der
drei Perspektiven des mimetischen Prozesses im Rezeptionsvorgang eines Erzähltex-
tes zwischen Präfiguration, Konfiguration und Refiguration unterscheidet.[42] Bezogen
auf Wundererzählungen lässt sich sagen, dass diese nicht nur vorausliegende Diskurse, Erwartungshaltungen und Textelemente aufgreifen (Präfiguration). Ihre konkrete
Konfiguration zielt letztlich auf Refigurationen im Akt des Lesens.

In der oben genannten Definition habe ich hierbei drei Aspekte dieser Wirksamkeit akzentuiert: a) *die Irritation:* Wundertexte wollen bewusst verstören und einen
Prozess des Sich-Wunderns auslösen; textimmanent wird dies z. B. in Reaktionen der
Bystander-Figuren zum Ausdruck gebracht. So lesen wir beispielsweise im Anschluss
an die Gelähmtenheilung nach Lukas 5: „Und Entsetzen erfasste alle, und sie [...] wurden erfüllt von Furcht und sagten: Wir sahen heute Unglaubliches" (griech. παράδοξα;
Lk 5,26); b) *die Erkenntnisabsicht:* Wundertexte sollen Perspektiven eröffnen und zu
neuen Einsichten führen. Im religiösen Kontext ist hier besonders an die Weckung
des Gottesglaubens zu denken (z. B. Joh 11,45 „als sie sahen, was er tat, glaubten sie an
ihn; vgl. Joh 2,23); schließlich c) *der Handlungsappell:* Die Texte wollen die Lesenden

---

39   Vgl. ZIMMERMANN, Hinführung, S. 39.
40   Vgl. STROHSCHNEIDER, Höfische Textgeschichten (den Hinweis verdanke ich KOCH/WEIT-
     BRECHT, Einleitung, S. 12).
41   Siehe das Vorwort zu diesem Band.
42   Vgl. RICŒUR, Zeit und Erzählung Bd. I, S. 88 f.

zum Handeln ermutigen. Eine besonders drastische Form dieser imperativisch-päda-
gogischen Funktion stellt das Strafwunder dar, das in kanonisch frühchristlichen Texten gegen Menschen zwar nur selten vorkommt,[43] in der apokryphen Wunderliteratur
aber einen breiten Raum einnimmt (so z. B. ActJoh 21,41 f.; ActPetr 2; ActThom 6).[44]
Durch die literarisch ausgeführten Strafen für bestimmte Verhaltensweisen sollen die
Lesenden zur Verhaltensänderung motiviert werden.

III. Die Wundergeschichten in ‚Vita et Miracula Sanctae Theclae‘

III.1. Auswahl und Grundlegendes über die Thekla-Wunder

Die Thaumata der Heiligen Thekla zum Anschauungsfeld für die Chancen und Grenzen der Gattungsdefinition auszuwählen, liegt aus unterschiedlichen Gründen nahe.
Zum einen markiert diese Schrift einen Übergang zwischen den frühchristlichen
Wundererzählungen der (apokryphen) Apostelakten und den Heiligenlegenden und
stellt aufgrund ihrer Entstehungszeit im 5. Jh. (s. o.) eine Schnittschnelle zu den mittelalterlichen Wundertexten dar. Zum anderen ist erst vor kurzem eine Neuedition mit
erster deutscher Übersetzung des Textes erschienen,[45] sodass diese Schrift noch Ent-
deckungspotenzial in vielerlei Hinsicht bietet. Die hier präsentierten Übersetzungen
beziehen sich auf diese Ausgabe von Kollmann/Schröder.

Zunächst einige grundlegende Bemerkungen zur Thekla-Tradition im Allgemei-
nen[46] bzw. zu der im aktuellen Diskurs recht unbekannten Schrift im Besonderen:
Thekla wurde in der alten Kirche als Paulusschülerin erinnert und insbesondere im
Osten als Apostelin und Protomärtyrerin verehrt. Sie wird allerdings nicht in den
kanonischen Texten des Neuen Testaments erwähnt. Die Nennung in einer späten
Handschrift[47] lässt sich plausibel als spätere Zufügung erklären.

Die älteste Erwähnung der Thekla stammt von Ende des zweiten Jahrhunderts, in
Tertullians Schrift ‚de Baptismo‘. Er erwähnt darin eine Schrift, die Thekla als Lehrerin

---

43 Vgl. das Strafwunder an Hananias und Saphira, die tot umfallen, weil sie nicht die Wahrheit sagen (Apg 5,1–11). Der Appell an die „ganze Gemeinde" ist, wahrhaftig zu kommunizieren. Ferner
  Apg 13,4–12 (Blindheit des Zauberers Elymas), sowie das Strafwunder gegen den Feigenbaum
  (Mk 11,13 f.20–25).
44 Vgl. den Überblick und die Funktion bei HENNING, Strafwunder, S. 76–81.
45 Vgl. Pseudo-Basilius von Seleukia, Vita et Miracula Sanctae Theclae. Die Ausgabe erschien ca. zwei
  Wochen vor Tagungsbeginn. Mir war zuvor bereits die Druckfahne durch die Herausgebenden
  zur Verfügung gestellt worden. Hierfür wie auch für die Durchsicht dieses Beitrags und wertvolle
  Anregungen danke ich Bernd Kollmann sehr herzlich.
46 Vgl. hier den luziden Überblick von HYLEN, Apostle.
47 Hierbei geht es um eine Randbemerkung zu 2 Tim 3,11 von Minuskel 181 (11. Jh.).

und Täuferin beschreibt, und klassifiziert sie sogleich als Fälschung eines Presbyters aus Kleinasien, der – so wörtlich –

> diese Schrift fabrizierte und sie sozusagen durch die Nennung des ehrenvollen Namens des Paulus im Titel eigenmächtig aufwertete. Der Fälschung überführt [trat er] von seinem Amt zurück, nachdem er erklärt hatte, dies aus Liebe zu Paulus getan zu haben.[48]

Tertullian bezieht sich hier auf die Schrift ‚Die Akten des Paulus und der Thekla‘, die lange bekannt war, aber erst durch Handschriftenfunde im 20. Jh.[49] einigermaßen vollständig rekonstruiert werden konnte. Als eigener Block innerhalb dieser Akten finden wir die Thekla-Episode, die – ungeachtet des Urteils von Tertullian – später aus den Paulusakten herausgelöst wurde und sich eigenständiger Überlieferung erfreute, wie mehr als 50 erhaltene griechische und vier lateinische Handschriften bezeugen.[50]

Diese Thekla-Akten sind jedoch nur Vorlage der von mir in den Blick genommenen ‚Vita et Miracula Sanctae Theclae‘, einer   wie der Titel schon andeutet – zweiteiligen griechischen Schrift eines anonymen Autors aus dem späten 5. Jahrhundert.[51] Während sich die ‚Vita‘ (‚vit. Thecl.‘) im Aufbau des dreigliedrigen Plots (Ikonium-Erzählung ‚vit. Thecl.‘ 1–14, Antiochia-Erzählung ‚vit. Thecl.‘ 15–24 und Myra-Seleukia-Erzählung ‚vit. Thecl.‘ 25–28) ganz an die Thekla-Akten anlehnt, bietet der zweite Teil, die Miracula (‚mir. Thecl.‘), eine nur lose zusammengefügte Sammlung von 46 bzw. 50[52] Wundern, die Thekla posthum in und um das Thekla-Heiligtum in Seleukia (Isaurien) gewirkt hat. „Posthum" ist dabei wörtlich zu verstehen, denn wie bereits Isidor von Sevilla (570–636 n. Chr.) in seinen ‚Etymologiae‘ erklärt hat, kommt der Begriff von *post humationem* (‚nach der Beerdigung‘).[53] Bei Thekla muss man aber noch präzisierend hinzufügen, dass sie nicht nach dem Tod, sondern lebendig ‚begraben‘ wurde, indem die Erde sie (analog zu einer Himmelfahrt) in sich aufnahm, um sie vor Verfolgern zu

---

48 Vgl. Tertullianus, De baptismo, 17,5 (FC 76, 207), Übersetzung hier leicht syntaktisch abgeändert. Vgl. auch Hieronymus, vir. ill. 7,3 (170 f. ed. BARTHOLD).

49 So der koptische Papyrus Heidelbergensis, griechische Papyrus Hamburgensis sowie eine Reihe kleinerer Papyrusfragmente, vgl. dazu EBNER/LAU, Überlieferung, S. 1–12.

50 Einzelheiten bei EBNER/LAU, Überlieferung, 1 f.; ferner HYLEN, Apostle, S. 71–90.

51 Vgl. die Datierungsüberlegung von KOLLMANN, Einleitung, 73 f., der auf das Jahr 468 datiert. Vgl. dazu Fußnote 8. Während man aufgrund der Zuschreibung in vier Handschriften noch bis ins 20. Jh. Basilius von Seleukia als Verfasser annahm, gilt dies mittlerweile als überholt, insbesondere durch die Entdeckung von ‚mir. Thecl.‘ 12, in der der Verfasser den Konflikt mit Basilius schildert, vgl. dazu KOLLMANN, Einleitung, S. 69 f.

52 Üblicherweise werden entsprechend der Kapitelzuteilung der Ausgaben 46 Wunder gezählt; in einigen Kapiteln werden aber mehrere Wunder erzählt (vgl. ‚mir. Thecl.‘ 9, 12, 18, 41), sodass wir im Kompendium der frühchristlichen Wundererzählungen 50 Wunder benannt haben, vgl. die Tabelle in ZIMMERMANN, Kompendium, Bd. 2, S. 521–523.

53 Isidor, Etym. IX 5,22: „*Posthumus vocatur eo quod humationem patris* [...]."

schützen.[54] Im letzten Kapitel der ‚Vita' (‚vit. Thecl.' 28) wird diese ‚Erdenfahrt' wie folgt beschrieben:

> Nachdem sie vor allem durch die Wunder alle Menschen zum Glauben geführt hatte, starb sie keineswegs [...], sondern versank lebendig in den Boden und ging unter die Erde. Denn so hatte es Gott gefallen: Jenes Erdreich trat für sie auseinander und öffnete sich, an der Stelle, wo (jetzt) der göttliche, heilige Tisch, der für den Gottesdienst bestimmt ist, fest verankert steht [...].[55]

Es mutet insofern paradox an, dass die als Protomärtrerin verehrte Thekla das blutige Martyrium nach der ‚Vita' gar nicht erlitten hat, weil sie sowohl hier wie auch davor vom Scheiterhaufen und in der Tierarena wunderbar gerettet wurde. Einmal mehr zeigt sich, dass die von Edith Feistner[56] versuchte typisierte Unterscheidung zwischen Märtyrertypus oder Bekennertypus an den Texten scheitert. Sie entbehrt m. E. auch der begrifflichen Basis, denn der griechische Begriff μάρτυς bedeutet zunächst schlicht Zeuge bzw. Zeugin.

III.2. Einzelne Formelemente in den Thaumata der Thekla

Ich möchte nun anhand einiger Beispiele prüfen, inwiefern Elemente der oben gegebenen Definition der Wundererzählung auch für die Thaumata der Thekla gelten.[57]

III.2.1 Die faktuale Erzählweise der Thekla-Wunder

Textimmanente Hinweise für eine faktuale Erzählweise liefert der Text durch Überschriften und Hinführungen mit meta-textuellem Informationsgehalt. So wird gleich im ersten Satz der Vita signifikant sowohl von ἱστορία als auch von διήγησις gesprochen: „Eine Geschichte (geschichtliche Darstellung) ist diese von uns erarbeitete Schrift und eine Erzählung über weit zurückliegende Taten." (‚Vit. Thecl.' 1). Als

---

54 So zumindest nach den Codices Baroccianus 180 (Bodleian Library in Oxford) und Angelicus Graecus 108 (Paris), die als Ergänzung zu den PaulTheklAct zu sehen sind (vgl. dazu die Ausgaben bei KOLLMANN, Einleitung, 19 (Anm. 46). Die Ärzte Seleukias fürchteten durch Theklas Heilkunst Konkurrenz. Da sie die Wunderkräfte in Zusammenhang mit ihrer Jungfräulichkeit sehen (evtl. als Artemis-Priesterin), schicken sie Vergewaltiger aus, denen Thekla durch Aufnahme in den Erdspalt entkommt.

55 Vgl. Pseudo-Basilius von Seleukia, Vita et Miracula, Vita 28 S. 193.

56 Vgl. FEISTNER, Typologie (die freilich Texte des Hochmittelalters in den Blick nimmt).

57 Ein anderer formgeschichtlicher Zugang wäre, die Wundergeschichten den in der Forschung etablierten Untergattungen wie Heilungen, Strafwunder, Rettungswunder etc. zuzuordnen, vgl. in dieser Weise den instruktiven Überblick bei KOLLMANN, Einleitung, S. 60–67; wie auch bereits KOLLMANN, Hinführung, S. 509–520.

Überschrift wählt der Autor im ersten Buch ΠΡΑΞΕΙΣ (Taten), spricht im Prolog des zweiten dann rückblickend und präzisierend von βίος καὶ πράξεις (Leben und Taten, ‚mir. Thecl.‘ Prol.), was dann in der Rezeption auch zu der dominanten lat. Kurzformel „Vita" geführt hat.

Das zweite Buch ist mit ΘΑΥΜΑΤΑ (ΤΗΣ ΑΓΙΑΣ ΚΑΙ ΠΡΩΤΟΜΑΡΤΥΡΟΣ ΘΕΚΛΑΣ) überschrieben, wobei mit θαύματα ein im Wortstamm bereits in der Septuaginta (LXX)[58] wie auch im Neuen Testament[59] verwendeter Begriff für wunderhafte Ereignisse aufgegriffen wird. Im Prolog dieses zweiten Buches wird der Anspruch auf Wahrheit im Sinne historischer (Korrespondenz-)wahrheit noch einmal grundlegend untermauert. Dies wird durch den vierfach und prominent am Anfang und Schluss eingesetzten Begriff ἀλήθεια sichtbar.[60] Ähnlich wie später beim Aufkommen empirischer Wissenschaft[61] sollen die Wunder gerade als Glaubwürdigkeitsbeweis für die zuvor berichteten Ereignisse im Leben der Thekla dienen. Der Anspruch auf historische Referentialität wird im letzten Satz des Prologs besonders untermauert.

> Aus diesem Grunde haben wir die Namen von Personen und Orten aufgeführt, damit die Leser über diese Dinge nicht im Ungewissen bleiben, sondern sie unmittelbar vor sich haben und die Wahrheit (ἀλήθεια) dessen, was wir berichtet haben, überprüfen können.[62]

Der Glaubwürdigkeitserweis durch Namen wird dann auch reichlich im folgenden Text umgesetzt, indem namentlich bekannte noch lebende Persönlichkeiten erwähnt werden, so z. B. einleitend zu ‚mir. Thecl.‘ 7: „Es gibt niemanden in unserer Generation, der jenen Dexianos nicht kennt [...]."[63] Wo der Verfasser nicht auf eigene Erfahrungen und Kenntnisse zurückgreifen kann, verbürgt er sich für die Wahrheit, indem er auf die Erzählung von ‚Augenzeugen‘ zurückgreift.

Die Wahrheit der Wunderberichte wird ferner dadurch unterstrichen, dass Orakel und Geschichten von anderen Götter-Heiligtümern (z. B. des Apollon oder Asklepios) als „unwahre Erzählungen", reine „Erfindungen" oder „schlaue Einfälle derer, die sie verfasst haben"[64], abgewertet werden. Der Text (als Ganzes wie auch die einzelnen Episoden) wird also unzweifelhaft als faktuale Erzählung mit dem Anspruch auf historische Referentialität präsentiert.

---

58   In der ‚Septuaginta‘ begegnen allerdings meist die Formen θαυμαστός (Exodus 15,11; Micha 7,15 etc.) oder θαυμάσιος (Exodus 3,20; Psalm 118,18.27; 130,1 etc.).
59   Im NT meist verbal mit θαυμάζω wie z. B. Mt 15,31; Lk 9,43; Joh 5,20.
60   Vgl. Pseudo-Basilius von Seleukia, Vita et Miracula, S. 198 f. „Es ist die Wahrheit, [...]"
61   DASTON, Wunder, S. 29–76.
62   Pseudo-Basilius von Seleukia, Vita et Miracula, S. 199.
63   Ebd., S. 219; vgl. auch ‚mir. Thecl.‘ 9: „Wer wollte den hochgeachteten Menodoros und das Wunder, das sich mit ihm zugetragen hat, absichtlich unerwähnt lassen [...]" und viele andere.
64   Vgl. Pseudo-Basilius von Seleukia, Vita et Miracula, S. 200 f.

III.2.2. Die Bedeutung der Wundertäterin und ihrer Handlungen

Ich habe mir in meiner eigenen Zunft durchaus manche Kritik daran eingetragen[65], dass ich die Rolle des handelnden Wundertäters und das Erzählen einer Wundertat (Handlung plus Folgen) als konstitutives Element der Wundererzählung betont habe. Damit sind nämlich nicht nur Epiphanien (Erscheinungen, Visionen) herausgefallen, sondern auch z. B. die Auferweckung Jesu (die wir nicht im Kompendium besprochen haben). Ich wollte nie bestreiten, dass es sich hierbei um ein Wunder handelt. Gleichwohl wird keine konkrete Tat geschildert (von Begleitwundern wie dem zerreißenden Vorhang im Tempel, dem Sich-Öffnen der Gräber abgesehen). Wird jedoch das anthropomorphe Reden und Verhalten Gottes samt und sonders als Wundergeschichte betrachtet, dann zerfließen die Grenzen zwischen religiösen Texten allgemein und Wundergeschichten im Besonderen bis zur Unkenntlichkeit.[66] Der Wunderdiskurs ist zweifellos vielfältiger, eine Wundererzählung ist allerdings narratologisch besonders durch das Auftreten der Figur eines Wundertäters bzw. einer Wundertäterin sowie durch das Erzählen einer konkreten Handlung bestimmt. Diese Handlung an Menschen, Sachen oder Natur führt auf der Ebene der erzählten Welt zu einer sichtbaren Veränderung. So wird schon in neutestamentlichen Texten explizit berichtet, wie Blinde (wieder) sehen (Mk 8,24–25; Mk 10,52; Joh 9,7), wie Lahme aufstehen (Mk 2,12; vgl. Joh 5,9) oder der tote Lazarus aus dem Grab kommt (Joh 11,44). Dabei wirken Jesus oder die Apostel nicht nur durch das Wort, sondern zumeist durch magische Praktiken, wie dem Berühren (Mk 5) oder dem Anrühren eines Teiges (Joh 9). Bereits in der kanonischen Apostelgeschichte des Lukas wird ferner von Gegenständen (konkret „Schweißtüchern“) erzählt, die zum Heilmedium werden können.[67] In späteren apokryphen Evangelien oder Apostelgeschichten nehmen derartige Verdinglichungen zu (im ararb. Kindheitsevangelium heilt die Windel Jesu).

Auch die Wundererzählungen der Thekla richten ihr Augenmerk auf die Wundertäterin und benennen konkrete Handlungen. Ich möchte als Beispiele zwei Wundererzählungen in den Blick nehmen, in denen es um die Heilung von Beinen geht. So heilt Thekla ein zertrümmertes Bein paradoxerweise durch einen kräftigen Tritt (‚mir. Thecl.‘ 17):

---

65   Vgl. ALKIER, Kreuz, S. 521: „Auch der frühchristliche Wunderdiskurs lässt sich kaum auf einen Begriff bringen. Er lässt sich nicht [...] durch den Rekurs auf den Typus des menschlichen Wundertäters begrenzen.“

66   Vgl. eine weitere Auseinandersetzung mit dieser Kritik in ZIMMERMANN, Replik, S. 221; sowie speziell zu Alkier DERS., Gattung, S. 330 f.

67   Apg 19,12: „So hielten sie auch die Schweißtücher und andere Tücher, die er auf seiner Haut getragen hatte, über die Kranken, und die Krankheiten wichen von ihnen, und die bösen Geister fuhren aus.“

Die Märtyrerin hatte indes das Wunder folgendermaßen vollbracht – es wäre nämlich nicht recht, die Art und Weise der Heilung zu verschweigen, denn auch sie weist ein hübsches Detail auf: Unser Leontios schlief in der Kirche; es war Nacht und er befand sich in gedrückter Stimmung bei dem Gedanken, nicht mehr aufrecht gehen zu können. Da näherte sich die Märtyrerin, sie sprach zu ihm kein Wort und gab ihm kein Zeichen, sondern trat – und zwar sehr kräftig – mit ihrem Fuß gegen sein beschädigtes Bein, so dass Leontios, von heftigem Schmerz erfüllt, mit einem Mal aufsprang und auf seine Beine kam und da erstmals (wieder) ging und lief und so mühelos von seinem Leiden befreit wurde, dass er dem Meer, den Schiffen und den Wellen Lebewohl sagte und augenblicklich den Fußmarsch nach Antiochia antrat.[68]

Direkt im Anschluss werden zwei weitere Bruch- bzw. Beinheilungen an den Frauen Tigriane und Aba erzählt. Letztere hatte einen offenen Beinbruch, mit dem sie schon alle Heiler – seien es jüdische, griechische oder einen gewissen Sarpedonios – aufgesucht hatte, die ihr aber nicht helfen konnte. In ‚mir. Thecl.' 18 lesen wir:

> Was aber war das wirksame Mittel bei dieser Heilung? (Ich teile es mit,) weil ihr gewiss auch dies zu erfahren wünscht. Es war kein kostspieliges, kein aufwändiges Mittel, keine Effekthascherei, mit der die Asklepiaden prahlen. „Du sollst", so sprach die Märtyrerin, „den Schmutz von den Schranken, die meine Kammer umgeben, abschaben und ihn auf den beschädigten Teil deines Beines auftragen; so wirst du das Leiden augenblicklich beenden und die Beine zu dem Zweck gebrauchen, für den sie bestimmt sind." So sprach sie, jene aber führte es aus. Das Wunder aber wird noch bis zum heutigen Tag von jener Frau laut verkündet, ebenso von denen, die es miterlebt hatten, wie jene ging, lief, das Bein gebrauchte und wie sie, was noch bedeutsamer ist, infolge dieses Wunders auch zur Christin wurde, und zwar zu einer solchen Christin, wie sie es begreiflicherweise aufgrund einer solchen Erfahrung werden musste. Denn die Heilung des Beines hatte zugleich die Heilung der Seele hervorgebracht, und so gingen beide Dinge aus einem einzigen Wunder hervor.[69]

Das zuletzt genannte Beispiel zeigt, dass die Konkurrenz zu anderen Wunderheilern auch eine sozialethische Dimension umfasst. Während jene aufwändige Heilkuren und kostspielige Arzneimittel verordnen, wirken bei Thekla einfache, leicht erreichbare Materialien wie Wasser, Öl, Erde oder Asche.[70] Dies wird vom Autor selbst an unterschiedlichen Stellen explizit hervorgehoben.[71]

---

68   Pseudo-Basilius von Seleukia, Vita et Miracula, S. 265. Kollmann/Schröder weisen darauf hin, dass die Entfernung zwischen Seleukia und Antiochia 300 km betrug und durch beschwerliches Bergland führt, so dass damit die Größe und Vollständigkeit der Heilung unterstrichen werden soll (ebd.).

69   Pseudo-Basilius von Seleukia, Vita et Miracula, S. 266–269.

70   Vgl. dazu ausführlicher KOLLMANN, Einleitung, S. 63.

71   Vgl. bei der Heilung des Dexianos ‚mir. Thecl.' 7 und 8: „Sie vollbrachte beide Wunder [...] ohne irgendein kompliziertes Heilverfahren, was man wohl besonders an ihr bewundern dürfte. Denn

III.2.3. Die göttliche Urheberschaft der Wundertat

In der o. g. Definition wurde die göttliche Urheberschaft als Kriterium der Wundererzählung eigens benannt. Die frühchristlichen Wundertäter:innen handeln nicht aus eigener Macht und Kraft, sondern stets im Auftrag Gottes bzw. konkret „im Namen Jesu."[72]

Diese Rückbindung an Jesus ist grundsätzlich auch bei Thekla präsent. Gleich im ersten Wunder vertreibt sie einen dämonischen Weissagegeist vom Grab des Sarpedonios durch Zitation eines Jesusworts aus Mk 4,39. So lesen wir in ‚mir. Thecl.‘ 1: „Und sie ließ den so überaus wortreichen Orakelkünder bis auf den heutigen Tag verstummen, indem sie ihm jenes königliche Herrenwort als Bollwerk entgegenstellte: ‚Verstumme, sei still!‘"[73]

Die Thaumata der ‚Miracula Theclae‘ markieren hierbei allerdings eine zweifache Modifikation. Zum einen wird die Konkurrenzsituation zwischen den griechischen Göttern und dem biblischen Gott zugespitzt und im Blick auf Lokalheiligtümer/Tempel konkretisiert. Die Miracula setzen im Eingangsteil mit der Vertreibung der Stadtgötter von Seleukia (Athene Kanitis, Aphrodite, Zeus) ein, die abwertend uralte Dämonen genannt werden. Deren lokale Heiligtümer werden christianisiert, so z. B. explizit zum Bergheiligtum der Athene: „Dieser wurde nun dem Dämon weggenommen und der Herrschaft Christi unterstellt, unter der er ja auch von Anbeginn gestanden hatte."[74] (‚mir. Thecl.‘ 2).

Zum anderen wird aber die Rolle der Thekla (stellvertretend hier zugleich für die Heiligen insgesamt) deutlich aufgewertet. An die Stelle der Lokalheiligtümer (heidnischer Götter) treten nun die Lokalheiligen. Man kann dabei regelrecht von einer Aufteilung des Territoriums sprechen, auch wenn zumindest hier zwischen Seleukia und Tarsos wechselseitige Gastfreundschaft eingeräumt wird. Die Ausführungen in ‚mir. Thecl.‘ 4 sind wohl eine der ältesten Reflexionen über Rolle und Funktion von Lokalheiligen insgesamt, sodass hier eine längere Passage zitiert wird:

---

indem sie angibt, was die Leidenden zu tun haben, verweist sie die Bittenden nicht auf irgendein seltenes, kostspieliges Mittel, sondern auf eines, das zu den preiswerten und alltäglichen zählt. Somit geht auch durch die raschere Beschaffung des angegebenen Mittels die Genesung leichter vonstatten und es erweist sich durch die derart schlichten Substanzen zugleich ihre Macht, wodurch die Überzeugung wächst, dass die Wirkungen nicht auf das vorgeschriebene Mittel zurückzuführen sind, sondern auf die, welche die Anweisung erteilt." (nach Pseudo-Basilius von Seleukia, Vita et Miracula, S. 220–223).

72   Vgl. dazu mit Beispielen ZIMMERMANN, Akten, S. 8–10. Als Beispiele werden u. a. Apg 3,6; 4,10; ActJoh 22fin; ActPetr 11; ActThom 119; ActAndr(Greg) 23,10; ActPhil 6,20 genannt (a. a. O., S. 10).

73   Pseudo-Basilius von Seleukia, Vita et Miracula, S. 209.

74   Ebd.

Der Sieg über solche uralten Dämonen, die mit der Streitmacht ihrer Götzendiener stark gewappnet waren – diese machten ganze Städte und ganze Völker aus –, *kommt allein Gott zu und allein den Märtyrern, die von Gott in diesen Kampf gestellt worden sind*. Und so wie Christus unter den Heiligen dem einen diese, dem anderen jene Stadt oder Gegend zugewiesen hat, damit sie mit aller Gründlichkeit die Erde reinigten, so hat er auch ihr (Thekla) diese Gegend (hier bei uns) zugeteilt, wie dem Petrus Judäa und wie dem Paulus alle Völker (vgl. Gal 2,7 f.). Aber es ist nunmehr an der Zeit, sich den weiteren Wundern der Märtyrerin zuzuwenden. Nur so viel wollen wir vorausschicken: Da es nicht für alle Menschen leicht und mühelos war, Gott zu erreichen, diese höchste, erhabenste Macht, zu der noch nicht einmal Engel und Erzengel gelangen können, geschweige denn Menschen, die entweder durch ihre Lebensführung oder durch ihren Charakter oder durch beides daran gehindert sind, bis zu jenem göttlichen Ohr vorzudringen, und da ein großer Teil des Menschengeschlechts immer wieder dazu neigt, sich der Gefahr auszusetzen, und unentwegt von vielen verschiedenen Schmerzen und Betrübnissen gepeinigt wird, *(daher) sät Gott, da er menschenfreundlich ist und sehr bereitwillig und eifrig in seinem Erbarmen, die Heiligen auf die Erde aus, indem er den Weltkreis gleichsam einigen hervorragenden Ärzten zugeteilt hat.*
Sie sollen teils selbst ohne große Mühe ihre Wunder vollbringen, da sie ja den Bittenden näherstehen und sie auf der Stelle erhören und ihnen die Heilung zukommen lassen können, teils sollen sie auch durch seine Gnadenkraft die großen Taten, die in besonderem Maße auf seinen Beistand angewiesen sind, vollbringen, indem sie für Nationen, Städte, Familienverbände und Völker Fürsprache einlegen, Hilfe erflehen und inständig bitten, zur Errettung aus Notsituationen wie Seuchen, Hungersnöten, Kriegen, Dürrezeiten, Erdbeben und aus allen anderen (Nöten), in denen allein die Hand Gottes machtvoll Schutz und Hilfe bieten kann. Es ist daher begreiflich, dass auch die erhabene Märtyrerin, die ja mit großer Macht ausgestattet und von Christus, unserem gemeinsamen König, dazu beauftragt worden ist, oftmals eine Hungersnot beendet, eine Seuche abgestellt, eine Dürre gelöscht, einen Krieg niedergerungen, Feinde übergeben, Städte errettet und Häuser beschützt hat sowie allen insgesamt und jedem einzelnen in überreichem Maß das geschenkt hat, was er begehrte – sofern einer nur in angemessener und geziemender Weise die Bitte vorgebracht hatte und dabei zugleich sein Leben allzeit so führte, dass es den Empfang einer Wohltat unbedingt verdiente. Denn niemals ist die heilige Großmärtyrerin bereit, sich einem befleckten, schuldbeladenen Menschen zu nähern.[75]

Thekla wird (wie alle Heiligen) hier also in ihrer Mittlerrolle beschrieben. Sie tritt zwischen den ‚einfachen‘ Menschen und Gott. Um diese Fürsprachefunktion ausüben zu können, ist es folgerichtig, sie auch in direkter Weise anzusprechen. Dabei unterscheidet sich diese Kontaktaufnahme kaum vom Typus der Gebetsrede, wie sie sonst Gott oder Christus vorbehalten ist. Entsprechend endet die ‚Vita‘ (Buch 1) der Schrift mit

---

75 Pseudo-Basilius von Seleukia, Vita et Miracula, S. 211–215 [Hervorhebung durch Verf.].

einem Gebet an Thekla: „O Jungfrau, Märtyrerin und Apostolin, möge es geschehen, dass [...].“[76]

III.3. Funktionen der Wundererzählungen der Thekla

Die bisher angeführten Beispiele haben bereits unterschiedliche Funktionen der Thekla-Wunder aufleuchten lassen, die ich hier nochmal abstrahierend aufgreifen und mit weiteren Beispielen untermauern möchte:

a) Religionskonkurrenzen
(Narrative Absicherung der Christianisierung der Heiligtümer in und um Seleukia):

Durch die Thekla-Thaumata erhalten wir einen einzigartigen Einblick, wie lokale Heiligtümer im Zuge der konstantinischen Wende christianisiert wurden. Die Wundererzählungen können hierbei als religiöse Legitimationsstrategien für diese ‚Machtübernahme‘ betrachtet werden. Entsprechend erzählen gleich die ersten vier Wundererzählungen in den ‚Miracula‘ von der ‚Vertreibung‘ der bis dato maßgeblichen Gottheiten aus Lokalheiligtümern der Region (‚mir. Thecl.‘ 1: Apollon Sarpedonios; ‚mir. Thecl.‘ 2: Athene, ‚mir. Thecl.‘ 3: Aphrodite, ‚mir. Thecl.‘ 4: Zeus).

Interessant ist, dass bei der Verdrängung der traditionellen Gottheiten pagane Kultpraktiken übernommen wurden, die bisher in der christlichen Tradition nicht bekannt waren. So gibt es in den neutestamentlichen oder apokryphen Wundererzählungen m. W. keine Belege für Heilschlaf (Inkubation), wie er in der antiken Tempelmedizin (insb. im Asklepioskult) verbreitet war. Der Verfasser der ‚Miracula‘ wird selbst in einem solchen Schlaf von Anthrax (Milzbrand) am Finger geheilt und entgeht somit einer Amputation (‚mir. Thecl.‘ 12). Nach Kollmann verfügte das Theklaheiligtum in Seleukia über Enkoimeterien, die in der Nähe der Höhlenkirche lokalisiert waren.[77] Die ‚Miracula Theclae‘ können insofern als ein Initial und Beispiel angesehen werden, wie dann verstärkt im byzantinisch-christlichen Heiligenkult die Inkubationsheilungen der antiken Tempelmedizin fortgesetzt werden.[78]

---

76   Pseudo-Basilius von Seleukia, Vita et Miracula, S. 194 f. Am Ende des Gebets wird Thekla zu Christus beigeordnet („[...] sowohl dir, der Jungfrau, lieb sind als auch Christus selbst, der sie gewährt [...]“). Christus gebührt dann aber allein „Lobpreis, alle Ehre, alle Macht [...], jetzt und immer und von Ewigkeit zu Ewigkeit. Amen." (ebd.).

77   Vgl. KOLLMANN, Einleitung, S. 62.

78   Vgl. auch PRATSCH, Inkubationsdarstellungen, S. 68–73.

b) Strafwunder als Schauplatz von Bekenntnisbildung
(Konfessionalisierung, z. B. Trinitarisches Dogma):

Die Verdrängung der heidnischen Kulte hatte nicht nur eine machtpolitische, sondern vor allem auch eine konfessorische Dimension. Dabei war einerseits der Christusglaube wesentlich. Wir erkennen in den ‚Miracula' aber auch einen Reflex auf die altkirchliche Dogmenbildung sowie konfessionsinternen Streitigkeiten – wie z. B. zur Trinität. So lesen wir in ‚mir. Thecl.' 10[79]:

> An einer der Wände der Kirche der Märtyrerin, welche der inneren, zweiten Tür des heiligen Innenhofes gegenüberliegt, die zur Kirche selbst, zu den ehrwürdigen Stätten und zu dem Kloster der Jungfrauen führt, war in feiner Goldmosaikarbeit eine Inschrift eingelassen, die allen Menschen die Wesensgleichheit (τὸ ὁμοούσιον) der heiligen, erhabensten Dreifaltigkeit (τῆς ἁγίας καὶ ὑπερτάτης Τριάδος) verkündete. Diese Inschrift befahl Symposios, weil er noch Arianer war und von Bischöfen derselben Lehrmeinung zum Bischof gewählt worden war, auszumeißeln, da sie nicht mit der abscheulichen Ansicht dieser Leute übereinstimmte.[80]

Der zum Ausmeißeln der Inschrift geschickte Steinmetz kann ihr aber kaum eine Schramme zufügen, wie mit einem Homer-Zitat (s. u.) festgehalten wird. Wir lesen weiter:

> Schließlich stürzte sogar jener Mann, der den Kampf gegen die göttliche Inschrift führte, von der Leiter, brach sich alle Knochen und zahlte auf der Stelle die Strafe für die freche Tat, die er begangen hatte. Symposios aber legte alsbald seine falsche Gesinnung ab und erzählte, verbreitete, bezeugte und verkündete in der Öffentlichkeit (ἐκεῖνα ἔλεγεν, ἐκεῖνα ἀπέπνει, ἐκεῖνα ἀνωμολόγει, ἐκεῖνα δημοσίᾳ … ἐδίδασκεν) und am hellen Tag jene Lehre, welche die zuvor (von ihm) bekämpfte Inschrift enthielt: „Die Dreifaltigkeit ist gleichen Wesens (ἡ Τριὰς ὁμοούσιος)."[81]

Die Wundergeschichte dient hier also der narrativen Absicherung der Position des Verfassers und seiner Auftraggeber im dogmatischen Streit um die Auslegung des dreieinigen Gottes, die sogenannten arianischen Streitigkeiten, die sich in der Dogmenbildung des vierten Jahrhunderts zwischen den Konzilserklärungen zwischen Nicäa (325 n. Chr.) und Konstantinopel (381 n. Chr.) niederschlagen.[82] Die pleonastische Reihe der Verben („erzählte, verbreitete, bezeugte und verkündete") unterstreicht

---

79 Vgl. zu dieser Wundererzählung ausführlich die Auslegung von LAU, In Stein gemeißelt, S. 530–539.
80 Pseudo-Basilius von Seleukia, Vita et Miracula, S. 229–231.
81 Pseudo-Basilius von Seleukia, Vita et Miracula, S. 231.
82 Thekla wird auch in der Vita als eine Vertreterin der nizäno-konstantinopolitanischen Form der Trinitätslehre vorgestellt, vgl. ‚vit. Thecl.' 22; 26.

hierbei sogar auf Erzählebene die enge Relation zwischen Erzählung (des Wunders) und Bekenntnis des Dogmas.

Nach Susan Hylen reflektieren die ‚Miracula' zum Beispiel in ‚mir. Thecl.' 10 und 14 zwar die im vierten und fünften Jahrhundert entfaltete Bekenntnisbildung zur Christologie und Trinitätslehre. Zugleich spiegeln die Texte nach Hylen aber ebenso noch eine Variationsbreite der Frömmigkeitsformen und theologischen Überzeugungen ihrer Zeit, die in der späteren Rezeptionsgeschichte dieser Epoche verschüttet wurden. Dies betrifft sowohl innerchristliche Kontroversen (z. B. den Einfluss von Arius) als auch Adaptionen und Auseinandersetzungen mit griechisch-römischen Kulten (z. B. Arpedonius). Hylen plädiert dafür, dass die Thekla-Texte nicht nur griechische Religion und Kultur aufnehmen (z. B. Thekla als Homer-Kennerin, s. u.), sondern dass auch die Bewertung derselben keineswegs so einlinig verläuft, wie in der Forschung oft angenommen. Neben der schroffen Abgrenzung begegne teilweise auch ein offenbar konfliktfreies Nebeneinander unterschiedlicher Kulte.[83]

c) Mission unter den Gebildeten

In ‚mir. Thecl.' 10 wird mehrfach explizit auf Homer verwiesen. So konnte der Steinmetz der Inschrift nur eine oberflächliche Schramme zufügen, wobei sogar mit Zitationshinweis (ὃ φησιν Ὅμηρος) durch die Verbform ἐπέγραψε explizit auf Homer, ‚Ilias', 4,139[84] angespielt wird. Im Folgenden wird mit ἀλλ' ἄγε δὴ μετάβηθι (aber fahre nun fort!) ein Satz aus Homer, ‚Odyssee' 8,492 zitiert, und mit dem hermeneutisch interessanten Kommentar „Dies sagt Homer (τοῦτο φησι μὲν Ὅμηρος), doch die Anweisung gilt mir" versehen.[85] Diese expliziten Verweise auf Homer sind charakteristisch für die ganze Schrift, in der ganze Sätze, einzelne Formulierungen oder Namen aus den Werken Homers aufgenommen werden.[86] Vielfach wird Homer explizit genannt, zum Teil wird auch nur auf *den Dichter* verwiesen,[87] der aber offenbar in seinem ‚klassischen' Rang bei den Adressat:innen als Homer erkannt werden kann. Die Art und Weise der Bezugnahme ist wenig inhaltlich motiviert, vielmehr sind es markante Formulierun-

---

83 Vgl. HYLEN, Social History, S. 119–123.

84 Vgl. Homer, ‚Ilias', 4,139: „Dann aber ritzte (ἐπέγραψε) der Pfeil dem Helden die Haut an der Fläche" (Übersetzung von H. RUPÉ).

85 Derselbe Satz wird noch einmal in ‚mir. Thecl.' 35 verwendet.

86 Vgl. etwa auch ‚mir. Thecl.' 3 (Verweis auf Diomedes, vgl. Homer, ‚Ilias', 5,1–380), ‚mir. Thecl.' 6 (Homer, ‚Ilias', 12,73); ‚mir. Thecl.' 11 (vermutlich Anspielung auf Homer, ‚Ilias', 21,493f. nach KOLLMANN/SCHRÖDER, Vita et Miracula, S. 236); ‚mir. Thecl.' 16 (Homer, ‚Ilias', 1,351), ‚mir. Thecl.' 26 (Homer, ‚Ilias', 5,720; 8,382), ‚mir. Thecl.' 27 (Homer, ‚Ilias', 15,273.618f.: ἠλίβατος πέτρα), ‚mir. Thecl.' 27 (Homer, ‚Ilias', 2,446–449: goldquastenes Fell der Athene), mir. Thecl. 28 (Homer, ‚Odyssee', 10,80–132: Laistrygonen), ‚mir. Thecl.' 35 (Homer, ‚Ilias', 10,496), ‚mir. Thecl.' 35 (Homer, ‚Odyssee', 8,492), ‚mir. Thecl.' 38 (Homer, ‚Ilias', 1,365), ‚mir. Thecl.' 44 (Homer, ‚Ilias', 16,154).

87 Vgl. z. B. ‚mir. Thecl.' 3: ‚mir. Thecl.' 26: „εἶπεν ἄν τις ποιητικῶς".

gen (wie z. B. „hochragende Felsen", ‚mir. Thecl.' 27), die vor allem die Bildung in der klassischen Literatur beweisen sollen. Entsprechend kann aber ebenso auf philosophische Traditionen (z. B. Georgias in ‚mir. Thecl.' 40), auf geschichtliche Beispiele (z. B. den Betrüger Eurybatos im Dienst des Krösus in ‚mir. Thecl.' 21[88]) oder auf kirchliches Wissen (z. B. zu dem von Hieronymus beschriebenen ersten christlichen Eremiten ‚Paulus von Theben' in ‚mir. Thecl.' 44) verwiesen werden.

Der Autor beweist somit nicht nur für sich selbst ein hohes Bildungsniveau,[89] sondern möchte offenbar auch die Gebildeten als die primären Adressaten der Schrift erreichen. Thekla selbst wird als Kennerin der Literatur präsentiert (‚mir. Thecl.' 41[90]), die damit zugleich den rhetorischen Fähigkeiten des Autors Autorität verleiht. In ‚mir. Thecl.' 41 berichtet der Verfasser autobiographisch von der Heilung eines schmerzhaften Ohrenleidens, das fast seinen ersten Auftritt auf dem Deikterion (Ambo) in der Kirche vereitelt hätte. Die nächtliche Heilung durch Thekla ermöglicht gewissermaßen in letzter Minute die öffentliche Rede. Auf diese Weise wird die eigene Leistung relativiert und Rhetorik und Bildung nur in den Dienst für Thekla und deren Heiligtum gestellt. Entsprechend formuliert ‚mir. Thecl.' 41:

> Ich sprach einige wenige Sätze, aber die Märtyrerin gewährte mir in der Weise ihren Beistand und ihre Gnade, dass ich einen starken Eindruck hinterließ, dass mein Vortrag beachtlich war und dass ich eine sehr große Bewunderung über meine Worte hervorrief, an denen doch nichts Bewundernswertes gewesen war.[91]

Der in den Wundergeschichten verarbeitete Bildungshorizont hat somit den Zweck, zu Thekla und ihrem Heiligtum, aber damit letztlich zugleich zum Glauben und zur Taufe zu führen. Wenn dies nicht gelingt – wie z. B. bei dem Sophisten Aretarchos[92] – wird dies ausdrücklich kritisch kommentiert und argumentativ problematisiert. Gegenüber den Thekla-Akten, wo lediglich die Selbsttaufe der Thekla berichtet wird

---

88   Eurybatos war sprichwörtlich als Halunke und Betrüger bekannt, so z. B. Diodorus Siculus Bibl. 9,32; Lukian, Alex. 4.

89   Vgl. KOLLMANN, Einleitung, S. 67; HYLEN, Social History, S. 122 f. JOHNSON, Thekla, S. 113. Johnson sieht die Schrift insgesamt als Beispiel für eine Art Fortsetzung griechischer Literatur, die zwar im Niveau nicht mit Homer, griechischen Romanen oder Tragödien vergleichbar sei, aber durchaus in der Art des Schreibens. Er sieht in ‚Vita et Miracula' ein Beispiel von Schriftgelehrsamkeit in der Spätantike. Vgl. JOHNSON, Thekla, S. xvii: „The continuity of classical forms of literature [...] and their adoption by Jewish and Christian writers."

90   Vgl. ‚mir. Thecl.' 41: „So sehr ist die Märtyrerin also der Literatur zugetan und so sehr freut sie sich über die Huldigungen, die ihr von Vertretern der Literatur zuteilwerden." (Pseudo-Basilius von Seleukia, Vita et Miracula, S. 335).

91   Pseudo-Basilius von Seleukia, Vita et Miracula, S. 337.

92   Vgl. ‚mir. Thecl.' 40. Aretarchos wird zwar geheilt, „von seinem Unglauben wurde er jedoch nicht befreit" (Pseudo-Basilius von Seleukia, Vita et Miracula, S. 333), sondern hält sich weiter an Sarpedonios, der den Gang zu Thekla befohlen habe.

(beim Sprung ins Robbenbecken), wird die Tauftätigkeit der Thekla in ‚Vita et Miracula' immer wieder benannt (‚vit. Thecl.' 24).

d) Bekräftigung sexualethischer Normen (Askese, Ehe und Frauenrollen)

Neben ‚Märtyrerin' und ‚Apostelin' wird Thekla häufig auch die ‚Jungfrau' in einer titularen Weise genannt. Insbesondere in den alten Thekla-Akten wird dieses Ideal der Jungfräulichkeit und Ablehnung der Ehe ins Zentrum gerückt. In der ‚Vita Theclae' hingegen spielt es nicht mehr eine so zentrale Rolle und in den ‚Miracula' kommt es explizit nur noch in ‚mir. Thecl.' 46 (Umarmung der Asketin Dionysia) vor. Einige Forscher:innen sehen in der ‚Vita et Miracula' sogar eine explizite Korrektur an diesem enkratitischen Rigorismus.[93] Stattdessen spielen die Ehe und entsprechende sexualethische Ehenormen eine stärkere Rolle. „Die Ehe stellt für den Autor damit genau wie die Ehelosigkeit und die Sexualaskese eine legitime, gottgewollte Option der christlichen Lebensführung dar."[94] Auch die Wundererzählungen dienen diesem übergeordneten sexualethischen Zweck. So wird die durch einen Diebstahl gestörte Hochzeit nach ‚mir. Thecl.' 21 durch Thekla ‚gerettet', in ‚mir. Thecl.' 20 und 42 geht es explizit um sexualethische Ehenormen:

In ‚mir. Thecl.' 42 erbittet die Ehefrau Kalliste ein Mittel, „mit dem sie die Schönheit ihrer äußeren Gestalt und die Zuneigung ihres Ehemannes wiedererlangen könnte" (‚mir. Thecl.' 42), denn sie war von einer Geliebten ihres Mannes durch eine Säure (Gift) entstellt worden. Thekla gewährt die Heilung und macht damit die Ehefrau wieder zu der „Schönsten", was ihr Name symbolhaft schon aussagt. Auf diese Weise gefällt sie auch wieder ihrem Ehemann, der dadurch von seinem Fremdgehen abgehalten wird. Die implizite Ethik dieser Wunderhandlung ist aus heutiger Sicht durchaus fragwürdig. Denn es war ja der Ehemann, der bereits vor der äußerlichen Veränderung der Ehefrau „mit ungezügelter Leidenschaft den sinnlichen Genüssen des einfachen Volkes nachging", und zwar in „unersättlicher Weise"[95]. Die Wunderhandlung richtet sich aber auf die Schönheit der Frau, als ob ihr Verlust einen berechtigten Grund für die Untreue des Mannes geliefert hätte.

Die bzw. der gendersensible Leser:in wird aber mit ‚mir. Thecl.' 20 versöhnt. In dieser Wundererzählung wird berichtet, dass die namentlich nicht benannte Ehefrau des Generals Bitianos darunter litt und „in ihrer ehelichen Würde verletzt" war, dass ihr

---

93 So KOLLMANN, Einleitung, S. 53, der hierbei die ältere These von Richard A. Lipsius bestätigt. Vgl. zum Askese-Ideal der Thekla-Akten auch ZIMMERMANN, Geschlechtermetaphorik, S. 537–544.

94 KOLLMANN, Einleitung, S. 53.

95 Übersetzung wiederum nach Pseudo-Basilius von Seleukia, Vita et Miracula, S. 339.

Mann zu Prostituierten ging und nach ihnen regelrecht „verrückt war."[96] Thekla hat Mitleid mit der Frau, weil sie erkennt,

> dass die Ehe durch die abscheuliche Prostitution verletzt und missachtet wurde. Sie besserte die Sinnesart des Mannes und lenkte die Begierde, die er in unsittlicher Weise auf jene Frauen richtete, in geziemender Weise auf seine Ehefrau zurück, ohne das Aussehen eines ihrer Körperteile zu verändern, weder zum Schlechteren noch zum Besseren, sondern indem sie die Seele des Mannes zwang, auf das Rechte und das Heilige zu schauen, die sündhafte Prostitution zu hassen und die Schönheit und Rechtmäßigkeit der Ehe zu ehren.[97]

Das Ideal der Ehe zwingt die Frauen nicht notwendigerweise in eine bestimmte Rolle als Hausfrau und Mutter. Insbesondere im Horizont der adressierten Bildungsschicht ermöglicht ganz im Gegenteil die Ehe erst die Stärkung der Rolle der Frau. In ‚mir. Thecl.' 20 wird beispielsweise der Reichtum und das Ansehen hervorgehoben, die die Frau durch ihren Ehemann Bitinios erhält. Hylen hat deshalb den Blick auf bekannte, einflussreiche Frauen wie z. B. Pulcheria, Galla Placidia oder Ariadne im zeitlichen Umfeld der Entstehung der ‚Vita et Miracula' gelenkt.[98] So widerspricht sie der früheren Überzeugung, dass nur die Frauenaskese zu einer Aufwertung der Frauen führen konnte, und vertritt vielmehr die These, dass Frauen in Machtpositionen („imperial women"[99]) gerade auch durch die Ehe ihre Macht erhalten konnten. Am Beispiel von Ariadne zeigt sie auf, dass diese zur Zeit der Abfassung der ‚mir. Thecl.' gemeinsam mit ihrem Mann Zeno auf dem Thron saß. Nach dessen Tod konnte sie nur durch eine weitere Eheschließung weiterregieren, während sie als Frau allein dazu nicht befugt gewesen wäre. Die Eheschließung konnte hier also sogar ihre Machtfunktion erhalten.[100]

e) Stärkung des Lokalheiligtums (Schaffung einer textbasierten Erinnerungskultur sowie der Legitimation von Kultpraktiken)

Die Verschriftlichung der Wundertaten diente der Stärkung des Lokalheiligtums. Bereits im Tagebuch der Egeria (einer französischen oder spanischen Pilgerin, die das Heilige Land Ende des 4. Jh. bereiste) findet sich eine recht ausführliche Passage über das Thekla-Heiligtum, bei dem sie auf ihrer Wallfahrt Station macht.[101] Sie berichtet nicht nur über die Lokalität und die den Kult betreffende Einzelheiten, sondern auch

---

96   Ebd., S. 273.
97   Ebd., S. 273.
98   Vgl. Einzelheiten dazu HYLEN, Social History, S. 123–130; sowie ausführlich DIES., Apostle, S. 31–42.
99   HYLEN, Social History, S. 125.
100 Vgl. ebd.
101 Vgl. Egeria, it. 23,1–5, in: Egeria, Itinerarium, S. 202–205.

von der Pflege einer Textkultur: „Als ich dort schließlich im Namen Gottes angekommen war, wurde im Martyrium gebetet und es wurden die Akten der heiligen Thekla gelesen."[102] Aufgrund der Abfassungszeit des Itinerariums von Egeria kann es sich hierbei nur um die Akten des Paulus und der Thekla (2.–3. Jh., s. o.) handeln. Gleichwohl zeigt sich hierbei ein Interesse an textgebundener Erinnerungskultur.

Der mit der Abfassung der ‚Vita et Miracula' beauftragte Kleriker war nach ‚mir. Thecl.' 41 selbst Priester am Thekla-Heiligtum und Mitglied des „Rats"[103]. Kollektive Erinnerung bedarf bestimmter Medien, wobei das Textmedium natürlich besonders präzise derartige Erinnerungserzählungen festhalten kann. Die Wundererzählungen können m. E. als Artefakt einer gelenkten Erinnerungskultur betrachtet werden und markieren – in Assmanns Terminologie[104] – den Übergang vom sozialen zum kollektiven Gedächtnis. Die bisher wohl vorrangig mündlich gesammelte und weitergegebene Erinnerung an die Theklawunder erhält in der schriftlichen Fassung eine verbindliche Form, die fortan rezipiert werden kann.

Die Wundererzählungen dienen aber nicht nur der mythischen Absicherung der Thekla-Legende, vielmehr haben sie auch eine legitimatorische Funktion hinsichtlich der vermutlich zur Abfassungszeit vollzogenen konkreten Kultpraktiken am Heiligtum. Dies lässt sich am Beispiel von ‚mir. Thecl.' 36 wahrnehmen. Die Wundergeschichte erzählt von einer verheerenden Seuche, die zu einem großen Tiersterben geführt hat, das zugleich auf den Menschen zurückwirkt.

> Eine verheerende Seuche raffte Maultiere, Pferde, Rinder, Esel, Schafe dahin, kurz gesagt, alles, was zu den Weidetieren gehört. Die Not stürzte die Menschen in große Ratlosigkeit und Besorgnis, Dörfer und Gutshöfe, auch die prächtigen Häuser in der Stadt entvölkerten sich, und nirgends bestand eine Aussicht auf Heilung. Es war völlig unklar, von welcher Art diese Krankheit war und woher sie eingedrungen war, denn es bestand ja keine Möglichkeit, dies von den Opfern zu erfahren, und überdies wurden sie, bevor ihre Besitzer von der Erkrankung erfuhren, dahingerafft und verendeten in großer Zahl, alle zusammen und zur gleichen Zeit. (mir. Thecl. 36)[105]

Thekla lässt daraufhin eine Quelle im heiligen Bezirk hervorsprudeln, die bisher nicht vorhanden bzw. „von keinem von uns und von niemandem aus den früheren Generationen bemerkt worden war."[106] Die Quelle bzw. Grotte, aus der sie hervorsprudelte, wird präzise innerhalb des Heiligtums lokalisiert: „Und dies tat sie nicht in der Ferne, nicht an einem fremden Ort, sondern genau dort, wo sich ihr heiliger Bezirk befindet.

---

102 Ebd.
103 Von einem Rat der Priester ist auch in ‚mir. Thecl'. 7 die Rede.
104 Vgl. ASSMANN, Kulturelles Gedächtnis, S. 48–64.
105 Pseudo-Basilius von Seleukia, Vita et Miracula, S. 323. Das Beispiel wurde auch gewählt, weil die Tagung eine der ersten Tagungen in physischer Präsenz nach der Corona-Pandemie war.
106 Ebd.

Dabei handelt es sich um eine Grotte, die auf der Westseite der Kirche, ihr genau gegenüber, liegt."[107]

Es werden nun aber nicht nur die kranken Tiere in der akuten Not geheilt, vielmehr wird die Tradition eines heiligen Wassers begründet, das auch weiterhin vorhanden ist und aufgesucht werden kann. Obgleich die Märtyrerin aufwändige Heilprozeduren und Pharmazeutika (wie sie von paganen Arztheilern verwendet wurden) verwirft (s. o.), wird durch die Erzählung zugleich eine spezifische Praxis legitimiert. Man kann sich leicht vorstellen, dass Pilger:innen von diesem heilenden Wasser trinken oder es möglicherweise sogar für Angehörige und Tiere mitnehmen wollten. Der Text beschreibt eine möglicherweise zum Zeitpunkt seiner Abfassung reale Praxis im Heiligtum, indem er ätiologisch ihren Ursprung durch ein Wunder der Thekla fundiert.

f) Fazit zu den Funktionen

Die Wundererzählungen in ‚Vita et Miracula' erfüllen unterschiedliche Funktionen. Bezogen auf die abstrakten Funktionselemente der Gattungsdefinition lässt sich festhalten, dass das Element des ‚Staunens und der Irritation' (durch das plötzliche oder außergewöhnliche Eingreifen der Thekla) genutzt wird, um in vielfältiger Weise zu Erkenntnisgewinn (z. B. über Glaubensfragen) und Handlungsänderung (z. B. Ehenormen) zu führen.

IV. Fazit: Wundererzählungen der Thekla
im Horizont der Gattungsdynamik

Am Ende lenke ich den Blick zurück auf die Gattungsfrage. Die ‚Thaumata' in ‚Vita et Miracula Sanctae Theclae' erweisen sich einerseits durchaus als typische Wundererzählungen, indem sie Formelemente der Tradition (wie faktuale Erzählweise, Handlungsfigur, Appellcharakter) aufweisen. Besonders der Blick in die vielfältigen Funktionen dieser Erzählungen hat aber andererseits zugleich auch Spezifika offenbart, die durch eine enge Bindung an ein Lokalheiligtum evoziert werden. Beide Elemente lassen sich zu einer narrativen Strategie verbinden. Der Autor von ‚Vita et Miracula' benutzt die Kommunikationssignale der offenbar als bekannt vorausgesetzten Gattung Wundererzählung, um gerade so die Bedeutung des Lokalheiligtums ätiologisch abzusichern und gegenwärtig zu stärken.

107   Ebd.

Es war der Rückgriff auf ein typisches Schema, das Bindeglied der Texte und zugleich literarische Basis für eine Vielfalt von Aussageabsichten werden konnte. Indem er die Wundergeschichten biographisch auf eine damals schon verehrte Heilige konzentriert, mit Verweisen auf klassische Literatur (z. B. Homer) anreichert und sie geographisch eng an ein Kultheiligtum bindet (z. B. Inschrift, Grottenquelle), wird die Gattung zugleich dynamisch weiterentwickelt. Die Wundererzählungen der Thekla können somit auch als ein Beispiel für die Dynamik der Gattung gelten, denn auf der Basis einer wiedererkennbaren Kriteriologie können neue Elemente und Funktionen hinzutreten, die die Gattung als fluides literarisches Ausdrucksmedium in konkreten Kommunikationsprozessen kennzeichnen.

Bibliographie

Quellen

Aristoteles, Poetik, hg. u. übers. v. Manfred FUHRMANN, Stuttgart 1994.

Egeria, Itinerarium – Reisebericht. Mit Auszügen aus Petrus Diaconus, De Locis Sanctis – Die heiligen Stätten, hg. u. übers. v. Georg RÖWEKAMP (Fontes Christiani 20), Freiburg i. Br. ³2017.

Hieronymus, De viris illustribus – Berühmte Männer, mit umfassender Werkstudie hg. , übers. und komm. v. Claudia BARTHOLD, Fohren-Linden ²2011.

Isidori Hispalensis Episcopi – Etymologiarvm sive originvm libri XX. Libros I – X continens, hg. v. Wallace Martin LINDSAY (Oxford Classical Texts), Oxford 2016.

Novum Testamentum Graece, hg. v. Barbara ALAND / Kurt ALAND, 28., rev. Aufl., Stuttgart 2012.

Pseudo-Basilius von Seleukia, Vita et Miracula Sanctae Theclae – Leben und Wunder der Heiligen Thekla, griechisch-deutsch, hg., übers., eingel. u. komm. v. Bernd KOLLMANN / Burghard SCHRÖDER (Fontes Christiani 93), Freiburg i. Br. u. a. 2021.

Tertullianus, Quintus Septimius Florens, De baptismo – Von der Taufe, lateinisch-deutsch, übers. u. eingel. v. Dietrich SCHLEYER (Fontes Christiani 76), Freiburg i. Br. u. a. 2006.

Forschungsliteratur

ALKIER, Stefan, Das Kreuz mit den Wundern oder Wunder ohne Kreuz? Semiotische, exegetische und theologische Argumente wider die formgeschichtliche Verkürzung der Wunderforschung, in: Hermeneutik der frühchristlichen Wundererzählungen, hg. v. Bernd KOLLMANN / Ruben ZIMMERMANN (WUNT 339), Tübingen 2014, S. 515–544.

ASSMANN, Jan, Das kulturelle Gedächtnis. Schrift, Erinnerung und politische Identität in frühen Hochkulturen, München ⁸2018.

BACKHAUS, Knut, Das lukanische Doppelwerk. Zur literarischen Basis frühchristlicher Geschichtsdeutung (Beihefte zur Zeitschrift der Neutestamentlichen Wissenschaft 240), Berlin/ Boston 2022.

BERGER, Klaus, Formgeschichte des Neuen Testaments, Heidelberg 1984.

DERS., Formen und Gattungen im Neuen Testament, Tübingen u. a. 2005.

Phantastik. Ein interdisziplinäres Handbuch, hg. v. Hans Richard BRITTNACHER / Markus MAY, Stuttgart 2013.

DASTON, Lorraine, Wunder und Beweis im frühneuzeitlichen Europa, in: DIES., Wunder, Beweise und Tatsachen. Zur Geschichte der Rationalität, Frankfurt a. M. ²2003, S. 29–76.

EBNER, Martin / LAU, Markus, Überlieferung, Gliederung, Komposition, in: Aus Liebe zu Paulus? Die Akte Thekla neu aufgerollt, hg. v. Martin EBNER (Stuttgarter Bibelstudien 206), Stuttgart 2005, S. 1–12.

ENZENSBERGER, Hans Magnus, Vom Nutzen und Nachteil der Gattungen (Frankfurter Poetik-Vorlesungen 1964/65, Nr. 4), in: DERS., Scharmützel und Scholien. Über Literatur, hg. v. Rainer BARBEY, Frankfurt a. M. 2009, S. 64–82.

FEISTNER, Edith, Historische Typologie der deutschen Heiligenlegende des Mittelalters von der Mitte des 12. Jahrhunderts bis zur Reformation, Wiesbaden, 1995.

FRICKE, Harald, Norm und Abweichung. Eine Philosophie der Literatur, München 1981.

DERS., Art. ‚Definieren von Gattungen‘, in: Handbuch Gattungstheorie, hg. v. Rüdiger ZYMNER, Stuttgart u. a. 2010, S. 10–12.

GENETTE, Gérard, Fiktionale Erzahlung, faktuale Erzählung, in: DERS., Fiktion und Diktion, München 1992, S. 65–94. (Orig. des Aufsatzes: Fictional Narrative, Factual Narrative, Poetics Today 11 [1990], S. 755–774.)

GERHART, Mary, Generic Competence in Biblical Hermeneutics, Semeia 43 (1988), 29–44.

HEMPFER, Klaus W., Gattungstheorie. Information und Synthese, München 1973.

DERS., Zum begrifflichen Status der Gattungsbegriffe: von ‚Klassen‘ zu ‚Familienähnlichkeiten‘ und ‚Prototypen‘, Zeitschrift für französische Sprache und Literatur 120 (2010), S. 14–32.

HENNING, Meghan, Niedergestreckt und zerstört. Strafwunder und ihre pädagogische Funktion, in: Kompendium der frühchristlichen Wundererzählungen, Bd. 2: Die Wunder der Apostel, hg. v. Ruben ZIMMERMANN u. a., Gütersloh 2017, S. 76–81.

HERZOG, Rudolf, Die Wunderheilungen von Epidauros. Ein Beitrag zur Geschichte der Medizin und der Religion (Philologus 22), Leipzig 1931.

HORN, András, Theorie der literarischen Gattungen. Ein Handbuch für Studierende der Literaturwissenschaft, Würzburg 1998.

HYLEN, Susan E., A Modest Apostle. Thecla and the History of Women in the Early Church, Oxford/New York 2015.

DIES., Social History and the Miracles of Saint Thekla, in: Faszination der Wunder Jesu und der Apostel. Die Debatte um die frühchristlichen Wundererzählungen geht weiter, hg. v. Ruben ZIMMERMANN (Biblisch-Theologische Studien 184), Göttingen 2020, S. 117–132.

JOHNSON, Scott Fitzgerald, The Life and Miracles of Thekla. A Literary Study, Cambridge/Mass./London 2006.

Wirklichkeitserzählungen. Felder, Formen und Funktionen nicht-literarischen Erzählens, hg. v. Christian KLEIN / Matías MARTÍNEZ, Stuttgart 2009, S. 1–13.

KOCH, Elke / WEITBRECHT, Julia, Einleitung, in: WEITBRECHT, Julia / Maximilian BENZ / Andreas HAMMER u. a., Legendarisches Erzählen. Optionen und Modelle in Spätantike und Mittelalter (Philologische Studien und Quellen 273), Berlin 2019, S. 9–21.

KOLLMANN, Bernd, Von der Rehabilitierung mythischen Denkens und der Wiederentdeckung Jesu als Wundertäter, in: Hermeneutik der frühchristlichen Wundererzählungen. Geschichtliche, literarische und rezeptionsorientierte Perspektiven, hg. v. Bernd KOLLMANN / Ruben ZIMMERMANN (WUNT 339), Tübingen 2014, S. 3–25.

DERS., Hinführung zu den Wundererzählungen in Leben und Wunder der Heiligen Thekla, in: Kompendium der frühchristlichen Wundererzählungen, Bd. 2: Die Wunder der Apostel, hg. v. Ruben ZIMMERMANN u. a., Gütersloh 2017, S. 509–520.

DERS., Einleitung, in: Pseudo-Basilius von Seleukia: Vita et Miracula Sanctae Theclae – Leben und Wunder der Heiligen Thekla, griechisch-deutsch, hg. v. Bernd KOLLMANN / Burghard SCHRÖDER (Fontes Christiani 93), Freiburg i. Br. u. a. 2021, S. 7–74.

KOSCHORKE, Albrecht, Wahrheit und Erfindung. Grundzüge einer allgemeinen Erzähltheorie, Frankfurt a. M. 2012.

KOSKENNIEMI, Eric, Apollonios von Tyana in der neutestamentlichen Exegese. Forschungsbericht und Weiterführung der Diskussion (Wissenschaftliche Untersuchungen zum Neuen Testament 2,61), Tübingen 1994.

Handbuch der literarischen Gattungen, hg. v. Dieter LAMPING, Stuttgart 2009.

LAU, Markus, In Stein gemeißelt (Wunderbare Bewahrung einer Inschrift) – MirThecl 10, in: Kompendium der frühchristlichen Wundererzählungen, Bd. 2: Die Wunder der Apostel, hg. v. Ruben ZIMMERMANN u. a., Gütersloh 2017, S. 530–539.

METTERNICH, Ulrike, Sie sagte ihm die ganze Wahrheit. Die Erzählung von der Blutflüssigen – feministisch gedeutet, Mainz 2000.

NÜNNING, Ansgar, Art. ‚Semantisierung literarischer Formen‘, in: Metzler Lexikon Literatur und Kulturtheorie. Ansätze – Personen – Grundbegriffe, hg. v. DEMS., Stuttgart 5. Aufl. 2013, S. 684 f.

POPLUTZ, Uta, Die Wundererzählungen im Johannesevangelium. Hinführung. Tabelle: Wunder im Johannesevangelium, in: Kompendium der frühchristlichen Wundererzählungen. Band 1: Die Wunder Jesu, hg. v. Ruben ZIMMERMANN u. a., Gütersloh 2013, S. 659–668.

PRATSCH, Thomas, „… erwachte und war geheilt“. Inkubationsdarstellungen in byzantinischen Heiligenviten, Zeitschrift für Antikes Christentum 17 (2013), S. 68–86.

RICŒUR, Paul, Zeit und Erzählung, Bd. 1: Zeit und historische Erzählung, München 1988 (orig. Temps et récit, Paris 1983).

SOLIN, Heikki, Inschriftliche Wunderheilungsberichte aus Epidauros, Zeitschrift für antikes Christentum 17 (2013), S. 7–50.

STROHSCHNEIDER, Peter, Höfische Textgeschichten. Über Selbstentwürfe vormoderner Literatur, Heidelberg 2014.

STRUBE, Werner, Analytische Philosophie der Literaturwissenschaft. Untersuchungen zur literaturwissenschaftlichen Definition, Klassifikation, Interpretation und Textbewertung, Paderborn 1993.

THEISSEN, Gerd, Urchristliche Wundergeschichten. Ein Beitrag zur formgeschichtlichen Erforschung der synoptischen Evangelien, Gütersloh ⁷1998 (1. Aufl. 1974).

The Cambridge Companion to Miracles, hg. v. Graham TWELFTREE, Cambridge 2011.

Miracle Discourse in the New Testament, hg. v. Duane WATSON, Atlanta 2012.

WHITE, Hayden, The Content of the Form. Narrative Discourse and Historical Representation, Baltimore u. a. 1987.

WOLTER, Michael, Inschriftliche Heilungsberichte und neutestamentliche Wundererzählungen. Überlieferungs- und formgeschichtliche Beobachtungen, in: Theologie und Ethos im frühen Christentum. Studien zu Jesus, Paulus und Lukas, hg. v. Michael WOLTER (Wissenschaftliche Untersuchungen zum Neuen Testament 236). Tübingen 2009, S. 82–117.

ZIMMERMANN, Ruben, Geschlechtermetaphorik und Gottesverhältnis. Traditionsgeschichte und Theologie eines Bildfelds in Urchristentum und antiker Umwelt (Wissenschaftliche Untersuchungen zum Neuen Testament 2,122), Tübingen 2001 (open access unter https://publications. ub.uni-mainz.de/opus/volltexte/2017/56462/pdf/56462.pdf [abgerufen am 17.08.2022]).

DERS., Wundern über ‚des Glaubens liebstes Kind‘. Die hermeneutische (De-)Konstruktion der Wunder Jesu in der Bibelauslegung des 20. Jahrhunderts, in: Wunder. Poetik und Politik des

Staunens im 20. Jahrhundert, hg. v. Alexander C. T. GEPPERT / Till KÖSSLER, Berlin 2011, S. 95–125.

DERS., Frühchristliche Wundererzählungen – eine Hinführung, in: Kompendium der frühchristlichen Wundererzählungen, Bd. 1: Die Wunder Jesu, hg. v. Ruben ZIMMERMANN u. a., Gütersloh 2013, S. 5–67.

DERS., Gattung „Wundererzählung". Eine literaturwissenschaftliche Definition, in: Hermeneutik der frühchristlichen Wundererzählungen, hg. v. Bernd KOLLMANN / Ruben ZIMMERMANN (Wissenschaftliche Untersuchungen zum Neuen Testament 339), Tübingen 2014, S. 311–343.

DERS., Phantastische Tatsachenberichte?! Wundererzählungen im Spannungsfeld zwischen Historiographie und Phantastik, in: Hermeneutik der frühchristlichen Wundererzählungen, hg. v. Bernd KOLLMANN / Ruben ZIMMERMANN (Wissenschaftliche Untersuchungen zum Neuen Testament 339), Tübingen 2014, S. 469–494.

DERS., Verschlungenheit und Verschiedenheit von Text und Geschichte. Eine hinführende Skizze, in: Text und Geschichte. Geschichtswissenschaftliche und literaturwissenschaftliche Beiträge zum Faktizitäts-Fiktionalitäts-Geflecht in antiken Texten, hg. v. Christof LANDMESSER / Ruben ZIMMERMANN, Leipzig 2017, S. 9–51.

DERS., Wundererzählungen in den Akten der Apostel – eine Hinführung, in: Kompendium der frühchristlichen Wundererzählungen, Bd. 2: Die Wunder der Apostel, hg. v. Ruben ZIMMERMANN u. a., Gütersloh 2017, S. 3–44.

DERS., Replik. Das Kompendium der Wundererzählungen in der Diskussion, in: Faszination der Wunder Jesu und der Apostel. Die Debatte um die frühchristlichen Wundererzählungen geht weiter, hg. v. Ruben ZIMMERMANN (Biblisch-Theologische Studien 184), Göttingen 2020, S. 207–243.

Kompendium der frühchristlichen Wundererzählungen, Bd. 1: Die Wunder Jesu; Bd. 2: Die Wunder der Apostel, hg. v. Ruben ZIMMERMANN u. a. Gütersloh 2013 (Bd. 1), 2017 (Bd. 2).

Faszination der Wunder Jesu und der Apostel. Die Debatte um die frühchristlichen Wundererzählungen geht weiter, hg. v. Ruben ZIMMERMANN (Biblisch-Theologische Studien 184), Göttingen 2020.

ZYMNER, Rüdiger, Gattungstheorie. Probleme und Positionen der Literaturwissenschaft, Paderborn 2003.

II. Deutung und Geltung

Wunder, aber keine Zeichen?
Zum Status der ‚Kindheitswunder‘ Jesu in der ‚Vita beate virginis Marie et Salvatoris rhythmica‘ und deren deutschsprachigen Bearbeitungen durch Walther von Rheinau, Bruder Philipp und Wernher den Schweizer

HENRIKE MANUWALD

I. Einführung: Zeichen und Wunder

Es geschehen noch Zeichen und Wunder. Diese heute oft in Bezug auf unerwartete (positive) Ereignisse im Alltag gebrauchte Redewendung geht letztlich auf eine biblische Doppelformel zurück:[1] Im Alten Testament dient die Kombination der hebräischen Wörter *'ôt* (אוֹת) und *môfet* (מוֹפֵת) dazu, „außergewöhnliche Machttaten" zu bezeichnen, die in der Regel Gott zugeordnet werden.[2] Die Bedeutung des Wortes *'ôt*, womit etwa auch ein Feldzeichen benannt werden kann, lässt sich dabei allgemein als „Zeichen, Ausweis, Hinweis" fassen; mit *môfet* werden „überraschende, menschliche Normalerwartung sprengende Ereignisse" charakterisiert.[3] Im Neuen Testament begegnet auf Griechisch eine entsprechende Doppelformel: *sēmeia kai terata* (σημεῖα καὶ τέρατα), wobei das Wort *sēmeion* (σημεῖον) auf den Verweischarakter abhebt, das Wort

---

1   „Die Rda. beruht auf einem abgewandelten Zitat aus Schillers ‚Wallensteins Lager‘ (8. Auftr.): ‚Am Himmel geschehen Zeichen und Wunder‘; vgl. 2. Mos. 7,3." (RÖHRICH, Das große Lexikon, S. 1746, s. v. Wunder; vgl. auch S. 1762 f., s. v. Zeichen). Davor scheint die biblische Doppelformel noch nicht den Charakter einer Redensart gehabt zu haben. Im ‚Thesaurus proverbiorum medii aevi‘ (S. 320, s. v. Wunder; S. 358–360, s. v. Zeichen) ist sie jedenfalls nicht aufgeführt.

2   Vgl. KARNER, Wunder, Abschnitt 2.1 (Zitat).

3   STOLZ, Zeichen und Wunder, S. 126. Dass in dieser Umschreibung eine ‚menschliche Normalerwartung‘ angesetzt wird, postuliert eine Einheitlichkeit, die so nicht gegeben ist, ist doch „die Grenze zwischen dem „Gewöhnlichen" und dem „Wunderhaften" fließend – und daher oft strittig" (GRÜNSCHLOSS, „Zeichen" und „Wunder", S. 205).

teras (τέρας) dagegen eher die Außerordentlichkeit einer Erscheinung betont, wenn es auch ‚(erschreckendes) göttliches Vorzeichen‘ heißen kann.[4]

Während die Bezeichnungen für außerordentliche Geschehnisse und Erscheinungen eine gewisse Ambivalenz in sich bergen, da nicht festgelegt ist, auf welche Kraft sie zurückgehen, scheint das bei den Zeichen eindeutiger zu sein, sofern sie tatsächlich auf die göttliche Wirkkraft verweisen. Doch wird zugleich sowohl im Alten Testament (5 Mose 13,2–6)[5] als auch im Neuen Testament (Mk 13,22)[6] vor falschen Propheten gewarnt, die Zeichen und Wunder zu vollbringen vermögen.[7] Die Skepsis gegenüber Zeichen und Wundern reicht in den Evangelien noch weiter: Wie deren jeweilige Textstrategien erkennen lassen, wollen sie „Jesus nach außen vor dem Verdacht der Magie schützen und nach innen einer mißverständlichen Reduktion seines Wirkens auf die Wunder vorbeugen".[8] Dementsprechend lehnt Jesus bei den Synoptikern die Forderung der Pharisäer (und Sadduzäer) nach (weiteren) Zeichen ab.[9] Auch in Jesu Antwort an den Hauptmann von Karfanaum (Joh 4,48) klingt eine Kritik an der For

---

4   Vgl. KOLLMANN, Wunder, S. 389. Das Wort τέρας kommt im Neuen Testament nur selten vor, fast immer als Übersetzung von *môfet* wie in der genannten Doppelformel und häufig in ablehnenden Kontexten. Wunderhandlungen, die Jesus auf Erden vollbracht hat, sind bei den Synoptikern in der Regel als *dynamis* (δύναμις), also als Krafttat, bezeichnet, während *sēmeion* (σημεῖον) künftigen bzw. von Jesus erwarteten Zeichen vorbehalten ist (vgl. ZIMMERMANN, Frühchristliche Wundererzählungen, S. 18–22).

5   Vgl. KARNER, Wunder, Abschnitt 2.1.

6   Vgl. ZIMMERMANN, Frühchristliche Wundererzählungen, S. 20.

7   ἐγερθήσονται γὰρ ψευδόχριστοι καὶ ψευδοπροφῆται καὶ δώσουσιν σημεῖα καὶ τέρατα πρὸς τὸ ἀποπλανᾶν, εἰ δυνατόν, τοὺς ἐκλεκτούς [das griechische Neue Testament wird hier und im Folgenden nach der Ausgabe von NESTLE/ALAND, Novum Testamentum Graece, zitiert]. In der ‚Vulgata‘ ist σημεῖα καὶ τέρατα mit *signa et portenta* wiedergegeben: *Exsurgent enim pseudochristi et pseudoprophetae | et dabunt signa et portenta ad seducendos si potest fieri etiam electos* (Es werden nämlich falsche Christusfiguren und falsche Propheten auftreten, und sie werden *Zeichen und Wunder* bewirken, um sogar die Auserwählten irrezuführen, falls dies möglich ist.) [die ‚Vulgata‘ wird hier und im Folgenden nach der Ausgabe von FIEGER/EHLERS/BERIGER, Biblia sacra vulgata, zitiert; sämtliche Übersetzungen von Bibelstellen sind dieser zweisprachigen Ausgabe entnommen]. – Hier und im Folgenden sind in den zitierten Primärtexten und den jeweiligen Übersetzungen Bezeichnungen für ‚Zeichen‘ und ‚Wunder‘ sowie mit diesen Ausdrücken gebildete Phrasen markiert (durch Kursivierung bzw. Entkursivierung). Die Hervorhebungen stammen alle von der Verfasserin.

8   KOLLMANN, Wunder, S. 384. Mit dem hier zitierten Artikel aus der ‚Theologischen Realenzyklopädie‘ aus dem Jahr 2004 kann die Rolle der Wunder in den Evangelien nur summarisch benannt werden. Für einen Überblick über neuere theologische Forschung zu den neutestamentlichen Wundererzählungen vgl. LINDEMANN, Neuere Literatur, und die Beiträge in ZIMMERMANN, Faszination. Im Vergleich zu den Evangelien ist die Wunderskepsis in der ‚Apostelgeschichte‘ tendenziell geringer (vgl. insbes. Apg 5,12–16 mit der Doppelformel σημεῖα καὶ τέρατα bzw. in der ‚Vulgata‘ *signa et prodigia* in Vers 12). Dort geht es nicht um eine ‚Beweispflicht‘ des Messias, sondern um die Durchsetzung seiner Lehre über die Apostel, die „[i]n der Nachfolge und Rückbindung an Jesus (bzw. Gott) Wunder wirken (so Apg 3,6)" (ZIMMERMANN, Wundererzählungen in den Akten der Apostel, S. 9). Zu den Wundererzählungen in der ‚Apostelgeschichte‘ vgl. die Beiträge in DERS., Kompendium, Bd. 2: Apostel, S. 115–295.

9   Mt 12,38–42, 16,1–4; Mk 8,11–13; Lk 11,29–31 (bei Matthäus und Lukas verweist Jesus jeweils auf das bereits gegebene Zeichen des Jona); vgl. auch Joh 2,18.

derung nach einem Beweis für seine Göttlichkeit an, denn er entgegnet dem Hauptmann auf dessen Bitte um Heilung seines Sohns: „Wenn ihr nicht *Zeichen und Wunder* seht, so glaubt ihr nicht."[10]

Andererseits ist bei aller Wunderkritik im ‚Johannesevangelium' geradezu eine Lehre von den Zeichen entwickelt, indem das öffentliche Wirken Jesu mit einer Offenbarung durch Zeichen (*sēmeia* – σημεῖα) verknüpft wird:[11] Das von Jesus, weil seine Zeit noch nicht gekommen sei, nur widerwillig vollbrachte Speisewunder bei der Hochzeit zu Kana (Joh 2,1–11) wird vom Evangelisten als Beginn der Zeichentätigkeit Jesu bezeichnet (Joh 2,11),[12] die trotz der zurückweisenden Antwort Jesu bewirkte Heilung des Sohnes des Hauptmanns von Karfanaum als zweites Zeichen (Joh 4,54). Für die schriftliche Weitergabe dieser und weiterer Zeichen führt der Evangelist didaktische Gründe an, wenn er am Ende des Evangeliums sagt (Joh 20,30 f.):[13]

Πολλὰ μὲν οὖν καὶ ἄλλα σημεῖα ἐποίησεν ὁ Ἰησοῦς ἐνώπιον τῶν μαθητῶν, ἃ οὐκ ἔστιν γεγραμμένα ἐν τῷ βιβλίῳ τούτῳ· ταῦτα δὲ γέγραπται ἵνα πιστεύητε ὅτι Ἰησοῦς ἐστιν ὁ χριστὸς ὁ υἱὸς τοῦ θεοῦ, καὶ ἵνα πιστεύοντες ζωὴν ἔχητε ἐν τῷ ὀνόματι αὐτοῦ.

multa quidem et alia *signa* fecit Iesus in conspectu discipulorum suorum | quae non sunt scripta in libro hoc. haec autem scripta sunt ut credatis quia Iesus est Christus Filius Dei | et ut credentes vitam habeatis in nomine eius.

Und noch viele andere *Zeichen* tat Jesus vor den Augen seiner Schüler, die nicht in diesem Buch aufgeschrieben wurden. Diese aber wurden aufgeschrieben, damit ihr glaubt, dass Jesus der Christus ist, der Sohn Gottes, und damit ihr als Gläubige das Leben habt in seinem Namen.

Diese Stelle wurde (zusammen mit Joh 21,24 f.) von mittelalterlichen Autoren häufig zur Rechtfertigung für die Akzeptanz apokrypher Evangelien herangezogen, nicht zuletzt um weitere, in den kanonischen Evangelien nicht überlieferte Wundertaten Jesu

10 εἶπεν οὖν ὁ Ἰησοῦς πρὸς αὐτόν· ἐὰν μὴ σημεῖα καὶ τέρατα ἴδητε, οὐ μὴ πιστεύσητε. Vgl. auch die ‚Vulgata': *dixit ergo Iesus ad eum* | *nisi* signa et prodigia *videritis non creditis*.

11 Vgl. dazu einführend POPLUTZ, Wundererzählungen im Johannesevangelium (mit weiterer Literatur), die die Diskussion um eine ‚Semeia-Quelle' des Evangelisten für als nicht abgeschlossen erklärt (vgl. ebd., S. 661). Anders als bei den Synoptikern werden die Wundertaten Jesu im ‚Johannesevangelium' als *sēmeia* (σημεῖα) bezeichnet (vgl. dazu ebd., S. 659 mit weiterer Literatur; WELCK, Erzählte Zeichen, S. 49–58).

12 ταύτην ἐποίησεν ἀρχὴν τῶν σημείων ὁ Ἰησοῦς ἐν Κανὰ τῆς Γαλιλαίας καὶ ἐφανέρωσεν τὴν δόξαν αὐτοῦ, καὶ ἐπίστευσαν εἰς αὐτὸν οἱ μαθηταὶ αὐτοῦ. Vgl. auch die ‚Vulgata': *hoc fecit* initium signorum *Iesus in Cana Galilaeae* | *et manifestavit gloriam suam* | *et crediderunt in eum discipuli eius.* (Dies hat Jesus getan als *Anfang der Zeichen* in Kana in Galiläa, und er hat seine Herrlichkeit offenbart, und seine Schüler haben an ihn geglaubt.).

13 Zur Wirkmächtigkeit der Wunder*erzählungen* und deren instruktiver Funktion vgl. WELCK, Erzählte Zeichen, S. 279–310; POPLUTZ, Wundererzählungen im Johannesevangelium, S. 660 (mit weiterer Literatur).

plausibel zu machen. Manchmal wurde dabei *in conspectu discipulorum suorum* ausgelassen, damit durch die Berufung auf diese Textstelle auch der Geltungsanspruch der Kindheitswunder unterstrichen werden konnte.[14] Deren Status ist aus einer christlichen Perspektive nicht nur wegen der Apokryphizität der Quellen potenziell prekär, sondern auch deshalb, weil fraglich ist, wie Wundertaten Jesu in seiner Kindheit dazu passen sollen, dass sich Jesus nach Johannes (Joh 2,11) erst ab der Hochzeit zu Kana in Zeichen offenbarte. Wurde daraus etwa der Schluss gezogen, dass die Kindheitswunder als unwahr zu betrachten seien oder dass die außergewöhnlichen Taten Jesu während seiner Kindheit keinen Zeichencharakter hätten? Die Frage nach dem Zeichencharakter der Kindheitswunder stellt sich umso dringlicher, wenn man bedenkt, dass das Jesuskind etwa im ‚Thomasevangelium' streckenweise als „jähzornig, böse und arrogant" erscheint und Strafwunder vollbringt.[15]

Für die Analyse von ‚Konfigurationen des Wunders'[16] sollten daher Darstellungen der Kindheitswunder hervorragend geeignet sein – so meine Hypothese –, denn angesichts ihres prekären Status steht in besonderem Maße zu erwarten, dass Erzähltexte über Jesu Kindheit explizit oder implizit thematisieren, ob oder inwiefern seine exzeptionellen Taten überhaupt als Wunder oder Zeichen angesehen werden.[17] Für die Textanalyse können sowohl Aspekte der historischen Semantik aufschlussreich sein (Wie werden außergewöhnliche Taten des Jesuskindes benannt?) als auch Aspekte der narrativen Faktur (Wie rahmt die Erzählinstanz diese Taten? Welche Reaktionen sind den Figuren zugeordnet?).

Die folgende Untersuchung verfolgt diese Fragen exemplarisch auf der Grundlage eines eng begrenzten Textkorpus, nämlich der vor dem Ende des 13. Jahrhunderts entstandenen ‚Vita beate virginis Marie et Salvatoris rhythmica', die im Abschnitt zur Kindheit Jesu auf dem ‚Pseudo-Matthäusevangelium'[18] fußt, und deren drei deutschsprachigen Bearbeitungen: das ‚Marienleben' Walthers von Rheinau vom Ende des

---

14 Vgl. dazu MASSER, Bibel, Apokryphen und Legenden, S. 24 f.; GAY-CANTON, Zwischen Zensur und Selbstzensur, S. 47 f.; DICKE, Jesu erste Wunder?, S. 158.

15 KLAUCK, Apokryphe Evangelien, S. 104. KLAUCK weist aber auch darauf hin, dass bei einer derartigen Einschätzung die zeitgenössischen „kulturellen Erwartungen und literarischen Konventionen, die zu einer solchen Charakterzeichnung führten, mitzubedenken seien" (ebd.), so der Typus des antiken Helden, dessen Außergewöhnlichkeit sich schon in der Jugend manifestiert, oder der des ‚übermütigen Götterknaben' (vgl. ebd., S. 104 f.). Für eine differenzierte Einschätzung vgl. KAISER, Jesus als Kind, S. 264–268; HARTENSTEIN, Wundererzählungen in den apokryphen Evangelien, S. 783 f.; LAMPE, So anders?, S. 321–337, zu den Kindheitswundern als Machttaten ebd., S. 345. Zur Aufnahme des Typus des Machttaten vollbringenden Jesuskindes in die mittelalterliche Literatur vgl. exemplarisch COUCH, Misbehaving God.

16 Vgl. dazu die Einleitung dieses Bandes.

17 Da Wunder immer erst als solche identifiziert und anerkannt werden müssen, sind allerdings auch in anderen Erzähltexten Strategien zu beobachten, die dazu dienen, auf intra- und extradiegetischer Ebene den Status der geschilderten außergewöhnlichen Ereignisse zu verdeutlichen. Zu legendarischen Erzähltexten vgl. MIEDEMA, Wunder sehen, bes. S. 334.

18 Vgl. einführend dazu KLAUCK, Apokryphe Evangelien, S. 105–109 (mit weiterer Literatur).

13. Jahrhunderts, das in dessen Kenntnis von Wernher dem Schweizer verfasste ‚Marienleben‘ aus der ersten Hälfte des 14. Jahrhunderts und das wohl unabhängig von der Bearbeitung Walthers von Rheinau konzipierte ‚Marienleben‘ Bruder Philipps aus der Zeit um 1300 (vor 1316).[19] Die Beschränkung auf dieses Korpus hat pragmatische Gründe, erlaubt aber, da der Prätext der deutschsprachigen Bearbeitungen (wenn auch nicht in seiner genauen Textgestalt) bekannt ist, vergleichend zu beobachten, wie diese Bearbeitungen die Frage der Kindheitswunder ausgehend von diesem Prätext weiter entfalten. An deutschsprachigen Texten wären darüber hinaus vor allem ‚Die Kindheit Jesu‘ Konrads von Fußesbrunnen vom Ende des 12. Jahrhundert zu berücksichtigen, ebenso später entstandene Texte, in die ‚Die Kindheit Jesu‘ eingearbeitet ist, nicht zuletzt das ‚Evangelienwerk‘ des Österreichischen Bibelübersetzers aus der Zeit um 1330.[20] Auf sie kann im Folgenden nur punktuell verwiesen werden. Ebenso muss die Aufnahme des ‚Marienleben‘ Bruder Philipps in Weltchroniken und Historienbibeln hier ausgespart bleiben.[21]

Die Kindheitswunder bei Konrad von Fußesbrunnen haben insbesondere unter dem Aspekt der Kindlichkeit des Heilands Aufmerksamkeit gefunden.[22] Für das Œuv-

---

19   Zur Einführung vgl. jeweils die Artikel im ‚Deutschen Literatur-Lexikon‘, in denen auch auf die vorher erschienenen einschlägigen Handbucharticle (vor allem aus dem ‚Verfasser‘- und dem ‚Marienlexikon‘) verwiesen ist: FOIDL, Vita rhythmica; Walther von Rheinau; Bruder Philipp; Wernher der Schweizer. Zur aktiven Rezeption des ‚Marienleben‘ Walthers von Rheinau durch Wernher den Schweizer vgl. MASSER, Bibel, Apokryphen und Legenden, S. 58–69. Zur Datierung der ‚Vita rhythmica‘ vgl. zuletzt OSTERMANN, Bruder Philipps ‚Marienleben‘ im Norden, S. 8: gesichert ist nur, dass das Werk vor der Bearbeitung durch Walther von Rheinau entstanden sein muss, nicht die gängige Datierung vor 1250. Zur Textgruppe vgl. zusammenfassend auch LECHTERMANN, Textherstellung, S. 335 f. (dort auch zur sehr begrenzten Wirkungsgeschichte der ‚Marienleben‘ Walthers von Rheinau und Wernhers des Schweizers und der breiten Überlieferung des ‚Marienleben‘ Bruder Philipps). LECHTERMANN (ebd., S. 336) bezeichnet die drei deutschsprachigen Marienleben als „volkssprachige Adaptionen"; OSTERMANN (ebd., S. 14) unterscheidet im Anschluss an PÄPKE (Marienleben, S. 43) die ‚Marienleben‘ Walthers von Rheinau und Wernhers des Schweizers als ‚Übersetzungen‘ von der freieren Bearbeitung durch Bruder Philipp, die tatsächlich größere strukturelle Veränderungen zeigt. Für die Einordnung entscheidend sind die jeweils zugrunde gelegten Konzepte von ‚Übersetzung‘, ‚Adaption‘ und ‚Bearbeitung‘, wobei angesichts der Schwierigkeit der Abgrenzung in nahezu allen Modellen Mischformen angesetzt werden (vgl. dazu exemplarisch SCHREIBER, Übersetzung, S. 272 f.). Wenn hier (wie bei GAY-CANTON, Zwischen Zensur und Selbstzensur) auch die ‚Marienleben‘ Walthers von Rheinau und Wernhers des Schweizers zu den Bearbeitungen gezählt werden, dann soll damit das Augenmerk auf die bearbeitenden Eingriffe auf der Mikroebene gelegt werden, wie sie im Folgenden bei der vergleichenden Analyse einzelner Textstellen erkennbar sind.

20   ‚Die Kindheit Jesu‘ gilt als vermutlicher Prätext der ‚Vita rhythmica‘ (vgl. FOIDL, Vita rhythmica, Sp. 742). Zur produktiven Rezeption von ‚Die Kindheit Jesu‘ vgl. UKENA-BEST, Domine, memento mei (mit weiterer Literatur).

21   Vgl. dazu GÄRTNER, Die Neue Ee.

22   Vgl. TOMASEK, Kind im Heiland. Die mit Jesu Geburt in Zusammenhang stehenden bzw. die von ihm als Kind vollbrachten Wunder werden darüber hinaus thematisiert in Quasts Studien zur Darstellung des Wunderbaren (QUAST, Ereignis und Erzählung) und zur Durchdringung höfischer und religiöser Sphären, auch beim Erzählen von göttlichen Wundern (DERS., Inkulturation).

re des Österreichischen Bibelübersetzers hat jüngst Gerd Dicke in einem grundlegenden Aufsatz („Jesu erstes Wunder?") die Integration des Wunders der Bestrafung und
Heilung einer der beiden von Josef herbeigeholten Hebammen eingehend analysiert
und in Beziehung zu anderen Texten über die Kindheit Jesu gesetzt, u. a. den hier im
Fokus stehenden ‚Marienleben'. Sein Erkenntnisinteresse liegt dabei aber nicht primär
auf der Wunderhaftigkeit des Ereignisses, sondern auf dem Umgang mit Apokryphen
und deren Legitimation in einer diachronen Textreihe bis hin zur Reformation.[23] Sys-
tematisch ist die Art der Darstellung der Kindheitswunder in den genannten ‚Marienleben' noch nicht untersucht worden.[24]

Insofern können die folgenden Analysen nur eine erste Erschließung der ‚Marienleben' bieten. Das gilt auch für die Textgrundlage: Alle Texte sind ediert,[25] doch ist
die Editionslage unbefriedigend, insbesondere für die ‚Vita rhythmica', die in zahlreichen glossierten Handschriften kursierte, und für das reich überlieferte ‚Marienleben'
Bruder Philipps. Für letzteres Werk haben Studien Kurt Gärtners und kürzlich auch
Christina Ostermanns gezeigt, dass die Varianz zwischen den Handschriften so groß
ist, dass gerade, wenn es auf einzelne Formulierungen ankommt, schwerlich von dem
einen ‚Marienleben' Bruder Philipps gesprochen werden kann.[26] Im Folgenden beziehen sich die Angaben zum ‚Marienleben' Bruder Philipps allein auf den bisher nicht
ersetzten Ausgabentext von Friedrich Rückert;[27] entsprechend ist auch bei den anderen Werken der jeweilige Ausgabentext gemeint.

Für die Texte des Korpus werde ich zunächst Textpassagen analysieren, in denen
der Status von Kindheitswundern explizit thematisiert wird, um auf dieser Basis an
einigen wenigen Beispielen zu untersuchen, wie die außergewöhnlichen Taten des Jesuskindes geschildert werden. Aspekte der historischen Semantik spielen dabei jeweils
eine Rolle, insofern die Bezeichnungen für diese Taten betrachtet werden. Aufgezeigt
werden soll, ob und wie der Status der Kindheitswunder jeweils thematisiert wird, um
so Aufschluss darüber zu gewinnen, in welchem Verhältnis Wunder- und Zeichenhaftigkeit stehen.

23 Vgl. DICKE, Jesu erstes Wunder?, zu den Marienleben vgl. S. 181 f. Letztlich geht es Dicke um die
    „kanonische Disziplinierung der deutschen Bibel" (vgl. ebd., S. 143, den Untertitel des Aufsatzes).
24 Bei MANUWALD, Der Heilige Rock, liegt das Erkenntnisinteresse auf dem Verhältnis des Realis-
    tischen zum Wunderbaren; die von Jesus vollbrachten Kindheitswunder kommen nur am Rande
    vor.
25 Vita beate virginis Marie et salvatoris rhythmica, hg. v. VÖGTLIN 1888 (vgl. dazu PÄPKE, Marien-
    leben); Das Marienleben Walthers von Rheinau, hg. v. PERJUS 1949; Bruder Philipps des Carthäu-
    sers Marienleben, hg. v. RÜCKERT 1853; Das Marienleben des Schweizers Wernher, hg. v. PÄPKE /
    HÜBNER 1920. Aus diesen Textausgaben wird im Folgenden zitiert.
26 Vgl. GÄRTNER, Überlieferungsgeschichte; DERS., Prologversionen; OSTERMANN, Bruder Philipps
    ‚Marienleben' im Norden. Die Textgestalt in den Handschriften kann zusätzlich durch Quellen-
    angaben am Rand oder ausführlichere Glossierungen mitbestimmt werden (vgl. LECHTERMANN,
    Textherstellung), die hier ebenfalls ausgeklammert bleiben.
27 Der Ausgabentext repräsentiert nicht die autornächste Fassung (vgl. dazu zusammenfassend
    FOIDL, Bruder Philipp, S. 31).

II. Zur Debatte um die Kindheitswunder in den ‚Marienleben‘

Im Prolog zum zweiten Buch der ‚Vita rhythmica‘, das die Kindheit und Jugend Jesu zum Gegenstand hat, wird begründet, warum anzunehmen sei, dass Jesus auch vor der Zeit seines öffentlichen Wirkens Außergewöhnliches getan habe:

Evangelista[e] Johannis scripta protestantur,
Quod multa *signa* fecerit Jesus que non scribantur
Scriptis in autenticis; per eum tamen facta
Sunt plurima *magnalia* que nusquam sunt redacta
In libris evangelicis, qui tamen posuerunt
Tempus predicationis eius, et scripserunt
Virtutes et miracula quae solum faciebat
Tribus annis, cum in mundo populum docebat,
Etiam nativitatem eius describentes,
Reliqua que pius Jesus fecit ommittentes.
Ad annum nam vicesimum nonum nil scripserunt
De sua sanctissima vita, nam sciverunt
Sufficere pro fidei confirmatione,
Quod de sua scriberent predicatione.
Tamen nullus dubitat, quin Jesus multa *signa*
Virtutes et miracula fecerit que digna
Forent ad instructionem hominum scriptura
Multisque fidelibus post hoc profutura.
In adolescentia sive iuventute,
Non mansit Jesus sine *signis magnaque virtute*.[28]

Die Schriften des Evangelisten Johannes verkünden, dass Jesus zahlreiche *Zeichen* vollbrachte, die in den echten Schriften nicht aufgeschrieben wurden; durch ihn wurde jedoch sehr viel *Großartiges* getan, das nirgendwo in den Büchern der Evangelien geschrieben steht, [Bücher] die allerdings die Zeit seiner Predigttätigkeit darstellten und *die machtvollen Taten und Wunder* aufschrieben, die er ausschließlich während der drei Jahre vollbrachte, als er in der Welt das Volk lehrte. Sie beschrieben auch seine Geburt, ließen aber alles Übrige, was der fromme Jesus noch tat, aus. Bis zu seinem neunundzwanzigsten Lebensjahr schrieben sie nämlich nichts über sein überaus heiliges Leben, denn sie wussten, dass das, was sie über seine Predigttätigkeit schrieben, zur Bestärkung des Glaubens reichte. Trotzdem bezweifelt niemand, dass Jesus zahlreiche *Zeichen, machtvolle Taten und Wunder* vollbrachte, die zur Belehrung der Menschen einer schriftlichen Darstellung wert gewesen

---

28   ‚Vita rhythmica‘, vv. 1478–1497 (Beginn des Prologs zum zweiten Buch) [Anpassung der Interpunktion durch die Verfasserin].

wären und später nützlich für viele Gläubige. In seiner Kindheit bzw. Jugend blieb Jesus
nicht ohne *Zeichen und große Mächtigkeit.*[29]

Johannes habe schließlich gesagt, dass Jesus mehr Zeichen vollbracht habe als aufgeschrieben worden seien. In den (kanonischen) Evangelien seien die Taten während
seiner Kindheit und Jugend ausgelassen, weil man befunden habe, dass es zur Bestätigung des Glaubens reiche aufzuschreiben, was Jesus während seiner Predigttätigkeit
getan habe. Aber es bestehe kein Zweifel daran, dass Jesus auch vorher Außergewöhnliches ins Werk gesetzt habe, was würdig gewesen wäre, zur Belehrung der Menschen
aufgezeichnet zu werden. Benannt werden diese Taten mit den Termini *signa, magnalia, virtutes* und *miracula* (vv. 1492 f.). Angesprochen sind damit die Zeichenhaftigkeit
seiner Taten (*signa*), deren Großartigkeit (*magnalia*), die göttliche Wirkkraft (*virtus*
nimmt hier vermutlich Aspekte von griech. *dynamis* auf)[30] und das Exzeptionelle seiner Taten (*miracula*). Die Bezeichnungen *virtutes* und *miracula* werden in derselben
Passage jedoch auch zur Beschreibung seiner Taten während des öffentlichen Wirkens
Jesu verwendet (vv. 1484 f.); ebenso wenig sind die *signa* allein einer bestimmten Phase seines Lebens zugeordnet.

Scheint es nach dem Prolog[31] vollkommen unproblematisch, dass im Folgenden
auch Wunder berichtet werden, die Jesus während seiner Kindheit und Jugend gewirkt
hat, sieht das in einer Passage am Ende des zweiten Buchs anders aus. Denn dort wird
ausdrücklich erklärt, warum diese Wunder haben verborgen bleiben müssen:

Quod *signa* que fecit Jesus in adolescentia occultata sunt

Hec et his similia fecit Jesus multa,

Adhuc existens adolescens, que sunt heu occulta,

Quia non ab aliquo sunt scriptis commendata

Nec coram fidelibus fuerunt perpetrata.

Et quia consortium adhuc discipulorum

Sibi non elegerat nec apostolorum,

Qui *virtutes* ipsius scriptis commendarent,

Suaque *miracula* mundo propalarent,

Nec se Jesus voluit adhuc manifestare

Atque suam gloriam mundo demonstrare.

---

29   Übers. mit Veränderungen nach: GAY-CANTON, Zwischen Zensur und Selbstzensur, S. 48 f., Anm. 28.

30   Zum Changieren der Bedeutungen *virtus* zwischen Tugendhaftigkeit, ethisch fundierter Wunder-
     macht und dem Wunder selbst (eigtl. *signum virtutis*) vgl. in Bezug auf Gregor von Tours HEIN-
     ZELMANN, Funktion des Wunders, S. 55–57; vgl. dazu auch MIEDEMA, Wunder sehen, S. 332 mit
     Anm. 11.

31   Im Prolog führt der Verfasser außerdem auf, welche außerkanonischen Quellen er für die Kind-
     heits- und Jugendgeschichte Jesu benutzt hat (vv. 1498–1517). Zur Korrekturaufforderung in dieser
     Passage vgl. GAY-CANTON, Zwischen Zensur und Selbstzensur, bes. S. 59 f.

Est tamen incredibile, quod annis tot vixisset,
Virtutes et miracula nullaque fecisset;
Nam qualiter hic vixerit, quomodo conversatus
Annis sit viginti novem et quid sit operatus,
In scriptis heu autenticis hoc non reperitur,
Sed nec in apocrifis ad plenum invenitur;
Nam Johannes scriptitat hic evangelista:
Multo plura *signa* fecit Jesus, quam sint ista!
Que non tamen in hoc libro scripta declarantur,
Sed ut credatur in Jesum hic pauca recitantur.[32]

Weshalb die *Zeichen*, die Jesus in seiner Jugend tat, verborgen sind.

Dieses und Derartiges tat Jesus vieles, noch in seiner Jugend, was leider verborgen ist, weil es von niemandem den Schriften anvertraut wurde, und auch nicht vor den Augen der Gläubigen vollbracht wurde. Und weil er sich eine Gemeinschaft von Schülern noch nicht erwählt hatte und auch nicht die der Apostel, die seine *machtvollen Taten* den Schriften anvertrauen und seine *Wunder* der Welt bekannt machen konnten. Und Jesus wollte sich noch nicht offenbaren und seine Ruhmestaten der Welt zeigen. Es ist aber dennoch unglaubhaft, dass er so viele Jahre gelebt, (aber) keine *machtvollen Taten und Wunder* vollbracht hätte. Denn wie er lebte, welchen Umgang er neunundzwanzig Jahre lang hatte und was er gewirkt hat, das findet man leider in den echten Schriften nicht, aber man findet es auch in den Apokryphen nicht vollständig. Denn der Evangelist Johannes schreibt hier [Joh. 20,30 f.]: Jesus brachte viel mehr *Zeichen* zustande als jene [die hier aufgeführt] sind! Diese sind dennoch nicht in diesem Buch [sc. Ev. Joh.] aufgeschrieben und bekannt gemacht, sondern, damit man an Jesus glaubt, werden darin nur wenige vorgetragen.[33]

Nach einer Serie von Wunderberichten konstatiert die Erzählinstanz hier, dass Jesus in seiner Jugendzeit noch viel Ähnliches vollbracht habe, was jedoch bedauerlicherweise verborgen sei: Ein Grund dafür liege darin, dass diese Zeichen noch nicht vor einer Öffentlichkeit von Gläubigen ins Werk gesetzt worden seien und dass die ‚Schüler‘ (gemeint ist wohl der weitere Kreis der Jünger) und Apostel, die für eine schriftliche Aufzeichnung und Verbreitung der (hier wiederum als *virtutes* und *miracula* bezeichneten) ‚Wunder‘ hätten sorgen können, noch nicht ausgewählt worden seien. Außerdem habe Jesus sich der Welt noch nicht offenbaren wollen. Dann werden Argumente

---

32 ‚Vita rhythmica‘, vv. 3394–3413.
33 Hier und im Folgenden Übersetzungen durch die Verfasserin.

des Prologs wiederholt, wobei festgehalten wird, dass auch die Apokryphen Jesu Wundertaten nicht vollständig berichten.[34]

Konstatiert wird in dieser Passage vor allem ein Überlieferungsproblem, das de facto teilweise durch die Apokryphen gelöst ist, ohne dass klar wird, wer die darin berichteten Wunder bezeugt hat. Die Abhängigkeit der Überlieferung von Wundern davon, dass sie jemand erkennt und aufschreibt, verdeutlicht die Erzählinstanz nur in Bezug auf die Apostel und die Jünger, die in dieser Passage als mögliche Mittler zu der ‚Welt' genannten Öffentlichkeit erscheinen. Die Jünger und die Welt sind es auch, die die Erzählinstanz am Ende des Abschnitts über die Hochzeit zu Kana gleichsam als Zeugen anführt, wenn sie sagt, dass sich Jesus durch dieses erste Zeichen (die Verwandlung von Wasser zu Wein) den Jüngern offenbart und seinen Ruhm der Welt bekannt gemacht habe:[35] Der Widerspruch zwischen der aus dem ‚Johannesevangelium' übernommenen Angabe, dass das Speisewunder bei der Hochzeit zu Kana das erste Zeichen Jesu gewesen sei, und der vorherigen Beteuerung, Jesus habe auch schon vorher Zeichen gewirkt, soll hier offenbar dadurch gemildert werden, dass dieses Wunder als erstes *öffentliches* Zeichen Jesu hervorgehoben ist.

Welche Sprengkraft in dieser Umdeutung des Anfangs der Zeichentätigkeit Jesu liegt, wird deutlich, wenn man sich die Kritik des Thomas von Aquin an Texten über Kindheitswunder Jesu vergegenwärtigt. Im Rahmen der Erörterung der Frage, wann nach Jesu Geburt dessen Offenbarung (*manifestatio*) begonnen habe, geht er auch auf ein ‚Buch über die Kindheit des Heilands' ein, mit dem eine Version des ‚Pseudo-Matthäusevangelium' gemeint sein könnte:[36]

> Ad tertium dicendum quod liber ille de infantia salvatoris est apocryphus. Et Chrysostomus, super Ioan., dicit quod Christus non fecit *miracula* antequam aquam converteret in vinum, secundum illud quod dicitur Ioan. II, hoc fecit *initium signorum* Iesus. Si enim secundum primam aetatem *miracula* fecisset, non indiguissent Israelitae alio manifestante eum, cum tamen Ioannes Baptista dicat, Ioan. I, ut manifestetur Israeli, propterea veni in aqua baptizans. Decenter autem non incoepit facere *signa* in prima aetate. Aestimassent enim phantasiam esse incarnationem, et ante opportunum tempus eum cruci tradidissent, livore liquefacti.[37]

---

34 Die Argumentation aus Joh 20,30 f. wird hier doppelt instrumentalisiert: Nicht nur wird die Glaubwürdigkeit der Apokryphen damit begründet, sondern es wird das Argument der Unvollständigkeit auch für die ‚Apokryphen' vereinnahmt, so als seien sie von Johannes mit gemeint. Das suggeriert jedenfalls der Anschluss mit *nam* in v. 3409.

35 ‚Vita rhythmica', vv. 3826 f. *Discipulis se primo Jesus hoc* signo *manifestavit / Atque suam gloriam mundo propalavit.* (Den Schülern offenbarte Jesus sich mit diesem ersten *Zeichen,* und seine Ruhmestat machte er der Welt bekannt.).

36 Vgl. dazu DZON, The Quest, S. 120; 126 f.

37 Thomas von Aquin, ‚Summa theologiae', IIIª q. 36 a. 4 ad 3.

Zu Punkt drei [sc., dass man nichts darüber lese, dass Jesus vor seiner Taufe gelehrt oder Wunder gewirkt habe] ist zu sagen, dass jenes Buch über die Kindheit des Heilands apokryph ist. Und Chrysostomus sagt in seiner Johanneshomilie [21], dass Christus keine *Wunder* wirkte, bevor er Wasser in Wein verwandelte, gemäß jenem Wort, das in Johannes II [Joh 2,11] gesagt wird, ,das machte Jesus zum *Anfang seiner Zeichen*.' Wenn er nämlich in seiner Jugend *Wunder* gewirkt hätte, hätten die Israeliten nicht eines anderen bedurft, der ihn offenbare, da doch Johannes der Täufer sagt (Joh. I) [Joh 1,31], ,damit er Israel offenbart wird, deswegen bin ich gekommen, ihn im Wasser taufend.' Passend aber fing er in seiner Jugend nicht an, *Wunder* zu wirken. Denn sie [sc. die ,Israeliten'] hätten die Fleischwerdung für einen Zauber gehalten und ihn vor der rechten Zeit dem Kreuz überantwortet, durch ihre Bösartigkeit schwach geworden.[38]

Diese Auffassung zu den Kindheitswundern ist der der ,Vita rhythmica' diametral entgegengesetzt. Doch wird in der ,Vita rhythmica' an anderer Stelle, als es um die Frage geht, ob Jesus als kleines Kind gelacht habe, durchaus das Argument formuliert, Jesus habe sich kindgemäß verhalten, um sein Opfer für die Menschen zu verbergen (in diesem Fall vor Dämonen) und damit er von Unfrommen nicht eine ,Erscheinung' (*fantasma*) genannt werde (vv. 2522–2531).[39] Diese Argumentation ist in den deutschsprachigen Bearbeitungen aufgegriffen worden,[40] wenn es etwa bei Wernher dem Schweizer heißt, Jesus habe seine göttliche Natur vor dem Teufel verstecken und die Leute nicht durch den – hier als *wunder* bezeichneten außergewöhnlichen Tatbestand – erschrecken wollen, dass er als Kind wie ein Erwachsener agiert hätte.[41]

Trotz der Benennung dieser Problematik folgen die deutschsprachigen Bearbeitungen bei den oben genannten generellen Aussagen zu den Kindheitswundern und der zur Hochzeit zu Kana ebenfalls der ,Vita rhythmica', sowohl in der Bekräftigung

---

38   Dazu und zu vergleichbaren Stellen im Œuvre des Thomas von Aquin vgl. BEJCZY, Jesus' Laughter, S. 53 f.; DZON, The Quest, S. 109–185 mit Anm. (S. 291–319), bes. S. 130–135; DICKE, Jesu erstes Wunder?, S. 169 f.

39   Vgl. dazu BEJCZY, Jesus' Laughter, S. 52 f. Zum entsprechenden Argument bei Thomas von Aquin vgl. DZON, The Quest, S. 135; zum *fantasma*-Begriff in der ,mittelalterlichen Kultur' vgl. ebd., S. 145–161 mit Anm. (S. 303–310).

40   Vgl. Walther von Rheinau, ,Marienleben', vv. 4932–4947; Bruder Philipp, ,Marienleben', vv. 3920–3973, Wernher der Schweizer, ,Marienleben', vv. 4339–4388. Auch BEJCZY, Jesus' Laughter, S. 53, Anm. 16, verweist auf diese Passagen (mit irrtümlichen Versangaben zu Wernher dem Schweizer).

41   Wernher der Schweizer, Marienleben, vv. 4367–4378: *Was man von kinthait an im sach, / Mit aller wishait das beschach, / Umb das sin werdú gothait / Also dem túvel wurd ensait / Und sin menschait bewæret och, / Umb das kain tore noch tumber goch / Es müge widersprechen út / Das er ain rechter mensche wære nút, / Und och dar umb sunder / Das man erschräke nút von dem* wunder / *Ob er in jungen jaren / Welt haben alt gebaren;* (Was man an Kindlichem an ihm sah, geschah mit ganzer Weisheit, damit seine edle Göttlichkeit auf diese Weise dem Teufel vorenthalten und auch seine Menschlichkeit bewiesen würde, damit weder ein Tor noch ein unverständiger Narr in Abrede stellen könnte, dass er ein echter Mensch sei, und auch damit man nicht vor dem *Wunder* zurückschräke, dass er sich in jungen Jahren so hätte benehmen wollen, als sei er alt;).

der Existenz der Kindheitswunder[42] als auch in der Hervorhebung des Speisewunders bei der Hochzeit zu Kana als erstem öffentlichen Wunder. Wie häufig schließt sich Walther von Rheinau am engsten an die ,Vita rhythmica' an (vv. 7642–7655);[43] Bruder Philipp fasst sich am kürzesten und formuliert in Bezug auf die Verwandlung von Wasser zu Wein bei der Hochzeit zu Kana vage: *mit dem* zeichen *sich begunt / Jêsus den liuten machen kunt* (Mit diesem *Zeichen* begann Jesus, sich den Leuten bekannt zu machen., vv. 5430 f.). Ob es überhaupt das erste Zeichen war, bleibt so offen. Die Widersprüche werden jedoch nicht in allen Bearbeitungen der ,Vita rhythmica' kaschiert. So liest man beim Schweizer Wernher, dass das Jesuskind in Ägypten Wunder gerade deshalb vollbracht habe, damit seine Göttlichkeit offensichtlich werde:

> **D**as kint och *wunder* me begie
> In Egypten, die man schribet hie,
> Wan sin gothait ie vil dike
> Erzǒgte ir werden blike,
> Das si mit *wunder* vil wart schin
> Und nút verborgen mochte sin.[44]

> Das Kind vollbrachte auch noch mehr *Wunder*
> in Ägypten, von denen man hier schreibt,
> denn seine Göttlichkeit bezeugte schon immer sehr oft
> ihr edles Strahlen,
> so dass sie durch *Wunder* ganz augenscheinlich wurde
> und nicht verborgen sein konnte.

---

42   Vgl. die Prologe zum zweiten Buch bei Walther von Rheinau (vv. 2727–2814) und Wernher dem Schweizer (vv. 2075–2184; vgl. dazu DICKE, Jesu erstes Wunder?, S. 158 f.). In Bruder Philipps ,Marienleben' ist die Gliederung der ,Vita rhythmica' nicht übernommen und sind die Prologe mit der Rechtfertigung der Apokryphen ausgelassen (vgl. GAY-CANTON, Zwischen Zensur und Selbstzensur, S. 55–57); für den rechtfertigenden Prolog zum zweiten Buch gibt es eine Entsprechung am Übergang zur Schilderung des öffentlichen Lebens Jesu: Dort wird die schlechte Quellenlage, besonders für die Zeit zwischen dem zwölften und dem neunundzwanzigsten Lebensjahr, beklagt und festgehalten, dass es unglaubhaft sei, dass Jesus vor seinem neunundzwanzigsten Lebensjahr keine großen *zeichen* und keine *wunder* vollbracht habe (vv. 4896–4934 mit Anm. zu v. 4896 auf S. 364 der Ausgabe). Implizit werden die Kindheitswunder dadurch bestätigt, dass sie geschildert werden, ohne dass ihre Glaubwürdigkeit thematisiert wird.

43   Bei Wernher dem Schweizer wird hervorgehoben, dass die Verwandlung von Wasser zu Wein das erste Wunder gewesen sei, das Jesus vor seinen Jüngern getan habe, und dass sie deshalb an ihn geglaubt hätten (vv. 7217–7220).

44   Wernher der Schweizer, ,Marienleben', vv. 4389–4394. Breiter ausgestaltet ist hier die Abschnittsüberschrift der ,Vita rhythmica' vor v. 2532 (*De miraculis* que fecit puer Jesus in Egypto [Über die *Wunder*, die das Kind Jesus in Ägypten vollbrachte]), die auch bei Walther von Rheinau aufgenommen ist, dort vor v. 4948 (*Von dien* wundern, *diu daz kint Jêsus in Egypto begienc.* [Von den *Wundern*, die das Kind Jesus in Ägypten vollbrachte]).

Zur Bezeichnung für die außergewöhnlichen Taten Jesu werden in den zentralen kommentierenden Textpassagen zu den Kindheitswundern und bei der Schilderung der Hochzeit zu Kana mehrere Lexeme verwendet. Im Prolog zum zweiten Buch des ‚Marienleben' Wernhers des Schweizers finden sich in Anlehnung an die ‚Vita rhythmica' die Wörter *wunder, zeichen* (Schreibweise: *zaichen*) und *tugend* (hier ist auch der Tugend-Aspekt von *virtus* aufgenommen): Der Evangelist Johannes habe bezeugt, dass nicht alles in allgemein anerkannten Büchern aufgeschrieben sei (vv. 2075–2080),

> Was Got uf erde hier begie
> Grosser *wunder,* als ich sage hie,
> Insiner kinthait und injugend,
> Mænig *zaichen* und *tugend;*
> Wan[45] allain sunderbar
> Was er tett fierthalb jar,
> Do er das volk bekerte
> Und rechtes leben lerte.[46]

> was Gott hier auf Erden
> an großen *Wundern* vollbrachte, wie ich hier sage,
> in seiner Kindheit und in der Jugend,
> so manche *Zeichen und machtvolle Taten,*
> außer allein das gesondert,
> was er dreieinhalb Jahre tat,
> als er das Volk bekehrte
> und die richtige Lebensweise lehrte.

Sonst dominieren die Lexeme *zeichen* und *wunder,* die teils synonym verwendet zu sein scheinen, deren Bedeutungen aber auch voneinander differenziert werden, wie folgender Kommentar zur Verwandlung von Wasser zu Wein aus dem ‚Marienleben' Walthers von Rheinau zeigt:

> Diz *wunder* offenlich geschach,
> Daz ez manec ouge sach.
> Und dô daz liut hâte gesehen
> Daz *zeichen,* daz dâ was geschehen,
> Dô *nam si besunder*
> *Des grôzen zeichens wunder*
> Und erschrahte in den sin
> Dô worden was ûz wazzer wîn.

---

45   *Wan* ist eine Konjektur in der Ausgabe anstelle von *Vnd.*
46   Wernher der Schweizer, ‚Marienleben', vv. 2081–2088.

Diz daz êrste *zeichen* was,
Daz Jêsus, das erwelte vaz,
Getet vor sînen jungern ie
Und oucte in dâ mite hie
Und al der welte sîn gewalt,
Der im von gote was bezalt.[47]

Dieses *Wunder* geschah in aller Öffentlichkeit,
so dass es viele Augen sahen.
Und als die Leute das *Zeichen* gesehen hatten,
das da geschehen war,
da *erfüllte sie dieses machtvolle Zeichen*
mit außerordentlichem Erstaunen
und erschreckte sie in ihrem Denken,
weil aus Wasser Wein geworden war.
Dies war das erste *Zeichen*,
das Jesus, der erwählte Leib,
jemals vor seinen Jüngern tat
und sie und die ganze Welt
damit dort seine Macht sehen ließ,
die ihm von Gott zu eigen gegeben war.

Das *zeichen* ist demnach in der Lage etwas zum Vorschein zu bringen. *wunder* wiederum bezieht sich in der Phrase *wunder nemen* offenbar auf staunendes Erschrecken, das durch Außergewöhnliches ausgelöst werden kann. Dass das Wort *wunder* auf das Ungewöhnliche abhebt, wird auch bei Wernher dem Schweizer deutlich, wenn der Erzähler betont, Jesus habe das Wasser zu Rotwein (und nicht Weißwein) verwandelt: *Umb das me* wunders *wurde schîn* (damit mehr *an Außergewöhnlichem* offenbar wurde, v. 7223). Diese Verteilung von Bedeutungsaspekten zwischen *zeichen* und *wunder* lässt sich auch in anderen Texten nachweisen, wie die entsprechenden Befunde in den Wörterbüchern belegen.[48] Obwohl die Bezeichnung der außergewöhnlichen Taten Jesu als

---

47   Walther von Rheinau, ,Marienleben', vv. 7642–7655.
48   Vgl. BMZ und LEXER, Mittelhochdeutsches Wörterbuch, s. v. *wunder, zeichen*. Die entsprechenden Artikel für das neue ,Mittelhochdeutsche Wörterbuch' und das ,Frühneuhochdeutsche Wörterbuch' sind noch nicht publiziert. *wunder* kann neben dem Gegenstand der Verwunderung u. a. auch die Verwunderung selbst bezeichnen; *zeichen* kann sich auch auf Vorzeichen oder auf konventionelle *zeichen* wie ein Wappenbild beziehen. Beim *zeichen* steht damit der kommunikative Aspekt im Vordergrund (vgl. dazu auch MIEDEMA, Wunder sehen, S. 332), beim *wunder* der der Reaktion auf etwas. Zur besseren Identifizierbarkeit wird *wunder* im Folgenden meist mit ,Wunder' übersetzt, auch wenn das Wort in den ,Marienleben' nicht immer klassifikatorisch gebraucht ist, sondern oft das Außergewöhnliche bezeichnet.

zeichen impliziert, dass Jesus dadurch seine Göttlichkeit zu erkennen gibt, werden in den reflektierenden Passagen der ausgewählten ‚Marienleben‘ auch Wunder vor der Zeit seines öffentlichen Wirkens als *zeichen* benannt, wenn es etwa bei Bruder Philipp heißt, es sei unglaubhaft, dass Jesus vor seinem neunundzwanzigsten Lebensjahr ohne große *zeichen* und ohne *wunder* geblieben sei (vv. 4926–4932).

Bei den hier ausgewählten ‚Marienleben‘ wird also in den kommentierenden Passagen, die sich explizit mit den Kindheitswundern befassen, der prekäre Status der Kindheitswunder ignoriert oder geleugnet; das systematische Problem, ob es Kindheitswunder gegeben haben könne, ist zu einem Überlieferungsproblem umgedeutet. Zugestanden wird lediglich, dass die Wunder zur Täuschung des Teufels im Verborgenen hätten stattfinden müssen, aber es wird nicht in Zweifel gezogen, dass sie existieren. Im Rückblick erscheint aus der Perspektive der jeweiligen Autorinstanz der Zeichenstatus der Kindheitswunder als eindeutig. Damit ist aber noch nichts darüber ausgesagt, ob dieser Status in der Erzählung von den Kindheitswundern durchgehend präsent gehalten wird und wie die außergewöhnlichen Ereignisse auf der Figurenebene verhandelt werden.

III. Zur Darstellung der Kindheitswunder in den ‚Marienleben‘

Richtet man den Blick von den kommentierenden Passagen der ‚Marienleben‘ hin zu denjenigen, in denen außergewöhnliche Taten des Jesuskindes geschildert werden, diversifiziert sich der Eindruck einer einsträngigen Affirmation der Kindheitswunder, denn in den narrativen Passagen wird die Frage nach deren Status auf mehreren Ebenen entfaltet: An vielen Stellen wird eine vom ‚Normalen‘ abweichende Handlung Jesu schlicht phänomenologisch beschrieben, so dass die Interpretation offenbleibt. Oft sind Reaktionen anderer Figuren auf das Tun Jesu benannt, häufig deren Erschrecken oder deren Verwunderung. Teilweise sind den Figuren Erklärungsversuche in den Mund gelegt, die das oben genannte Identifizierungs- und Bezeugungsproblem explizit machen. Schließlich kann das Geschilderte von der Erzählinstanz durch die Art der Wortwahl (etwa zur Hervorhebung des Außergewöhnlichen), durch Kategorisierungen (etwa als *zeichen*) oder Erläuterungen eingeordnet werden. Bei der ‚Vita rhythmica‘ mit ihren Unterabschnitten und im ‚Marienleben‘ Walthers von Rheinau, wo dieses Gliederungssystem übernommen ist, können auch die Abschnittsüberschriften eine kommentierende Funktion erfüllen. Da solche deutlichen Einordnungen jedoch nicht durchgängig vorhanden sind und der göttliche Ursprung der außergewöhnlichen Taten Jesu auf Figurenebene mehrmals in Frage gestellt wird, eröffnet sich für das zeitgenössische Publikum wie auch für heutige Rezipientinnen und Rezipienten ein Reflexionsraum über deren Zeichencharakter.

Sowohl die Wortwahl als auch die Explizitheit der Einordnung der Wunder variieren in den einzelnen Texten des Korpus, wie schon die folgende Übersicht zur Einleitung der sogenannten Reisewunder auf der Flucht nach Ägypten erkennen lässt:[49]

,Vita rhythmica':

> De *signis* que faciebat Jesus per viam cum fugeret in Egyptum.
> Quedam hic *miracula* posita scribuntur
> Que in hoc itinere facta referuntur.[50]

> Über die *Zeichen*, die Jesus auf der Reise wirkte, als er nach Ägypten floh.
> Einige *Wunder* werden hierher gesetzt und aufgeschrieben werden, die als auf dieser Reise
> geschehen berichtet werden.

Walther von Rheinau, ,Marienleben':

> Von dien *wundern*, diu von dem kinde Jêsu geschâhen ûf dem wege, dô man es flôhte in
> Egyptum.
> Mangerhande *wunder*
> Geschâhen besunder
> Marîen und ir kinde zart
> Und Josebe ûf dirre vart.[51]

> Von den *Wundern*, die vom Kind Jesus auf der Reise ausgingen, als man mit ihm nach
> Ägypten floh. Vielfältige *Wunder* erfuhren insbesondere Maria und ihr liebes Kind und
> (auch) Josef auf dieser Reise.

Wernher der Schweizer, ,Marienleben':

> **N**u seit dú schrift úns aber hie
> Vil *wunder* die Got do begie
> Durch die wůsti hie und da,
> Als man och seit wie und wa;[52]

---

49   Bruder Philipps ,Marienleben' ist nicht mit aufgeführt, weil bei ihm die Wunder im Rahmen der Schilderung des Aufbruchs der Heiligen Familie nach Ägypten nicht zusammenfassend benannt sind (vgl. vv. 2758 ff.).

50   ,Vita rhythmica', vv. 2154 f. mit Abschnittsüberschrift. Direkt im Anschluss heißt es, wer sie (sc. die Wunder) nicht glauben wolle, solle sie sich trotzdem geduldig anhören und den Gottessohn Jesus nicht unklug nennen, denn er habe für die Bedürfnisse seiner geliebten Mutter gesorgt (vv. 2156–2159). Diese Publikumsadressierung, mit der eine ,falsche' Bewertung der Handlungen des kindlichen Jesus explizit ausgeschlossen werden soll, ist nur bei Walther von Rheinau aufgenommen worden (vv. 4168–4175), wobei dort *unwîsl[i]che* (als Entsprechung zu *inprudenter*) auf die Rezipientenreaktion bezogen ist.

51   Walther von Rheinau, ,Marienleben', vv. 4164–4167 mit Abschnittsüberschrift.

52   Wernher der Schweizer, ,Marienleben', vv. 3603–3606.

> Nun berichtet die Schrift uns hier wiederum
> viele *Wunder,* die Gott da vollbrachte
> (auf dem Weg) durch die Wüste hier und da;
> wie man auch sagt: wie und wo;

Während bei der ‚Vita rhythmica‘ in der Überschrift von Zeichen (*signa*) die Rede ist, dann aber mit dem Wort *miracula* das Verwundernswerte des zu Erzählenden hervorgehoben wird, ist bei Walther von Rheinau und Wernher dem Schweizer in den zitierten Textstellen durchgehend der Terminus *wunder* verwendet. Unterschiede zeigen sich auch darin, ob Jesus nur mit seinem Namen bezeichnet wird (so in der ‚Vita rhythmica‘), ob seine Kindlichkeit ausdrücklich benannt ist (so bei Walther von Rheinau) oder ob seine Göttlichkeit hervorgehoben wird (so bei Wernher dem Schweizer, wo das Wort *Got* den Namen Jesus ersetzt). Entsprechend zur Betonung der Kindlichkeit Jesu bei Walther von Rheinau changiert seine Rolle dort zwischen Subjekt und Objekt der *wunder,* während in den anderen Texten das Jesuskind durchgehend als Verursacher erscheint.

Die Einleitung zu den Reisewundern ist insofern repräsentativ, als etwa bei Wernher dem Schweizer, obwohl sein Text keine abgesetzten Überschriften enthält, die Schilderung einzelner Wundertaten mehrfach mit deren ausdrücklicher Ankündigung (vv. 3603–3606; 4389–4394; 6165 f.) oder der Publikumsadressierung *Nu höret aber* wunder *hie!* (Nun hört wiederum von *Wundern!,* vv. 4857; 5245) eröffnet wird.[53] In Bruder Philipps ‚Marienleben‘ dagegen wird auch sonst auf pauschalisierende Einordnungen durch die Erzählinstanz weitgehend verzichtet. Umso mehr Gewicht gewinnen dadurch bei ihm die Reaktionen von Figuren. Auf diese Reaktionen sei im Folgenden der Schwerpunkt gelegt, weil daran ablesbar ist, wie Wunder diskursiv konfiguriert werden.

Oft wird bei Bruder Philipp – wie auch in den anderen ‚Marienleben‘ – nur die Verwunderung der Leute beschrieben, so zum Beispiel das Staunen der anderen Kinder darüber, dass das Jesuskind Wasser in seinem Rockschoß transportieren kann: *alliu diu kint des* wunder nam (alle Kinder *verwunderten sich* darüber, v. 4467).[54] An anderen

---

53 Zu diesem Typus der vorab erfolgenden Kategorisierung außerordentlicher Geschehnisse durch die Erzählinstanz vgl. in Bezug auf Legenden MIEDEMA, Wunder sehen, S. 340 f.

54 Auch in den anderen ‚Marienleben‘ wird am Ende der Episode zum Wasserholen das Erstaunen aller, die davon erfahren, konstatiert, wobei es sich dort zumindest auch auf Zusammenfügen der zerbrochenen Krüge der anderen Kinder durch Jesus bezieht, ein Handlungselement, das bei Bruder Philipp ausgespart ist. Während in der ‚Vita rhythmica‘ und im ‚Marienleben‘ Wernhers von Rheinau die Verwunderung an sich benannt ist, bezeichnet die Erzählinstanz im ‚Marienleben‘ Walthers von Rheinau das Geschehen als *zeichen.* Vgl. ‚Vita rhythmica‘, v. 2717: *De facto tam mirabili mirantur* universi (Über die *so bewunderswerte Tat* wundern sich alle); Walther von Rheinau, ‚Marienleben‘, vv. 5333–5335: *Dô dez* wunder *erschein / Dien liuten besunder, / Si* nam des zeichens wunder (Als dieses *Wunder* diesen Leuten offenbar wurde, *wunderten sie sich über das Zeichen*);

Stellen ist Figuren aber auch eine Interpretation in den Mund gelegt, so beim Zau-
bereivorwurf, den die Leute von Nazaret erheben, nachdem Jesus den ‚Juden‘ hat tot
umfallen lassen, der den von Jesus im Spiel mit anderen Kindern am Sabbat konstruierten Weiher zum Fischfang zerstört hatte (vv. 4562–4571).[55] Eine explizite Diskussion
auf Figurenebene darüber, wie etwas Ungewöhnliches einzuordnen ist, findet man in
der Passage zur Begegnung Jesu mit den Löwen von Nazaret:[56] Die Löwen werden als
Bedrohung der Leute in der Stadt eingeführt (vv. 4628–4737). Als Jesus in die Einöde
geht, in der die Löwen leben, kommen sie ihm entgegen und empfangen ihn – wie der
Erzähler sagt – als ihren Schöpfer (vv. 4640 f.): Sie knien vor ihm nieder, springen um
ihn herum und lassen sich von ihm streicheln. Als er zurück in die Stadt geht, folgen
die Löwen ihm zahm (vv. 4638–4665).

  Als die Leute das sehen, erschrecken sie sich (vv. 4666 f.). Eine Fraktion interpre-
tiert das Gesehene als Anzeichen dafür, dass Jesus kein wahres Kind sei (*niht ein rehtez
kint*, v. 4674). Sie konstatieren, dass ein solcher Gehorsam der Löwen nur durch den
Teufel erreicht werden könne (wenn auch eher von einem gleichrangigen Verhältnis
zwischen dem Teufel und den Löwen auszugehen sei) oder durch Gott, der die Be-
fehlsgewalt über alle Tiere habe. Die Wirkkraft Jesu weisen sie dann jedoch keinem
der beiden Pole zu, sondern klassifizieren ihn als Zauberer; diese Kunst habe er in
Ägypten gelernt (vv. 4668–4683). Eine andere Gruppe (im Text als *die andern* bezeichnet, v. 4684) hält das nicht für plausibel: Jesus sei zu jung dafür, als dass er vor seiner Ankunft in Nazaret schon eine solche Expertise in der Zauberei erworben haben
könne, dass er die zahlreichen *wunder* in der Stadt wie die Auferweckung von Toten
allein durch Worte hätte vollbringen können. Ihnen komme es so vor, als sei er Gottes
Kind und die Engel seien ihm gehorsam (vv. 4684–4695). Auch diese Position stößt
auf Skepsis bei einer Gruppe, die wiederum als *die andern* bezeichnet wird (v. 4696):
Der Vater Jesu sei doch Josef, den alle als guten Zimmermann kennten und der ganz
ohne Zauberkunst, hier umschrieben als schlechte Kunst (*boese list*, v. 4699), lebe. Mit

---

Wernher der Schweizer, ‚Marienleben‘, vv. 4855 f.: *Dar umb frowen und man, / Vil sere wundren sú
began.* (Darüber wunderten sich Männer und Frauen über die Maßen.).

55   Die Passage hat eine judenfeindliche Stoßrichtung, denn der Erzähler kommentiert, als er die
     Reaktion von Maria und Josef auf diesen Vorwurf schildert, sie kennten *der juden grôze untriuwe*
     (die große Treulosigkeit ‚der Juden‘, v. 4576). Kurzgefasst ist der Zaubereivorwurf schon in der
     ‚Vita rhythmica‘ enthalten (v. 2852; vgl. auch v. 2854: *Joseph timens Judeorum iram et furorem* [Josef,
     der den Zorn und die Raserei ‚der Juden‘ fürchtete]); vgl. entsprechend Walther von Rheinau,
     ‚Marienleben‘, vv. 5591–5609; vgl. auch v. 5610: *Joseph vorhte der Juden zorn* [Josef fürchtete den
     Zorn ‚der Juden‘]; Wernher der Schweizer, ‚Marienleben‘, vv. 5111–5140; hier wird im Folgenden
     (vv. 5141–5145) vor allem die Falschheit der ‚Lügner‘ hervorgehoben.
56   Die Reaktionen der Leute sind bereits in der entsprechenden Passage der ‚Vita rhythmica‘
     (vv. 2964–3045) angelegt und auch bei Walther von Rheinau (vv. 5839–5999) und Wernher dem
     Schweizer (vv. 5325–5494) ausgestaltet, aber nicht so ausführlich wie bei Bruder Philipp.

der Abstammung Jesu von Josef wird also zugleich die Möglichkeit ausgeschlossen, er könnte göttliche Kräfte haben (vv. 4696–4701).[57]

Diese Argumentationslinie wird im Folgenden dominant, wenn die Leute von Nazaret Jesus auf seinem Heimweg direkt ansprechen, nachdem er die Löwen weggeschickt und ihnen befohlen hat, der Stadtbevölkerung nichts mehr zuleide zu tun. Sie wollen wissen, warum er die Gemeinschaft wilder Tiere suche, und warnen ihn vor den damit verbundenen Gefahren (vv. 4702–4721). Jesus entgegnet, die wilden Tiere seien weiser als sie, denn sie hätten aufgrund seines bloßen Anblicks sofort richtig erkannt, wer er sei. Daraufhin führen die Leute wiederum an, er sei doch der Sohn Josefs; es stünde Jesus gut an, so wie dieser zu leben (vv. 4722–4735).[58]

Prototypisch lässt sich an den geschilderten Reaktionen der Leute das Wechselspiel zwischen einer ungewöhnlichen Erscheinung und deren Interpretation beobachten. Für die Rezipientinnen und Rezipienten der Textpassage wird von vornherein klargemacht, dass die Löwen – ohne dass dafür ein ‚Wunder' nötig wäre – das Jesuskind als ihren Schöpfer anerkennen (vv. 4644–4648). Das im Text herausgestellte menschenähnliche Verhalten erscheint damit zwar als außergewöhnlich, zugleich aber als normgerecht, so dass der Wunder-Charakter im Sinne der Durchbrechung einer ‚Normalerwartung' nicht ganz eindeutig ist,[59] während das Verhalten der Tiere auf Rezipientenebene unzweifelhaft als Zeichen für die Göttlichkeit Jesu gelten kann. Auf Figurenebene wird der staunenswerte Gehorsam der Löwen von den Leuten aus Na-

---

57   In der ‚Vita rhythmica' (vv. 2992–2995) sind die einzelnen Positionen nur zusammenfassend benannt: Eine Gruppe (*quidam*) ist der Meinung, es müsse sich bei Jesus um einen Zauberer oder um einen Gott handeln, eine andere (*alii*), er sei keines von beiden, sondern ‚Hebräer', Sohn eines Zimmermanns.

58   Während in der ‚Vita rhythmica' die Episode dadurch abgeschlossen wird, dass es heißt, Jesus sei in das Haus seiner Mutter und seines vermeintlichen Vaters zurückgekehrt (vv. 3044 f.; so auch Walther von Rheinau, ‚Marienleben', vv. 5996–5999, und ohne Bezug auf die Eltern Wernher der Schweizer, ‚Marienleben', vv. 5493 f.), folgt bei Bruder Philipp, wo allein vom Hause Marias die Rede ist, ein Dialog Jesu mit seiner Mutter: Sie fragt ihn in mütterliche Weise, wo er gewesen sei und worüber die Leute mit ihm gesprochen hätten. Er berichtet ihr davon, dass das, was er ihnen Gutes getan, ihm zum Nachteil ausgelegt worden sei. Maria erklärt ihm, sie nähmen eben Anstoß an seinem heiligen Leben; nun solle er sich aber hinsetzen und etwas zu essen geben lassen (vv. 4736–4747). In diesem Gespräch geht es nicht direkt um Wunder, aber sehr wohl um die Fähigkeit, etwas richtig einzuordnen. Außerdem kommt dadurch, dass Maria Jesus unter Anerkennung seiner besonderen Fähigkeiten gleichwohl wie ein Kind behandelt, die Außergewöhnlichkeit dieses ‚Kindes' umso mehr zur Geltung.

59   Deutlicher markiert ist der Ausnahmecharakter im ‚Marienleben' Walthers von Rheinau, wo hervorgehoben wird, dass ein besonders furchterregender Löwe (vv. 5846–5852) sich gegenüber Jesus so verhalten habe, als ob er zahm wäre (v. 5859). Der Erzähler ordnet das Verhalten dieses und der anderen Löwen als *wunder* ein (v. 5885). Im ‚Marienleben' Wernhers des Schweizer ist vor allem die Verwunderung der Leute hervorgehoben (v. 5400).

zaret als *wunder* klassifiziert (v. 4670), doch es gelingt den Leuten nicht, dessen Zeichencharakter zu entschlüsseln.[60]

Anscheinend besteht in Bruder Philipps ‚Marienleben' bei der Schilderung der Kindheitswunder eine Korrelation dazwischen, dass Figuren das Außergewöhnliche (aus christlicher Perspektive) richtig interpretieren können, und der Verwendung des Wortes *zeichen*. So wird die Reaktion der Mitreisenden darauf, dass das Jesuskind auf der Flucht nach Ägypten an einem Palmbaum eine Quelle entspringen lässt, folgendermaßen beschrieben:

> des *nam* sî alle *wunder grôz*.
> sî lopten got von himelrîch
> von dem *zeichen wunderlîch*[61]

> Darüber *verwunderten* sie *sich* alle *außerordentlich*.
> Sie lobten Gott im Himmel
> wegen des *staunenswerten Zeichens*.

Hier ist es zwar die Erzählinstanz, die das Geschehene als Zeichen benennt, aber der Dank der Mitreisenden an Gott insinuiert zugleich, dass sie den Urheber des Wunders erkannt haben.[62] Auf Figurenebene ist es in Bruder Philipps ‚Marienleben' sonst allein der ägyptische Herzog Afrodisius, der den Zeichencharakter eines direkt vom Jesuskind ausgehenden Wunders erkennt, es explizit als *zeichen* klassifizieren und ausdeuten kann (vv. 3276–3603):[63] Als Afrodisius im Tempel von Sotine die bei Jesu Ankunft

---

60 Zu entsprechenden Konstellationen in Legenden (auch der Deutung von Wundern als Zauberei durch Nicht-Christen) vgl. MIEDEMA, Wunder sehen, S. 337–339.

61 Bruder Philipp, ‚Marienleben', vv. 2817–2819.

62 In den anderen ‚Marienleben' bleibt das Quellwunder unkommentiert. Dafür wird beim direkt anschließenden Wunder, dass sich die Palme verneigt und Maria ihre Früchte anbietet, in der ‚Vita rhythmica' konstatiert, dass sich die übrigen in ihrer Unwissenheit gewundert hätten (v. 2213). Im ‚Marienleben' Wernhers des Schweizers wird verdeutlicht, dass sich das Gefolge über die *geschicht* gewundert habe, doch alle unwissend darüber gewesen seien bis auf Maria, die ihr Wissen für sich behalten habe (vv. 3753–3758). Bei Walther von Rheinau heißt es (vv. 4284–4289): *Maria wart des zeichens frô / Und nam ein teil der frühte dô / Daz gesinde nam alsam. / Des zeichens sie aber wunder nam / Wan sie wizzeten niht / Umb des kindes geschiht* (Maria wurde froh über das *Zeichen* und nahm da einen Teil der Früchte. Die Gefolgschaft bediente sich ebenso. Doch *wunderten* sie sich über das *Zeichen*, denn sie wussten nichts über das Wesen des Kindes.). Hier wird durch den auktorialen Gebrauch des Wortes *zeichen* hervorgehoben, dass es von Maria erkannt wird, von den anderen aber nicht.

63 Für die Parallelstellen vgl. ‚Vita rhythmica', vv. 2344–2459; Walther von Rheinau, ‚Marienleben', vv. 4574–4821; Wernher der Schweizer, ‚Marienleben', vv. 4031–4274. Zur Ausdeutung der kosmischen *zeichen* bei Jesu Geburt s. u. Anm. 68.

zerborstenen Götterbilder erblickt,[64] ist ihm klar, dass ein mächtigerer Gott am Werk gewesen sein muss:[65]

mit starker stimme vaste er schrê
'was ist ditze, ôwê, ôwê!
hie ist ein *zeichen* grôz geschên.
ouwê wie sol ez uns ergên?
wer mac der got sô starker sîn
der gewalt sô grôzen sîn
mit unsern goten hât begangen,
daz er sî von hinne gevangen
hât gevuort, ir bilde gebrochen?
[…]'[66]

Mit kräftiger Stimme rief er laut:
„Was ist das? O weh, o weh!
Hier ist ein bedeutsames *Zeichen* geschehen.
O weh, wie wird es uns ergehen?
Wer kann der so bedeutende Gott sein,
der seine große Macht
an unseren Göttern zur Wirkung gebracht hat,
so dass er sie gefangen hinweggeführt
und ihre Statuen zerbrochen hat?
[…]"

Sinnt Afrodisius zunächst auf Vergeltung (vv. 3415–3417), verknüpft er das außerge-wöhnliche Vorkommnis dann mit der Heiligen Familie, insbesondere dem Jesuskind.

der hêrre begund sich dô verstên
daz daz *zeichen* waer geschên
von dem kinde und von den gesten
und ouch vür wâr wol daz weste
daz ir göter waeren alle
durch daz selbe kint gevallen.[67]

---

64   Die Heilige Familie hatte in der Vorhalle des Tempels von Sotine nachts Schutz gesucht, woraufhin unter großem Geschrei von ‚Teufeln', wie der Erzähler sagt, die Götterbilder im Tempel wie in ganz Ägypten zerbrochen waren (Bruder Philipp, ‚Marienleben', vv. 3276–3363).

65   In einer ersten Reaktion hatten auch andere Leute aus Ägypten vermutet, dass fremde Götter tätig gewesen sein müssten (Bruder Philipp, ‚Marienleben', vv. 3382–3386).

66   Bruder Philipp, ‚Marienleben', vv. 3406–3414.

67   Bruder Philipp, ‚Marienleben', vv. 3448–3453.

> Der Herr begann da für sich zu begreifen,
> dass das *Zeichen* von dem Kind
> und den Gästen ausgegangen sei,
> und erkannte es als wahr,
> dass alle ihre Götter
> durch ebendieses Kind zu Fall gekommen waren.

Dieses Kind akzeptiert er als neue Autorität und identifiziert es gegenüber seinen Leuten als das von Bileam, Jeremia und Jesaja prophezeite (vv. 3464–3493); außerdem verweist er auf den Stern, dem die Drei Könige gefolgt seien (vv. 3494–3515). Wenn er seine Rede mit der Aussage beschließt *alliu diu zeichen ich nu vinde / an disem selben jungen kinde* (vv. 3514 f.), so ist *zeichen* da offenbar als ‚Vorzeichen' zu verstehen (Alle Vorzeichen finde ich nun an ebendiesem kleinen Kind erfüllt.). Dazu passt, dass in den narrativen Passagen das Wort *zeichen* auch von der Erzählinstanz fast ausschließlich für (kosmische) Vorzeichen verwendet wird, etwa den Erscheinungen bei Jesu Geburt (vv. 2236–2429).[68]

Obwohl, wie oben ausgeführt, im ‚Marienleben' Bruder Philipps zusammenfassend davon die Rede ist, dass Jesus vor seinem neunundzwanzigsten Lebensjahr *zeichen* und *wunder* vollbracht haben dürfte (vv. 4926–4932), lässt sich eine terminologische Differenzierung beobachten: Das Wort *zeichen* scheint in der Passage zur Kindheit und Jugend Jesu vor allem außergewöhnlichen, nicht durch direkte Wunderhandlungen Jesu provozierten Reaktionen auf seine Ankunft vorbehalten zu sein, oder es wird dann verwendet, wenn etwas Außergewöhnliches in seinem Verweischarakter erkannt wird. Eine solch konsequente Distribution zeigt sich in den anderen hier betrachteten ‚Marienleben' zwar nicht, doch dominieren in den narrativen Passagen zu den außergewöhnlichen Taten, die Jesus als Kind und Jugendlicher vollbringt, durchweg Lexeme, die das Erstaunliche (*wunder*) und mit Erschrecken und Sich-Verwundern die Reaktionen darauf ausdrücken. Bei allen Unterschieden zwischen den Texten, die einer systematischen Analyse bedürften, lässt sich festhalten, dass der Zeichencharakter der Kindheitswunder jeweils nicht durchgehend explizit gemacht wird.

---

68   Das Problem der Ausdeutung dieser *zeichen* wird auf Figurenebene vor allem im Hinblick auf Augustus thematisiert, der zunächst niemanden findet, der ihm das von ihm gesehene *zeichen* ausdeuten kann (vv. 2258–2307). Die Drei Könige wiederum brechen auf, um *des sternes zeichen* zu ergründen (vv. 2502–2505, Zitat v. 2505).

IV. Wunder, aber keine Zeichen?

Wie bereits die punktuellen Einblicke in die vier ‚Marienleben' gezeigt haben, setzen sie sich mit der Frage des Zeichencharakters der Kindheitswunder Jesu auseinander. Das belegen auch die Feinjustierungen in den einzelnen Texten bis in die Wortwahl hinein. Indem die Verwandlung von Wasser zu Wein durch Jesus bei der Hochzeit zu Kana zu seinem ersten *öffentlichen* Wunder umgedeutet wird, kann der Zeichencharakter in der ‚Vita-rhythmica'-Tradition auch für die Kindheitswunder beansprucht werden. Allerdings ist er bei der Schilderung der Kindheitswunder eben nicht durchgehend explizit herausgestellt. Angesichts der vehementen Rechtfertigung der Existenz von Kindheitswundern in den rahmenden Textpassagen dürften theologische Gründe dafür nicht ausschlaggebend sein, wenn auch das Problem, dass die göttliche Natur Jesu zu früh zum Vorschein kommen könnte, partiell angesprochen wird und etwa im ‚Marienleben' Bruder Philipps zu beobachten ist, dass sich die Verwendung des Wortes *zeichen* mit dem Beginn der Schilderung des öffentlichen Lebens Jesu ändert: *zeichen* wird dann auf Erzähler- wie auf Figurenebene zur zusammenfassenden Benennung für die Wundertätigkeit Jesu, die seiner Lehrtätigkeit an die Seiten gestellt wird.[69]

Der Hauptgrund, warum der Status von Jesu Kindheitswundern in den narrativen Passagen der ‚Marienleben' zur Diskussion gestellt wird, dürfte darin liegen, dass das Setting für die Kindheitswunder ein Umfeld ist, in dem die Mehrheit der Menschen nicht an Jesus glaubt. Das gibt die Gelegenheit, narrativ zu entfalten, wie Wunder und deren Interpretation als Zeichen kulturell erst erzeugt werden.[70] Das ‚Versagen' derjenigen, die aus den außergewöhnlichen Taten Jesu – aus christlicher Perspektive – falsche Schlüsse ziehen, wie an der Löwen-Episode demonstriert, kann einem christlichen Publikum ein Überlegenheitsgefühl vermitteln. Textintern werden so außerdem Muster für Unverständnis und Ablehnung gegenüber Jesus angelegt, die im weiteren Textverlauf jeweils mit judenfeindlichen Stereotypen gefüllt werden.[71]

---

69   Vgl. Bruder Philipp, ‚Marienleben', vv. 5474 f.; 5830; 6310; 6594–6605; 6759 f. Daneben werden auch einzelne öffentliche Wundertaten als *zeichen* benannt, z. B. die Heilung der blutflüssigen Frau (v. 5751) oder die Speisung der 5000 (v. 5884).

70   Das „Vorhandensein [sc. von Zeichen und Wundern] wird nur durch entsprechende Zuschreibungen aus bestimmten menschlichen Deutungsperspektiven kulturell erzeugt" (GRÜNSCHLOSS, „Zeichen" und „Wunder", S. 205).

71   Sie können hier nicht im Einzelnen belegt werden. Exemplarisch sei jedoch darauf verwiesen, dass in der ‚Vita rhythmica' ‚die Juden' (*Judei*) Pilatus bestechen, damit er Jesus hinrichten lässt, weil sie u. a. fürchten, dass die Römer von der Wunderkraft Jesu (*miraculorum suorum disciplinam*, v. 4779) erfahren, deren göttlichen Ursprung erkennen und sie damit ins Unglück stürzen könnten (vv. 4474–4791). Vgl. Walther von Rheinau, ‚Marienleben', vv. 9618–9661 (*diu zeichen sîn*, v. 9631); Priester Wernher, ‚Marienleben', vv. 9451–9490 (*sînú zaichen*, v. 9467). In Bruder Philipps ‚Marienleben' wird allein die Bestechung des Pilatus durch ‚die Juden' genannt, ohne dass dafür Gründe aufgeführt sind (vv. 6976–6981).

Und doch reicht die manchen Figuren in den Mund gelegte Diskursivierung der Frage nach der Zeichenhaftigkeit außergewöhnlicher Handlungen über die Figurenebene hinaus: Wenn die Erzählinstanz das Geschehen nicht explizit einordnet, sind die Rezipientinnen und Rezipienten jeweils aufgerufen, über den Status des Außergewöhnlichen nachzudenken, auch wenn in der ‚Vita rhythmica‘, und in den ‚Marienleben‘ Walthers von Rheinau und Wernhers des Schweizers durch die Prologe zum zweiten Buch ein Interpretationsrahmen gegeben ist. Dass auch theologisch wenig aufgeladene Wunder wie der Transport von Wasser im Gewandbausch als Zeichen göttlicher Macht zu verstehen sind, dürfte dabei für ein christliches Publikum außer Zweifel stehen, sofern die Zuverlässigkeit der Apokryphen akzeptiert wird.[72] Explizit wird eine solche Deutung in den Texten des Korpus allerdings ebenso wenig formuliert wie beim Strafwunder, das sich gegen den ‚Juden‘ richtet, der das Fischfang-Spiel am Sabbat gestört hat. Auch dort ist zwar der Charakter einer Machttat unzweifelhaft – die theologische Forschung hat außerdem zu Recht darauf hingewiesen, dass Strafwunder bzw. Wunder gegen Widersacher nicht auf die apokryphen Kindheitsevangelien beschränkt sind –,[73] jedoch legt die Ausgestaltung der Episode in ‚Die Kindheit Jesu‘ Konrads von Fußesbrunnen nahe, dass die Angemessenheit der Bestrafung durchaus in Frage gestellt werden konnte.[74]

Das Außergewöhnliche der Kindheitswunder dürfte sie nicht zuletzt erzählerisch attraktiv gemacht haben, wie ein Vergleich mit denjenigen Textpassagen der ‚Marienleben‘ zeigt, die sich mit den Zeichen befassen, die Jesus während der Zeit seines öffentlichen Lebens vollbringt. In der ‚Vita rhythmica‘ sind in dem größeren Textabschnitt, der der Predigttätigkeit Jesu und seinen Wundern gewidmet ist (*De predicatione Jesu et miraculis suis*, ab v. 3828), einzelne Heilungs- und Auferweckungswunder aus den kanonischen Evangelien herausgegriffen, ergänzt um die apokryphe Heilung Abgars. Gerahmt sind diese Wunderepisoden von einer Aufzählung weiterer Heilungen (vv. 3838–3873) und der Aussage, dass weitere Wundertaten Jesu übergangen würden, da man wisse, dass sie in den Evangelien aufgeschrieben seien. In diesem Zusammenhang werden wiederum Heilungen und andere Wunder aufgelistet, die Jesus zur Glaubensstärkung vollbracht habe (vv. 4192–4213). An beiden Stellen findet sich zur Bezeichnung der Wunder eine Anhäufung aller möglichen Termini: *magnalia, virtutes, signa, miracula* (vv. 3838 f.); *opera* (Taten, Werke, v. 4193), *signa, miracula* (v. 4199). Die

72   Absichern tun sich die Autorfiguren der ‚Marienleben‘ jeweils durch Verbesserungsappelle: ‚Vita rhythmica‘, vv. 7994–8013; Walther von Rheinau, ‚Marienleben‘, vv. 16110–16151; Wernher der Schweizer, *Marienleben*, vv. 6631–6696; Bruder Philipp, ‚Marienleben‘, vv. 10094–10115. Vgl. dazu GAY-CANTON, Zwischen Zensur und Selbstzensur.

73   Vgl. LAMPE, So anders?, S. 328–333.

74   Zur Berechtigung der Bestrafung des ‚Juden‘ vgl. in Bezug auf die entsprechende Szene in der ‚Kindheit Jesu‘ Konrads von Fußesbrunnen TOMASEK, Kind im Heiland, S. 17 f. Auch eine Einordnung in dem Sinne, dass etwa auf Heilungswunder verwiesen würde, die Jesus als Erwachsener zum Missfallen der ‚Pharisäer‘ am Sabbat vollbringt (vgl. z. B. Mk 3,1–6; Lk 6,6–11), erfolgt in den hier betrachteten Erzähltexten nicht.

Argumentation aus der ‚Vita rhythmica' ist in den deutschsprachigen Bearbeitungen übernommen und teils ausgeweitet worden,[75] wobei die Wunder in der Regel mit der Oberkategorie *zeichen* eingeführt, dann aber auch als *wunder* benannt sind.[76] Im ‚Marienleben' Wernhers des Schweizers verweist das Autor-Ich nicht allein darauf, dass in den Evangelien mehr Wunder aufgeschrieben worden seien als die, von denen es gesprochen habe und die man über das Jahr hinweg (also nach der liturgischen Leseordnung) überall lese, sondern fügt noch hinzu, man dürfe nicht noch mehr aufschreiben, als schon geschrieben dastünden, und man habe sie ja allenthalben in Büchern (vv. 7823–7866, bes. vv. 7864–7866). Zum Argument der Bekanntheit und Verfügbarkeit kommt hier noch das der unerlaubten Konkurrenz mit kanonischen Texten, was umgekehrt nahelegt, eine Ergänzung der kanonischen Evangelien nach Joh 20,30 f. sei eher für die Phase der Kindheit (dann auf apokrypher Grundlage) zulässig, da dafür die kanonischen Evangelien die Auswahl der Wunder nicht vordefinieren. Dass gerade die Heilungswunder pauschalisierend aufgezählt werden, kann also nicht allein auf deren speziellen Charakter zurückgeführt werden. Jedoch dürfte der eindeutige Zeichencharakter der Heilungswunder die Wahl einer iterativen Struktur begünstigt haben:[77] Jede Heilung ist ein weiterer Beleg für die Messianität Jesu und auf der Handlungsebene außergewöhnlich;[78] für ein christliches Publikum sind die Heilungen retrospektiv je-

---

75 Walther von Rheinau, ‚Marienleben', vv. 7656–7731; 8388–8429; Bruder Philipp, ‚Marienleben', vv. 5454–5519 (eine Präteritio weiterer Wunder findet sich bei Bruder Philipp nicht); Wernher der Schweizer, ‚Marienleben', vv. 7253–7348; 7823–7872.

76 Vgl. Walther von Rheinau, ‚Marienleben', Überschrift vor v. 7656: *Von Jêsu Kristes bredien und von sînen zeichen.* (Von der Predigttätigkeit Jesu Christi und von seinen *Zeichen*) vs. vv. 7670–7673: *Und tet ouch hier under / Manec grôzez wunder, / Diu wirdec sint ze sagenne / Und boese ze verdagenne* (und vollbrachte dazwischen [sc. seinen Predigten] viele große *Wunder,* die es wert sind, benannt zu werden, und bei denen es verwerflich wäre, sie zu verschweigen) und die Überschrift vor v. 8388: *Hie lâzen wir under wegen diu wunder, diu Jêsus tet und in dem evangelio geschriben stânt.* (Hier übergehen wir die *Wunder,* die Jesus vollbrachte und die im Evangelium geschrieben stehen.); Bruder Philipp, ‚Marienleben', vv. 5460–5463: *sîniu zeichen, sîniu lêre / wart in den landen wîten maere / wand wunder grôz von im geschach / daz dâ vor nie mensche gesach.* (Seine *Zeichen* wurden ebenso wie seine Lehre in den Ländern weithin bekannt, denn er vollbrachte viel *Außergewöhnliches* [*wunder*], wie es zuvor noch kein Mensch gesehen hatte.); Wernher der Schweizer, ‚Marienleben', u. a. v. 7267 f.: *vil zaichen und vil wunders gros / Tet er* (Viele *Zeichen* und viele große *Wunder* vollbrachte er).

77 Zur paradigmatischen Reihung von Wundern vgl. (in Bezug auf die Silvesterlegende in der ‚Kaiserchronik') BLEUMER, ‚Historische Narratologie'?, S. 241 f. Zur grundsätzlich iterativen Struktur christlicher Wunder, die letztlich alle auf ein einziges Heilsereignis verweisen, vgl. DENS., Ereignis, S. 147–169, bes. 157 f.

78 Insbesondere bei Bruder Philipp werden die Reaktionen der Leute auf die Heilungswunder beschrieben (vv. 5546–5549; 5592–5595; 5744–5747; 5874–5883; 5929–5931); vgl. aber auch ‚Vita rhythmica', vv. 3930–3935; Walther von Rheinau, ‚Marienleben', vv. 7854–7863 (jeweils am Ende der Passage zur Auferweckung des Jünglings von Naïn; das Ende dieser Episode fehlt bei Wernher dem Schweizer, vgl. in der Textausgabe die Anm. zu v. 7432). Das Wunder der Auferweckung des Lazarus ist auch syntagmatisch eingebunden, da der Tötungsbeschluss ‚der Juden' als Reaktion auf das Bekanntwerden des Wunders dargestellt wird (vgl. ‚Vita rhythmica', vv. 4187–4191; 4214–4229; Walther von Rheinau, ‚Marienleben', vv. 8376–8387; 8430–8461; Bruder Philipp, ‚Marienleben', vv. 6047–6069; Wernher der Schweizer, ‚Marienleben', vv. 7805–7822; 7867–7872).

doch nicht mehr erstaunlich. Die Kindheitswunder wiederum gelten zwar in den hier ausgewählten Marienleben ebenfalls als *zeichen,* narrativ präsentiert werden sie jedoch als *wunder,* wohl auch wegen des Faszinationspotenzials der Apokryphen.

Bibliographie

Quellen

Biblia sacra vulgata – lateinisch-deutsch, Bd. 5, hg. v. Michael FIEGER / Widu-Wolfgang EH-LERS / Andreas BERIGER, Berlin/Boston 2018.

Novum Testamentum Graece, begr. v. Eberhard und Erwin NESTLE, hg. v. Barbara und Kurt ALAND u. a., 28. rev. Aufl., Stuttgart 2012.

[Bruder Philipp:] Bruder Philipps des Carthäusers Marienleben, hg. v. Heinrich RÜCKERT (Bibliothek der deutschen National-Literatur 34), Quedlinburg/Leipzig 1853 [Nachdruck Amsterdam 1966].

[Thomas von Aquin:] S. Thomae Aquinatis Opera omnia iussu impensaque Leonis XIII P.M. edita, t. 11–12. Tertia pars Summae theologiae, Rom 1903/1906 = Editio Leonina, zitiert nach dem Corpus Thomisticum. https://www.corpusthomisticum.org/iopera.html [abgerufen am 02.08.2022].

Vita beate virginis Marie et salvatoris rhythmica, hg. v. Adolf VÖGTLIN (Bibliothek des Litterarischen Vereins in Stuttgart 180), Stuttgart 1888.

[Walther von Rheinau:] Das Marienleben Walthers von Rheinau, hg. v. Edit PERJUS (Acta Academiae Aboensis 17,1), Åbo ²1949.

[Wernher der Schweizer:] Das Marienleben des Schweizers Wernher. Aus der Heidelberger Handschrift, hg. v. Max PÄPKE / Arthur HÜBNER (Deutsche Texte des Mittelalters 27), Berlin 1920.

Forschungsliteratur

BEJCZY, István P., Jesus' Laughter and the Childhood Miracles. The ‚Vita rhythmica', in: Southern African Journal of Medieval and Renaissance Studies 4 (1994), S. 50–61.

BLEUMER, Hartmut, ‚Historische Narratologie'? Metalegendarisches Erzählen im ‚Silvester' Konrads von Würzburg, in: Historische Narratologie. Mediävistische Perspektiven, hg. v. Harald HAFERLAND / Matthias MEYER (Trends in Medieval Philology 19), Berlin/New York 2010, S. 231–261.

DERS., Ereignis. Eine narratologische Spurensuche im historischen Feld der Literatur, Würzburg 2020.

[BMZ:] Mittelhochdeutsches Wörterbuch. Mit Benutzung des Nachlasses von Georg Friedrich BENECKE ausgearbeitet von Wilhelm MÜLLER und Friedrich ZARNCKE, 3 Bde., Leipzig 1854–1866. Online-Version: https://woerterbuchnetz.de/#0 [abgerufen am 30.03.2022].

COUCH, Julie Nelson, Misbehaving God. The Case of the Christ Child in Ms Laud Misc. 108 „Infancy of Jesus Christ", in: Mindful Spirit in Late Medieval Literature. Essays in Honor of Elizabeth D. Kirk, hg. v. Bonnie WHEELER (The New Middle Ages), New York u. a. 2006, S. 31–43.

DICKE, Gerd, Jesu erste Wunder? Die Apokryphen-Anleihen des Österreichischen Bibelübersetzers, die ‚Infantia Salvatoris‘ und die kanonische Disziplinierung der deutschen Bibel, in:
Zeitschrift für deutsches Altertum und deutsche Literatur 150 (2021), S. 143–219.

DZON, Mary, The Quest for the Christ Child in the Later Middle Ages, Pennsylvania 2017.

Faszination der Wunder Jesu und der Apostel. Die Debatte um die frühchristlichen Wundererzählungen geht weiter, hg. v. Ruben ZIMMERMANN (Biblisch-theologische Studien 184), Göttingen 2020.

FOIDL, Sabina, Art. ‚Vita beatae virginis Mariae et Salvatoris rhythmica‘, in: Deutsches Literatur-
Lexikon. Das Mittelalter, hg. v. Wolfgang ACHNITZ, Bd. 1: Das geistliche Schrifttum von den
Anfängen bis zum Beginn des 14. Jahrhunderts, Berlin/New York 2011, Sp. 741–745.

DIES., Art. ‚Walther von Rheinau‘, in: Deutsches Literatur-Lexikon. Das Mittelalter, hg. v. Wolfgang ACHNITZ, Bd. 1: Das geistliche Schrifttum von den Anfängen bis zum Beginn des
14. Jahrhunderts, Berlin/New York 2011, Sp. 863 f.

DIES., Art. ‚Bruder Philipp‘, in: Deutsches Literatur-Lexikon. Das Mittelalter, hg. v. Wolfgang ACH-
NITZ, Bd. 2: Das geistliche Schrifttum des Spätmittelalters, Berlin/New York 2011, Sp. 30–34.

DIES., Art. ‚Wernher der Schweizer‘, in: Deutsches Literatur-Lexikon. Das Mittelalter, hg. v. Wolfgang ACHNITZ, Bd. 2: Das geistliche Schrifttum des Spätmittelalters, Berlin/New York 2011,
Sp. 244 f.

GÄRTNER, Kurt: Die Neue Ee in der ‚Weltchronik‘ Heinrichs von München und das Neue Testament, in: Von lon der wisheit. Gedenkschrift für Manfred Lemmer, hg. v. DEMS./Hans-
Joachim SOLMS, Sandersdorf 2009, S. 79–94.

DERS., Die Überlieferungsgeschichte von Bruder Philipps Marienleben, überarb. u. erg. Fassung,
Marburg 2012 [Typoskript, urspr. Marburg 1978].

DERS., Prologversionen zu Philipps ‚Marienleben‘, in: Neue Studien zur Literatur im Deutschen
Orden, hg. v. Bernhart JÄHNIG/Arno MENTZEL-REUTERS (Zeitschrift für deutsches Altertum und deutsche Literatur Beiheft 19), Stuttgart 2014, S. 137–146.

GAY-CANTON, Réjane, Zwischen Zensur und Selbstzensur. Verbesserungsappelle in der ‚Vita
beate Marie et Salvatoris Rhythmica‘ und ihren mittelhochdeutschen Bearbeitungen, in: Kulturtopographie des deutschsprachigen Südwestens im späteren Mittelalter. Studien und Texte,
hg. v. Barbara FLEITH/René WETZEL, Berlin 2009, S. 41–60.

GRÜNSCHLOSS, Andreas, „Zeichen“ und „Wunder“ in religionswissenschaftlicher Sicht, in: Zeichen und Wunder, hg. v. Werner H. RITTER/Michaela ALBRECHT (Biblisch-theologische
Schwerpunkte 31), Göttingen 2007, S. 203–233.

HARTENSTEIN, Judith, Die Wundererzählungen in den apokryphen Evangelien. Hinführung, in:
Kompendium der frühchristlichen Wundererzählungen, Bd. 1: Die Wunder Jesu, hg. v. Ruben
ZIMMERMANN, Gütersloh 2013, S. 781–792.

HEINZELMANN, Martin, Die Funktion des Wunders in der spätantiken und frühmittelalterlichen
Historiographie, in: Mirakel im Mittelalter. Konzeptionen, Erscheinungsformen. Deutungen,
hg. v. DEMS./Klaus HERBERS/Dieter R. BAUER (Beiträge zur Hagiographie 3), Stuttgart
2002, S. 23–61.

KAISER, Ursula Ulrike, Jesus als Kind. Neuere Forschungen zur Jesusüberlieferung in den apokryphen „Kindheitsevangelien“, in: Jesus in apokryphen Evangelienüberlieferungen. Beiträge
zu außerkanonischen Jesusüberlieferungen aus verschiedenen Sprach- und Kulturtraditionen,
hg. v. Jörg FREY/Jens SCHRÖTER (Wissenschaftliche Untersuchungen zum Neuen Testament 254), Tübingen 2010, S. 253–269.

KARNER, Gerhard, Art. ‚Wunder, Wundergeschichten (AT)‘, in: Das Wissenschaftliche Bibellexi-
kon im Internet (2014). www.wibilex.de [abgerufen am 30.03.2022].

KLAUCK, Hans-Josef, Apokryphe Evangelien. Eine Einführung, Stuttgart 2002.

KOLLMANN, Bernd, Art. ,Wunder IV. Neues Testament', in: Theologische Realenzyklopädie 36 (2004), S. 389–397.

Kompendium der frühchristlichen Wundererzählungen, Bd. 1: Die Wunder Jesu, Gütersloh 2013; Bd. 2: Die Wunder der Apostel, hg. v. Ruben ZIMMERMANN, Gütersloh 2017.

LAMPE, Gunna Helge, So anders? Die Wundertätigkeit Jesu im Kindheitsevangelium des Thomas: eine intertextuelle Untersuchung zur Darstellung der Wundertaten und des Wundertäters in den Paidika, Gießen 2019. http://geb.uni-giessen.de/geb/volltexte/2019/14775/ [abgerufen am 24.04.2023].

LECHTERMANN, Christina, Textherstellung in den Marienleben Philipps von Seitz, Walthers von Rheinau und Wernhers des Schweizer, in: Metatexte. Erzählungen von schrifttragenden Artefakten in der alttestamentlichen und mittelalterlichen Literatur, hg. v. Friedrich-Emanuel FOCKEN / Michael R. OTT (Materiale Textkulturen 15), Berlin/Boston 2016, S. 331–360.

LEXER, Matthias, Mittelhochdeutsches Handwörterbuch, 3 Bde., Leipzig 1869–1878. Online-Version: https://woerterbuchnetz.de/#0 [abgerufen am 30.03.2022].

LINDEMANN, Andreas, Neuere Literatur zu neutestamentlichen Wundererzählungen, in: Theologische Rundschau 82 (2017), S. 224–279.

MANUWALD, Henrike, Der Heilige Rock – gestrickt. ,Magischer Realismus' in Bruder Philipps ,Marienleben'?, in: Inkulturation. Strategien bibelepischen Schreibens in Mittelalter und Früher Neuzeit, hg. v. Bruno QUAST / Susanne SPRECKELMEIER, unter Mitarbeit von Fridtjof BIGALKE (Literatur – Theorie – Geschichte 12), Berlin/Boston 2017, S. 203–220.

MASSER, Achim, Bibel, Apokryphen und Legenden. Geburt und Kindheit Jesu in der religiösen Epik des deutschen Mittelalters, Berlin 1969.

MIEDEMA, Nine, Wunder sehen – Wunder erkennen – Wunder erzählen, in: Sehen und Sichtbarkeit in der Literatur des deutschen Mittelalters. XXI. Anglo-German Colloquium. London 2009, hg. v. Ricarda BAUSCHKE / Sebastian COXON / Martin H. JONES, Berlin 2011, S. 331–347.

OSTERMANN, Christina, Bruder Philipps ,Marienleben' im Norden. Eine Fallstudie zur Überlieferung mittelniederdeutscher Literatur (Untersuchungen zur deutschen Literaturgeschichte 157), Berlin/Boston 2020.

PÄPKE, Max, Das Marienleben des Schweizers Wernher. Mit Nachträgen zu Vögtlins Ausgabe der Vita Marie Rhythmica (Palaestra 81), Berlin 1913.

POPLUTZ, Uta, Die Wundererzählungen im Johannesevangelium. Hinführung, in: Kompendium der frühchristlichen Wundererzählungen, Bd. 1: Die Wunder Jesu, hg. von Ruben ZIMMERMANN, Gütersloh 2013, S. 659–668.

QUAST, Bruno, Ereignis und Erzählung. Narrative Strategien der Darstellung des Nichtdarstellbaren im Mittelalter am Beispiel der *virginitas in partu*, in: Zeitschrift für Deutsche Philologie 125 (2006), S. 29–46.

DERS., Inkulturation als diskursive Entdifferenzierung. Konversionen in Konrads von Fußesbrunnen ,Die Kindheit Jesu' zwischen Rhetorik und Evidenz, in: Inkulturation. Strategien bibelepischen Schreibens in Mittelalter und Früher Neuzeit, hg. v. DEMS. und Susanne SPRECKELMEIER, unter Mitarbeit von Fridtjof BIGALKE (Literatur – Theorie – Geschichte 12), Berlin/Boston 2017, S. 153–166.

RÖHRICH, Lutz, Das große Lexikon der sprichwörtlichen Redensarten. Bd. 3: Sal bis Z, Freiburg/Basel/Wien 1992.

SCHREIBER, Michael, Übersetzung und andere Formen der Textverarbeitung und Textreproduktion in sprachwissenschaftlicher Sicht, in: Übersetzung – Translation – Traduction. Ein internationales Handbuch zur Übersetzungsforschung, hg. v. Harald KITTEL u. a., 1. Teilbd. (Handbücher zur Sprach- und Kommunikationswissenschaft 26,1), Berlin/New York 2004, S. 268–275.

STOLZ, Fritz, Zeichen und Wunder. Die prophetische Legitimation und ihre Geschichte, in: Zeitschrift für Theologie und Kirche 69 (1972), S. 125–144.

Thesaurus proverbiorum medii aevi. Lexikon der Sprichwörter des romanisch-germanischen Mittelalters, begr. v. Samuel SINGER, hg. v. Kuratorium Singer der Schweizerischen Akademie der Geistes- und Sozialwissenschaften, Bd. 13: Weinlese – zwölf, Berlin/New York 2002.

TOMASEK, Stefan, Das Kind im Heiland. Konrads von Fußesbrunnen ‚Kindheit Jesu‘, in: Jesus in der Literatur. Tradition, Transformation, Tendenzen. Vom Mittelalter bis zur Gegenwart, hg. v. Yvonne NILGES (Beiträge zur neueren Literaturgeschichte 362), Heidelberg 2016, S. 1–20.

UKENA-BEST, Elke, *Domine, memento mei – herre, nû erbarme dich*. Die Lebensgeschichte des rechten Schächers in Konrads von Fußesbrunnen *Kindheit Jesu* zwischen lateinischer Quelle, lateinischer Adaptation und deutscher Prosaauflösung, in: Scripturus vitam. Lateinische Biographie von der Antike bis in die Gegenwart. Festgabe für Walter Berschin zum 65. Geburtstag, hg. v. Dorothea WALZ, Heidelberg 2002, S. 185–206.

WELCK, Christian, Erzählte Zeichen (Wissenschaftliche Untersuchungen zum Neuen Testament. 2. Reihe 69), Tübingen 1994.

ZIMMERMANN, Ruben, Frühchristliche Wundererzählungen – eine Hinführung, in: Kompendium der frühchristlichen Wundererzählungen, Bd. 1: Die Wunder Jesu, hg. v. DEMS., Gütersloh 2013, S. 5–67.

DERS., Wundererzählungen in den Akten der Apostel – eine Hinführung, in: Kompendium der frühchristlichen Wundererzählungen, Bd. 2: Die Wunder der Apostel, hg. v. dems., Gütersloh 2017, S. 3–44.

Am Anfang war das Wunder*
Legitimationsstrategien religiöser Orden im Vergleich

MIRKO BREITENSTEIN

Als der Kanoniker Silvester Guzzolini († 1267) sich nach langen Jahren als gelehrter Jurist und Mitglied des Domkapitels von Osimo zu einem Leben als Einsiedler entschloss, folgten ihm, wie so häufig in entsprechenden Konstellationen, zahlreiche Bewunderer und Nachahmer. Silvester sah sich also vor die Aufgabe gestellt, sein religiöses Leben nun zu einem regulierten werden zu lassen, denn: Wollte er den Bestimmungen des IV. Laterankonzils folgen, wonach neue Orden nicht auch noch neuen Regeln folgen sollten, musste er seiner neu entstandenen Gemeinschaft Regel und Satzung einer bereits approbierten *religio* geben.[1]

Über das folgende Geschehen berichtet Andrea di Giacomo († 1326), Verfasser einer Vita Silvesters und vierter Generalprior des neu entstandenen Ordens, der sich ausgehend vom Mutterkloster Montefano gebildet hatte: Viele seien an Silvester herangetreten, um ihm ihre Ordnungen und Regeln zu empfehlen, dieser habe jedoch alle freundlich, aber bestimmt, zurückgewiesen. Zu einer gewissen Stunde jedoch – der Hagiograph betont, dass Silvester weder gänzlich wach gewesen, noch in einen tiefen Schlaf gefallen sei, sondern vielmehr entrückt gewesen wäre – zu einer solchen visionären Stunde sei ihm eine Gruppe Heiliger mit Gefolge erschienen. Jeden von ihnen hätten Untergebene begleitet, und jeder hätte seine Regel mit sich gebracht – ein Umstand, der sie wohl als Ordensstifter ausweisen sollte. Direkt hätten sie Silvester

*   Die Vortragsfassung wurde im Wesentlichen beibehalten und um Anmerkungen ergänzt. Wichtige Hinweise verdanke ich der Diskussion des Beitrags auf der Berliner Tagung. Für wertvolle Unterstützung bei der Einrichtung des Beitrags danke ich Marie Wogawa (Dresden).

1   *Ne nimia religionum diversitas gravem in ecclesia Dei confusionem inducat, firmiter prohibemus, ne quis de caetero novam religionem inveniat, sed quicumque voluerit ad religionem converti, unam de approbatis assumat.* („Damit nicht eine zu große Vielfalt religiöser Gemeinschaften zu einer großen Verwirrung in der Kirche Gottes führt, verbieten wir mit Entschiedenheit, künftig eine neue religiöse Gemeinschaft zu gründen. Vielmehr soll jeder, der sich zum Ordensleben bekehren will, eine der approbierten wählen.") Concilium Lateranense IV (1215), can. 13; vgl. hierzu MELVILLE, Kritische Bemerkungen zur Begrifflichkeit im Kanon 13 des 4. Laterankonzils.

angesprochen: „Willst Du nicht unsere Regel und unsere Lebensweise annehmen?"
Der Angesprochene lehnte ab, woraufhin ein weiterer Alter an ihn herantrat, der als
einziger der Gruppe namentlich identifiziert wird: der hl. Benedikt.

Der Text macht rasch klar, warum ihm das Privileg namentlicher Nennung zuteil-
wurde. Benedikts Empfehlung seiner Regel hätte bei Silvester eine solche Freude ausgelöst, dass er sich für sie entschied.[2] Die Silvestriner wurden ein bis heute bestehen-
der Orden innerhalb der großen benediktinischen Familie.[3]

Ein weiteres Beispiel:
Von Gilbert von Sempringham († 1189), dem Stifter der nach ihm benannten Gilbertiner, berichtet sein Hagiograph Ralph de Insula, Sakristan von Sempringham, dass
dieser zeitlebens immer mehr nach Taten als nach Wundern gestrebt habe: [...] *et
ipse magis moribus studuerit quam miraculis.* Trotzdem hätte sich am Tag seiner Bei-
setzung ein überaus großes und ganz erstaunliches Wunder ereignet: Entgegen allen
Erwartungen und ohne jeden Widerstand sei nämlich jener Vater und Hirte, der das
Amt des Oberen nach Gilberts Tod provisorisch innehatte, von den Kanonikern und
Nonnen des Ordens einmütig zum Führer der Gemeinschaft gewählt worden. Dieses aber sei ein ganz erstaunliches Wunder gewesen, habe doch damals fast Niemand
in der gesamten Ordensprovinz mit einer solchen Einigung gerechnet, sondern eher
die Abspaltung der einzelnen Priorate vom Mutterhaus in Sempringham erwartet.[4]
In wundersamer Weise überdauerte der Orden somit den Tod seines Stifters und die

---

2   *Ex quibus religiosis multi conabantur ad eorundem ordinem ipsum ducere, ipsorum habitum et regu-
     lam recepturum. Quibus Siluester pie renuens, eo quod nondum apud se super regulam assumendam et
     habitum deliberationem se habuisse cognoverat, exinde cepit cum desiderio que professio sibi esset utilis
     cogitare: Nam hora eadem nec omnino vigilans, nec penitus sopon deditus, sed quasi in extasi positus,
     et inter utrumque consistens, vidit quosdam sanctos cum suis subditis suam regulam deferentes ad se
     venire, qui etiam ammicti eo habitu erant, in quo Christo regi vero, dum in seculo manserunt, militarunt
     humiliter. Cui sancti predicti salutem optantes, ad eum inquirunt: Visne, fili Silvester, nostram regulam et
     habitum assumere? Quibus inclinato capite sub silentio hoc agere renuit. At hiis recedentibus sanctis, qui-
     dam senex cum quibusdam monachis in habitu qui a famulo Dei Silvestro erat postmodum assumendus
     advenit, et quia beatus Benedictus erat, sibi suum nomen illico patefecit, salutatione premissa. Venerabilis
     insuper Benedictus, ut Silvester suam regulam et habitum omnino reciperet monuit. Silvester ex hoc ylaris
     nimium effectus et gaudio repletus immenso monita beatissimi Benedicti intra cordis brachia diligenter
     amplectens, inquid ad eum: Gratias tibi reverende pater refero ego indignus servulus, quia me visitare
     dignatus es in mei cordis anxietate detentum; faciam quod hortaris.* Andreas Jacobi de Fabriano, Vita
     sanctissimi Silvestri, Cap. 4, hier S. 52 f.; vgl. hierzu FATTORINI, La Spiritualità, S. 175.
3   Vgl. mit weiteren Hinweisen PAOLI, Silvestro Guzzolini e la sua Congregazione monastica.
4   *Maximum enim et mirandum contigit ipso die humationis eius miraculum, quod scilicet tradito sepulture
     corpusculo mox contra spem omnium, consensu et petitione omnium, absque omni obstaculo et contra-
     dictione omnium, ab utroque sexu et omnibus personis pater et pastor qui nunc preest eligitur, et in caput
     quod menbra regat, disponat et contineat sullimatur. A nonnullis enim et fere ab omnibus comprouincia-
     libus quasi certum presumebatur quod ex quo tam strenuum decideret caput, illico contingeret a domo de
     Sempingham menbrorum suorum discessio.* The Book of St. Gilbert, Cap. 56. Zum Zusammenhang
     vgl. MÜLLER, Entcharismatisierung als Geltungsgrund.

Gilbertiner bestanden – wenn auch auf England beschränkt – bis zu ihrer Auflösung durch Heinrich VIII. († 1547) im Jahr 1538.[5]

Ein drittes Beispiel:

Der Dominikaner Jakobus de Voragine († 1298) weiß in seiner ‚Legenda aurea‘ auch vom Stifter seines eigenen Ordens, dem hl. Dominikus († 1221), zu berichten. Mehr als zwei Generationen nach den angeblichen Ereignissen hält er fest, dass der Mutter des Dominikus vor dessen Geburt ein Traumgesicht erschienen sei (*vidit in somniis*): Sie habe ein Hündchen in ihrem Leib gesehen, das eine Fackel im Maul trug. Mit ihr würde es nach seiner Geburt die gesamte Welt (*totam mundi fabricam*) entzünden.[6]

Bereits Jordan von Sachsen († 1237), der früheste Hagiograph des Dominikus und zweite Ordensmeister der Predigerbrüder, wusste über eine Vision von Dominikus' Mutter zu berichten, in der sie eine Mondsichel auf der Stirn ihres Sohnes gesehen habe. Hierdurch sei ihr gezeigt worden, dass dieser einst das Licht zu den Ungläubigen bringen werde.[7] Der Stifter der Dominikaner wird damit in wundersamer Weise bereits vor seiner irdischen Zeit als Heiliger angekündigt. Die Predigerbrüder des Dominikus bestehen bis heute und haben – anders als bspw. die Minderbrüder des Franziskus († 1226) – nie eine Spaltung oder Fraktionsbildung erfahren.[8]

Ich habe meine Ausführungen mit drei Beispielen begonnen, die für je spezifische Konstellationen einer funktionalen Einbindung von Wundern in Berichten über die Gründungs- und Frühphase religiöser Orden stehen. Diese drei – wie auch alle weiteren hier exemplarisch noch zu präsentierenden Erzählungen – entstammen hagiographischen und historiographischen Texten. Die Grenze zwischen beiden Genres ist nicht trennscharf zu ziehen. Gemeinsam ist ihnen neben der inhaltlichen Fokussierung auf Heilige – und damit auch auf Wunder – eine Orientierung auf historische Ereignisse und reale Personen, nicht aber auf fiktive Gestalten wie etwa St. Georg oder die heilige Kümmernis. Dieser Umstand ist wichtig.

Dennoch sollen Wunder im Folgenden weder als faktische Geschehnisse noch als narrative Versuche begriffen werden, faktische Geschehnisse zu deuten. Ich möchte dem Wunder seinen wundersamen Charakter belassen und dabei ganz im Sinne dieses

---

5   Zur Früh- und Blütezeit der Gemeinschaft vgl. GOLDING, Gilbert of Sempringham; für die Zeit des Niedergangs vgl. STEPHENSON, The Decline and Dissolution of the Gilbertine Order.

6   *Cuius mater ante ipsius ortum vidit in somnis se catulam gestantem in utero ardentem in ore faculam baiulantem. Qui egressus ex utero totam mundi fabricam incendebat.* Jacobus de Voragine, De sancto Domenico, S. 1400. Vgl. zum Zusammenhang FÜSER, Vom *exemplum Christi*, S. 41.

7   *Iam autem in illa sua iuvenili etate futurorum prescius Deus aliquatenus est dignatus ostendere, quod insigne aliquid proventurum ex puero speraretur. Denique matri sue visione monstratus est velut habens lunam in fronte, quo profecto prefigurabatur dari eum aliquando in lucem gentium, illuminare his, qui in tenebris et in mortis umbra sederent, ut rei postmodum probavit eventus.* Iordanus de Saxonia, Libellus de initiis Ordinis Praedicatorum, Cap. 9 (S. 30).

8   Vgl. im Überblick mit weiteren Hinweisen: FÜLLENBACH, Mehr als Schwarz und Weiß; Domenico di Caleruega e la nascita dell'Ordine dei Frati Predicatori.

Bandes nach seinen Konfigurationen fragen.[9] Dabei interessiert mich der Zusammenhang zwischen bestimmten Konstellationen des Wunders und den spezifischen Erzählungen von den Anfängen religiöser Gemeinschaften. Kurz: Es geht mir um Wunder als Indikatoren institutioneller Verfasstheit.

Wundersame Geschehnisse im Zusammenhang der Entstehung neuer geistlicher Gemeinschaften sind, wie ich meine, nie nur Ausdruck einer Allgegenwart des Wunders in den entsprechenden kulturellen Milieus. Vielmehr ermöglicht die Analyse ihrer je spezifischen Funktionalität Einsichten in die institutionelle Festigkeit religiöser Gemeinschaften in ihrer Frühphase. Wunder vermitteln, wie ich zu zeigen hoffe, Aufschlüsse über zeitgenössische Sichtweisen auf die Anfänge von Orden und auf das Verhältnis jener, die religiöse Gemeinschaften initiierten, zu ihren Stiftungen.

Vor diesem Hintergrund repräsentieren meine ersten drei Beispiele drei Arten des Bezugs religiöser Gemeinschaften auf Wunder und damit auf heilige Gründer- oder Stifterfiguren, für die ich folgende Typologie vorschlagen möchte:

1. das Wunder stiftet eine Tradition
2. das Wunder legitimiert eine prekäre Ordnung
3. das Wunder heiligt eine Leitfigur

Ich möchte dies für meine drei Beispiele näher ausführen.

Im ersten Fall, dem Silvester Guzzolinis, besteht das Wunder in der durch den Ordensstifter vermittelten Anbindung des Ordens an einen etablierten Heiligen: Silvesters wundersame Wahl der Benediktsregel erlaubt eine Traditionsbildung und Verknüpfung der eigenen Gemeinschaft mit dem Protoheiligen des westlichen Mönchtums: mit Benedikt. Das Wunder der Regelübergabe ermöglicht es der jungen Gemeinschaft nicht nur, die *novitas* ihrer *religio* durch Rückbindung an die Tradition auszublenden, sondern zugleich selbst zum integralen Teil einer umfassenden Geschichte zu werden. Kaspar Elm († 2019), Klaus Schreiner († 2015), Gert Melville und andere haben die solchen historischen Konstruktionen zugrundeliegenden Mechanismen der Traditionsbildung analysiert.[10] Im speziellen Fall meines Beispiels verknüpft Silvester durch das ihm zuteil gewordene Wunder seinen eigenen, neuen Orden nicht nur mit einer etablierten und geachteten Tradition. Der Hagiograph kann Silvesters Gemeinschaft zugleich als legitime Erbin Benedikts präsentierten.

Im zweiten Fall – dem des Gilbert von Sempringham und seines Ordens – besteht das Wunder in der Entstehung des Ordens selbst, die bereits für Zeitgenossen wenig

---

9   Literatur zum Wunder ist abundant. Vgl. die systematischen Ausführungen von Gabriela Signori in diesem Band sowie BARTLETT, Why Can the Dead Do Such Great Things, S. 333–409; GOODICH, Miracles and Wonders.

10 Vgl. MELVILLE, Le comunità religiose nel Medioevo, S. 363–366; SCHREINER, Reformstreben, Geschichtsbewußtsein und Geschichtsschreibung; ELM, Die Bedeutung historischer Legitimation, jeweils mit weiteren Hinweisen.

wahrscheinlich schien: Der Orden selbst ist das Wunder. Mit dem ersten (und auch fast schon wieder letzten) postmortalen Wunder Gilberts von Sempringham wird eine Organisationsform bestätigt, die für nicht wenige Zeitgenossen in der Kritik stand: Anfänglich als reine Frauengemeinschaft gegründet, transformierten sich die Gilbertiner rasch zu einem Verband von Doppelklöstern, in dem dann aber schließlich doch die Männer zur auch zahlenmäßig dominierenden Gruppe wurden. Beim Tod seines Stifters umfasste der Orden Frauen, die nach der Regel Benedikts lebten, ebenso wie Männer, die als Kanoniker der Regel des Augustinus folgten. Gilberts Wunder, das den Zusammenhalt aller bestätigte, besaß also klar legitimierende Funktion für eine Gemeinschaft, deren Verfasstheit zumindest schlecht beleumundet war.

Im dritten Fall – dem des Dominikus und der Predigerbrüder – geht das Wunder der Ordensbildung in gewisser Weise voran. Seine Funktion besteht in der konsequenten Heiligung einer Figur, die sich für das Werden des Ordens als zentral erweist. In Fällen dieses Typs wird ein Orden durch die persönliche Einbindung einer oder eines unbestritten Heiligen selbst geheiligt. So erscheinen zahlreiche der mit Dominikus in Verbindung stehenden Wunder in gewisser Weise abgekoppelt von den Geschicken seines Ordens. Sie dienten, wie ich meine, vor allem dazu, den Protagonisten selbst als Heiligen zu präsentieren. Ihm verbunden zu sein, war wiederum für den Orden überaus attraktiv. Nicht zuletzt durch diese Attraktivität aufgrund persönlicher Heiligkeit wurde Dominikus zunehmend zu einer dominierenden Gestalt innerhalb seines Ordens.

Ich will dies mit seiner Rolle für die Geschichte der Predigerbrüder erklären, für deren Anfänge er zweifellos eine wichtige, aber keineswegs die einzige prägende Figur war:[11] Die Idee einer Predigt in Armut war auf Bischof Diego von Osma († 1207) zurückzuführen, den Gedanken, das in den Diözesen Narbonne und Toulouse begonnene Predigtwerk auch überdiözesan zu organisieren, wird man vor allem Papst Innocenz III. († 1216) zuschreiben.[12] Der Umstand, dass die Predigerbrüder Dominikus nach seinem Tod zunächst wenn auch vielleicht nicht vergaßen, aber für die Entwicklung ihres Ordens nicht mehr benötigten, und auch seine Heiligsprechung erst mit deutlicher Verzögerung überhaupt vorbereitet wurde, spricht deutlich dafür, dass die Beziehung des Heiligen zu seinem Orden anfänglich weit weniger eng war, als dies zu erwarten wäre.[13] Dominikus war Teil einer neuen Bewegung und wurde auch in der frühen Hagiographie so beschrieben. Beispielsweise beschloss das Generalkapitel des Ordens erst 1259, die Geschichte des ersten dominikanischen Hauses, dem in Prouille, mit Dominikus beginnen zu lassen, statt wie bisher mit Bischof Diego.[14] Auch der Umstand, dass gerade die Traumgesichter der Mutter ikonisch wurden, nicht aber

11   Zu Dominikus vgl. mit weiteren Hinweisen TUGWELL, Notes on the Life of St. Dominic.
12   Vgl. WESJOHANN, Mendikantische Gründungserzählungen, S. 320–347, 428–436.
13   Vgl. die Schilderung in SCHEEBEN, Der heilige Dominikus, S. 391–396.
14   Vgl. TUGWELL, For whom was Prouille founded?, Appendix, n° 10, S. 76.

bestimmte Zeichen, die auf sein gemeinschaftsstiftendes Handeln verweisen, unterstreicht diese Konstellation. Die biographisch frühen Bestätigungswunder waren also geeignet, Dominikus als einen Heiligen zu präsentieren, der seine Heiligkeit ganz unabhängig vom Orden besaß. Die Gemeinschaft der Dominikaner wiederum setzte nach einer ersten Formierungsphase alles daran, an der sich vor allem auch im Wunder manifestierenden Heiligkeit ihres nachmaligen Namensgebers zu partizipieren.

Meine drei Beispiele sind nicht mehr als Deutungsversuche. Für alle drei Orden würden sich im Verhältnis zu den jeweiligen Protagonisten möglicherweise auch andere Wunder in anderen Konstellationen anführen lassen, mit denen der jeweilige Orden einem anderen Typus zuzuordnen wäre, als von mir hier vorgeschlagen.

Mir ging – und geht es auch im Folgenden – darum, Beispiele eines funktionalen Einsatzes von Wundern zu beleuchten. Auf diese Weise möchte ich Strategien der Hagiographen in ihren Berichten über wundersame Geschehnisse im Kontext der Entstehung von Orden aufzeigen – Strategien, die auf ein je spezifisches Verhältnis von Ordensstifterinnen und -stiftern zu ihren Gemeinschaften hindeuten. Berichte über Wunder sind in diesen Zusammenhängen nicht nur narrative Symbolisierungsleistung einer Transzendenzbindung der Orden und ihrer Protagonisten. Sie besitzen neben ihrer symbolischen stets auch eine instrumentelle Funktion, mit deren Hilfe der Verlauf von Erzählungen dynamisiert werden kann. Ich möchte dies anhand einiger weiterer Beispiele ausführen.

Ein interessanter Fall ist zum Beispiel der des Norbert von Xanten († 1134), den Stefan Weinfurter († 2018) mit gutem Grund als „Klostergründer wider Willen" bezeichnete.[15] Er zog lange unstet als Wanderprediger umher und lebte dabei ebenso unter der Regel Benedikts wie unter der des Augustinus. Nachdem er sich schließlich – eher allseitigem Drängen nachgebend als aus innerer Überzeugung – in Prémontré niederließ, bestand auch für ihn die Notwendigkeit, seine Gemeinschaft einer Regel zu unterstellen. Norbert entschied sich schließlich für die des Augustinus, was in den beiden bekanntesten Viten in erster Linie als Reminiszenz an die ‚Vita canonica' beschrieben wird. Interessant ist jedoch ein Passus in den sogenannten ‚Additamenta fratrum Cappenbergensium', Ergänzungen der Chorherren des Stifts Cappenberg zur zweiten Vita Norberts.[16] Hier ist dessen Entscheidung für die Regel nämlich – wie schon im Fall des Silvester Guzzolini – Resultat unmittelbarer Überzeugungsarbeit des Augustinus. In direkter Anrede habe dieser sich an Norbert gewendet: „Der, den du siehst, bin ich, Augustinus, Bischof von Hippo, siehe, hier hast du die Regel, die ich geschrieben

---

15   Zu Norbert und seiner Gründung vgl. jetzt HASSE / KÖSTER / SCHNEIDMÜLLER, Mit Bibel und Spaten. Zum Folgenden vgl. insbesondere die Beiträge von Ingrid EHLERS-KISSELER und Jörg OBERSTE ebd. Die Charakterisierung als „Klöstergründer wider Willen" bei WEINFURTER, Norbert von Xanten, S. 71.

16   Zu diesem Text vgl. nun RÖSLER, Einheit ohne Gleichheit, S. 226–230.

habe, unter deren Schutz deine Brüder, meinen Söhne, von Christus beschützt vor dem Jüngsten Gericht stehen werden, wenn sie in rechter Weise streiten."[17]

Ein Werk, das einen solchen Anfang nahm, konnte kaum scheitern. Die wundersame Rückbindung und damit Fundierung der neuen Gemeinschaft Norberts von Xanten an Augustinus versprach nicht nur den Schutz eines der wirkmächtigsten Heiligen, sondern auch die Einbindung in dessen Familie. Orden, die sich wie die Prämonstratenser auf Augustinus beriefen, wie die Silvestriner auf Benedikt, oder auch – um ein weiteres Beispiel anzuführen – wie die sich im ausgehenden 14. Jahrhundert als Pauliner formierenden Eremiten im ungarischen Pilisgebirge auf Paulus von Theben,[18] positionierten sich nicht zuletzt mittels des Bezugs auf Wunder als Vertreter von Lebensmodellen: Die Prämonstratenser wurden zu Prototypen einer neuen *Vita canonica*; die Silvestriner und Pauliner vielleicht nicht zur Speerspitze, aber doch zu typischen Vertretern von *Vita coenobitica* und *Vita eremitica*.

Aber auch für die anderen beiden Typen innerhalb meines Versuchs einer Modellbildung lassen sich analog Beispiele von Gemeinschaften aufweisen, die für einen funktional-spezifischen Bezug auf wundersame Geschehnisse stehen. Diese Wunder können dabei – ganz wie im Fall des Dominikus – auch wiederum der Geschichte eines Ordens vorangehen, der dann in einem weiteren Schritt bemüht war, an der Heiligkeit der Protagonistinnen und Protagonisten nicht nur zu partizipieren, sondern diese für die eigene Gemeinschaft zu reklamieren.

Ein beredtes Beispiel hierfür scheinen mir die Schwestern der hl. Klara († 1253) zu sein. So sind für die Frühzeit der Gemeinschaft kaum Wunder festgehalten. Zwar verweist der franziskanische Hagiograph Thomas von Celano († 1260) in seiner Vita Klaras auf wundersame Speisenvermehrungen und Krankenheilungen[19] – Ereignisse, die auch in den Zeugenaussagen des Kanonisationsprozesses Bestätigung finden.[20] Nichts davon steht jedoch in einem unmittelbaren Zusammenhang mit der Entstehung ihres Ordens. Für Klara selbst lässt sich jedoch an das zu Dominikus Gesagte anknüpfen:

---

17 Edition dieser Nachträge als *Additamenta fratrum Cappenbergensium ad Vitam Norberti Posteriorem*, in: MGH SS 12, S. 704–706 sowie PL 170, Sp. 1343–1350. Ich zitiere nach der Ausgabe der MGH, S. 705: *Scio, inquit, unum ex professionis nostrae fratribus, cui de regula nostra indaganti studiosius, non quidem suis meritis, sed confratrum suorum orationibus, beatus visus est Augustinus, qui et auream regulam, a latere dextro prolatam, illi porrexit, seque ipsum luculento ei sermone intimavit, dicens: „Quam vides, Augustinus ego sum, Hipponensis episcopus; ecce habes regulam, quam ego conscripsi: sub qua si bene militaverint confratres tui, filii mei, securi Christo adstabunt in extremi terrore iudicii." Et quidem ista humiliter tamquam de alio prosecutus est; nos tamen ipsum fuisse cui hoc revelatum est, indubitanter advertimus.* Vgl. zu dieser Übergabeszene RÖSLER, Einheit ohne Gleichheit, S. 228 f.

18 ELM, Paulus von Theben und Augustinus als Ordensgründer.

19 *Miraculum de multiplicatione panis* und *Aliud miraculum de oleo sibi divinitus dato* in: Legenda latina Sanctae Clarae virginis Assisiensis, in: Fontes Franciscani, hg. v. Enrico MENESTÒ / Stefano BRUFANI u. a., Santa Maria degli Angeli 1995, S. 2401–2450, cap. 13 f., S. 2424 f.

20 Processo di canonizzazione di S. Chiara, in: Fontes Franciscani, S. 2453–2507, Iª Testimonia 15 [Ölwunder], ebd. S. 2460; VIª Testimonia 16 [Brotvermehrung], ebd. S. 2482.

Auch sie wird als von frühester Kindheit an demonstrativ heilig beschrieben. So weiß ihre Mitschwester Filippa († 1254), die Klara seit der Jugend kannte, zu berichten:

> [...] als ihre Mutter mit ihr schwanger war, sei sie in die Kirche gegangen und vor dem Kreuz stehen geblieben. Und während sie voll Aufmerksamkeit betete, indem sie Gott eindringlich bat, dass er ihr beistehen und helfen möge in der Gefahr der [bevorstehenden] Geburt, hörte sie eine Stimme, die ihr sagte: „Du wirst ein Licht zur Welt bringen, das die Welt hell erleuchten wird."[21]

Ich sehe Klara daher ebenfalls als eine jener Figuren wie Dominikus oder auch Bernhard von Clairvaux († 1153),[22] die befähigt sind, ihre Gemeinschaften zu heiligen. Die größte Wunderhaftigkeit manifestiert sich in Klara selbst. Von besonderer Prägnanz in den Erzählungen über die Anfänge der Schwestern von San Damiano und nachmaligen Klarissen sind daher jene Wunder, mit denen die persönliche Heiligkeit der Protagonistin unterstrichen wird.

Damit unterscheidet Klara sich deutlich von ihrem Zeitgenossen und Vorbild Franziskus. Zumindest seine frühen Viten verhehlen nicht, dass dieser zunächst kaum durch übermäßig frommes Verhalten auffiel. Vor diesem Hintergrund musste natürlich das Wunder seiner Bekehrung einen umso deutlicheren Kontrast markieren, weshalb dieser vielleicht in den Texten auch besonders deutlich akzentuiert wurde. Dennoch führte dieses Wunder der Umkehr zunächst nicht zu einer Ordensbildung, sondern den Protagonisten vorerst ins gesellschaftliche Abseits. Freilich war auch dies nicht zuletzt wieder argumentativen Mustern geschuldet, durch die Franziskus dann umso heller strahlend aus seinem Abseits hervortreten konnte.[23]

Der außergewöhnliche Lebensweg, vor allem aber die nicht wenigen Zeitgenossen höchst suspekte Lebensform in vollkommener Armut ließen an der Möglichkeit zweifeln, dass eine solche Gemeinschaft tatsächlich Bestand haben könnte. Und so beschreibt der eben schon als Hagiograph Klaras erwähnte Thomas von Celano denn auch die Entstehung des Ordens der Franziskaner selbst als das großartige Wunder, „durch das die Welt angeeifert, aufgerüttelt und aufgeschreckt wurde".[24] Die Entste-

---

21 Processo di canonizzazione di S. Chiara, III^a Testimonia 28, S. 2473: *Ancho disse la dieta testimonia, che epsa madonna Chiara referì alle Sore, che quando la sua matre era gravida de lei, andò nella chiesia, et stando denante alla croce, mentre che attentamente orava, pregando Dio che la subvenisse et adiutasse nel periculo del parto, audì una voce che li disse: „Tu parturirai uno lume che molto illuminarà el mondo".* Deutsche Übersetzung nach Klara-Quellen, S. 141.

22 Vgl. jetzt MCGUIRE, Bernard of Clairvaux.

23 Aus der Vielzahl der Deutungen seien hier nur die beiden von LEPPIN, Franziskus von Assisi, S. 35–61; VAUCHEZ, Franziskus von Assisi, S. 41–55, herausgegriffen – jeweils mit Verweisen auf die Quellen und ältere Arbeiten.

24 Thomas von Celano, Tractatus de miraculis beati Francisci, cap. I.1: *In primo narrationis ordine, quo sanctissimi patris nostri Francisci miracula scribenda suscepimus, illud ante omnia solemne miraculum decrevimus adnotare quo mundus admonitus, quo excitatus, quo territus. Hoc siquidem fuit ortus religionis* [...]. S. 643. („Wir haben uns entschlossen, im ersten Teil des Berichtes, in dem wir die

hung und – mehr noch – die Verstetigung des Ordens der Minderbrüder selbst seien wunderbar. Seine organisatorischen Unzulänglichkeiten und die durch die rasche Überhöhung des Stifters einsetzenden Fraktionsbildungen lassen denn auch tatsächlich den Umstand, dass die Franziskaner sich auf Dauer stellen konnten, als wunderbar erscheinen. Wie im Falle Gilberts von Sempringham und seines Ordens kann bereits die bloße Existenz der Franziskaner als ein Wunder gedeutet werden.

Die überaus reiche Hagiographie zu Franziskus verweist zugleich darauf, dass kein unmittelbarer Zusammenhang zwischen Wunderfrequenz und zeitlicher Nähe der Texte zu den beschriebenen Geschehnissen besteht: Sowohl die frühe ‚Dreigefährtenlegende' präsentiert sich überaus arm an Wundern, als auch die sehr späte Chronik des Nikolaus Glassberger († 1508) – und dies obwohl letztere auf der an Wundern reichen ‚Chronik der 24 Generalminister' gründet.[25] Um Gründe für die Häufigkeit von Wundern in historiographischen oder hagiographischen Texten zu analysieren, wären weitere Untersuchungen nötig, von denen ich hier ganz bewusst Abstand nehme.

Zugleich verweist gerade das hagiographisch-historiographische Material über Franziskus und seine frühe Bewegung aber auch darauf, dass die eben vorgetragene Deutung des Ordens selbst als entscheidendes Wunder keineswegs die einzig mögliche ist. Im speziellen Fall der frühen Franziskaner ermöglicht die narrative Logik der Wundererzählungen durchaus auch eine Zuordnung zu den anderen beiden von mir vorgeschlagenen Typen: So wird Franziskus selbst mit zunehmender zeitlicher Entfernung derjenigen, die ihn verherrlichen, immer mehr zu einem exzeptionellen Heiligen, dessen Nähe die Franziskaner – und nicht nur sie – suchen. Unübersehbar ist seinem Fall aber auch die unmittelbare Beziehung zu Christus, von dem er nicht nur die Stigmata empfing, sondern auch seine Regel: „Franziskus, nichts in der Regel ist von Dir, sondern alles, was darin steht, ist von mir",[26] habe Christus sich direkt an Franziskus gewandt. Der Vergleich zu Silvester Guzzolini oder Norbert von Xanten drängt sich auf, auch wenn diese ihre Regeln ‚nur' von Augustinus oder Benedikt erhielten.

Dabei ist Franziskus mit einer solchen Anbindung seiner Regel an Christus selbst keine Ausnahme. So positionierte sich später auch die hl. Birgitta († 1373) in einer solch unmittelbaren Beziehung zu Christus, dass nicht nur ihre Regel als Regel des

---

Wunder unseres heiligen Vaters Franziskus zu beschreiben unternahmen, vor allem jenes großartige Wunder aufzuzeichnen, durch das die Welt angeeifert, aufgerüttelt und aufgeschreckt wurde. Dieses Wunder war nämlich die Entstehung des Ordens [...].") (Deutsche Übersetzung: Franziskus-Quellen, S. 425).

25   Zum Befund bei Glassberger vgl. JÄKEL, Kontinuitätskonstruktionen, S. 116. Hingegen hatte Clasen in seiner Einführung zur ‚Dreigefährtenlegende' deren Wunderarmut zum Kriterium ihrer Frühdatierung erklärt: CLASEN, Dreigefährtenlegende, S. 41 f.

26   *Tunc audierunt omnes vocem Christi respondentis in aere: „Francisce, nihil est in regula de tuo sed totum est meum quidquid est ibi; et volo quod regula sic servetur ad litteram, ad litteram, ad litteram, sine glosa, sine glosa, sine glosa."* Speculum perfectionis 1, S. 1850; vgl. auch Compilatio Assisiensis 17, S. 1496.

Erlösers galt, sondern ihr gesamter Orden.[27] Die Birgitten wurden damit selbst zur Manifestation eines wundersamen Geschehens – nicht nur in ihrem Beginn, sondern dem Anspruch nach für immer. Das Wunder des Anfangs konnte somit im täglichen Vollzug eines strikt regelgeleiteten Lebens auf Dauer gestellt werden.

In dieser Aufdauerstellung lag für alle geistlichen Gemeinschaften – nicht nur die wenigen hier angesprochenen – eine zentrale Aufgabe: die in Gründungserzählungen festgehaltenen Ereignisse nicht nur immer weiter fortzuschreiben, sondern auch beständig zu aktualisieren und damit die Wunder der zunehmend zum Mythos gerinnenden Frühzeit in die eigene Gegenwart zu überführen. Orden, die ihre Regel einem wundersamen Akt der Texttradierung verdankten, wie Silvestriner, Prämonstratenser oder Birgitten praktizierten diese Perpetuierung des Anfangs durch vorbildliche Regeltreue. Gemeinschaften, die bestimmte Heilige ihrer Frühzeit in besonderer Weise ins Zentrum eigener Frömmigkeit rückten, konnten deren wunderkräftiges Wirken in Texten konservieren und damit narrativ in die Gegenwart überführen. Und jene Gruppen, deren institutionelle Verfasstheit als Orden bereits für wundersam gehalten wurde, mussten alles daransetzen, diese auch weiterhin zu erhalten. Dafür, wie schwierig sich dieses Bemühen gestalten konnte, sind die Franziskaner beredtes Beispiel, deren Ordensbildung Thomas von Celano ja ausdrücklich als Wunder tituliert hatte.

Als ein letztes Beispiel dafür, wie das Wunder des Anfangs in einem Orden perpetuiert werden konnte, möchte ich noch kurz die Antoniter präsentieren – seit dem ausgehenden 13. Jahrhundert ein Orden regulierter Chorherren, die der Augustinusregel folgten. Ihren Anfang hatten die Antoniter freilich als Gemeinschaft von Laien – Männern wie Frauen – genommen, die sich seit dem ausgehenden 11. Jahrhundert dem Hospitaldienst widmeten. Den Anstoß hierzu hätten Heilungswunder gegeben, die sich an einer Pilgerstätte mit Reliquien des Mönchsvaters Antonius ereigneten.[28] In der Folge wurde Antonius – im Sinne meines dritten Typus – zum Leitheiligen der Gemeinschaft. Die Antoniter, die bereits wenige Jahrzehnte nach ihren wunderbedingten Anfängen mit einem dichten Netz von Hospitälern in ganz Europa und im Heiligen Land präsent waren,[29] knüpften für die gesamte Zeit ihres Bestehens an diese Anfänge an, indem sie die primordialen Heilungswunder in ihren Hospitälern beständig und in der Wahrnehmung der Zeitgenossen erfolgreich wiederholten. Die in den Reliquien des Antonius verankerte Wunderkraft, die den Beginn des späteren Ordens initiierte, wurde im Hospitaldienst des Ordens auf Dauer gestellt.

---

27   Vgl. hierzu jetzt LUONGO, God's Words, v. a. S. 39–41.
28   Zur Frühgeschichte vgl. zusammenfassend MISCHLEWSKI, Grundzüge der Geschichte des Antoniterordens, S. 17–29. Zu den Reliquien vgl. FOSCATI, I tre corpi del santo; sowie zur hagiographischen Tradition DIES., Saint Anthony's Fire, *passim*.
29   Vgl. die statistische Übersicht bei MISCHLEWSKI, Der Antoniterorden und seine Generalpräzeptoreien, S. 50. Noch in den letzten Jahren wurden ‚neue' Ordenshäuser erfasst, vgl. etwa HALBEKANN, Zur Geschichte einer bislang unerforschten Ballei.

Ich komme zum Ende und möchte kurz zusammenfassen.

Dass mein Versuch der Typenbildung nur begrenzt geeignet ist, den Zusammenhang von Ordensbildung und Heiligkeit der Protagonistinnen und Protagonisten zu erfassen, liegt auf der Hand. Nicht nur sind die Prozesse des Werdens religiöser Gemeinschaften komplexer, als dies in den wenigen Beispielen angedeutet werden konnte. Auch diejenigen, die als Fundatorinnen und Fundatoren, als Stifterinnen und Stifter oder schlicht als geistliche Vorbilder am Beginn neuer Gemeinschaften standen, sind selbst in ihrer hagiographischen Stilisierung facettenreicher, als dies durch den engen Fokus dieses Beitrags zu beleuchten war. Gleichwohl halte ich die vorgeschlagene Typologie dennoch für geeignet, bestimmte institutionelle Charakteristika von Orden zu beleuchten, die bereits in den Berichten über ihre Anfänge deutlich werden.

In jedem der kurz vorgestellten Beispiele – auf noch weit mehr andere wäre zu verweisen – kommt den berichteten Wundern eine spezifische Funktion zu. Wunder sind geeignet, Tradition zu stiften oder doch zumindest eine Traditionsstiftung zum Ausdruck zu bringen. Wunder sind geeignet, Strukturen zu legitimieren, die in den Augen von Zeitgenossen als unangemessen, ungeordnet und allgemein zweifelhaft galten. Wunder können aber ebenso die Heiligkeit von Personen unterstreichen, die für geistliche Gemeinschaften zu Leit- und Identifikationsfiguren wurden. Selbstverständlich können alle drei Funktionen auch gemeinsam begegnen – das Beispiel des Franziskus und seiner Bewegung ist hier sicher besonders eindrücklich. Was folgt nun aber aus all dem? Kurz zusammengefasst: Auch solch numinose Geschehnisse wie Wunder sind in ihren verschiedenen Konfigurationen geeignet, als institutionelle Differenzmarker zu fungieren.

Bibliographie

Quellen

Additamenta fratrum Cappenbergensium ad Vitam Norberti Posteriorem, hg. v. Roger WILMANS, in: Monumenta Germaniae Historica. Scriptores 12, S. 704–706; Patrologia latina 170, Sp. 1343–1350.

Andreas Jacobi de Fabriano, Vita sanctissimi Silvestri confessoris et mirifici heremite, in: Agiografia Silvestrina medievale, hg. v. Réginald GRÉGOIRE (Bibliotheca Montisfani 8), Fabriano 1983, S. 21–148.

Compilatio Assisiensis 17, in: Fontes Franciscani, S. 1447–1690.

Concilium Lateranese IV (1215), can. 13, in: Dekrete der ökumenischen Konzilien, Bd. 2: Konzilien des Mittelalters, hg. v. Josef WOHLMUTH, Paderborn u. a. 2000, S. 242.

Fontes Franciscani, hg. v. Enrico MENESTÒ / Stefano BRUFANI u. a. (Medioevo Francescano. Testi 2), Santa Maria degli Angeli 1995.

Franziskus-Quellen. Die Schriften des heiligen Franziskus, Lebensbeschreibungen, Chroniken und Zeugnisse über ihn und seinen Orden, hg. v. Dieter BERG / Leonhard LEHMANN (Zeugnisse des 13. und 14. Jahrhunderts zur Franziskanischen Bewegung 1), Kevelaer 2009.

Iordanus de Saxonia, Libellus de initiis Ordinis Praedicatorum, in: Monumenta historica sancti patris nostri Dominici. Fasc. 2: Libellus de principiis Ordinis Praedicatorum. Acta canonizationis. Legendae Petri Ferrandi, Constantini Urbevetani, Humberti de Romanis, hg. v. Heribert Christian SCHEEBEN (Monumenta Ordinis Fratrum Praedicatorum historica 16), Roma 1935, S. 25–88.

Jacobus de Voragine, De sancto Domenico, in: ders., Legenda aurea, Goldene Legende, Einleitung, Edition, Übersetzung und Kommentar v. Bruno W. HÄUPTLI (Fontes Christiani Sonderband), Freiburg u. a. 2014, S. 1398–1444.

Klara-Quellen. Die Schriften der heiligen Klara, Zeugnisse zu ihrem Leben und ihrer Wirkungsgeschichte, hg. v. Johannes SCHNEIDER / Paul ZAHNER (Zeugnisse des 13. und 14. Jahrhunderts zur Franziskanischen Bewegung 2), Kevelaer 2013.

Legenda latina Sanctae Clarae virginis Assisiensis, in: Fontes Franciscani, S. 2401–2450.

Processo di canonizzazione di S. Chiara, in: Fontes Franciscani, S. 2453–2507.

Speculum perfectionis 1, in: Fontes Franciscani, S. 1827–2053.

The Book of St. Gilbert [Liber Sancti Gileberti], hg. v. Raymonde FOREVILLE / Gillian KEIR (Oxford Medieval Texts), Oxford 1987.

Thomas von Celano, Tractatus de miraculis beati Francisci, in: Fontes Franciscani, S. 641–754.

Forschungsliteratur

BARTLETT, Robert, Why Can the Dead Do Such Great Things? Saints and Worshippers from the Martyrs to the Reformation, Princeton/Oxford 2013.

CLASEN, Sophronius, Die Dreigefährtenlegende des heiligen Franziskus. Die Brüder Leo, Rufin und Angelus erzählen vom Anfang seines Ordens (Franziskanische Quellenschriften 8), Werl (Westfalen) 1972.

Domenico di Caleruega e la nascita dell'Ordine dei Frati Predicatori. Atti del XLI Convegno storico internazionale. Todi, 10–12 ottobre 2004 (Atti dei Convegni del Centro italiano di studi sul basso medioevo – Accademia Tudertina e del Centro di studi sulla spiritualità medievale. Nuova serie 18), Spoleto 2005.

ELM, Kaspar, Die Bedeutung historischer Legitimation für Entstehung, Funktion und Bestand des mittelalterlichen Ordenswesens, in: Herkunft und Ursprung. Historische und mythische Formen der Legitimation, hg. v. Peter WUNDERLI, Sigmaringen 1994, S. 71–94.

DERS., Elias, Paulus von Theben und Augustinus als Ordensgründer. Ein Beitrag zur Geschichtsschreibung und Geschichtsdeutung der Eremiten- und Bettelorden des 13. Jahrhunderts, in: Geschichtsschreibung und Geschichtsbewußtsein im späten Mittelalter, hg. v. Hans PATZE (Vorträge und Forschungen 31), Sigmaringen 1987, S. 371–397.

FATTORINI, Gino, La Spiritualità nell'ordine di S. Benedetto di Montefano (Bibliotheca Montisfani 2), Fabriano 1976.

FÜSER, Thomas, Vom *exemplum Christi* über das *exemplum sanctorum* zum „Jedermannsbeispiel". Überlegungen zur Normativität exemplarischer Verhaltensmuster im institutionellen Gefüge der Bettelorden des 13. Jahrhunderts, in: Die Bettelorden im Aufbau. Beiträge zu Institutionalisierungsprozessen im mittelalterlichen Religiosentum, hg. v. Gert MELVILLE / Jörg OBERSTE (Vita regularis 11), Münster 1999, S. 27–105.

FOSCATI, Alessandra, I tre corpi del santo. Le leggende di traslazione delle spoglie di sant'Antonio abate in occidente, in: Hagiographica 20 (2013), S. 143–181.

DIES., Saint Anthony's Fire from Antiquity to the Eighteenth Century, übers. von Francis Gordon (Premodern Health, Disease, and Disability 2), Amsterdam 2020.

Mehr als Schwarz und Weiß. 800 Jahre Dominikanerorden, hg. v. Elias H. FÜLLENBACH, Regensburg 2016.

GOLDING, Brian, Gilbert of Sempringham and the Gilbertine Order c. 1130–c. 1300, Oxford 1995.

GOODICH, Michael E., Miracles and Wonders. The Development of the Concept of Miracle, 1150–1350, Aldershot 2007.

HALBEKANN, Joachim, Zur Geschichte einer bislang unerforschten Ballei des Antoniterordens: Esslingen am Neckar, in: Religiöse Bewegungen im Mittelalter [FS Matthias Werner], hg. v. Enno BÜNZ / Stefan TEBRUCK / Helmut G. WALTHER, Köln/Weimar/Wien 2007, S. 281–307.

Mit Bibel und Spaten. 900 Jahre Prämonstratenser-Orden, hg. v. Claus-Peter HASSE / Gabriele KÖSTER / Bernd SCHNEIDMÜLLER (Schriftenreihe des Zentrums für Mittelalterausstellungen Magdeburg 7), Halle 2021.

JÄKEL, Gerd, … usque in praesentem diem. Kontinuitätskonstruktionen in der Eigengeschichtsschreibung religiöser Orden des Hoch- und Spätmittelalters (Vita regularis. Abhandlungen 52), Berlin 2013.

LEPPIN, Volker, Franziskus von Assisi, Darmstadt 2018.

LUONGO, Thomas Francis, God's Words, or Birgitta's? Birgitta of Sweden as Author, in: A Companion to Birgitta of Sweden and her Legacy in the Later Middle Ages, hg. v. Maria H. OEN (Brills Companions to the Christian Tradition 89), Leiden/Boston 2019, S. 25–52.

MCGUIRE, Brian Patrick, Bernard of Clairvaux. An Inner Life, Ithaca/London 2020.

MELVILLE, Gert, …regulam et institutionem accipiat de religionibus approbatis. Kritische Bemerkungen zur Begrifflichkeit im Kanon 13 des 4. Laterankonzils, in: The Fourth Lateran Council. Institutional Reform and Spiritual Renewal, hg. v. Gert MELVILLE / Johannes HELMRATH, Affalterbach 2017, S. 275–288.

DERS., Le comunità religiose nel Medioevo. Storia e modelli di vita, Brescia 2020.

MISCHLEWSKI, Adalbert, Grundzüge der Geschichte des Antoniterordens bis zum Ausgang des 15. Jahrhunderts (Bonner Beiträge zur Kirchengeschichte), Köln/Wien 1976.

DERS., Einleitung. Der Antoniterorden und seine Generalpräzeptoreien für die Niederlassungen in der Schweiz, in: Die Antoniter, die Chorherren vom Heiligen Grab in Jerusalem und die Hospitaliter vom Heiligen Geist in der Schweiz, hg. v. Elsanne GILOMEN-SCHENKEL (Helvetia Sacra IV,4), Basel/Frankfurt am Main 1996, S. 37–75.

MÜLLER, Anne, Entcharismatisierung als Geltungsgrund? Gilbert von Sempringham und der frühe Gilbertinerorden, in: Charisma und religiöse Gemeinschaften im Mittelalter, hg. v. Giancarlo ANDENNA / Mirko BREITENSTEIN / Gert MELVILLE (Vita regularis 26), Münster 2005, S. 151–172.

Silvestro Guzzolini e la sua Congregazione monastica. Atti del Convegno di Studi tenuto a Fabriano, Monastero S. Silvestro Abate, 4–6 giugno 1998, hg. v. Ugo PAOLI (Bibliotheca Montisfani 25), Fabriano 2001.

RÖSLER, Katrin, Einheit ohne Gleichheit. Aspekte der Konstruktion prämonstratensischer Identität im 12. und 13. Jahrhundert (Vita regularis. Abhandlungen 66), Münster 2020.

SCHEEBEN, Heribert Christian, Der heilige Dominikus, Freiburg i. Br. 1927.

SCHREINER, Klaus, Reformstreben, Geschichtsbewußtsein und Geschichtsschreibung im benediktinischen Mönchtum Südwestdeutschlands an der Wende vom 15. zum 16. Jahrhundert, in: Ders., Gemeinsam leben. Spiritualität, Lebens- und Verfassungsformen klösterlicher Gemeinschaften in Kirche und Gesellschaft des Mittelalters, hg. v. Gert MELVILLE / Mirko BREITENSTEIN (Vita regularis. Abhandlungen 53), Berlin 2013, S. 551–612.

STEPHENSON, Frederick, The Decline and Dissolution of the Gilbertine Order, Thesis (PhD) University of Worcester 2011. https://eprints.worc.ac.uk/id/eprint/1606 [abgerufen am 18.01.2022].

TUGWELL, Simon, Notes on the Life of St. Dominic, in: Archivum Fratrum Praedicatorum 65 (1995), S. 5–169, 66 (1996), S. 5–200, 67 (1997), S. 27–59, 68 (1998), S. 5–116, 73 (2003), S. 5–141.

DERS., For whom was Prouille founded?, in: Archivum Fratrum Praedicatorum 74 (2004), S. 5–125.

VAUCHEZ, André, Franziskus von Assisi. Geschichte und Erinnerung, Münster 2019 [zuerst: François d'Assise. Entre histoire et mémoire, Paris 2009].

WEINFURTER, Stefan, Norbert von Xanten und die Entstehung des Prämonstratenserordens. in: Barbarossa und die Prämonstratenser, hg. v. der Gesellschaft für staufische Geschichte Göppingen, Göppingen, 1989, S. 67–100 (wiederabgedruckt in: DERS., Gelebte Ordnung – Gedachte Ordnung. Ausgewählte Beiträge zu König, Kirche und Reich, hg. v. Helmuth KLUGER / Hubertus SEIBERT / Werner BOMM, Ostfildern 2005, S. 65–92).

WESJOHANN Achim, Mendikantische Gründungserzählungen im 13. und 14. Jahrhundert. Mythen als Element institutioneller Eigengeschichtsschreibung der mittelalterlichen Franziskaner, Dominikaner und Augustiner-Eremiten (Vita regularis. Abhandlungen 49), Münster 2012.

Das Beichtwunder Karls des Großen

SARAH BOWDEN

Karl hête ain sunde getân (Karl hatte eine Sünde begangen):[1] Mit diesen Worten rückt der Dichter der ‚Kaiserchronik‘ unvermittelt zum Schlussereignis der Episode seines Textes über Karl den Großen vor. Karl hat eine so schreckliche Sünde begangen, dass er lieber sterben würde, als diese Sünde auszusprechen. Er geht zu dem heiligen Egidius, um seine Beichte abzulegen. Doch diese Beichte ist keine konventionelle Beichte, denn Karl sagt zwar Egidius,[2] er habe gesündigt, weigert sich aber, die Natur dieser Sünde zu offenbaren. Egidius weiß nicht, wie er weiter verfahren soll und betet daher zu Gott, dass dieser ihm das Geheimnis offenbart, und feiert die heilige Messe. Am Ende der Messe wird ein Brief vom Himmel geschickt, *gescriben âne mennisken hant* (der nicht von Menschenhand geschrieben war, v. 15055), der Folgendes enthält:

> dû hât gotes hulde.
> swer iemer sîne sculde
> inneclîchen geriwet
> unt der gote dar zuo getrûwet,
> di gevordert im got niemer mêre[3]

> Du hast Gnade bei Gott gefunden.
> Wer immer seine Schuld
> in festem Gottvertrauen
> tief bereut,
> dem fordert sie Gott nicht mehr ab.

---

1 Kaiserchronik, v. 15015. Neuhochdeutsche Übersetzungen aus: Die Kaiserchronik. Eine Auswahl, es sei denn, die entsprechenden Zeilen kommen in dieser Teilausgabe nicht vor.

2 Egidius ist in der Forschung unter den Namen Egidius, Aegidius und Ägidius bekannt. In mittelalterlichen Texten wird er in der Regel als Egidius bezeichnet. Der Einfachheit halber folge ich dieser Konvention.

3 Kaiserchronik, v. 15063–15067.

Ganz am Ende der Karls-Episode, direkt vor einer abschließenden Lobrede auf den Kaiser, schlägt die Erzählung von Karls unsagbarer Sünde und seinem Beichtwunder einen seltsamen Ton an. Bis hierhin wird Karl als idealer Herrscher geschildert, und obwohl die wundersame Vergebung durch den Himmelsbrief seine besondere Beziehung zu Gott zeigt, wirft die Episode insgesamt Probleme auf: Welche Sünde hat er begangen? Ist das überhaupt wichtig? Ist diese Art der Absolution – trotz ihrer wundersamen Natur – nicht immer noch ein Problem? Sollte es wirklich möglich sein, dass einem vergeben wird, ohne dass er sich zu seiner Sünde bekennt (und sie damit auf sich nimmt)? Es entsteht eine Ambivalenz, die das Porträt dieses höchst idealisierten Kaisers in Verunsicherung bringt.

In diesem Beitrag möchte ich die Konfiguration des Beichtwunders genauer untersuchen, um die Szene und ihre Schwierigkeiten besser zu verstehen. Wie ich bereits angedeutet habe, ist dies ein merkwürdiges Wunder – besonders wegen des Kontextes der religiösen Praxis, in dem es auftritt. Es ist nicht ungewöhnlich, dass eine Wundererzählung einen Bezug zu den Sakramenten hat – eucharistische Wunder kommen vielleicht am häufigsten vor –, aber sakramentale Wunder sind immer komplex und oft kontrovers.[4] Wie ich weiter unten zeige, birgt die Geschichte von Karls unsagbarer Sünde und wunderbarer Absolution, die im Mittelalter in ganz Europa in verschiedenen Formen erzählt wurde, immer eine potenzielle theologische Schwierigkeit in sich – insbesondere im späteren Mittelalter, aber auch schon im 12. Jahrhundert, als die ‚Kaiserchronik‘ verfasst wurde.

Die Konfiguration dieses Wunders wirft auch Fragen nach der kommunikativen Rolle von Wundern in schriftlichen Texten auf. In den Worten von Renate Blumenfeld-Kosinski, „By the mere fact of being written down, the supernatural event was also interpreted: agents and recipients had to be identified, a chronological order had to be imposed, cause and effect had to be examined."[5] In einem Text wird ein Wunder auf eine bestimmte Weise konfiguriert und erzählt, um beispielsweise etwas über einen Heiligen, über Gott oder über das Wunderbare im Allgemeinen zu kommunizieren. Intradiegetische Zeugnisse (wie der Himmelsbrief) können den Prozess der Kommunikation unterstützen, und das Kommunizierte wird auch durch Struktur, Rhetorik, Gattung und andere Textmerkmale geprägt. Karls Beichtwunder zeigt, dass der Sünder eine besondere Beziehung zu Gott hat, aber was sagt die Konfiguration dieses Wunders in der ‚Kaiserchronik‘ darüber hinaus noch aus? Laut Steven Justice werden mittelalterliche Wunder häufig in einer ‚didaktischen‘ Interpretationsweise von Mediävisten gedeutet; d. h. es wird argumentiert, die erzählerische Funktion von Wundern bestehe darin, eine bestimmte moralische Botschaft zu vermitteln.[6] In dieser Hinsicht ist es irrelevant, ob ein Wunder ‚wahr‘ ist oder nicht – wichtig ist vielmehr, was es

---

4   Vgl. z. B. BYNUM, Wonderful Blood.
5   BLUMENFELD-KOSINSKI, Miracles and Social Status, S. 231.
6   Vgl. JUSTICE, Did the Middle Ages, bes. S. 4 f.

im Erzählkontext bedeutet.[7] Doch eine moralistische Interpretation von Karls Beichtwunder greift zu kurz. Dieses Wunder ist schwierig, beunruhigend, irritierend – was
soll dieses Wunder lehren? Wenn wir davon ausgehen, dass der ‚Kaiserchronik'-Dich-
ter dieses Material zu einem bestimmten Zweck aufgenommen hat, dann ist dieser
nicht sofort ersichtlich.

Im Folgenden beschreibe ich zunächst kurz die Tradition der unsagbaren Sünde
Karls des Großen, und zeige, wie sich die ‚Kaiserchronik' in diese Tradition einfügt.
Anschließend erkläre ich, wie sich das Beichtwunder in die Karlsepisode insgesamt
einfügt, in der häufig die enge Beziehung zwischen Kaiser und Gott im Zusammenhang mit dem daraus resultierenden Wunder betont wird. Ich wende mich dann dem
Kontext von Sünde und Absolution zu, um weiter zu untersuchen, warum dieses Wunder als theologisch problematisch angesehen werden darf, und schlage vor, dass der
Kontext der Bußtheologie im 12. Jahrhundert eine kreative Möglichkeit bietet, problematische Ereignisse zu instrumentalisieren und sie für einen bestimmten Zweck zu
gestalten. Im Fall der ‚Kaiserchronik' ermöglicht das Beichtwunder eine Auseinandersetzung mit den komplexen und ambivalenten Machtstrukturen, die der Karlsepisode
zugrunde liegen.

I.

Die ‚Kaiserchronik' ist der früheste deutschsprachige Text, der von Karls Beichtwunder erzählt. Erzählungen über Karl als Sünder tauchen jedoch erstmals kurz nach seinem Tod auf, wahrscheinlich in Zusammenhang mit der negativen Propaganda, die
während der Herrschaft seines Nachfolgers Ludwig des Frommen (813–840) kursierte
und die sich auf seine angeblichen sexuellen Indiskretionen konzentrieren.[8] Mehrere
Jenseitsvisionen beschreiben, wie Karl im Fegefeuer brennt;[9] in seiner Versifizierung
von Heitos ‚Visio Wettini' buchstabiert Walahfrid Strabo den Namen des ansonsten
namenlosen, für sexuelle Sünden bestraften Kaisers in einem Akrostichon als *Carolus Imperator* (Karl der Kaiser) aus.[10] Karls Sünde taucht in anderer Form im frühen
10. Jahrhundert in Südfrankreich im Rahmen von Legenden über den Heiligen Egidius
wieder auf. In den frühen Egidius-Viten spricht der Heilige einen Kaiser namens Karl
mit Hilfe eines wundertätigen Briefes von Gott von einer schrecklichen Sünde frei.
Dieser Karl wird üblicherweise als Karl Martell, Großvater Karls des Großen und ein

---

7   So z. B. WARD, Miracles and the Medieval Mind; DIES., Miracles and History.
8   Zusammenfassend NOBLE, Greatness. Vgl. auch ROMIG, Charlemagne, S. 187.
9   GEITH, Carolus Magnus, S. 77.
10 ROMIG, Charlemagne, S. 187; NOBLE, Greatness, S. 4 f.

Zeitgenosse des historischen Egidius, identifiziert.[11] Ab dem 12. Jahrhundert steht die Identität dieses Kaisers als Karl selbst fest, und Versionen der Legende finden ihren Weg in die Volkssprache: im Französischen die ‚Vie de Saint Gilles' von Guillaume de Berneville, geschrieben um 1170; im Deutschen der ‚Trierer Egidius' und die ‚Höxterer Egidius'-Fragmente sowie Episoden in der ‚Kaiserchronik' und, in kürzerer Form, im ‚Rolandslied' und Strickers ‚Karl'.

In all diesen Texten bleibt die Sünde unbenannt, und es gibt keinen Hinweis auf deren konkrete Natur. Doch die Tatsache, dass die Sünde nicht benannt wird, lässt sie nicht verschwinden, sondern ganz im Gegenteil: Die Weigerung, sie zu artikulieren, lenkt paradoxerweise mehr Aufmerksamkeit auf das, was nicht artikuliert wird.[12] Besonders im Spätmittelalter wird eine unaussprechliche Sünde oft mit Sodomie gleichgesetzt,[13] und es ist verlockend, in Karls Leben nach sexueller Indiskretion zu suchen.[14] Und in der Tat wird Karls Sünde im Spätmittelalter konkret benannt, und zwar immer in einem sexuellen Zusammenhang. Im französischen Kontext wird sie in erster Linie als Inzest identifiziert, wobei Roland das Produkt der Beziehung zwischen dem Kaiser und seiner Schwester ist;[15] und im deutschen Kontext wird die Sünde Teil einer komplexen Geschichte tatsächlicher und potenzieller sexueller Übertretungen, die durch Zauberei entstehen.[16] Die Sünde Karls sucht – wie Miranda Griffin im französischen Kontext überzeugend darlegt – die Texte heim, in denen sie erzählt wird, aber daraus folgt nicht, dass hinter diesem Gespenst eine bestimmte Sünde (wie Inzest, Sodomie, Nekrophilie) liegt.[17] Was verborgen wird, ist wesentlich weniger wichtig – und weniger interessant – als die Frage, warum es verborgen wird.

Auch in der ‚Kaiserchronik' ist das Wichtigste nicht, was genau die Sünde ausmacht, sondern die Tatsache, dass wir es nicht wissen. Hier steht die Sünde am Ende einer Episode über einen Herrscher, der den Mittelpunkt der Geschichtskonzeption des Textes bildet. Karl ist *der êrste kaiser* [...] *zu Rôme / von Diutisken landen* (der erste Kaiser von Rom [...] von deutschen Ländern, v. 14818–14819), die Verkörperung der *translatio imperii* von Rom nach Deutschland, die den Text prägen soll.[18] Weder die

---

11   ROMIG, Charlemagne, S. 188. Zur Egidiuslegende vgl. auch FEISTNER, Historische Typologie, S. 177–185.
12   GRIFFIN, Writing, S. 502 f.
13   Vgl. DINSHAW, Getting Medieval, S. 5–12; SPREITZER, Die stumme Sünde.
14   Vgl. HAFNER, Charlemagne's Unspeakable Sin.
15   Dazu bes. GRIFFIN, Writing.
16   Vgl. HAFNER, Charlemagne's Unspeakable Sin; FÜRBETH, Carolus Magnus. Jans Enikels ‚Weltchronik' (1280) bietet den ersten schriftlichen Beleg für diese Konkretisierung der Sünde, die in der ‚Weihenstephaner Chronik' und dem ‚Buch vom Heiligen Karl' wieder auftaucht.
17   Anders GRIFFIN, Writing; HAFNER, Charlemagne's Unspeakable Sin.
18   Zur Historiographie der ‚Kaiserchronik' vgl. grundsätzlich OHLY, Sage und Legende. Wie er gezeigt hat, führt die Zuschreibung von (oft ungenauen) Regierungszeiten der einzelnen Kaiser dazu, dass die Regierungszeit Karls genau in die Mitte des Textes fällt (S. 18). Er zählt 398 Jahre, 5 Monate und 21 Tage an Regierungszeit vor der Krönung von Karl und 395 Jahre, 7 Monate und

translatio imperii noch der heilsgeschichtliche Rahmen, der dem Text zugrunde liegt, sind jedoch unkompliziert, und die Geschichtskonzeption der ‚Kaiserchronik' ist eines der am häufigsten diskutierten (und nicht unumstrittenen) Elemente des Textes.[19] Und auch die Handlung der Karlsepisode stellt sich dort als ungewöhnlich und in Teilen gar überraschend dar.

Karl, Sohn von Pippin, König der Karlinger, ist der Bruder von Papst Leo – die ‚Kaiserchronik' ist der erste Text, in dem Karl und Leo III. als Brüder bezeugt sind –[20] und Karl reist nach Rom, um seinem Bruder zu Hilfe zu kommen, nachdem er in einem Traum die Stimme Gottes gehört hat (er ist jedoch mehr durch seine eigene Frömmigkeit motiviert). In Rom wird er von Papst und Volk gebeten, Herrscher zu werden, eine Rolle, die er nur widerwillig annimmt. Etwas später, nachdem Leo durch einen Aufstand unzufriedener Adliger geblendet und verbannt worden ist, kehrt Karl nach Rom zurück, bestraft die Schuldigen und wird zum Kaiser geweiht. Nachdem er die Ordnung wiederhergestellt und seine Gesetzgebung durch die Erneuerung der von Konstantin eingeführten Rechtsvorschriften durchgesetzt hat, unternimmt Karl verschiedene Kriegszüge. Dazu gehört die so genannte Mädchenheer-Episode, in der er auf Anweisung der Stimme Gottes mit einem Heer von Jungfrauen die Galizier besiegt. Der Text wendet sich dann der unaussprechlichen Sünde und der wunderbaren Absolution zu, und die Episode schließt mit einer Lobrede auf die Tugenden des Kaisers.

Die Kombination verschiedener Erzählweisen, mit in die Geschichtsschreibung eingewobenen legendarischen Elementen und der relativ häufigen Einführung von scheinbar abschweifenden Erzählungen, ist für die ‚Kaiserchronik' charakteristisch.[21] Dennoch überrascht die mangelnde Betonung der politischen (oder überhaupt historisch belegbaren) Dimensionen von Karls Herrschaft.[22] Da der ‚Kaiserchronik'-Dichter zugibt, dass er andere Erzählungen über Karl kennt, und damit eine gewisse Selektivität bei den von ihm erzählten Ereignissen andeutet, gibt es jedoch keinen Hinweis darauf, dass es sich bei dieser Episode um etwas anderes als eine sorgfältig struktu-

---

14 Tage von Karl bis zu der Krönung von Lothar von Sachsen. Die Differenz zwischen diesen beiden Zeiträumen (2 Jahre, 10 Monate und 7 Tage) führt zum Jahr 1147, mitten in die Regierungszeit Konrads III. hinein, also genau an die Stelle, an der der Text abbricht.

19 Uta GOERLITZ, Literarische Konstruktion, S. 157–159, argumentiert, dass die Vorstellung der *translatio imperii* im 12. Jh. kein festgeschriebenes Prinzip ist und dass Karls Herrschaft eine Art Erneuerung – eine *renovatio imperii* – des verlorenen Ruhms und der Traditionen der römischen Vergangenheit darstellt. Christoph PRETZER, Writing Across Time, S. 158–160, hat vorgeschlagen, dass die Karlsepisode sowohl eine *translatio* als auch eine *renovatio* ist, wobei Karl ausdrücklich sowohl als der Fremde dargestellt wird, der von außen kommt, um das Reich zu transformieren, als auch als eine Figur, die bestimmte verlorene Merkmale der römischen Vergangenheit erneuert, wie z. B. die Rechtsvorschriften Konstantins des Großen. Für einen Überblick der Forschung, vgl. CHINCA/YOUNG, Uses of the Past.

20 Vgl. GEITH, Carolus Magnus, S. 54.

21 Vgl. HERWEG, Kohärenzstiftung.

22 Vgl. GEITH, Carolus Magnus, S. 54: „Es fällt auf, welche geringe Rolle das eigentlich Historische und Politische [...] in der Karlsgeschichte [...] spielt."

rierte Erzählung handelt.[23] Für Karl-Ernst Geith, liegt die Kohärenz der Episode in der Betonung des Wunderbaren. Durch die Episode wird die besondere Verbindung des Kaisers zu Gott betont, der oft direkt zu ihm spricht, um ihm Anweisungen zu geben oder Ratschläge zu erteilen, und Karl wird somit als ein von Gott auserwählter Herrscher dargestellt.[24] In diesem Sinne sei die Sünde selbst irrelevant. Wichtig sei nur die endgültige Absolution durch den Mirakelbrief, die als weiterer Beweis für Karls besonderen Status in den Augen Gottes fungiert.

Diese Interpretation ist sicherlich richtig – die Absolution der Sünde trägt zur Welt des Wunderbaren bei, die die Darstellung dieses Kaisers prägt – berücksichtigt allerdings nicht die ganze Komplexität dieses Wunders. Wir kommen hier auf die Frage zurück, was Wunder kommunizieren. Genügt es, zu sagen, dass sie den besonderen, heiligen Status einer bestimmten Figur vermitteln? Oder wird dieses kommunikative Potenzial vielmehr durch ihre textliche und kontextuelle Konfiguration kompliziert? Um dieser Frage weiter zu nachzugehen, wende ich mich nun dem Kontext der Beichte näher zu.

II.

Die ‚Kaiserchronik‘ wurde in einer für die Geschichte der Buße wichtigen Epoche verfasst. Das 12. Jahrhundert wird allgemein als eine Zeit großer Veränderungen in der Bußtheologie angesehen, mit einem wachsenden Interesse an Selbstprüfung, Reue und Sündenbewusstsein. Diese Veränderungen führten, wie allgemein behauptet wird, zur Einführung der obligatorischen jährlichen Beichte mit dem Kanon *omnis utriusque sexus* des Vierten Laterankonzils aus dem Jahre 1215.[25] Vor diesem Hintergrund lässt sich die Darstellung von Karls Beichtwunder in der ‚Kaiserchronik‘ als Beleg für ein besonderes Interesse des 12. Jahrhunderts an innerer Reue interpretieren; der Inhalt des Himmelsbriefs scheint zu suggerieren, dass *contritio cordis* der wichtigste Faktor beim Sündenablass sei (vgl. oben v. 15064–15067).[26] Doch die traditionelle Geschichte der Buße, die eine neue Innerlichkeit als Reaktion auf die Sünde im zwölften Jahrhundert hervorhebt, wird von modernen Historikern als problematisch vereinfacht angesehen. Neuere Studien haben die Bedeutung von Innerlichkeit und Reue in der Behandlung der Sünde in früheren Jahrhunderten hervorgehoben und ebenfalls ge-

---

23 Vgl. v. 15069–15072: *Solten wir sîniu wunder elliu sagen, / sô muosen wir die wîle haven: / des zîtes ist nû niet. / Karl hât ouch enderiu liet.* (Erzählten wir all seine [sc. Karls] erstaunlichen Taten, / so brauchten wir sehr viel Zeit; / die aber haben wir jetzt nicht. / Es gibt über Karl auch andere Dichtungen).

24 GEITH, Carolus Magnus, S. 77–83.

25 Vgl. klassisch JUNGMANN, Die lateinischen Bußriten; VOGEL, Le Pécheur.

26 So HAFNER, Charlemagne's Unspeakable Sin, S. 3.

zeigt, dass Rituale der öffentlichen Demütigung als Teil der Buße auch später nicht aus dem Gebrauch kamen.[27]

Noch im späten 12. Jahrhundert stellt Stephen Langton die Mechanik der Beichte und der Absolution im Karl-Egidius-Komplex infrage. In seinen *Quaestiones* kommt er auf den Kern des theologischen Problems: Wie kann man von einer Sünde freigesprochen werden, wenn man sie nicht bekennen will?

> Item legitur in uita sancti Egidii quod Carolus magnus quoddam horribile crimen confiteri nolebat et beatus Egidius diuina celebrans orauit pro eo, quo orante missa est ad eum cedula in qua scriptum erat illum crimen et quod dimissum erat regi ad Egidii preces. Sed quomodo dimissum ex quo illud noluit confiteri?
>
> Dicimus quod Egidius non orauit ut dimitteretur peccatum regi sine proposito confitendi, sed per orationem illius mutatum est cor regis et publicatum peccatum, ut qui prius erubescebat confiteri postea salubriter erubesceret uidendo peccatum suum seruo Dei detectum.[28]

> In der *vita* des heiligen Egidius ist auch zu lesen, dass Karl der Große einmal eine schreckliche Sünde nicht bekennen wollte und der selige Egidius, der göttliche Riten feierte, für ihn betete. Aufgrund dieses Gebetes wurde ihm ein kleines Stück Papier geschickt, auf dem diese Sünde geschrieben stand, und dass der König dank der Gebete des Egidius von ihr freigesprochen worden war. Aber wie konnte jemand von etwas freigesprochen werden, das er nicht beichten wollte?
>
> Wir sagen, dass Egidius nicht darum gebeten hat, dass der König von der Sünde losgesprochen wird, ohne dass er [sie] beichten soll, sondern dass durch sein Gebet das Herz des Königs verwandelt und die Sünde aufgedeckt wurde. Infolgedessen wurde der Mann, der zuvor bei dem Gedanken an die Beichte rot geworden war, später aus gutem Grund rot, als er sah, dass seine Sünde dem Diener Gottes bekannt war.

Langton deutet an, dass Egidius nicht darum betete, von der Sünde ohne Beichte freigesprochen zu werden, sondern dass sein Gebet das Herz des Königs dazu bewegte, die Sünde öffentlich zu machen. Für ihn geht es bei diesem Wunder also nicht wirklich um eine ungewöhnliche Form der Absolution, sondern vielmehr um die Macht des Gebets, eine angemessene Einstellung zur Sünde zu fördern. Durch seine Interpretation des Wunders wird es zu einer Lehre über die Notwendigkeit, Sünden öffentlich zu bekennen – eine Lehre, die in der ‚Kaiserchronik‘ keineswegs im Vordergrund steht (sogar ganz im Gegenteil).

---

27   Zusammenfassend HAMILTON, Practice; MEENS, Penance, S. 190–213. Vgl. auch DERS., The Frequency; MANSFIELD, Humiliation.

28   LANGTON, ‚Quaestiones‘, zitiert in ANCIAUX, La Théologie, S. 425. Vgl. die neue kritische Ausgabe: Stephen LANGTON, Quaestiones hg. v. QUINTO/BIENIAK.

Nach dem Vierten Laterankonzil wird das Beichtwunder Karls schließlich theo-logisch inakzeptabel. Ab der Mitte des 13. Jahrhunderts gibt es keine neuen Nacher-zählungen der Sünde Karls, in denen es ihm möglich bleibt, seine Sünde geheim zu halten;[29] wie oben diskutiert, wird die Sünde sowohl im französischen als auch im deutschen Kontext tendenziell konkret gemacht. Die Rezension C der ‚Kaiserchronik‘, die um 1250 geschrieben wurde und ansonsten nur sehr wenig am Grundmaterial des Textes ändert, streicht die ganze Episode gar komplett.[30]

Die Tatsache, dass die Beichte im 12. Jahrhundert sowohl eine anerkannte Praxis ist als auch etwas, das noch keinen vollständig festgelegten, institutionalisierten Rah-men hat, führt, so die These, zu bestimmten Möglichkeiten in der Textproduktion, ob im Lateinischen oder in der Volkssprache, ob narrativ oder diskursiv. Es entstand die Möglichkeit, die Dynamik und Mechanismen der Beichte außerhalb eines festen ins-titutionellen, sakramentalen Kontextes (wie wir ihn nach 1215 sehen) kreativ zu erpro-ben sowohl in theologischer als auch in poetischer Hinsicht. Langtons Betrachtung des Beichtwunders kann als eine solche Erprobung verstanden werden.[31] Es entsteht eine Art Freiraum, in dem eher problematische oder seltsame Beichtinstanzen in ein-zelnen Texten für einen bestimmten strategischen Zweck und für spezifische Bedürf-nisse gestaltet werden können. Es wird vor allem klar, dass im zwölften Jahrhundert ein großes Interesse an Textproduktion über die Einstellung zu Sünde, Reue und Ab-solution besteht, und dass in dieser Epoche die Bußtheologie bzw. -praxis Gegenstand kontroverser, vor allem textueller Diskussionen war.[32]

Wenn dies der Fall ist, was bringt dann die Erzählung des Beichtwunders in der ‚Kaiserchronik‘ in diese Debatte ein? Im Folgenden möchte ich untersuchen, wie die-ses Wunder die Machtverhältnisse zwischen den Akteuren der Episode – Karl, Egidius und Gott – verdeutlicht und verkompliziert. Die Behandlung der Sünde führt notwen-digerweise zur Etablierung bestimmter Machtkonstellationen: Die Macht des Sünders wird verringert, sowohl gegenüber der göttlichen Macht als auch möglicherweise der Macht des Priesters, dem er seine Sünden bekennt und der Buße und Absolution er-teilt. Doch diese Machtstrukturen werden durch das Eindringen des Wunderbaren destabilisiert, und das Beichtwunder bringt ein neues Verständnis der Art und Weise hervor, wie sich Karls Macht als Herrscher in der gesamten Episode manifestiert.

In mehreren seiner Werke, vor allem aber im ersten Band seiner ‚Geschichte der Sexualität‘, verwendet Michel Foucault die christliche Beichte als Beispiel, um die Mechanismen von Macht, Unterdrückung und Subjektivität zu untersuchen. Laut

---

29   Vgl. HAFNER, Charlemagne's Unspeakable Sin, S. 3 f.: „From then on, the emperor is denied the privilege, and the privacy, of a *confessio Deo soli* and has to name his sin to be forgiven." (S. 4).
30   Für eine synoptische Ausgabe der ‚Kaiserchronik‘-Varianten vgl. Kaiserchronik digital. Zu den Re-zensionen der Chronik vgl. CHINCA/HUNTER/YOUNG, ‚Kaiserchronik‘.
31   Vgl. ANCIAUX, La Théologie, S. 421–427.
32   Vgl. HAMILTON, Practice, S. 15.

Foucault kann die Beichte als eine ‚Technologie des Selbst' verstanden werden, d. h. als ein sozialer Akt, der sowohl die Erforschung und das Verständnis des Selbst fördert als auch eine Form der Kontrolle und Subjektivierung etabliert.[33] In diesem Sinne argumentiert er auch, dass die Beichte ein Mechanismus sei, durch den die priesterliche (und geistliche) Macht garantiert wird.[34] Es ist gut dokumentiert, dass es problematisch ist, Foucaults Theorien für die Untersuchung des Mittelalters zu verwenden.[35] Dennoch ist es auffällig, dass das Beichtwunder in der ‚Kaiserchronik' die Macht von Egidius – dem Beichtvater – tatsächlich kompromittiert.

Das Beichtwunder ist in der ‚Kaiserchronik' anders konfiguriert als in den Egidius-Legenden, wo das Wunder die Art und Weise betont, in der der Heilige als wundertätiger Fürsprecher wirken kann. Der ‚Trierer Egidius' wurde ungefähr zeitgleich mit der ‚Kaiserchronik' verfasst und benutzt wahrscheinlich die gleiche Version der lateinischen Egidius-Vita als Quelle.[36] Hier – wie in anderen Egidius-Legenden – wird ausdrücklich darauf hingewiesen, dass der himmlische Absolutionsbrief Egidius das Geheimnis von Karls Sünde offenbart:

> **D**o sente Egidius der guote
> den brief gelesen hete
> und her | da inne gesach
> die tougenlichen boteschaf,
> […]
> Karlin den meren
> her dar zuo | ime gen bat.
> den brief her ime in die hant gab
> vnd | bat in daz her lese
> vnd her selbe gesehe
> waz her habete | getan.
> alse her in in die hant genam
> vnd her inlesen be|gunde,
> do sach her die ureissamen sunde
> die her selbe hete | getan
> an den brieue geschriben stan.
> des wurden sine | rivwe groze.
> deme herren quam her ze uuozen,
> mine|me trechtine her sich schuldic gab.[37]

---

33   Vgl. bes. FOUCAULT, Sexualität; DERS., Technologien des Selbst.
34   Vgl. FOUCAULT, Die Anormalen, S. 222–230.
35   Vgl. z. B. DINSHAW, Getting Medieval, S. 195–200.
36   Vgl. GEITH, ‚Ägidius'.
37   Trierer Aegidius, v. 1227–1249.

Als der gute St. Egidius
den Brief gelesen hatte
und darin
die geheime Botschaft sah
[…]
gab er ihn
Karl dem Großen.
Er legte ihm den Brief in die Hand
und bat ihn, ihn zu lesen
und selbst zu sehen,
was er getan hatte.
Als er ihn in die Hand nahm
und zu lesen begann,
sah er die schreckliche Sünde,
die er selbst begangen hatte,
in dem Brief geschrieben.
Deshalb war seine Reue groß.
Er fiel zu den Füßen des anderen Mannes
und stellte sich unserem Herrn als schuldig vor.

Die primäre Funktion der im himmlischen Brief enthaltenen *tougenlichen boteschaf* (heimlichen Botschaft, v. 1230) besteht nicht darin, Karl freizusprechen, sondern Egidius das Wesen der *ureissamen sunde* (schrecklichen Sünde v. 1244) zu offenbaren und die Reuegefühle des Kaisers zu steigern (v. 1245–1249). Im Vergleich mit der ‚Kaiserchronik' ist der ‚Trierer Egidius' viel mehr am Geheimnis der Sünde interessiert; Egidius weiß, worin die Sünde besteht, und die Rezipienten werden wiederholt daran erinnert, dass er etwas weiß, was sie nicht wissen. Gott hat Egidius – auf wundersame Weise – das Wissen um die Sünde geschenkt, und dieses Wissen versetzt ihn in eine privilegierte Position der Autorität gegenüber Kaiser und Sünder.

Die Art und Weise, in der Beichte und Absolution die priesterliche Macht manifestieren, wird im ‚Trierer Egidius' also stark betont; hier ist die Heiligkeit des Protagonisten mit seinem Status als Priester und Bischof verbunden und wird durch seine wiederholte Rolle als Beichtvater und Freisprecher von Sünden unterstrichen. Diese Form der Macht wird paradoxerweise durch die ständige Betonung der Demut des Egidius weiter hervorgehoben; er will ausdrücklich keine gesellschaftliche oder institutionelle Position einnehmen und tut dies nur unter Zwang.[38] In der ‚Kaiserchronik' wird die kirchliche Machtposition des Egidius jedoch nicht explizit gemacht, und der

---

38   Zur Rolle der Demut in der Egidius-Tradition vgl. CAMPBELL, Medieval Saints' Lives, bes. S. 34 f. Campbell beschreibt Egidius' (Gilles') übermäßige Demut als eine „renunciative gift" (Verzichtsgabe).

himmlische Brief enthält keine Informationen darüber, was Karl getan hat. Außer Gott ist Karl die einzige Person, die Kenntnis von seiner Sünde hat, und daher kann er freigesprochen werden, ohne seine eigene weltliche Macht zu gefährden. Egidius' Mangel an Wissen und sein unklarer Status bedeuten auch, dass er – im Vergleich zum ‚Trierer Egidius' und anderen Viten – lediglich als eine Verbindung zum Göttlichen erscheint, die Karl für seine eigenen Zwecke manipulieren kann. Karl hat von der Heiligkeit des Egidius gehört[39] und nutzt dieses Wissen, um die Vergebung Gottes zu erlangen, ohne seine Sünde aussprechen zu müssen. Dies führt zu zweierlei: Erstens kompromittiert Karl seinen Status als Richter nicht (ein Status, der die gesamte Episode durchzieht); und zweitens schließt diese Verweigerung von Sprache in der Beichte ein geteiltes Wissen aus und bewahrt damit sowohl die Machtposition als auch die Unfassbarkeit des Kaisers.

Die Karlsepisode als Ganzes weist ein starkes Interesse an Urteilsformen auf. Recht und Ordnung stehen im Mittelpunkt der Episode, wobei Karl als Wiederhersteller der Ordnung und als Richter dargestellt wird, der diejenigen bestraft, die für die Blendung seines Bruders verantwortlich sind, und der die ursprünglich von Konstantin eingeführten Rechtsregeln wieder einführt. Die Rolle Gottes bei der Etablierung dieser sozialen Ordnung wird ebenfalls hervorgehoben; es wird immer wieder deutlich gemacht, dass das, was Karl tut, von Gott sowohl gebilligt als auch gelenkt wird. Die Gesetze, die er einführt, werden ihm z. B. von einem Engel diktiert:

> Karl sazte dô die pfahte,
> der engel si im vor tihte,
> die wâren rede von gote.
> des half im der himeliske bote
> vil dike tougenlîche.
> der kaiser alsô rîche
> verliez uns manegiu reht guot,
> diu im diu gotes deumuot
> vor wîssagete

> Karl legte die Gesetze fest,
> der Engel diktierte sie ihm:
> das wahre Wort Gottes.
> Der himmlische Bote half ihm dabei
> ganz heimlich.
> Der mächtige Kaiser

---

39   *do er hôrte sagen, / sant Egîdîus wâre ain hailiger man* (Als er von Sankt Egidius' Heiligkeit / berichten hörte, v. 15021 f.).

hat uns viele gute Gesetze hinterlassen,
die ihm die Demut Gottes
weissagte.[40]

Somit wird eine Verbindung zwischen rechtlicher und geistlicher Organisation der
Gesellschaft hergestellt, durch welche Karls Herrschaft direkt zur Rettung der Seelen
führen kann, wie es der Fall ist, wenn er die Römer vom Teufel weg und zurück unter
die Herrschaft Gottes leitet (v. 14822–14826). Auffallend ist, dass Karl sich nie Gott un-
terordnet, sondern die Beziehung zwischen dem himmlischen und dem kaiserlichen
Machtbereich nutzt, um die Dinge nach seinen eigenen Vorstellungen zu gestalten.
Er macht sich die Reliquien des heiligen Pankratius in Rom zunutze, wenn er den un-
treuen Römern, die nach ihrem eigenen Brauch einen Unschuldseid schwören wollen,
befiehlt, diesen Eid vor dem Schrein des heiligen Pankratius abzulegen; ihre Unschuld
erweist sich dann als falsch (v. 14645–14682). Noch problematischer ist, dass er Gott
damit droht, die St. Peter-Basilika in Rom zu zerstören und selbst ins Rheinland zurückzukehren, wenn die Sehkraft seines Bruders Leo nicht auf wundersame Weise
wiederhergestellt wird – eine Drohung, die er mit dem Bedürfnis Roms nach einem
fähigen Papst rechtfertigt (v. 14689–14724). In beiden Fällen manipuliert Karl seine
besondere Beziehung zu Gott durch sein erhöhtes politisches Verständnis, um seine
eigenen Ziele zu erreichen, und stärkt damit seine eigene Kontrolle über das Geschehen – eine deutliche Ähnlichkeit zu der Art und Weise, wie er mit dem Bekenntnis
seiner Sünde umgeht.

Was seine eigene Sünde betrifft, so begibt sich Karl in die Hände Gottes, um sich
richten zu lassen; er spielt also eine Rolle in einem System, das er selbst mit aufgebaut
hat. Seine Weigerung, sich dem Beichtprozess vollständig zu unterwerfen und seinen
eigenen Einfluss durch einen Beichtvater zu schwächen, bedeutet jedoch nicht, dass
die weltliche Macht durch die geistliche in Frage gestellt wird. Karls Verwandtschaft
mit Leo (dem Papst) macht vielmehr deutlich, dass religiöse und weltliche Macht ohnehin schon eng miteinander verwoben sind, und Leos Vertrauen in Karl in Krisen-
zeiten lässt eine klare Hierarchie erkennen. Die enge Beziehung Karls zu Gott – an
der Leo nicht beteiligt ist – unterstreicht den übergeordneten Status der kaiserlichen
Macht noch weiter. Und diese Beziehung wird, wie ich hoffentlich gezeigt habe, sorgfältig kalibriert, um zu verhindern, dass Karl (der Kaiser) in irgendeiner Weise von
Gott abhängig erscheint und damit Schwäche zeigt.

Als Herrscher ist Karl sowohl Träger weltlicher Macht als auch Instanz des göttlichen Plans der Heilsgeschichte; er agiert als Vorbild, aber diese Vorbildlichkeit, die so
oft durch seine besondere Beziehung zu Gott zum Ausdruck kommt, hebt ihn notwen-
digerweise von der allgemeinen Menschheit ab. Wichtig – und faszinierend – ist, dass

40   Kaiserchronik, v. 14757–14765. Übersetzung SB.

eine unproblematische Harmonisierung von Karls weltlicher Macht und heiligem Status schwer zu erreichen ist. Gleich zu Beginn der Episode fällt auf, dass seine Frömmigkeit gegenüber Gott als etwas Persönliches und sogar Geheimes charakterisiert wird.[41] Eine solche explizit innere Frömmigkeit ist meines Erachtens Teil eines Versuchs des Dichters, die Darstellung eines aktiven weltlichen Herrschers, der sich mit Gesetzgebung und Kriegsführung befasst, mit der Tatsache in Einklang zu bringen, dass sein Herrschaftshandeln von Gott geleitet wird und Teil eines göttlichen Plans ist; ein Versuch also, eine Art von Frömmigkeit und Gottesnähe darzustellen, die eine zutiefst weltliche Form der Macht nicht untergräbt.

Doch die Aufrechterhaltung dieses Gleichgewichts der Macht – die Darstellung sowohl von Karls unabhängiger Exzellenz als Kaiser als auch seiner engen Beziehung zu Gott – ist schwierig, und nie schwieriger als in der Beichtszene. Das Beichtwunder bedeutet, dass Karls Beichte keineswegs als eine Technologie des Selbst im Foucaultschen Sinne funktioniert: Es führt zu keiner Selbsterforschung, und der wunderbare Mechanismus, durch den Karl freigesprochen wird, verweigert jede Form der Subjektivierung. Karl unterlässt es, in einen Dialog zu treten und seine Sünde zu artikulieren, was zu einem gemeinsamen Wissen führen würde, das seine Autorität in Frage stellen würde. Sprache und Wissen – die klassischen Foucaultschen Mechanismen der Macht – werden explizit und deutlich verweigert.

Auch wenn die Beichte zum Zeitpunkt der Abfassung der ‚Kaiserchronik‘ noch nicht institutionalisiert war, bedeutet das nicht, dass es nicht schon seit Jahrhunderten ein klares Verständnis der Beichte vor einem Priester gab, der den Sünder dann freisprechen kann. Von zentraler Bedeutung hier ist die Rolle des Dialogs – eines Dialogs, an dem sowohl der Sünder als auch der Beichtvater teilnehmen und der durch performative Sprechakte der Reue und der Absolution gebildet wird. Karl beginnt auf diese Weise eine Beichte bei Egidius (v. 15024–15026), weigert sich dann aber, weiterzumachen, wenn es um die schreckliche Sünde geht: *di* [die Sünde] *nemac ich dir niemer geoffen* (Diese Sünde kann ich dir niemals enthüllen, v. 15031). Er gesteht zwar, dass er gesündigt hat, dass er Reue empfindet, aber er spricht seine Sünde nicht verbaliter aus und verlangt keinen Zuhörer (nicht einmal Gott). Das große Paradox besteht darin, dass er, indem er sich weigert, die Sünde auszusprechen, eine Beichte ablegt, die im Grunde keine Beichte ist. Die Beichte ist ein Sprechakt, aber hier wird die Distanz zur gesprochenen Sprache durch die Tatsache der schriftlichen Absolution noch stärker betont. An anderer Stelle im Text wird Karl von Gott direkt angesprochen, aber in dieser letzten Passage ist die Stimme Gottes ebenso stumm wie die von Karl und verlagert sich in die Schrift.

Marisa Galvez verwendet den Begriff ‚voice-text‘, um die Beichte zu beschreiben, und argumentiert, dass ein Beichtgespräch zwischen Sünder und Beichtvater im Idealfall ein

---

41   *er minnente got stille* (er liebte Gott im Stillen, v. 14338); *mit nazzen sinen ougen / flêget er got tougen* (mit nassen Augen / betete er heimlich zu Gott, v. 14342 f.).

gesprochener ‚Text' ist, der die innere Reue repräsentiert: Ein Sünder stellt sein Leben vor Gott dar, indem er einem Priester beichtet, und sein Bekenntnis sollte so strukturiert sein, dass es das verborgene Leben der Sünde so genau wie möglich darstellt.[42] Anders ausgedrückt: Einmalige Beichtgespräche zwischen einem Priester und einem Sünder müssen auf eine bestimmte Art und Weise (wie ein Text) strukturiert sein, um Gültigkeit zu erlangen, obwohl sie natürlich im Grunde genommen sprachliche Äußerungen sind. So genommen, gibt es in diesem Fall im Grunde keinen ‚voice-text', denn Karl weigert sich, die Wahrheit über sich selbst in irgendeiner Form auszusprechen. Es ist bemerkenswert, dass dieser Moment kraftvollen Schweigens im Kontext einer Chronik auftritt, die vorgibt, das Leben und die Taten von Kaisern zu erzählen; Karls Weigerung, von sich selbst zu erzählen erscheint somit ironischerweise am Ende einer Episode, die vorgibt, von ihm zu erzählen. Diese Weigerung deutet auf ein Selbst hin, das vom Dichter nicht enthüllt wurde (und nicht enthüllt werden kann), sondern ganz und gar in den Händen des Kaisers selbst und Gottes liegt. Der ‚Kaiserchronik'-Dichter gibt diese Tatsache selbst zu. Er schließt die Beichtszene nicht mit einem Erzählkommentar oder Urteil ab – die ganze Episode wird nüchtern und ohne Werturteil erzählt –, sondern mit einer Aussage über die praktische Unmöglichkeit, alle Wunder Karls zu berichten:

> Solten wir sîniu wunder elliu sagen,
> sô muosen wir die wîle haven:
> des zîtes ist nû niet.[43]

> Erzählten wir all seine [sc. Karls] erstaunlichen Taten,
> so brauchten wir sehr viel Zeit;
> die aber haben wir jetzt nicht.

III.

In ihrem Aufsatz über ‚Wonder' (Wunder, Staunen) legt Caroline Walker Bynum den Zusammenhang zwischen dem Wunderbaren und Staunen – und damit zwischen Wundern und Differenz oder Fremdheit – offen. Wie sie zu Recht zeigt, werden Wunder nicht erzählt, um nachgeahmt zu werden, sondern um bewundert zu werden, und für sie ist die „non-appropriative nature of wonder" von zentraler Wichtigkeit.[44] Bynum stützt sich auf die komplexe Rhetorik Bernhards von Clairvaux in Bezug auf diese Disjunktion zwischen *imitatio* und *admiratio*. Für Bernhard wird *imitatio* durch die Begegnung mit etwas ermöglicht, das dem Selbst ontologisch ähnlich ist, und führt zu einem semantischen Feld von Begriffen wie Lernen, Aufnehmen, Spiegel, Modell,

---

42   GALVEZ, Subject, S. 44 f. Vgl. auch DIES., Voice of the Unrepentant.
43   Kaiserchronik, v. 15069–15071.
44   BYNUM, Wonder, S. 11.

Bild. *Admiratio* hingegen bedeutet weder Einbeziehung noch Aufnahme; laut Bynum „we wonder at what we cannot in any sense incorporate, or consume, or encompass in our mental categories; we wonder at mystery, at paradox, at *admirabiles mixturae*."[45] Steven Justice betont ebenfalls die Andersartigkeit von Wundern, die seiner Meinung nach notwendigerweise an die Glaubenskraft ihrer Rezipienten rühren. Eine Erzählung über ein Wunder zu verfassen, bedeutet seiner Meinung nach, „to ‚test the truth‘ of the wonders it narrates; telling a story, you precipitate a vague sense of sanctity and power into a narrative form subject to tests of coherence, plausibility, and evidence and, at least for the moment you conduct these tests, you stand outside full assent."[46]

Stephen Langton erklärt uns, dass Karls Beichtwunder schwierig zu glauben ist. Es ist ein Wunder, das die Glaubenskraft seiner Adressaten auf die Probe stellt, und so ist es nicht verwunderlich, dass es in den Erzählungen über Karls Leben zunehmend herausgeschrieben oder umgestaltet wurde. Normalerweise bedeutet die Herausforderung, an ein Wunder zu glauben, dass der Moment des Glaubens ein herrlicher Moment ist, der die Geheimnisse des christlichen Glaubens bekräftigt: ein Moment, der vom Verfasser des Wunderberichts inszeniert und von den Rezipienten der Erzählung ebenfalls erlebt wird.[47] Karls Beichtwunder ist auffallend anders: Es ist ein Wunder, das die Grenzen der nicht-aneignenden Natur von *admiratio* austestet und seine Rezipienten dazu bringt, sich zu fragen, ob wir das Geschehen überhaupt bewundern können, ob das Wunder überhaupt gut ist. Aber für den ‚Kaiserchronik‘-Dichter (zumindest in Rezension A) scheint dieses Problem keine Rolle zu spielen.

Zu Beginn dieses Aufsatzes untersuchte ich die kommunikative Rolle von Wundern und stellte die Frage, ob Wunder Lehren vermitteln können. Es ist fraglich, ob es möglich ist, eine Lehre aus dem Beichtwunder zu ziehen. Die von mir angebotene Lektüre von Karls Beichtwunder versucht nicht, diese Frage aufzulösen, denn was das Wunder über Karl mitteilt, bleibt in jedem Fall ambivalent, und auch als Wunder selbst bleibt es hochgradig theologisch problematisch. Klar ist jedoch, dass dieses Wunder Aufschluss für eine Analyse der Darstellung und Rolle Karls in der ‚Kaiserchronik‘ bietet: Karl wird hier als vorbildlicher Herrscher dargestellt. Das Beichtwunder unterstreicht seine besondere Stellung, zunächst durch die Dimension des Wunderbaren, aber auch durch das machtvolle Schweigen, das der Szene innewohnt und den Kaiser für die Rezipienten des Textes unfassbar macht. Das Wunder verdeutlicht auch das Ausmaß von Karls weltlicher Macht, die zum Teil durch sein Wissen über Hierarchien und Machtstrukturen (sowohl weltliche als auch geistliche) und die Möglichkeiten ihrer Manipulation gestützt wird. Dennoch ergibt sich ein Bild von Karls Persona, das paradoxerweise von Ambivalenzen geprägt bleibt.

---

45   BYNUM, Wonder, S. 12. Besonders wichtig sei die erste Predigt ‚In Natali Sancti Victoris‘. Vgl. Sancti Bernardi Opera, S. 29–32.
46   JUSTICE, Did the Middle Ages, S. 18.
47   JUSTICE, Did the Middle Ages, S. 12–14.

Bibliographie

Quellen

Kaiserchronik digital. Elektronische Ausgabe, hg. v. Mark CHINCA / Helen HUNTER / Jürgen WOLF u. a., Heidelberg 2018. https://doi.org/10.11588/edition.kcd [abgerufen am 11.09.2022].

Die Kaiserchronik. Eine Auswahl, hg. v. Mathias HERWEG (Reclams Universal-Bibliothek 19270), Stuttgart 2014.

Die Kaiserchronik eines Regensburger Geistlichen, hg. v. Edward SCHRÖDER (Monumenta Germaniae Historica. Deutsche Chroniken 1,1), München 1892.

Langton, Stephen, Quaestiones theologiae. Liber 1, hg. v. Riccardo QUINTO / Magdalena BIENIAK, Oxford 2014.

Sancti Bernardi Opera, Bd. 6,1, hg. v. J. LECLERCQ / H. ROCHAIS, Rom 1970.

Der Trierer Aegidius, hg. v. Karl BARTSCH, in: Germania 26 (1881), S. 1–57.

Forschungsliteratur

ANCIAUX, Paul, La Théologie du Sacrement de Pénitence au XIIe siècle, Louvain/Gembloux 1949.

BLUMENFELD-KOSINSKI, Renate, Miracles and Social Status in the Middle Ages, in: Cahiers de recherches médiévales et humanistes 19 (2010), S. 231–234.

BYNUM, Caroline Walker, Wonder, in: American Historical Review 102 (1997), S. 1–26.

DIES., Wonderful Blood. Theology and Practice in Late Medieval Northern Germany and Beyond, Philadelphia 2007.

CAMPBELL, Emma, Medieval Saints' Lives. The Gift, Kinship and Community in Old French Hagiography (Gallica 12), Cambridge 2008.

CHINCA, Mark / HUNTER, Helen / YOUNG, Christopher, The ,Kaiserchronik' and its Three Recensions, in: Zeitschrift für deutsches Altertum und deutsche Literatur 148 (2019), S. 141–208.

DERS. / YOUNG, Christopher, Uses of the Past in Twelfth-Century Germany: The Case of the Middle High German ,Kaiserchronik', in: Central European History 49 (2016), S. 19–38.

DINSHAW, Carolyn, Getting Medieval. Sexualities and Communities, Pre- and Postmodern, Durham NC 1999.

FEISTNER, Edith, Historische Typologie der deutschen Heiligenlegende des Mittelalters von der Mitte des 12. Jahrhunderts bis zur Reformation (Wissensliteratur im Mittelalter 20), Wiesbaden 1995.

FOUCAULT, Michel, Die Anormalen, übers. v. Michaela OTT, Frankfurt a. M. 2003.

DERS., Sexualität und Wahrheit, Bd. 1 (Der Wille zum Wissen), übers. v. Ulrich RAULFF / Walter SEITTER (suhrkamp taschenbuch wissenschaft 716), Frankfurt a. M. 1983.

DERS., Technologien des Selbst, in: Ästhetik der Existenz: Schriften zur Lebenskunst, hg. v. Daniel DEFERT / François EWALD (suhrkamp taschenbuch wissenschaft 1814), Frankfurt a. M. 2007, S. 287–317.

FÜRBETH, Frank, Carolus Magnus. Zur dunklen Seite des Karlsbildes im Mittelalter, in: Karl der Große und das Erbe der Kulturen. Akten des 8. Symposiums des Mediävistenverbandes Leipzig 15.–18. März 1999, hg. v. Franz-Reiner ERKENS, Berlin 2001, S. 314–325.

GALVEZ, Marisa, The Subject of Crusade. Lyric, Romance and Materials, 1150 to 1500, Chicago 2020.

DIES., The Voice of the Unrepentant Crusader: ‚Aler m'estuet' by the Châtelain d'Arras, in: Voice and Voicelessness in Medieval Europe, hg. v. Irit Ruth KLEIMAN (The New Middle Ages), New York 2015, S. 101–122.

GEITH, Karl-Ernst, Art. ‚Ägidius', in: Verfasserlexikon 1 (1978), Sp. 75–76.

DERS., Carolus Magnus: Studien zur Darstellung Karls des Großen in der deutschen Literatur des 12. und 13. Jahrhunderts (Bibliotheca Germanica 19), Bern/München 1977.

GOERLITZ, Uta, Literarische Konstruktion (vor-)nationaler Identität seit dem Annolied: Analysen und Interpretationen zur deutschen Literatur des Mittelalters (Quellen und Forschungen Literatur- und Kulturgeschichte 45), Berlin/New York 2007.

GRIFFIN, Miranda, Writing out the Sin. Arthur, Charlemagne and the Spectre of Incest, in: Neophilologus 88 (2004), S. 499–519.

HAFNER, Susanne, Charlemagne's Unspeakable Sin, in: Modern Language Studies 32 (2002), S. 1–14.

HAMILTON, Sarah, The Practice of Penance, 900–1050 (Royal Historical Society Studies in History), London 2001.

HERWEG, Mathias, Kohärenzstiftung auf vielen Ebenen: Narratologie und Genrefragen in der ‚Kaiserchronik', in: Zeitschrift für Literaturwissenschaft und Linguistik 47 (2017), S. 281–302.

JUNGMANN, Josef, Die lateinischen Bußriten in ihrer geschichtlichen Entwicklung, Innsbruck 1932.

JUSTICE, Steven, Did the Middle Ages Believe in Their Miracles?, in: Representations 103 (2008), S. 1–29.

MANSFIELD, Mary, The Humiliation of Sinners. Public Penance in Thirteenth-Century France, Ithaca 1995.

MEENS, Rob, The Frequency and Nature of Early Medieval Penance, in: Handling Sin: Confession in the Middle Ages, hg. v. Peter BILLER / A.J. MINNIS (York Studies in Medieval Theology 2), York 1998, S. 35–61.

DERS., Penance in Medieval Europe, 600–1200, Cambridge 2014.

NOBLE, Thomas F.X., Greatness Contested and Confirmed. The Raw Materials of the Charlemagne Legend, in: The Legend of Charlemagne in the Middle Ages: Power, Faith, and Crusade, hg. v. Matthew GABRIELE / Jace STUCKEY (The New Middle Ages), New York 2008, S. 3–21.

OHLY, Ernst Friedrich, Sage und Legende in der Kaiserchronik. Untersuchungen über Quellen und Aufbau der Dichtung, Münster 1940.

PRETZER, Christoph J., Writing Across Time in the Twelfth Century. Historical Distance and Difference in the Kaiserchronik (Germanic Literatures 25), Cambridge 2022.

ROMIG, Andrew J., Charlemagne the Sinner: Charles the Great as Avatar of the Modern in Petrarch's ‚Familiares' 1.4, in: The Charlemagne Legend in Medieval Latin Texts, hg. v. William J. PURKIS / Matthew GABRIELE (Bristol Studies in Medieval Cultures), Cambridge 2016, S. 181–202.

SPREITZER, Brigitte, Die stumme Sünde. Homosexualität im Mittelalter (GAG 498), Göppingen 1988.

VOGEL, Cyrille, Le Pécheur et la pénitence au moyen âge, Paris 1969.

WARD, Benedicta, Miracles and History. A Reconsideration of the Miracle Stories used by Bede, in: Famulus Christi: Essays in Commemoration of the Thirteenth Centenary of the Birth of the Venerable Bede, hg. v. Gerald BONNER, London 1976, S. 70–76.

DIES., Miracles and the Medieval Mind. Theory, Record and Event, 1000–1215 (The Middle Ages Series), Philadelphia 1982.

III. Modellierung durch Heils-Geschichten

Konfigurationen der Fürsorge
Soziale Dimensionen religiösen Heils in Marienmirakeln aus dem ‚Passional'

NINA NOWAKOWSKI

I. Einleitung

Mirakel lassen sich definieren als eine

> [l]iterarische Gattung vorwiegend der antiken, mittelalterlichen und frühneuzeitlichen hagiographischen Literatur, in der für wahr gehaltene (oder als solche fingierte) Geschichten über die Begegnung von (oft hilfebedürftigen) Menschen mit dem Heiligen oder Numinosen (Gott, Heilige, Sakramente, sakrale Gegenstände) erzählt werden, die zu einer Änderung ihres körperlichen, sozialen oder geistigen Zustandes führen (z. B. Heilung, Bekehrung, Rettung).[1]

Mirakelerzählungen, in denen Begegnungen zwischen der im Christentum als heilige Gottesmutter verehrten Maria und Menschen im Fokus stehen, sind in besonderer Weise von Hilfsbereitschaft geprägt, die sich in vielen der von Maria gewirkten Wundern zeigt. In ihrer postmortalen Wundertätigkeit, die Marienmirakel entwerfen, wird deutlich, dass Maria als „quantitativ hervorragende Wundertäterin"[2] unter den christlichen Heiligen Menschen, denen Unheil droht, nicht allein lässt, sondern für sie und ihr Wohlergehen Sorge trägt: Die Texte erzählen, dass Maria im Rahmen ihrer Wundertätigkeit heilt, rettet, schützt, beschenkt und unterstützt. Fürsorge, d. h. das Handeln zum Wohl eines hilfsbedürftigen Gegenübers,[3] ist für Marias hilfreiche Wundertätigkeit entsprechend von zentraler Bedeutung. Mittelalterliche Mirakeler-

---

1 HAUBRICHS, Mirakel, S. 608 f.
2 BREITENSTEIN, Wunder, S. 344.
3 Das Deutsche Wörterbuch (im Folgenden abgekürzt mit der Sigle DWb) definiert Fürsorge u. a. als *„sorge zu gunsten, sorge zum vortheil jemandes oder einer sache"* (vgl. DWb, Bd. 4, Sp. 825–827) bzw. als *„verantwortung übernehmendes, tätiges bemühen um etwas, jmdn."* und *„aktives eintreten, unterstützung für hilfsbedürftige menschen, tätiges bemühen um etwas"* (vgl. DWb, Neubearbeitung, Bd. 9, Sp. 1328–1130). In den Sozialwissenschaften wird Fürsorge in letzter Zeit verstärkt unter

zählungen, die von Marias Wundertätigkeit handeln, nutzen, so ließe sich im Rückgriff auf Typologisierungsversuche frühchristlicher Wundererzählungen sagen, dabei
eine Option der Ausgestaltung des Wundergeschehens in der Bibel. Hier bereits findet sich eine Gruppe sogenannter Fürsorgewunder, in denen es – anders als etwa in
sogenannten Erkenntniswundern, die auf die Bestätigung der göttlichen Vollmacht
eines Wundertäters zielen – „um Heilung, Beschenkung, Bewahrung und Rettung
in Notsituationen"[4] geht. Gerade im Rahmen des mittelalterlichen Mirakelerzählens
wird der Aspekt der Fürsorge zu einem wesentlichen Element für die Wundertätigkeit
der Gottesmutter: Die große Mehrzahl aller Marienmirakel entwirft Maria als heilige
Helferin und Schutzinstanz, die sich auch dann den Menschen fürsorglich zuwendet,
wenn diese in eine ausweglose Krise gekommen zu sein scheinen.[5] „Glaube und Frömmigkeit" beruhen u. a. auf der Annahme, „daß Gott helfend eingreifen wird, wenn man
ihn braucht, besonders in Krisen des Lebens".[6] Solche göttlichen Kriseninterventio-
nen, die in Form der Begegnung mit verschiedenen wunderwirkenden heiligen Personen erfolgen können, werden vielfach in Mirakeln narrativiert. Das Wunder, das

> als ubiquitäres Motiv der christlichen Legende [...] im Mirakel ins Zentrum der Erzäh-
> lung tritt [...] [,] gilt als Einbruch der Transzendenz in die Immanenz bzw. als ihre Er-
> scheinung darin. In der Heiligenlegende ist das Wunder Ausweis dafür, dass der Heilige
> nicht aufgrund eigener Leistung oder mitmenschlicher Zuschreibung diesen Status bean-
> sprucht, sondern durch unverfügbare Gnade mit Heiligkeit ausgezeichnet wird. Die lite-
> rarische Vermittlung des Wunders in der Legende ist jedoch nicht darauf festgelegt, die
> Unverfügbarkeit des Wunders auszustellen [...].[7]

Maria, die als *mediatrix* eine herausgehobene Rolle im Kreis der für das Christentum
typischen personalen Heilsmittler einnimmt,[8] wird in der mittelalterlichen religiösen
Literatur, das ist im Hinblick auf die Spezifika christlicher Heilsmedialität bereits beschrieben worden, vielfach als Fürsprecherin der Menschen bzw. Interzessorin entworfen, mit der die Verheißung der Gnade verbunden ist: Bernhard von Clairvaux
beschreibt Maria als „Gefäß der Gnade [...], welches einen Gnadenüberschuss erzielt,
also bildlich gesprochen überläuft und somit Gnade an die Menschen weitergibt".[9] Als
Mittlerin, die göttliche Gnade verfügbar macht, kann sie in Mirakeln etwa in juridischen *settings* als *advocata peccatorum* für das menschliche Gnadenbedürfnis eintreten,
indem sie als barmherzige Fürsprecherin agiert. Dabei bezieht sich ihre Fürsprache

---

dem Oberbegriff *Care* Aufmerksamkeit geschenkt. Vgl. folgende aktuelle Übersicht: SCHMID,
Fürsorge.

4   ERLEMANN, Wunder, S. 144.
5   Vgl. den Hinweis auf die hohe Quantität von Hilfemirakeln bei HAUBRICHS, Mirakel, S. 609.
6   AUFFARTH, Wunder, S. 686.
7   KOCH, Legende, S. 248.
8   Vgl. MERTENS-FLEURY, Maria mediatrix.
9   GERBER, Transzendenz, S. 297.

auf ihren Sohn, der als strenger Richter mit Verdammnis droht, aber durch seine Mutter umgestimmt werden kann. Entwürfe von göttlichen Individualgerichten, in denen über die Aufnahme der Seele eines Menschen, der gesündigt hat, in das Himmelreich entschieden wird, sind dabei mit dem Tod der menschlichen Handlungsträger assoziiert und zielen auf die Vermittlung jenseitigen Heils. Für dieses kann sich Maria bereits einsetzen, wenn die bzw. der entsprechend:e Sünder:in ihr auch nur die geringste Form der Verehrung entgegengebracht hat.

Eine etwas andere funktionale Ausrichtung haben Mirakel, in denen Maria Menschen mit Fürsorge, d. h. mit umsorgender Hilfe, im Diesseits begegnet. Die mit der Gottesmutter verbundene „Fülle und Vielfalt der Barmherzigkeits-, Gnaden- und Schutzangebote"[10] findet u. a. in der Bildtradition der Schutzmantelmadonna ihren Ausdruck,[11] zu der die Erzählungen von Marias fürsorglicher Wundertätigkeit gewisse Parallelen aufweisen.[12] Doch setzen diese weniger auf die ikonographische Verdichtung marianischer Fürsorge und stärker auf deren narrative Entfaltung: Während unter Marias Mantel in den meisten Darstellungen der Schutzmantelmadonna eine Gruppe von Menschen in Obhut genommen wird, sodass Marias Fürsorge kollektiv ausgerichtet erscheint, kann in den Mirakelerzählungen deutlicher die Fürsorgeleistung als individuelle Form der zwischenmenschlichen Hilfe bzw. des Beistands in einer spezifischen Krisensituation fokussiert werden. In selbständigen Marienmirakeln,[13] die vielfach in Sammlungen zusammengestellt sind,[14] wird beglaubigt, dass Maria als Mutter der Barmherzigkeit in (fast) allen Fällen für das Heil gläubiger Christen Sorge trägt. Die Texte verdeutlichen durch die Variation des Plots, dass auf Marias Beistand in verschiedenen Krisen des Lebens Verlass ist. Im seriellen Modus werden in den Mirakeln verschiedene Szenarien von marianischer ‚Inobhutnahme' durchgespielt und dabei wird verdeutlicht, wie vielfältig die Formen marianischer Fürsorge sein können. Wenn die Ikonographie vor Augen stellt, dass Marias Mantel als Zufluchtsort allen gläubigen Christen Platz bietet, verdeutlichen die Mirakel, in welchen krisenförmigen Situationen Maria für wen wie wundertätig interveniert, um fürsorglichen Beistand zu gewährleisten. Statt einer abstrakten Versicherung, dass Maria sich Menschen in Krisen des Lebens zu- und Unheil von diesen abwendet, bieten Mirakelerzählungen dementsprechend konkrete Konfigurationen marianischer Fürsorge, die Marias Bereitschaft, die Menschen vor Unheil zu bewahren, in exemplarischer Form beglaubigen.

Das in vielen mirakulösen Wundererzählungen relevante Konzept der fürsorglichen Zuwendung soll im Folgenden in Bezug auf zwei Marienmirakel aus dem ‚Passional' genauer beschrieben werden: Der literarhistorischen Bedeutung des ‚Passio-

---

10   HAMM, Dynamik, S. 103
11   Vgl. KOLB, Typologie, S. 868 f.; SPANGENBERG, Maria, S. 138.
12   Vgl. KOCH, triuwe, S. 345.
13   Vgl. SCHNEIDER, Mirakelliteratur, Sp. 700.
14   Vgl. HILG, Marienmirakelsammlungen.

nals' als der ersten umfangreichen deutschsprachigen Sammlung von Verslegenden, die neben ihrer Hauptquelle, der ‚Legenda aurea', eine Vielzahl weiterer Quellen rezipiert,[15] wurde in den letzten Jahren seitens der altgermanistischen Forschung Rechnung getragen:[16] Neben der Neuausgabe des ‚Passionals'[17] ist diesbezüglich vor allem die monographische Untersuchung dieser Sammlung durch Andreas Hammer zu nennen.[18] Diese konzentriert sich auf die vitenförmigen Legenden im ‚Passional', die Marienmirakel werden nur am Rande berücksichtigt.[19] Doch machen die Marienmirakel einen besonders umfangreichen Teil des ‚Passionals' aus,[20] sie stehen am Ende des ersten Buchs, dem sog. Marienleben, in dem „[i]mmer wieder [...], ganz besonders in den Marienmirakeln, die wirkmächtige Hilfe für die Menschen durch Jesus und Maria betont"[21] wird. Einzelne ‚Passional'-Mirakel haben durchaus Beachtung in der Forschung erfahren, etwa in Untersuchungen, die sich mit spezifischen Mirakelstoffen[22] oder mit deren Tradierung[23] auseinandersetzen. Eine monographische Untersuchung, die sich schwerpunktmäßig den 25 Marienmirakeln des ‚Passionals' widmet, hat zu dem Beatrice Kälin in den 1990er Jahren vorgelegt.[24] Kälin nimmt darin vor allem das sündige oder fromme Handeln des menschlichen Personals im Sinne von Motiven in den Blick. Ihre Überlegungen sind noch nicht an die gerade für hagiographische Er-

---

15   Vgl. zu den Quellen des ‚Passionals' allgemein RICHERT, Passional. Eine genaue Übersicht bietet der erste Band der folgenden zweibändigen Edition: HAASE/SCHUBERT/WOLF, Passional (im Folgenden abgekürzt mit der Sigle Pa). Vgl. Pa, Bd. I, S. CCX–CCLX. Speziell zu den Marienmirakeln vgl. Pa, Bd. I, S. CCXXIIIf. u. S. CCL–CCLII. Betont wird hier, dass es für die Zusammenstellung der Mirakel keine gemeinsame Quelle gebe, sie entsprechend als „eine eigene Leistung des Verfassers" (Pa, Bd. I, S. CCL) zu bewerten sei. Die beiden im Folgenden untersuchten Mirakel haben jeweils eine Vorlage in der ‚Legenda aurea'. Das Verhältnis zwischen den lateinischen Prätexten und den Versionen im ‚Passional' steht hier allerdings nicht im Fokus.

16   „Das P. stellt das älteste bekannte dt. Legendar dar u. ist als eines der erfolgreichsten literar. Großunternehmen des SpätMA zgl. bemerkenswert bewusst konzipiert. Es weist eine in der Legendarliteratur sonst nicht begegnende heilsgeschichtlich strukturierte Einteilung in drei Bücher auf: Buch I (etwa 19.000 Verse) erzählt vom Leben Jesu u. Mariens; nach dem Bericht von Mariae Himmelfahrt folgen 25 Marienmirakel u. ein Marienlob. Buch II (etwa 23.600 Verse) behandelt die Apostel u. andere zentrale Figuren des NT (etwa Magdalena). Buch III ist mit 66.400 Versen das umfangreichste u. bietet 75 Legenden von nachbibl. Heiligen in der Reihenfolge des Kirchenjahres. Epilog u. Gotteslob schließen das Werk ab" (FEISTNER/WILLIAMS-KRAPP, Passional, S. 101).

17   Es handelt sich um die unter der Sigle Pa verzeichnete, von HAASE/SCHUBERT/WOLF herausgegebene Edition. Die Marienmirakel aus dem ‚Passional' lagen zuvor in einer Edition von 1965 vor: RICHERT, Marienlegenden aus dem Alten Passional. Die folgenden Zitate aus dem ‚Passional' sind dem ersten Band (Buch I: Marienleben) der Neuausgabe entnommen. Die jeweiligen Versangaben finden sich in den Zitaten nachgestellten Klammern. Die Übersetzungen ins Neuhochdeutsche stammen von der Verfasserin.

18   Vgl. HAMMER, Erzählen.

19   Vgl. zu den Mirakeln auch HAMMER, Ent-Zeitlichung.

20   Vgl. HAMMER, Erzählen, S. 81.

21   Ebd., S. 45; vgl. die Übersicht zum Aufbau des ersten Buchs auf S. 69 f.

22   Vgl. GERBER, Transzendenz.

23   Vgl. EICHENBERGER, Geistliches Erzählen.

24   Vgl. KÄLIN, Maria.

zähltraditionen sehr aufschlussreichen methodischen Überlegungen zur christlichen Heilsmedialität angebunden. Mit Blick auf in ‚Passional'-Mirakeln entworfene Szenarien der wundertätigen Fürsorge Marias soll es im Folgenden darum gehen, auf die sozialen Dimensionen von Heilsvermittlungsprozessen aufmerksam zu machen. Gerade in Bezug auf Marienmirakel lässt sich zeigen, dass Heil in der religiösen Literatur keineswegs nur als Transzendenzerfahrung modelliert, sondern durchaus auch in der Immanenz verortet wird und lebenspraktisch konkretisierte Formen annehmen kann. Dabei geht es nicht um Prozesse sozialer Heiligung, die Julia Weitbrecht vor allem im Hinblick auf die *peregrinatio* und *conversio* des Personals in verschiedenen legendarischen Erzähltraditionen beschrieben hat: „Dabei gibt der Heilige sämtliche sozialen Zusammenhänge (wie Eltern, Verlobte und Ehepartner) auf und verlässt diese, um Heiligkeit überhaupt erst erfahren oder um sie ungestört von sozialen Erwartungen ausleben zu können."[25] Anders als in der vitenförmigen Legendarik stehen in der mirakelförmigen Legendarik neben dem heiligen Personal oftmals Menschen im Fokus, deren Platz ‚in der Welt' ist,[26] für die also nicht soziale Heiligung, sondern soziales Heil relevant ist. Die Möglichkeit zur Heilsteilhabe wird in dieser hagiographischen Textsorte oft in Bezug auf die sozialen Zusammenhänge profiliert, in die das menschliche Personal eingebunden ist.[27] Die wundertätige Hilfe des heiligen Personals, insbesondere die Fürsorge Marias, ist dabei vielfach auf Krisen des Soziallebens gerichtet.

Dass das Marienbuch des ‚Passionals' „eine Apotheose von Marias *truwe,* ein narratives und adhortatives Festhämmern eines Beistandsversprechens" bietet, das teilweise als „gnadenhaft unverfügbare *minne*" konzeptualisiert wird, aber „ebenso in sozialen Kategorien familialer Nähe […], von *dienst* und *helfe,* die einander bedingen und Ansprüche einräumen",[28] hat Elke Koch beschrieben. Die folgenden Textanalysen sollen zeigen, wie in den ‚Passional'-Mirakeln, die von menschlichen Begegnungen mit Maria handeln, religiöses Heil bezogen auf zwischenmenschliche bzw. soziale Näheverhältnisse vermittelt bzw. als erfahrbar ausgewiesen werden kann. In den Fokus rücken dabei zwei zentrale Konfigurationen des Soziallebens, die in Marienmirakeln immer wieder eine Rolle spielen: Zum einen das Verhältnis zwischen Mutter und Kind und zum anderen das Verhältnis zwischen Eheleuten. In exemplarischer Form soll in Bezug

---

25 WEITBRECHT, *Die werlt,* S. 64.

26 Vgl. WEITBRECHT, Aus der Welt; vgl. zum Konzept der sozialen Heiligung bes. S. 22–28.

27 Ähnliches beschreibt Johannes Traulsen mit Blick auf die Wüstenväter-Legenden aus dem ‚Väterbuch', das vermutlich vom selben Verfasser stammt wie das ‚Passional' (vgl. Pa, Bd. I, S. XXV–XXIX). In diesen zeige sich „mit Blick auf den Zusammenhang von legendarischem Erzählen und religiösem Leben, dass Heiligkeit als Näheverhältnis und Gemeinschaftsprinzip verstanden wurde" (TRAULSEN, Heiligkeit, S. 54). Allerdings thematisieren Mirakel nicht nur das Sozialleben in religiösen Gemeinschaften, sondern handeln eben auch von weltlich geprägten Sozialbeziehungen. In Wundererzählungen geht es entsprechend weniger um die Verbindung von Heiligkeit und Gemeinschaft und stärker um die Verbindung von Heil und Gemeinschaft.

28 KOCH, *triuwe,* S. 353.

auf die Darstellung dieser beiden familialen Näheverhältnisse ein charakteristisches Element der mirakelförmigen Legendarik beschrieben werden, wobei deutlich wird, dass heiliger Beistand im Rahmen der Narrativierung marianischer Wundertätigkeit bezogen auf menschliche Lebensrealitäten modelliert wird und die Medialität religiösen Heils über Szenarien der fürsorglichen Zuwendung dabei ein spezifisch anthropologisches Profil erhält.

II. Textanalysen

II.1. Mütterliche Solidarität in ‚Der Jesusknabe als Geisel‘ (‚Passional‘-Mirakel Nr. V)

In ‚Der Jesusknabe als Geisel‘[29] ist Marias fürsorgliches Handeln im Rahmen ihrer Wundertätigkeit auf das enge Verhältnis zwischen Mutter und Kind bezogen. Im Hintergrund steht dabei Marias Gottesmutterschaft, ihre enge Verbindung zu Jesus, durch den sie nicht nur zur *mater dolorosa* wird, sondern auch zum Inbegriff der *compassio*. Die Mutterschaft Marias wird in diesem Mirakel gewissermaßen ‚aktiviert‘ und in Fürsorge übersetzt, mit der Maria sich einer anderen Mutter zuwendet, die um ihren Sohn bangt.

Die menschliche Protagonistin des Mirakels, eine Witwe, hat nur ein Kind, einen erwachsenen Sohn, der als *wol ersam und bederbe* (sehr ehrbar und anständig, V. 13356) beschrieben wird. Der junge Mann gerät – Gründe dafür werden im Text nicht genannt[30] – in Kerkerhaft. Seine Mutter, die ihr Kind innig liebt, reagiert darauf mit verzweifeltem *iamer* (Schmerz, V. 13364) sowie mit *weinen und […] clagen* (Weinen und […] Klagen, V. 13365) in erheblichem Ausmaß. In ihrer Not wendet sie sich voller Inbrunst an Maria, damit diese *von allen banden / und von den vianden / iren sun wolde machen vri* (von allen Fesseln und von Feinden ihren Sohn befreien wollte, V. 13371–13373). Ihre Gebete werden jedoch nicht erhört. Bei der Frau stellt sich Verdruss darüber ein, sodass sie beim gewohnten Kirchgang das dortige Marienbildnis, *ein bilde gesniten / und meisterlich gehouwen / nach unser lieben vrouwen; / in ir schoze ein kindel saz* (ein nach dem Vorbild unserer lieben Herrin, in deren Schoß ein Kindlein saß, meisterhaft geschnitztes und gehauenes Bildnis, V. 13384–13387), aufsucht, um ganz betrübt davor zu beten. In einer umfangreichen Figurenrede (vgl. V. 13396–13425), die sie an das Heiligenbildnis richtet, beklagt die Witwe frustriert, dass Maria ihren Sohn

---

29   Pa, Bd. I, S. 381–384, V. 13351–13482. Zum Verhältnis zwischen diesem ‚Passional‘-Mirakel und der Version in der ‚Legenda aurea‘ des Jacobus de Voragine (in der Edition von HÄUPTLI – im Folgenden abgekürzt mit der Sigle LA – 131, S. 1748–1751) vgl. EICHENBERGER, Geistliches Erzählen, S. 495.

30   Vgl. zu diesem Aspekt auch KÄLIN, Maria, S. 102 f.

nicht aus der Gefangenschaft befreit habe. Weil Maria ihr nicht helfen wolle, wolle sie nun im Gegenzug das Beten einstellen: *mine bete sich alhi bezilt, / wand ich dich nicht wil als e / um minen sun biten me. / min arbeit sal ich dran versparn* (Mein Gebet ist hiermit beendet, denn ich will dich nicht weiterhin für meinen Sohn bitten; darauf werde ich keine weiteren Mühen verwenden, V. 13410–13413).

Dass „in Marienmirakeln, die oftmals von wundersamen Hilfeleistungen als Dank für die Ehrung von Marienbildnissen erzählen, ein geradezu mechanischer Zusammenhang der Heilsvermittlung zwischen Andacht als medialer Praxis, Mediatorenfunktion der Heiligen und Wunderereignis ausgestaltet"[31] wird, ist für diese Erzählung in spezifischer Form relevant. Der Epilog, den das ‚Passional' als eigenständigen Zusatz bietet, akzentuiert, dass Maria sich denjenigen Menschen erkenntlich zeigt, die sie verehren: *secht, alsus kan Marie / ir tugent den luten zeigen, / die sich wollent neigen / und ir mit dienste under sin. / des si gelobet di kunigin* (Seht, so erweist Maria ihre Güte denjenigen Leuten, die sich ihr zuwenden und ihr untertänig dienen wollen, V. 13478–13482). Doch auf der Handlungsebene wird die Heilsmechanik von frommer Leistung (Dienst) und marianischer Gegenleistung (Hilfe) unterlaufen.[32] Als die wunderbare Hilfe ausbleibt, intensiviert die verzweifelte Mutter nämlich keineswegs ihren frommen Dienst, um zu ihrem Ziel zu gelangen und marianische Unterstützung zu erwirken. Sie verkündet dem Marienbildnis:

> aber ich wil dir mite varn,
> als mit mir ist geworben.
> sit min trost ist erstorben,
> so wil ich din kint dir ouch nemen
> des mich durch not muz gezemen
> zu eime gisele vur min kint. (V. 13414–13419)

> Ich will dir jedoch so mitspielen, wie es mir ergangen ist. So wie meine Hoffnung gestorben ist, will ich dir nun dein Kind als Geisel für mein Kind nehmen – dazu werde ich durch meine Verzweiflung veranlasst.

Statt weiterhin erfolglos demütig zu beten, wechselt die Witwe in ein anderes kommunikatives Register, indem sie Maria erpresst: Sie werde das Jesuskind als Geisel nehmen, es aber zurückbringen, wenn Maria ihren Sohn befreit habe. Die ausbleibende marianische Gegenleistung führt dazu, dass die Witwe vom Prinzip des Diensts Abstand nimmt und Maria in anderer Form ‚begegnet'. Ihre Ankündigung setzt die Witwe in die Tat um, indem sie das Jesuskind aus dem Schoß des Marienbildnis' an sich nimmt, es in ein Tuch wickelt und davonträgt. Zuhause bettet sie ihre Geisel in

---

31 KOCH, Legende, S. 249.
32 Vgl. KOCH, *triuwe*, S. 351.

vil sydiner tuche (viele Seidentücher, V. 14432) und verstaut sie in einer Truhe bzw.
schließt sie ein.[33] Dass das Jesusbildnis zum einen liebevoll gebettet und zum anderen
wie ein Gefangener behandelt wird, zeigt, dass der Text das große funktionale Spektrum ausnutzt, das bildliche Darstellungen von Maria und Jesus als Medien des Heils
aufweisen: Der Text akzentuiert, dass es sich beim Jesuskind um ein *bilde* (Bildnis,
V. 13427 u. 13464) handelt, dass die Witwe also eine Figur bzw. ein Abbild mit sich
nimmt, aber im Umgang mit der Figur kommt der Kultbildcharakter zum Ausdruck, da
hier „Existenzmodi und Reaktionen lebender Personen unterstellt werden. Von Kult-
bildern wird berichtet, dass sie nicken, sprechen, lachen, weinen, schwitzen und blu-
ten."[34] Wie schon zum Marienbildnis spricht die Frau auch zum Bildnis des Jesuskinds
wie zu einem lebendigen Gesprächspartner, wobei sie – hier wird deutlich, dass in der
Kommunikation mit Maria andere Möglichkeiten bestehen als in der Kommunikation
mit lebenden Personen – eine an Maria gerichtete Drohung formuliert: *wil dich hi vris-*
ten / dln muter, daz mac sl wol tun. / gibet sl nicht mir minen sun, / du wirst ir nimmer wider
bracht (Lässt deine Mutter dich hier warten, kann sie das gerne tun. Wenn sie mir nicht
meinen Sohn zurückgibt, wirst du ihr niemals zurückgebracht, V. 13436–13439). Eine
Reaktion lässt nicht lange auf sich warten, denn in der darauffolgenden Nacht begibt
sich Maria zum gefangenen Sohn der Witwe in den Kerker, um diesen zu befreien,
indem sie die *kerkeres tur, / vezzern unde halsbant* (Kerkertür, Fesseln und Halsring,
V. 13446 f.) löst. Gefangenenbefreiungen lassen sich mit Gabriela Signori als eigener
Mirakeltypus beschreiben, der „seit dem frühen Mittelalter meist dort gehäuft in Erscheinung [tritt], wo Gewalt und Krieg den Alltag der Menschen bestimmen."[35] Hier
handelt es sich um eine stark literarisierte Ausgestaltung dieses Typs, der eher nicht
auf konkrete historische Gewalterfahrungen bezogen ist, sondern exemplarischen
Charakter im Hinblick auf die Bindung von Mutter und Kind besitzt. Maria reagiert
mit der Befreiung des Sohns nicht auf andächtigen Dienst und fromme Gebete, sondern, so scheint es, hat sich zur wundertätigen Hilfeleistung erpressen lassen. Mit ihrer
Handlung, die von Kälin als „fromme Gewalttätigkeit"[36] charakterisiert worden ist, hat
die Witwe Erfolg. Sie handelt dabei aber nicht blindlings gewaltsam, sondern verdeutlicht strategisch kalkuliert, wie es ist, um das eigene Kind zu bangen. Die marianische
Bereitschaft, auf die Bedingungen der Entführerin des Jesuskinds einzugehen, stellt
eine Anerkennung der Notlage dar, in der sich die verzweifelte Mutter befindet. Diese
handelt fürsorglich ihrem Kind gegenüber, indem sie alle ihr zur Verfügung stehenden

---

33   In der ‚Legenda aurea' wird das Jesuskind von seiner Entführerin ‚nur' in Leintücher gebettet. Vgl.
     LA 131, S. 1748, Z. 26–28. Den besonders fürsorglich-andächtigen Umgang mit Jesusfiguren im
     Rahmen von mystischen Mutterschaftsentwürfen betont TOEPFER, Kinderlosigkeit, S. 275–299.
     Hier wird allerdings die andächtige Verehrung des Jesuskindes durch die Sorge um das eigene
     Kind überlagert.
34   GLADIGOW, Bilderkult, S. 1563.
35   SIGNORI, Das Wunderbuch, S. 9. Vgl. auch DIES., Maria, S. 234–239.
36   KÄLIN, Maria, S. 105.

Möglichkeiten nutzt, um diesem Hilfe zu verschaffen. Mit der Geiselnahme appelliert sie dabei an Maria als Mutter, die über das Passionsgeschehen heilsgeschichtlich mit dem schmerzlichen Verlust ihres Kindes verbunden ist. Der Text macht es zwar nicht explizit, doch Maria wird durch die Witwe gewissermaßen daran erinnert, wie es ist, *mater dolorosa* zu sein.[37] Maria agiert in der Folge wie eine um das Wohl des eigenen Kindes besorgte Mutter und lässt sich auf die Forderung der Geiselnehmerin ein. Ihre wundertätige Intervention mag dabei auf mütterlicher Fürsorge beruhen, aber lässt darüber hinaus ein auf Identifikation beruhendes solidarisches Prinzip erkennen: Als um den Verbleib ihres Kindes besorgte Mutter hilft sie einer anderen Mutter in einer vergleichbaren Situation. Maria und die Witwe werden durch die Geiselnahme in ihren Sorgen einander angeglichen. An die Stelle des Diensts rückt hier das Leid, auf das Maria mit Mitleid und mit barmherziger Hilfe reagieren kann. Die Angleichung zeigt sich auch mit Blick auf die Ausgestaltung der Kommunikation zwischen beiden Parteien: Die Kontaktaufnahme geht von der Witwe aus, die in ihrer Verzweiflung Maria anruft. Zunächst versucht diese, im Gebet Kontakt aufzunehmen, dann folgt die von ihr ausgehende Interaktion mit dem Marienbildnis, doch Maria ,antwortet' nicht. Erst als das Jesuskind zur Geisel wird, reagiert Maria. Die Befreiung wird begleitet von einer Nachricht, die Maria der Witwe über deren Kind vermittelt, indem sie diesem mitteilt:

> vil liebez kint, nu ganc
> vri sunder allen twanc
> zu diner muter und sprich,
> daz ich geloset wol han dich.
> sit du macht vri bi ir leben,
> heiz mir min kint ouch wider geben,
> daz si mir vor dich e nam. (V. 13449–13455)

Liebstes Kind, geh nun ohne alle Zwänge zu deiner Mutter und sage ihr, dass ich dich erlöst habe. Da du nun befreit bei ihr leben kannst, weise sie an, mir mein Kind, das sie mir zuvor deinetwegen wegnahm, wiederzugeben.

Der junge Mann macht sich nach dieser Begegnung mit Maria auf den Weg zu seiner Mutter und berichtet dieser von seiner wunderbaren Befreiung. Voller Freude holt die Witwe daraufhin das Jesuskind aus dem Versteck, um es gemäß ihrer Zusage dem Marienbildnis zurückzubringen:

---

37   Nicole Eichenberger verweist darauf, dass in der Prosaversion des Mirakels in der Hs. Berlin, Staatsbibl., Mgf 863 die „Analogie zwischen dem Verlust ihres Sohnes und dem Verlust Christi zwischen Karfreitag und Ostern […] betont und damit an Marias mütterliche Gefühle appelliert" (EICHENBERGER, Geistliches Erzählen, S. 498) werde.

si nam daz cleine bilde,
da mite si zur kirchen quam
und gab der vrouwen lobesam
ir kint wider unde sprach:
nu hat min herze gut gemach,
edel kusche gotes maget,
genade und lob si dir gesaget,
wand din helflicher trost
mir minen sun hat erlost
von der gevencnisse cloben,
des sal ich dich immer loben
an vergezzens underbint.
du hast gelediget wol din kint,
daz ich dir laze vrie. (V. 13464–13477)

Sie nahm das kleine Bildnis, kam mit diesem zur Kirche und gab der lobenswerten Herrin ihr Kind zurück und sagte: Jetzt hat mein Herz Ruhe, edle, reine, göttliche Jungfrau! Dir sollen Gnade und Lob zugesprochen werden, da dein hilfreicher Beistand meinen Sohn aus der Fessel der Gefangenschaft erlöst hat. Dafür werde ich dich immer loben und es nicht vergessen! Du hast zweifellos dein Kind, das ich hiermit freilasse, ausgelöst.

Nach der Kerker- ist nun auch die Geiselhaft beendet; die beiden Mütter sorgen dafür, dass die jeweils andere mit dem eigenen Sohn vereint ist. Die Witwe, die sich von einem andächtigen Umgang mit Maria distanziert hatte, hat endlich Marias fürsorgliche Unterstützung bzw. ihren *helfliche[n] trost* erfahren und ist deshalb bereit, wieder zum Modus der Verehrung zurückzukehren. Auf den *trost* Marias, der in der Rettung des eingekerkerten Sohnes besteht, folgt nun andächtige Zuwendung.

II.2. Eheliche *hute* in ‚Maria rettet einen Ritter um seiner Frau willen‘
(‚Passional‘-Mirakel Nr. XX)

In ‚Maria rettet einen Ritter um seiner Frau willen‘[38] agiert Maria als Patronin der Ehe.
Illustriert wird in der Erzählung ein Prinzip, das die Eingangsverse verdeutlichen:[39]

Von der wol gebornen maget
sal uch werden noch gesaget,
wi so gut und uber gut
ist ir tugenthafter mut
und wi ir tugent vluzet,
daz ein mensche ouch genuzet
des andern, daz si lieb hat. (V. 15183–15189)

Von der hochgeborenen Jungfrau wird Euch nun erzählt, wie übermäßig gut ihr gütiges
Wesen ist und wie ihre Güte überfließt, sodass ein Mensch auch von einem anderen pro-
fitiert, der sie liebt.

Auf der Handlungsebene erweist sich die Marienfrömmigkeit der Ehefrau als nützlich
für das religiöse Heil des Ehemanns, weil Maria nicht nur diese, sondern auch ihren
Mann vor dem Teufel rettet. Zudem wird Maria als Instanz dargestellt, die im wundertätigen Handeln die Ehe zwischen beiden vor dem Ende bewahrt.

Das Mirakel erzählt davon, dass ein verarmter Ritter einen Teufelspakt eingeht,
um seinen höfischen Lebenswandel aufrechterhalten zu können. Ausgangspunkt der
Handlung stellt also eine ökonomische Krise dar, die mit dem Verlust des gesellschaftlichen Ansehens verbunden ist. Der zunächst wohlhabende adlige Protagonist gibt
sein Vermögen aus und die *armekeit* (Armut, V. 15216) lässt den Ritter verzweifeln:
Weil er seine Gäste bei einer bevorstehenden *hochzit* (Fest, V. 15225) nicht mehr angemessen empfangen kann, flüchtet er vor der *schande also manicvalt* (so großer Schande,
V. 15235) allein in den Wald, wo ihm der Teufel auflauert. Dieser hat es eigentlich auf
die Ehefrau des Ritters abgesehen, die darunter leidet, dass ihr Ehemann *so vil in un-
pflec / durch hochvart gab hin wec* (so viel in verschwenderischer Weise für seine Ruhm-
sucht weggab, V. 15243 f.). Anders als ihr Mann ist die Frau nicht an einem höfischen
Lebensstil interessiert, sondern pflegt *heilige gewonheit / almusen unde gebet* (heilige
Gewohnheiten, Almosen und Gebete, V. 15246 f.). Der Text entwirft sie als fromme

---

38   Pa, Bd. I, S. 432–439, V. 15183–15468. Vgl. die lateinische Vorlage in LA 119, S. 1534–1537.

39   „Im Gegensatz zu vielen anderen ‚Passional‘-Mirakeln ist diese Erzählung mit einem relativ langen
      Prolog (V. 1–13) ausgestattet, in dem der Erzähler die unermessliche Güte Marias betont, die nicht
      nur ihren Dienern, sondern auch anderen Menschen um ihrer Diener willen helfe" (EICHENBER-
      GER, Geistliches Erzählen, S. 259). Eine entsprechende Passage findet sich in der ‚Legenda aurea‘
      nicht. Vgl. LA 119, S. 1534.

Verehrerin der Gottesmutter: *Maria, di vrouwe gut, / was ir gezogen durch den mut, / dar inne ir liebe stete lac, / wand sie vrolichen pflac / ir dienen, swa si konde* (Maria, die gute Herrin, beherrschte ihr Denken und Fühlen, ihr galt stets ihre Liebe, sodass sie voller Freude ihr immer zu dienen pflegte, wenn sie es konnte, V. 15253–15257). Den Teufel verärgert *daz tugenthafte leben, / dem si wol erlich was ergeben. / er woldez gerne han verruct / und si dar uz han gezuct* (das fromme Leben, dem sie sich aufrichtig hingab. Er wollte es gerne beendet und sie davon abgebracht haben, V. 15261–15264). Um das fromme Leben der Ehefrau zu unterwandern, versucht der Teufel, über den Ehemann Zugriff auf diese zu bekommen. Vordergründig bzw. auf der Handlungsebene agiert der Teufel dabei als hilfreiche Instanz für den verzweifelten Ritter, der allein in die Wildnis geflohen ist. Als der Teufel den Mann aufsucht, erschrickt dieser zunächst, doch jener spricht den Ritter auf eine Weise an, *da mite er in wol troste / und von der angest loste* (mit der er ihm gut zuredete und die Angst nahm, V. 15275 f.). Er adressiert nämlich die Sorgen des Ritters und bietet ihm an, ihn wieder *gutes riche* [...] *und wertlicher eren sat* (reich an Besitz [...] und satt an weltlichem Ansehen, V. 15300 f.) zu machen, indem er ihm einen Schatz zur Verfügung stellt. Der Teufel verspricht:

> swaz dine ere e nider sluc,
> daz wolde ich mit gute erheben.
> du soldest sulcher ere entseben,
> daz sich din name nie da vor
> getruc also ho enpor,
> er ensolde hoer werden nu. (V. 15288–15293)

Was auch immer dein Ansehen verringert hat, das will ich durch Besitz wieder vermehren. Du sollst eines solchen Ansehens innewerden, dass dein Name, egal wie hoch er zuvor angesehen wurde, nun noch höher gehalten werden sollte.

Als Gegenleistung fordert der Teufel, der Ritter möge ihm seine Ehefrau bringen, worauf sich der Ehemann einlässt: *ich wil tun, swaz du wilt, / ob sich min armut bezilt / von diner helfe, als du nu seist* (Ich will tun, was immer du willst, wenn meine Armut durch deine Hilfe beendet wird, wie du versprichst, V. 15295–15297). Die teuflische *helfe* funktioniert: Nachdem der Pakt geschlossen ist, lebt der Ritter *richlich als e / von disme guten coufe* (fürstlicher als zuvor durch dieses gute Geschäft, V. 15320 f.).

Nach Jahresfrist ist der Stichtag für die Gegenleistung gekommen: Der Ritter will mit seiner Frau davonreiten, um sie an der verabredeten Stelle dem Teufel zu übergeben. Die Frau weiß nichts von dem Arrangement zwischen ihrem Mann und dem Teufel, wird jedoch skeptisch, weil sie nur zu zweit *sunder hute / solden riten eine* (ohne Aufsicht allein wegreiten sollten, V. 15332 f.). Sie ängstigt sich, als ihr Mann darauf besteht, mit ihr allein in die Wildnis zu reiten. Sie ist zwar *gehorsam* (gehorsam, V. 15340), aber *si bevalch in iren mute / sich in Marien hute* (sie vertraut sich im Geiste Marias Obhut an, V. 15341 f.). Als sie auf ihrem Ritt an einer Kapelle vorbeikommen, lässt sich die Frau vom Pferd fallen und betet zur Gottesmutter. Daraufhin nimmt Maria vom Ehemann unbemerkt den Platz der Ehefrau ein und kommt ihr damit zur Hilfe:

> als di wile si daz tet
> und an unse vrouwen rief,
> do vugete sichz, daz si entslief.
> Maria ir zu helfe quam,
> di sulche forme an sich nam
> an gesteltnisse und an cleide:
> ane alles underscheide
> was an ir der volle schin,
> als ob ez die vrouwe solde sin;
> dise lac, Maria gienc. (V. 15354–15363)

Als sie das tat und unsere Herrin anrief, da fügte es sich, dass sie einschlief. Maria, die in Gestalt und Kleidung ihre Form annahm, kam ihr zur Hilfe: Ohne jeglichen Unterschied schien sie völlig wie die Ehefrau zu sein; diese lag, Maria ging.

Die marianische *hute* wird hier über die personale Stellvertretung realisiert,[40] indem Maria in Gestalt der Ehefrau zum Teufel gebracht wird, während die Ehefrau schlafend bzw. ohnmächtig zurückbleibt. Der Teufel will das Geschäft mit dem Ritter zum Abschluss bringen und freut sich bei dessen Ankunft, denn er *wante gar gewunnen haben* (dachte, auf ganzer Linie gewonnen zu haben, V. 15369). Doch nachdem er realisiert, wer den Ritter begleitet, wird dem Teufel bewusst, dass sich der Pakt für ihn nicht auszahlt. Er beklagt sich bitterlich beim Ritter und gibt seine wahren Absichten zu erkennen. Dabei wird im Rahmen einer Figurenrede nun auch auf der Handlungsebene deutlich, dass die Hilfe des Teufels natürlich keineswegs als fürsorgliche Zuwendung zu verstehen ist, durch die der in die Krise geratene Ritter nachhaltige Unterstützung erfährt, sondern die Sorgen des Ritters kalkuliert genutzt werden sollten, um den diabolischen Interessen Genüge zu tun:

> ey, du ungetruwer man,
> waz hastu leides mir getan
> mit diner grozen valscheit!
> ich gab dir mine richeit
> an silber und an golde,
> swi din herze wolde,
> daz du mir brechtes her din wib.
> ich wolde rechen an ir lib
> minen zorn mit nide,

wand ich von ir lide
vil groze not, die si mir tut
an irre kuschen demut.
ir almusen und ir biten
mit andern tugentlichen siten,
der si vil hat an ir,
die erbieten groz laster mir.
diz wolde ich han erbrochen
und mich an ir gerochen,
daz si michz vurwart hete erlan. (V. 15375–15393)

Oh, du verräterischer Mensch, welches Leid hast du mir durch deine große Verlogenheit
zugefügt! Ich gab dir meinen Reichtum in Form von Silber und Gold, wie es dein Her-
zenswunsch war, damit du mir deine Ehefrau brächtest. Ich wollte an ihr meinen Zorn und
Hass vergelten, denn ich erleide von ihr große Not, die sie mir durch ihre reine Demut zu-
fügt. Ihre Almosen und ihre Gebete und andere fromme Sitten, von denen sie viele hat, die
stellen für mich schlimme Laster dar. Diese wollte ich zerstören und mich an ihr rächen,
damit sie es mir fortan erspare.

Maria verdeutlicht in einer anschließende Figurenrede die enge Beziehung zwischen
ihr und der Ehefrau des Ritters, die sie als *min sunderliche holde, / di mit truwen wolde / sich in min dienst neigen* (meine besondere Verehrerin, die sich zuverlässig meiner
Verehrung zuwenden wollte, V. 15407–15409), bezeichnet. Sie verbannt danach den
Teufel in den *helle grunt* (Höllengrund, V. 15415), damit diejenigen Menschen, *die nach
helfe an minen namen / schrien und den eren* (meinen Namen um Hilfe anrufen und ihn
ehren, V. 15418 f.) keine leidvolle Bekanntschaft mit diesem mehr machen müssten.
Deutlich wird so, dass Maria nicht nur die Aufgabe der *hute* für die Ehefrau des Ritters wahrnimmt, sondern als Instanz der Heilsfürsorge über diesen spezifischen Fall
hinaus *helfe* bietet. Auch hier greift eine Logik der Stellvertretung: Das „tugendhafte
Leben und die Marienverehrung der Frau [haben] stellvertretende Funktion, da deren
Tugend ihrem sündigen Mann zum Nutzen gereicht."[41] Hinzu kommt, dass der Ritter,
überwältigt von der Verbannung des Teufels, der heulend das Weite sucht, vom Pferd
stürzt und auf dem Boden liegend Maria darum bittet, *di valscheit im vergeben, / daz
er so torlich wolde leben / und mit den sunden sich versluc* (ihm die Untreue zu vergeben, dass er so töricht leben wollte und sich mit Sünden beschmutzte, V. 15433–15435).
Maria, so heißt es, straft ihn daraufhin in ausreichendem Maße, indem sie von ihm
verlangt:

41   Ebd.

[…] tu dich abe
alle der leiden tuvels habe,
die dir nicht gehelfen mugent!
diner husvrouwen tugent
saltu geniezen, ob du noch
von dir suntlichez ioch
wilt losen und des vri wesen,
so machtu harte wol genesen
und tugende gewinnen vil. (V. 15437–15445)

Trenne dich vom ganzen schädlichen Besitz des Teufels, der dir nicht helfen kann! Du sollst von der Frömmigkeit deiner Ehefrau profitieren, wenn du zusätzlich das Sündenjoch abstreifen willst und dich davon befreist, dann kannst du vollständig heil davonkommen und ein viel besserer Mensch werden.

Der Ritter, der zur Reue bereit ist, kann so die teuflische *habe* gegen marianische *hute* eintauschen. Vermittelt wird der marianische Schutz über die fromme Ehefrau, die Maria nicht nur vor dem Teufel bewahrt: „Der Handel […], den der Teufel mit dem Ritter eingegangen ist, scheitert nicht nur wegen des machtvollen Eingreifens von Maria, sondern auch wegen der Tugend der Rittersfrau."[42] Entscheidend ist dabei, dass das ursprünglich diabolische Tauschgeschäft (Ehefrau für teuflische *habe*) nicht einfach ausgesetzt, sondern in eine Art Umtausch überführt wird (teuflische *habe* für Heil), wobei das ökonomische Kalkül abgelöst wird durch eine Logik des sozialen Profits, die Heil verspricht:

> Während in der Fassung der ‚Legenda aurea' das böse Gut des Teufels durch Geschenke Marias ersetzt wird, lässt die deutsche Verserzählung offen, ob die Eheleute wieder zu materiellem Wohlstand gelangen. Das könnte damit zusammenhängen, dass der volkssprachige Erzähler den Akzent stärker auf die innere Verfassung bzw. Wandlung der Figuren legt.[43]

Die ‚Zuwendungen', die der Teufel anbietet, sind auf die wirtschaftliche Krisenerfahrung des Ritters bezogen, die im höfischen Rahmen mit einer Degradierung einhergeht. Die Reichtümer des Teufels können die darniederliegende *ere* des Protagonisten aufrichten, indem diesem wieder eine höfische Lebensführung ermöglicht wird. Die zugrundeliegende Wertelogik ist dabei eine ökonomische. Das marianische Handeln hingegen ist auf ein ethisches Wertesystem bezogen, das hier eng mit der Ehe verbunden ist: Die *tugent* der Ehefrau, die hier im Sinne einer frommen Lebensführung zu

42   Ebd.
43   EICHENBERGER, Geistliches Erzählen, S. 260.

verstehen ist,[44] erscheint als religiöses ‚Guthaben' des Mannes. Durch die wundertätige Verbannung des Teufels wird dieser zu einer *conversio* veranlasst, durch die seine
Verbindung mit dem Teufel gelöst und die Verbindung mit seiner Ehefrau gestärkt
wird. Die Ehe fungiert hier als Schutzraum vor Unheil, der wiederum von Maria behü-
tet wird. Nach der Begegnung mit Maria kehrt der Ritter zu seiner vor dem Gotteshaus
im Wald in Gebetshaltung schlafenden Ehefrau zurück,[45] die er aufweckt, um fortan
mit ihr zusammen ein anderes Leben zu führen:

> do wart ouch umme gewant
> sin leben, als er liez schouwen.
> er volgete siner vrouwen
> und karte sich uf tugende me.
> im tet von allem herzen we,
> daz er der untugende
> da her von siner jugende
> leider also vil getreib.
> in gutem lebene er stete bleib
> mit der husvrouwen sin. (V. 15458–15467).

Damit wurde auch sein Leben umgekehrt, wie er zeigte. Er folgte seiner Herrin und wand-
te sich verstärkt der Demut zu. Ihm tat aufrichtig und von Herzen weh, dass er seit seiner
Jugend so lasterhaft gelebt hatte. Er führte von nun an mit seiner Ehefrau stets ein gutes
Leben.

Der Pakt mit dem Teufel verspricht *habe,* aber hat einen hohen ethischen Preis. Das
Zusammenleben mit der Ehefrau ist demgegenüber – jedenfalls in der ‚Passional'-Ver-
sion des Mirakels – mit Verzicht auf Besitz verbunden, steht aber unter der *hute* Marias
und erscheint damit als das nachhaltigere ‚Geschäft'.

---

44 Der Text nutzt das große Bedeutungsspektrum des starken Femininums *tugent* aus, indem er *tugent*
in einem geistlichen Sinne konzeptualisiert und damit marianische Güte ebenso wie menschliche
Demut und Frömmigkeit bezeichnet. Somit unterbreitet er einen Gegenentwurf zur höfischen
tugent der *êre,* die den Ritter zum Teufelspakt veranlasst.

45 In der ‚Legenda aurea' weist Maria den Ritter an, genau dies zu tun. Die Ehefrau ist hier allerdings
nicht vor dem Gotteshaus vom Pferd gefallen, sondern befindet sich darin. Vgl. LA 119, S. 1536,
Z. 13 f.

III. Fazit

In der ‚Paränese zum Mariengruß‘, der den Marienmirakeln im ‚Passional‘ angehängt ist,[46] kommt zum Ausdruck, dass Marias fürsorgliche Zuwendung eine Gegenleistung zum Mariendienst darstellt. Dabei spielt das Konzept der *triuwe* eine zentrale Rolle. Formuliert wird, dass

> Maria in muterlicher truwe
> den menschen lieb haben muz
> daz ir dicke holden gruz
> mit siner venie sendet
> und druf sin herze wendet,
> wi ez mit allem sinne
> si luterlich geminne
> in einvaldiger gute. (V. 17986–17993)

Maria in mütterlichem Wohlwollen den Menschen liebhaben muss, der ihr einen zutiefst innigen Gruß mit Fußfall entbietet und sein Herz darauf richtet, dass er sie mit allen Sinnen in einfältiger Güte ungetrübt liebe.

In den Marienmirakeln des ‚Passionals‘ selbst kommt dem Mariengruß, dem Ave Maria, ebenfalls eine wichtige Bedeutung zu: „In zehn Legenden [gemeint sind Mirakel, Anm. N.N.] ist das von Sündern oder Frommen verrichtete Ave-Maria-Gebet der Grund für das Eingreifen Marias.“[47] Im ‚Passional‘ wird gerade auch in diesen Mirakeln „das Verhältnis von Gott und Mensch als eines der wechselseitigen Verpflichtung entworfen. Die Mirakel am Ende des Marienbuches konkretisieren diese Verpflichtungen als menschlichen *dienst* und durch Maria vermittelte göttliche *helfe*.“[48] Doch einige Mirakel rücken vor allem zwischenmenschliche Verbindungen in den Fokus. In den hier untersuchten zwei ‚Passional‘-Mirakeln wird deutlich, dass mit Marias wohlwollender Unterstützung nicht nur als verpflichtende Gegenleistung für frommen Mariendienst zu rechnen ist, sondern marianische Fürsorge darüber hinaus wirksam werden kann. Für Marias fürsorgliches Wunderwirken und die daraus resultierende Heilserfahrung stellt sich dementsprechend nicht die Frage nach der Prävalenz von ethischen oder thaumaturgischen Aspekten, die für Entwürfe personaler Heiligkeit relevant erscheint,[49] denn beide werden im Mirakelerzählen zusammengeführt. Ma-

---

46 Pa, Bd. I, S. 507–510, V. 17933–18012.
47 KÄLIN, Maria S. 210. Vgl. dazu auch HILG, Marienmirakelsammlungen, Sp. 30. Vgl. zum Zusammenhang von Ave-Maria-Gebetspraxis und Mirakelerzählung den Aufsatz von Lara Schwanitz im vorliegenden Band.
48 KOCH, *triuwe*, S. 351.
49 Vgl. BREITENSTEIN, Wunder, S. 346.

rias Sorge um das Heil der Menschen ist dabei mit sozialen Näheverhältnissen auf der zwischenmenschlichen Ebene verbunden: Der verzweifelten Witwe in ‚Der Jesusknabe als Geisel' hilft Maria, als diese sich vom Gebet abwendet und zur Drohung übergeht, weil sie um das Wohl ihres Kindes besorgt ist. Maria reagiert nicht etwa strafend auf die Anmaßung der Geiselnahme, sondern wirkt als Regulativ in der familiären Krisensituation, wobei sie das Fortbestehen der engen Verbindung zwischen Mutter und Sohn bewirkt. In ‚Maria rettet einen Ritter um seiner Frau willen' agiert Maria nicht nur als Beschützerin einer frommen Ehefrau, deren Ehemann dazu bereit ist, sie dem Teufel zu überlassen, sondern verdeutlicht zudem diesem, dass er seiner Ehefrau sein Heil zu verdanken hat. Sie sorgt damit dafür, dass der Ehemann sich vom Teufel ab- und seiner Frau zuwendet. Beide Mirakel erzählen von wundersamen Rettungen durch Maria: Der Sohn wird vor dem Tod, die Mutter vor dem Verlust ihres Kindes bewahrt, die beiden Eheleute werden vor dem Teufel geschützt. Damit ist verbunden, dass Maria in beiden Erzählungen als Patronin der familiären Verhältnisse agiert. Den Zuständen des Heils, zu denen Marias Wunderwirken beiträgt, gehen jeweils Familienkrisen voraus. Die Verbindungen zwischen den Familienmitgliedern erscheinen – im ersten Textbeispiel vom menschlichen Personal unverschuldet, im zweiten Textbeispiel durch sündhaftes Handeln des Ehemanns verschuldet – bedroht, werden aber durch die Begegnung mit Maria stabilisiert, die damit nicht nur individuelles, sondern auch soziales Heil bewirkt. Marias Wunderhandeln wird dabei nicht bzw. nur eingeschränkt als Gegenleistung für ihre Verehrung, sondern vielmehr im Hinblick auf zwischenmenschliche Verbundenheit modelliert. Im ersten Textbeispiel wird deutlich, dass Maria Menschen bei einem „Sozialverhalten, das Sorge trägt für das Wohl eines anderen, dem man durch Freundschaft oder Verwandtschaft verbunden oder der einem anvertraut ist",[50] unterstützt, da hier die Sorge der Mutter um ihr Kind deutlich im Fokus steht. Im zweiten Textbeispiel sind sich die Eheleute, die sich in ihrer Lebensführung stark unterscheiden, wenig nahe bzw. kaum verbunden. Aber indem die fromme und demütige Lebensführung seiner Ehefrau dafür sorgt, dass ihr Ehemann mit Marias Hilfe dem Teufel entkommt, wird eine Annäherung zwischen den Ehepartnern ermöglicht. Beide Mirakel zeigen, dass soziale Bindungen Heilsteilhabe vermitteln können und diese Gnadenerfahrung wiederum auf die sozialen Bindungen einwirkt. Religiöses Heil wird in Mirakeln nicht immer, aber oft ‚in der Welt'[51] verortet – insbesondere dann, wenn Marias Heilsmittlerschaft in Bezug auf soziale Bindungen illustriert wird, die sie fürsorglich beschützt. Die Marienmirakel im ‚Passional' weisen soziale Näheverhältnisse und die wohlwollende Sorge für ein Gegenüber als heilswirksame Prinzipien aus. In der menschlichen Vulnerabilität, Fehlbarkeit und Hilfsbedürftigkeit, aber auch in der marianischen Fürsorge zeigt sich eine

---

50   KOCH, *triuwe*, S. 347.
51   Vgl. WEITBRECHT, Aus der Welt.

spezifische Welthaltigkeit,[52] die sich auch in systematischer Hinsicht als Charakteris-tikum von Marienmirakeln beschreiben lässt: Marienmirakel stellen immer wieder Nöte, Probleme und Krisen Angehöriger unterschiedlicher sozialer Gruppen (z. B. von Kindern, Eltern, Eheleuten, aber auch Jugendlichen, Alten, Nonnen, Mönchen etc.) sowie die entsprechenden hilfreichen Reaktionen Marias darauf dar. Im Hin-blick auf die Überlieferung der Mirakel in Sammlungszusammenhängen ergibt sich somit eine besondere Vielfalt von Beistandsszenarien, die für ganz unterschiedliche Rezipient:innen anschlussfähig erscheint: Die einzelnen Mirakel machen spezifische Angebote für Menschen in verschiedenen Lebenslagen. Sie stärken das „Vertrauen in die Hilfe Mariens",[53] indem sie in exemplarischer Form veranschaulichen, dass Marias wundertätige Fürsorge keine abstrakte Vorstellung ist, sondern von allen Menschen christlichen Glaubens konkret erfahren werden kann.

Bibliographie

Quellen

Jacobus de Voragine, Legenda Aurea / Goldene Legende, 2 Bde, Einleitung, Edition, Übersetzung und Kommentar v. Bruno W. HÄUPTLI (Fontes Christiani Sonderband Teil 1 und 2), Freiburg i. B. 2014.

Marienlegenden aus dem Alten Passional, hg. v. Hans-Georg RICHERT, Tübingen 1965.

Passional. 2 Bde, hg. v. Annegret HAASE / Martin SCHUBERT / Jürgen WOLF (Deutsche Texte des Mittelalters 91,1+2), Berlin/Boston 2013.

Forschungsliteratur

AUFFARTH, Christoph, Art. ‚Wunder', in: Metzler Lexikon Religion 3 (2000), S. 686–688.

BREITENSTEIN, Mirko, Art. ‚Wunder', in: Enzyklopädie des Mittelalters 1 (³2013), S. 344–348.

Deutsches Wörterbuch von Jacob Grimm und Wilhelm Grimm; digitalisierte Fassung im Wör-terbuchnetz des Trier Center for Digital Humanities, Version 01/21. https://www.woerter-buchnetz.de/DWB [abgerufen am 26.04.2022]; Neubearbeitung (A–F); digitalisierte Fassung im Wörterbuchnetz des Trier Center for Digital Humanities, Version 01/21. https://www.woerterbuchnetz.de/DWB2 [abgerufen am 26.04.2022].

EICHENBERGER, Nicole, Geistliches Erzählen. Zur deutschsprachigen religiösen Kleinepik des Mittelalters, Berlin/München/Boston 2015.

ERLEMANN, Kurt, Wunder. Theorie – Auslegung – Didaktik, Tübingen/Basel 2021.

---

52 Zu historischen Formen der Welthaltigkeit literarischer Texte vgl. MÜLLER, Literarische und an-dere Spiele, S. 97 f.

53 Vgl. HILG, Marienmirakelsammlungen, Sp. 30.

FEISTNER, Edith / WILLIAMS-KRAPP, Werner, Art. ‚Passional‘, in: Killy Literaturlexikon – Autoren und Werke des deutschsprachigen Kulturraumes 9 (²2010), S. 101 f.

GERBER, Jennifer, Transzendenz berühren. Die (halbe) Kerze als Schnittstelle zwischen Transzendenz und Immanenz im Marienmirakel ‚Erscheinung am Lichtmesstage‘ des ‚Passionals‘, in: Das Mittelalter 25 (2020), S. 294–310.

GLADIGOW, Burkhard, Art. ‚Bilderkult I. Religionswissenschaft‘, in: Religion in Geschichte und Gegenwart 1 (⁴1998), Sp. 1562–1564.

HAMM, Berndt, Die Dynamik von Barmherzigkeit, Gnade und Schutz in der vorreformatorischen Religiosität, in: Lutherjahrbuch 81 (2014), S. 97–134.

HAMMER, Andreas, Ent-Zeitlichung und finales Erzählen in mittelalterlichen Legenden und Antilegenden, in: Anfang und Ende – Kausalität und Finalität. Formen narrativer Zeitmodellierung in der Vormoderne, hg. v. DEMS. / Udo FRIEDRICH / Christiane WITTHÖFT (Literatur – Theorie – Geschichte 3), Berlin 2013, S. 179–204.

DERS., Erzählen vom Heiligen. Narrative Inszenierung von Heiligkeit im ‚Passional‘ (Literatur – Theorie – Geschichte 10), Berlin/Boston 2015.

HAUBRICHS, Wolfgang, Art. ‚Mirakel‘, in: Reallexikon der deutschen Literaturwissenschaft, 2 (2007), S. 608–612.

HILG, Hardo, Art. ‚Marienmirakelsammlungen‘, in: Die deutsche Literatur des Mittelalters. Verfasserlexikon 6 (²1987), Sp. 17–42.

KÄLIN, Beatrice, Maria, *muter der barmherzekeit*. Die Sünder und die Frommen in den Marienlegenden des alten Passionals (Deutsche Literatur von den Anfängen bis 1700 17), Bern u. a. 1994.

KOCH, Elke, *triuwe, trôst* und *helfe*. Divergenzen und Konvergenzen geistlicher und weltlicher Konzeptionen in den Marienbüchern des Bruders Philipp und des ‚Passionals‘, in: Das Mittelalter 20 (2015), S. 344–361.

DIES., Legende, in: Handbuch Literatur und Religion, hg. v. Daniel WEIDNER, Stuttgart 2016, S. 245–249.

KOLB, Karl, Typologie der Gnadenbilder, in: Handbuch der Marienkunde, hg. v. Wolfgang BEINERT / Heinrich PETRI, Regensburg 1984, S. 849–882.

MERTENS-FLEURY, Katharina, Maria mediatrix. *mittellos mittel aller súnder,* in: Das Mittelalter 15 (2010), S. 219–233.

MÜLLER, Jan-Dirk, Literarische und andere Spiele. Zum Fiktionalitätsproblem in vormoderner Literatur, in: Mediävistische Kulturwissenschaft. Ausgewählte Studien, hg. v. DERS., Berlin 2010, S. 83–108 (zuerst in: Poetica 36 [2004], S. 281–311).

RICHERT, Hans-Georg, Art. ‚Passional‘, in: Die deutsche Literatur des Mittelalters. Verfasserlexikon 7 (²1989), Sp. 332–340.

SCHMID, Josef, Fürsorge, in: socialnet Lexikon, Bonn 2022, verfügbar unter: https://www.social-net.de/lexikon/Fuersorge [abgerufen am 26.04.2022].

SCHNEIDER, Ingo, Art. ‚Mirakelliteratur‘, in: Enzyklopädie des Märchens 9 (1999), Sp. 691–702.

SIGNORI, Gabriela, Das Wunderbuch, in: Das Wunderbuch Unserer Lieben Frau im thüringischen Elende (1419–1517), hg. v. DERS., Köln u. a. 2006, S. 3–16.

DIES., Maria. Zwischen Kathedrale, Kloster und Welt, Sigmaringen 1995.

SPANGENBERG, Peter-Michael, Maria ist immer und überall. Die Alltagswelten des spätmittelalterlichen Mirakels, Frankfurt 1987.

TRAULSEN, Johannes, Heiligkeit und Gemeinschaft. Studien zur Rezeption spätantiker Asketenlegenden im Väterbuch (Hermaea 143), Berlin/Boston 2017.

TOEPFER, Regina, Kinderlosigkeit. Ersehnte, verweigerte und bereute Elternschaft im Mittelalter. Berlin 2020.

WEITBRECHT, Julia, Aus der Welt. Reise und Heiligung in Legenden und Jenseitsreisen der Spätantike und des Mittelalters (Beiträge zur älteren Literaturgeschichte), Heidelberg 2011.

DIES., *Die werlt lâzen durch got.* Reise und ‚soziale Heiligung‘ in legendarischen Adaptationen des hellenistischen Liebes- und Reiseromans, in: Semantik der Gelassenheit. Generierung, Etablierung, Transformation, hg. v. Burkhard HASEBRINK / Susanne BERNHARDT / Imke FRÜH (Historische Semantik 17), Göttingen 2012, S. 62–79.

Wunder im Zeitgefüge hochmittelalterlicher lateinischer Historiographie
Andreas von Strumi ‚Vita Arialdi' und Helmolds von Bosau ‚Chronica'

CHRISTOPH DARTMANN

Die Frage nach der Organisation von Zeit gehört zu den klassischen Themen der Erzählforschung. Wie die Abfolge von Geschehnissen organisiert wird, wie das Erzählte zur inszenierten Temporalität der Erzählung steht, wie verschiedene Zeitebenen interferieren, sind Basisoperationen der Konstruktion narrativer Texte.[1] Deswegen mag es im Rahmen der vorliegenden Tagungspublikation wenig aufregend erscheinen, nach der Zeit der Wunder zu fragen, also nach der Stellung von Wundern im Zeitgefüge zweier Beispiele hochmittelalterlicher lateinischer Historiographie. Für ein geschichtswissenschaftliches Interesse, das ich als Historiker vertrete, ist diese Perspektive allerdings viel weniger selbstverständlich, als es auf den ersten Blick scheinen mag, denn anders als in der Erzählforschung steht die Frage nach der Konstruktion von Zeit in der Geschichtswissenschaft nicht selbstverständlich im Fokus der Diskussion. Es hat zwar zuletzt einige vielversprechende, spannende Initiativen zur Geschichte der Zeit gegeben, etwa zur Geschichte der Zukunft oder zur Abschichtung von Zeitreferenzen jenseits der abstrakten Chronologie der gleichförmigen, linear voranschreitenden Zeit.[2] Dennoch besteht der geschichtswissenschaftliche Normalfall darin, die Zeit des Zeitstrahls als unhinterfragte Selbstverständlichkeit vorauszusetzen. Ein Kernelement historischen Arbeitens besteht ja darin, Quelleninformationen der linearen Zeit der Geschichte zuzuordnen, das Material und die darin berichteten Geschehnisse in die absolute Chronologie moderner Datumsangaben einzuordnen. Das spiegelt sich

---

1   Einführungen sind: GENETTE, Erzählung; LAHN/MEISTER, Einführung; KOSCHORKE, Wahrheit.
2   LANDWEHR, Anwesende Abwesenheit; DERS., Diesseits; HÖLSCHER, Entdeckung; DERS., Zeitgärten. In der Mediävistik grundlegend CZOCK/RATHMANN-LUTZ, ZeitenWelten. OSCHEMA/ SCHNEIDMÜLLER, Zukunft. Interdisziplinär: WEITBRECHT/BIHRER/FELBER, Zeit.

zum Beispiel in kritischen Editionen historischer Quellen, in denen in aller Regel die Chronologie der berichteten Ereignisse rekonstruiert wird – konkret: chronologisch verwertbare Daten explizit gemacht und einem Punkt auf dem Zeitstrahl zugewiesen werden. Diese Basisoperation in der Aufbereitung historischer Überlieferung ist nur ein besonders augenfälliges Beispiel dafür, wie unter der Hand das Konstrukt der kohärenten, linearen Zeit zur selbstverständlichen Grundlage geschichtswissenschaftlichen Arbeitens wird.

Bei meinem Anliegen kommt mir zupass, dass Wunderberichte in der historischen Forschung einen Sonderstatus besitzen: Bei anderen Ereignissen, die erzählende Texte aus dem Mittelalter schildern, kann diskutiert werden, ob sie sich zugetragen haben, ob sie sich genau so zugetragen haben, wie sie berichtet werden, und wann sie sich zugetragen haben. Wunder sind hier weitgehend ausgenommen, ihnen spreche nicht nur ich den Status des historisch plausiblen Ereignisses ab.[3] Deswegen fällt es auch in geschichtswissenschaftlichen Arbeiten leichter, Wundererzählungen als mediale Phänomene zu analysieren, ohne die Frage nach ihrer Referenz auf tatsächliches Geschehen mit zu bedenken. Damit spielt auch die Einordnung des wunderbaren Geschehens in die Chronologie der linearen Zeit der Geschichtswissenschaft eine untergeordnete Rolle. Diese Entscheidung liegt aber nicht zwangsläufig in ihrer Darstellung in den Quellen begründet, vielmehr ist erst zu untersuchen, ob die Quellen eine eigene Zeit der Wunder konstruieren oder Wunder als außergewöhnliche Ereignistypen im Rahmen ganz gewöhnlicher Geschehensabläufe präsentieren.

Für die Analyse von Wundern im Zeitgefüge hochmittelalterlicher lateinischer Historiographie ist es hilfreich, dass die geschichtsphilosophische oder -theologische Organisation der Welt- und Heilsgeschichte bereits breit untersucht worden ist.[4] Die Texte, mit denen ich arbeite, stammen aus der Feder von Klerikern oder Mönchen und sind selbstverständlich von christlicher Heilsgeschichte geprägt. Allerdings zeigen jüngere Forschungen, dass es sich lohnt, unterhalb dieser temporalen Großstruktur genauer zu schauen, wie innerhalb des heilsgeschichtlichen Rahmens in der Erzählung Zeit konkret organisiert wird. Aus heilsgeschichtlicher Perspektive wäre zu erwarten, dass das Wunder eine doppelte temporale Struktur hat: Es ereignet sich im Hier und Jetzt, Gott greift auf Vermittlung einer lebenden oder verstorbenen heiligen Person in das Geschehen ein. Damit entsteht eine Verknüpfung zwischen der Ewigkeit, an der die Heiligen schon vor dem Jüngsten Tag Anteil haben, und der Vergänglichkeit des Diesseits. Uta Kleine hat in ihrer Dissertation auf diese spezifische Zeitlichkeit hin-

---

3   Grundlegend immer noch ANGENENDT, Heilige; eine breite Durchsicht der Forschung bietet KLEINE, Gesta, S. 1–73; vgl. auch DARTMANN, Wunder, S. 11–42. Eine Einführung in das Thema bietet auch SIGNORI, Wunder.

4   *Ex pluribus pauca:* GOETZ, Geschichtsschreibung; SCHMIEDER, Mittelalterliche Zukunftsgestaltung. Aus theologischer bzw. religionsgeschichtlicher Sicht ANGENENDT, Geschichte der Religiosität, S. 213–234.

gewiesen und zugleich stark den plötzlichen Charakter des Moments unterstrichen, in dem diese Verbindung zwischen „irdischer und himmlischer Sphäre" stattfindet.[5] Vor dem skizzierten Hintergrund soll auf den folgenden Seiten anhand von zwei Beispielen der Frage nachgegangen werden, wie zwei geistliche Autoren des Hochmittelalters, Andrea von Strumi und Helmold von Bosau, Wundererzählungen in das temporale Gefüge größerer narrativer Darstellungen einordnen, um zu untersuchen, ob es eigentlich eine eigene Zeit der Wunder gibt. Beiden Werken ist gemeinsam, dass sie ein starkes zeitgenössisches Interesse haben, das sich vor allem auf kirchenpolitische Interessen bezieht. Die folgende Untersuchung soll aufzeigen, wie Wunder den Bezug der geschilderten Vergangenheit zur Gegenwart der intendierten Rezeptionssituation herstellen und wie die Zeit der Wunder narrativ organisiert wird.

I. Beispiel: *nostro in tempore* (in unserer Zeit) – die ‚Vita Arialdi' des Andrea von Strumi

Die ‚Vita Arialdi' des Mönchs Andrea von Strumi, die von Andrea verfasste Lebensbeschreibung des heiligen Ariald, ist von einem Gestus der Gegenwart und der Gegenwärtigkeit geprägt. Schon im Prolog verweist der Erzähler/Verfasser seinen Adressaten darauf, dass die berichteten Geschehnisse in der gemeinsamen Zeit (*nostro in tempore* / in unserer Zeit) geschehen sind und für den Adressaten, den Vorsteher der Kongregation der Vallombrosaner, und für seine Untergebenen von unmittelbarem Vorbildcharakter sind.[6] Doch worum ging es?

Die ‚Vita Arialdi' schildert das Leben und Sterben des Mailänder Klerikers Ariald.[7] Dieser hat gemeinsam mit zwei Brüdern namens Landulf und Erlembald eine Gruppe angeführt, die ab 1057 in der lombardischen Metropole gegen den Lebenswandel des Klerus agitiert hat. Konkret ging es dieser Gruppe, der sogenannten Pataria, um den Vorwurf fehlender sexueller Enthaltsamkeit (Nikolaitismus) und den Umgang mit materiellen Gütern sowie den wirtschaftlichen und sozialen Implikationen von geist-

---

5   KLEINE, Gesta, S. 26–33, das Zitat S. 30.

6   Andrea von Strumi, Vita sancti Arialdi, das Zitat im Prolog, S. 1050: *Porro quia in hoc plura sunt in verbis et factis edificationi utilia, duodecim monasteriis, quibus te supernus iudex preposuit, oro ut ad legendum tribuas, quatinus dum audierint, in defensione veritatis quid alii nostro tempore dixerint et perpessi sunt, accedantur et ipsi, ut talia dicant et, si necesse fuerit, pro eadem veritate similia patiantur* (Weil in diesem Werk viele Worte und Taten beschrieben werden, die der Erbauung dienlich sind, bitte ich dich, dass du es in den zwölf Klöstern, zu deren Oberem dich der höchste Richter [= Gott, Ch. D.] eingesetzt hat, verlesen lässt, damit diejenigen, die es hören, verstehen, was andere in unserer Zeit zur Verteidigung der Wahrheit gesagt und erlitten haben, damit sie selbst genauso reden und, sollte es notwendig sein, zur Verteidigung der Wahrheit Gleiches erleiden).

7   Zu Ariald und der Pataria vgl. immer noch ZUMHAGEN, Religiöse Konflikte, S. 26–128; zusammenfassend KELLER/ZUMHAGEN, Art. ‚Pataria'. Zur ‚Vita Arialdi' auch DARTMANN, Wunder, S. 181–215. Jüngst auch NAGY, L'émotion.

lichen Ämtern (Simonie). Im Zuge wechselvoller Auseinandersetzungen in Mailand, an denen neben Erzbischof Wido und dem städtischen Klerus auch immer wieder die Laien intensiv Anteil genommen hatten, wurden Landulf, Ariald und schließlich auch Erlembald von ihren Gegnern getötet. Die Vita stellt den gewaltsamen Tod Arialds als Martyrium dar, das am Ende eines vorbildlichen, gottgefälligen Lebens gestanden habe. Entscheidend für das Verständnis der Vita ist es, dass ihre primären Adressaten, die Vallombrosaner, in der Toskana mit ähnlichen Mitteln ähnliche Ziele verfolgten wie die Angehörigen der Pataria in Mailand.[8] Die Verbindung zwischen beiden Gruppen war nicht zuletzt dem Verfasser der Heiligenvita selbst, Andrea von Strumi, zu verdanken; er zählte zunächst zu den Anhängern der Pataria und lebte bis über Arialds Tod und die Wiederauffindung seiner Leiche hinaus in Mailand, ehe er sich den toskanischen Mönchen anschloss und Mitte der 1070er Jahre die Lebensbeschreibung verfasste.

An den gemeinsame Erfahrungsraum, den die Formulierung *nostro in tempore* (in unserer Zeit) so programmatisch an den Beginn stellt, wird auf mehreren Ebenen appelliert. Zunächst einmal dienen die Gegenwart und die geteilte Erfahrung als zentrales Mittel, um die Zuverlässigkeit des Berichts zu gewährleisten. In der Vita und der Leidensgeschichte betont der Verfasser seine Augenzeugschaft: Er habe nach dem Tod ihres Mannes selbst Arialds Mutter getroffen und Details zur Kindheit des Protagonisten erfahren.[9] Er habe später die Bäume reiche Frucht tragen sehen, die die Gegner Arialds hätten zerstören wollen, um ihm zu schaden.[10] Er habe selbst keinen anderen Menschen mit solch mächtigem Gebet erlebt.[11] Er sei dem Heiligen auf dessen vergeblicher Flucht vor den Häschern des Erzbischofs begegnet.[12] Im Bericht von der grausamen Verstümmelung und Ermordung weicht die Erzählung sogar von der chronologischen Abfolge der Ereignisse ab, um die persönlichen Erkundungen des Autors bzw. Erzählers in den Vordergrund zu rücken.[13] An die Vita und Passio des Heiligen ist ein Briefwechsel zwischen Andrea von Strumi und einem anderen Vallombrosaner namens Syrus angehängt, der nach dem Tod des ursprünglichen Adressaten abgefasst wurde und noch einmal das Thema der Glaubwürdigkeit der Berichterstattung unterstreicht: Syrus bestätigt, wie eng und lang der Erzähler mit Ariald kooperiert hat und dass er selbst weitere Wunder miterlebt hat, während Andrea noch einmal die Namen

---

8   ZUMHAGEN, Religiöse Konflikte, S. 178–202. Zuletzt SALVESTRINI, Conflicts.
9   Andrea von Strumi, Vita Arialdi 2, S. 1050 f.
10   Ebd. 9, S. 1055.
11   Ebd. 18, S. 1062. Vgl. auch den Hinweis, er könne noch viel mehr aus dem persönlichen Umgang mit Ariald berichten: ebd. 15, S. 1060.
12   Ebd. 21, S. 1066 f.
13   Ebd. S. 1067 f.: Zunächst berichtet Andrea von einem Gesprächspartner, der selbst nicht an der Gewalttat beteiligt war, aber den verstümmelten Leichnam gesehen hat, und von zwei Frauen, die ihn mit weiteren Informationen versorgt haben. Erst dann folgt in Kapitel 22, S. 1068–1070, die Erzählung von der Tötung Arialds.

anderer zuverlässiger Augenzeugen benennt.[14] Die gemeinsame Lebenszeit und die Zeit des gemeinsamen Erlebens werden zu Siegeln für die Glaubwürdigkeit des Berichts.

Innerhalb dieses gemeinsamen oder durch persönliches Erleben verbürgten geteilten Erfahrungsraums nehmen die Wunder eine besondere Stellung ein. Der Verlauf des Lebens vor dem Martyrium wird weitgehend so erzählt, dass die relative Chronologie der Einzelepisoden unklar bleibt. Das unterscheidet diesen ersten Hauptteil der Vita von den einführenden Kapiteln, in denen die Herkunft, die Ausbildung und der Beginn der öffentlichen Aktionen des Protagonisten in ihrer zeitlichen Abfolge erzählt werden. Hier bezeugen eine Vision der schwangeren Mutter und das Verhalten des Jugendlichen bereits seine künftige Heiligkeit. Die sich anschließenden Einzelepisoden, die das Wirken in Mailand skizzieren, bleiben in ihrer relativen Chronologie wie auch ihrer absoluten zeitlichen Verankerung in den Jahren um 1160 unbestimmt. Die meisten Szenen, aus denen die Erzählung zusammengesetzt wird, werden mit vagen Formeln wie *per idem tempus* (im selben Zeitraum) oder *in diebus illis* (in diesen Tagen) eingeleitet. Der Erzähler gesteht selbst ein, dass er die genaue chronologische Abfolge der Anekdoten nicht kennt, ihre Reihung orientiert sich eher an thematischen Gesichtspunkten.[15] Das betrifft auch zwei Wunder, mit denen Landulf und Ariald vor Angriffen geschützt werden. Das plötzliche, menschliche Planung durchkreuzende Eingreifen Gottes erfolgte, als seine Gegner Landulf mit einem Schwert mit vergifteter Klinge zu töten versuchten und als eine andere Gruppe von Feinden der Pataria eine Kirche und ihre Ländereien zu zerstören versuchten, die Ariald besaß.[16] Damit reihen sich diese Wunder in die Abfolge von Auseinandersetzungen Arialds und seiner Anhänger mit seinen Gegnern ein, ohne dass die Wunder zum Beispiel den zeitlichen Horizont dieser Geschehnisse transzendiert hätten. Sie bewirken keine dauerhaften Änderungen, sondern belegen nur, dass Ariald zu Lebzeiten unter Gottes besonderem Schutz gestanden hat. Implizit tragen sie damit zu dem Appell an die Adressaten bei, sich ein Beispiel daran zu nehmen, was Andere *nostro in tempore* (in unserer Zeit) gesagt und erlitten hätten. Die Wunder selbst bewirken in der Erzählung nicht mehr als eine Stabilisierung der Verhältnisse vor den Angriffen, transzendieren also nicht die Aktualität der erzählten Auseinandersetzungen.

Ganz anders sieht es mit den Wundern aus, die sich um den Tod und das postmortale Geschick des Leichnams ereigneten. Der Bericht vom Leiden und Sterben des

14   Ebd. S. 1072–1075.
15   Die Vision der Mutter ebd. 2, S. 1051. Die Erzählung fasst die Jugend und Ausbildung des Heiligen summarisch zusammen, um dann mit dem öffentlichen Auftreten und dem Gewinnen erster Anhänger die eigentliche Handlung beginnen zu lassen (ebd. 4–6, 1051–1053). Die folgenden Kapitel weisen eine unklare Chronologie auf, wie die Zeitmarker signalisieren: *per idem tempus* (zur gleichen Zeit) (7, S. 1054; 9 und 10, S. 1055; 15, S. 1059; 16, S. 1060), *in diebus illis* (in jenen Tagen) (11, S. 1057), *tunc* (damals) (13, S. 1058), *olim* (einst) (14, S. 1059).
16   Ebd. 8–9, S. 1054–1056.

Heiligen beginnt mit einer ersten präzisen Datierung, dass Ariald neun Jahre in der Öffentlichkeit gewirkt habe, bis seine Gegner ihn schließlich im zehnten Jahr hätten ermorden lassen.[17] Sie sind chronologisch sehr präzise verortet innerhalb einer dramatischen Erzählung von Verrat, Gefangennahme, Misshandlung und Ermordung Arialds und den geradezu verzweifelten Versuchen der Mörder, den Leichnam zu verbergen. Die Details der Passio kann ich weitgehend auslassen, Ariald wurden Ohren, Nase, Augen, Zunge, rechte Hand und Penis abgetrennt, ehe er starb.[18] Für die Mörder erwies es sich als Problem, dass Lichterscheinungen hartnäckig auf den Ort hinwiesen, an dem der Leichnam verborgen lag. Deswegen, so die Erzählung weiter, sei er schließlich im Lago Maggiore versenkt worden. Auch von dort habe ihn Gott aber zehn Monate später wieder auftauchen lassen, erneut begleitet von Wunderzeichen.[19] Weil jetzt auch seine Haut seine Heiligkeit bezeugt habe und weil die Nachricht seines erneuten Erscheinens in Mailand bekannt geworden sei, hätten die Mörder den geschundenen Leichnam erneut an sich genommen, ihm die Füße abgetrennt und ihn gehäutet, damit er nicht mehr hätte erkannt werden können. All dies wie auch die Herausgabe des Leichnams, seine Überführung nach Mailand sowie die öffentliche Aufbahrung und Verehrung des Verstorbenen berichtet die Erzählung unter präziser Markierung der chronologischen Abfolge. Dass der Leichnam sowohl auf dem Grund des Lago Maggiores, in dem er zwischenzeitlich zehn Monate versenkt gelegen hatte, als auch nach seiner Bergung und Überführung nach Mailand im späten Frühling des Jahres 1067 keine Zeichen der Verwesung aufgewiesen habe, fügt sich in das etablierte Motiv des *corpus incorruptum,* des unverwesten Leichnams: Der Leichnam des Heiligen unterliegt nicht den üblichen Verfallserscheinungen der irdischen Zeit, sondern hat bereits Anteil an der Ewigkeit des Jenseits, der unveränderlichen Gegenwart Gottes. Dies wird noch einmal durch Zahlenanalogien unterstrichen: zehn Jahre habe Ariald in Mailand gewirkt, zehn Monate sei sein Leichnam im See geborgen gewesen, zehn Tage sei er im Mailänder Frühsommer aufgebahrt worden, ohne irgendwie durch natürliche Vorgänge wie dem Fraß der Fische oder dem Verwesungsprozess beeinträchtigt zu werden.[20] Letzteres wird bereits zuvor noch weiter dramatisch ausgemalt: Der Erzähler selbst habe, so berichtet er, während einer der Nächte, in denen der Heilige in Mailand

---

17   Ebd. 19, S. 1063: *peractis igitur novem annis in exercitio tam grandi atque ammirabili, ventum est ad decimum, in quo pervenit ad votum diu nimis optatum* (nachdem also neun Jahre unter solch großem und bewundernswerten Engagement vergangen waren, brach das zehnte Jahr an, in dem es zur Erfüllung des schon lange sehnlich gehegten Wunsches kam).

18   Ebd. 22, S. 1068–1070, mit dem Bericht der Verstümmelung und Ermordung sowie der Versuche, den Leichnam verschwinden zu lassen.

19   Ebd. 23, S. 1070 f.

20   Ebd. 26, S. 1072. Zum Motiv des *corpus incorruptum* vgl. ANGENENDT, Corpus incorruptum; SCHMITZ-ESSER, Leichnam, S. 137–163, der allerdings vor allem die kommunikative Funktion in den Vordergrund stellt: Man müsse einmal am unversehrten Körper die Heiligkeit festgestellt haben, im Anschluss komme es auf dieses Motiv weniger an.

aufgebahrt gelegen habe, den Leichnam noch einmal genauer betrachtet, um sich zu vergewissern, dass er wirklich nicht der Verwesung anheimfalle. Durch eine Öffnung unter der Achsel habe er wahrnehmen können, dass die Eingeweide hell geleuchtet und paradiesischen Duft ausgeströmt hätten, und er habe diesen Duft auch über mehrere Tage an seinen eigenen Fingern wahrgenommen, mit denen er die Eingeweide berührt habe.[21]

Hier erweist sich das Wunderbare nicht mehr an einem plötzlichen Umschlag des Geschehens, weil Gott die erwartbaren Abläufe verändert, sondern gerade daran, dass der von Menschen geschundene Körper von Gott bewahrt wird und dauerhaft Zeichen der Heiligkeit aufweist. Dies bindet das Leben Arialds an den weitgehend unkenntlich gemachten Leichnam, stiftet also Kontinuität zwischen dem menschlichen Leben und der postmortalen Doppelexistenz Arialds: Sein Körper wird in Mailand begraben und verehrt, seine Seele weilt bereits in der ewigen Anschauung Gottes. Das ist nicht weiter überraschend. Das Argumentationsgefälle des Texts läuft vor allem darauf hinaus, die Kontinuität zwischen beiden Körpern, dem des Lebenden und des Verstorbenen, zu gewährleisten, die der Erzähler/Verfasser zu bezeugen hat.[22] In diesem Sinne werden auch noch zwei postmortale Wunder in den Briefwechsel eingefügt, der der Vita angehängt ist: Ein Heilungswunder soll sich während der Translation des Leichnams nach seiner Wiederauffindung ereignet haben – und erneut betont die Erzählung, der Erzähler habe alles unternommen, um sich selbst davon zu überzeugen.[23] Lediglich vom Hörensagen weiß er hingegen von einem Strafwunder zu berichten, das sich ereignete, weil ein hochmütiger Mailänder gesagt habe, er wolle lieber auf Arialds Grab urinieren als es zu verehren. Auch diese beiden Wunderberichte werden erneut in die Kontinuität zum Leben Arialds gestellt, denn ein weiterer Wunderbericht bezieht sich auf ein gemeinsames Gebet des Heiligen mit Priestern in Como, an dem auch der Erzähler persönlich beteiligt gewesen ist.

Wie bezieht sich nun das Erzählte auf die Gegenwart der Erzählung und den Adressatenkreis? Wie bereits gesagt, teilen der Ariald der Vita, der Erzähler und die Adressaten den Kampf gegen unwürdig lebende Priester. Und genau dieser gemeinsame Aktionsrahmen wird dort aufgerufen, wo alle Beteiligten auf ihre Gleichzeitigkeit hingewiesen werden: Die Adressaten mögen den Text hören, damit sie erfahren, was andere in unserer Zeit – *nostro in tempore* – getan und erduldet haben, damit sie selbst ebenfalls bereit sind, dasselbe zu tun und zu erdulden. Dieser gemeinsame Zeithori-

---

21   Andrea von Strumi, Vita Arialdi 24, S. 1071.
22   Dieses Argumentationsgefälle fügt sich plausibel zu einer anderen Variante, die der sogenannte ,Landulf Senior‘, ein Gegner Arialds und der Pataria, erzählt: Es habe sich um den weitgehend verwesten Leichnam einer Frau gehandelt, deren Geschlecht man wegen des Zustands ihrer sterblichen Überreste nicht mehr habe erkennen können: Landulf Senior, Historia Mediolanensis 3,30 (29), S. 96. Zu ,Landulf Senior‘ vgl. BUSCH, ,Landulfi senioris Historia Mediolanensis‘.
23   Hier und im Anschluss: Andrea von Strumi, Vita Arialdi, Brief Andreas an den Priester Syrus, S. 1074 f.

zont wird durch eine heilsgeschichtliche Analogie weiter ausgedeutet, die allerdings geschichtstheologisch unterdeterminiert bleibt: Die Menschen hätten vor dem Auftreten Jesu die Wahrheit nicht gekannt, Jesus habe ihnen aber Lehren und Vorbilder geschenkt, die den Gelehrten und den einfachen Menschen vermittelten, wie sie zu leben hätten. Die aktuelle Situation gleiche dieser früheren Entwicklung, denn heute hätten gleichfalls die Unwahrheit und die Lüge überhandgenommen, und jetzt habe Ariald dafür Sorge getragen, dass den Menschen durch Lehren und Vorbilder wieder die Wahrheit zugänglich gemacht worden sei.[24] Diese Analogie wird allerdings nicht weiter heilsgeschichtlich verortet, bleibt also in diesem Sinne in temporaler Hinsicht seltsam ‚ortlos‘.

Mit den langen Predigtpassagen, die Ariald in den Mund gelegt werden, seinem vorbildlichen liturgischen Verhalten und seiner Bereitschaft zu kämpfen und zu leiden bekommen die Mönche von Vallombrosa aktuelle Muster, was sie zu sagen und zu tun haben.[25] Die Wunder während des Lebens belegen den kontinuierlichen Beistand Gottes während des öffentlichen Kampfes. Die Wunder um den Leichnam, seine Translation und sein Grab fügen sich in das klassische Bild, dass der unverweste Leichnam die Heiligkeit eines Menschen demonstriert und die Sphäre des vergänglichen, irdischen Lebens mit der Sphäre des ewigen Lebens vor Gott miteinander verbindet. In der Zeitmodellierung der ‚Vita Arialdi‘ werden diese Motive aber verknüpft mit der Kontinuität des gemeinsamen Kampfes gegen die Missstände im Klerus. Diese Kontinuität verkörpert sich und macht sich hörbar im Erzähler und seiner Stimme, die die Wahrheit des Berichts gewährleistet und das eigene Erleben zur Brücke macht, die das von Gott bereits approbierte Agieren des Heiligen und Märtyrers Ariald mit der Gegenwart und Zukunft der Mönche verbindet, für die die ‚Vita Arialdi‘ verfasst worden ist. Gemeinsam stehen sie *nostro in tempore,* in einer Gegenwart, die einen Schlüsselmoment der Heilsgeschichte markiert und wiederholt. Die Lebenszeit des Erzählers und seine Präsenz in der erzählten Geschichte sind die zeitliche Klammer, die die Zeit der Wunder als Gegenwart des Erzählens modellieren.

II. Beispiel: *quae nostra etate gesta sunt* (was in unserem Zeitalter geschehen ist) – Helmolds von Bosau Rückblick auf 350 Jahre Mission in seiner ‚Chronica‘

Auf den ersten Blick könnte es erscheinen, als lasse sich mein zweites Beispiel ähnlich lesen wie die bisher behandelte ‚Vita Arialdi‘. Im Prolog zu seinem Geschichtswerk kündigt der Priester Helmold aus dem holsteinischen Bosau an, er wolle vor allem

---

24 Andrea von Strumi 4, S. 1051 f.
25 Vgl. zur Verortung der ‚Vita Arialdi‘ in die Geschichte der Vallombrosaner kurz DARTMANN, Wunder, S. 208–215.

ausführlich darüber berichten, „was zu unserer Zeit geschehen ist", und zwar das, was er „aus Erzählungen alter Männer erfahren oder selbst als Augenzeuge" erlebt habe.[26] Allerdings kündigt dieser Prolog auch an, er werde die lange Geschichte der Christianisierung in der Region zwischen Eider, Elbe und Ostsee schildern – nach moderner Chronologie handelt es sich um etwa dreieinhalb Jahrhunderte.[27]

Helmolds von Bosau Geschichtswerk wird in der Regel unter dem Titel ‚Chronica Slavorum' geführt, dieser Titel entspringt aber erst einer späteren Überlieferung und entspricht nicht dem Inhalt des Textes. Der Chronist, Pfarrer in der während des 12. Jahrhunderts nicht ganz unbedeutenden Pfarrkirche von Bosau am Großen Plöner See, verfasste um 1170 in zwei Arbeitsabschnitten ein Werk, das die Geschicke des Christentums in seiner Heimatregion, aber auch im weiteren Rahmen des Ostseeraums von Dänemark bis zur Oder verfolgt. In chronologischer Abfolge bilden die Geschehnisse um die Bischöfe von Oldenburg den roten Faden der Geschichte, werden aber in ihrer Wechselbeziehung zu verschiedensten geistlichen und weltlichen Potentaten geschildert, so den Erzbischöfen von Hamburg-Bremen, den Bischöfen von Schleswig, Ratzeburg und Schwerin, den Herzögen von Sachsen, den Grafen von Holstein sowie verschiedenen dänischen und slawischen Herren. Die weite Kontextualisierung des regionalen Geschehens lässt Helmold sogar europäische Ereignisse wie die Kaiserkrönungen Heinrichs V. und Friedrichs Barbarossa in Rom in seine Darstellung einflechten.[28]

Wie hängen nun die Zeit des Erzählens und die Vergangenheit des Erzählten miteinander zusammen? Und wie wird die Zeit der Wunder modelliert, wie werden also die Wundererzählungen in den narrativen Rahmen eingeordnet und mit der Temporalität der gesamten Erzählung verzahnt? Um eine Antwort zu finden, muss man noch einmal genauer auf die Entstehungssituation und Pragmatik der ‚Chronica' eingehen. Geschichte zu schreiben hat ja im Hochmittelalter keinen festen institutionellen Ort, man kann und muss immer fragen, welche Motivation die Verfasser überhaupt dazu veranlasst hat, zur Feder zu greifen. Helmold widmet sein Werk dem Domkapitel in Lübeck. Deswegen ist in der Forschung insbesondere die Lage des Bistums thematisiert worden. Zum einen ist kurz vor der Niederschrift der Chronik der Bischofssitz von Oldenburg in Holstein nach Lübeck verlegt worden. In diesem Zusammenhang wird Helmold, der auf Anstoß des ersten Lübecker Bischofs Gerold geschrieben haben

---

26   Helmold von Bosau, Chronica Slavorum, S. 28 f.: *Porro aliis omissis, quae nostra aetate gesta sunt, quae aut longevis viris referentibus percepi aut oculata cognitione didici, statui domino propicio cum fide perscribere* (Ferner habe ich beschlossen, andere Ereignisse wegzulassen und mit Gottes Hilfe die Taten unserer Zeit getreulich zu beschreiben, soweit ich sie aus Erzählungen hochbetagter Männer weiß oder aus eigenem Augenschein kenne).

27   Der gesamte Prolog ebd. S. 26–29. Wichtige Literatur und ihre Einordung bietet SCIOR, Nachtrag. Neu hinzugekommen LEHNER, Prophetie, S. 47–64.

28   Zu Werk und Autor vgl. SCIOR, Das Eigene, S. 138–222; FRAESDORFF, Der barbarische Norden, S. 318–354.

will, die Intention zugeschrieben, dem neuen Bistum ein institutionelles Gedächtnis zu verleihen. Zum anderen befand sich dieses Bistum in einer schwierigen Situation: Nach Gerolds Tod übernahm dessen Bruder Konrad 1164 das Amt, geriet jedoch zwischen die Fronten der kirchenpolitischen Auseinandersetzungen zwischen dem Herzog von Sachsen und dem Erzbischof von Hamburg-Bremen. In dieser Konstellation, so die Forschung, sollte die Chronik dem Zweck dienen, dem Domkapitel nahezulegen, den vom Herzog protegierten Konrad bedingungslos zu unterstützen.[29]

Beiden Beobachtungen ist gemeinsam, dass sie gut geeignet sind, die Verknüpfung von Vergangenheit und Gegenwart in Helmolds ‚Chronica' zu erschließen. Das Werk folgt einem losen chronologischen Faden, der vor allem von der Abfolge der Erzbischöfe von Hamburg-Bremen und dann der Oldenburger Bischöfe gebildet wird. Auch die Abfolge weltlicher Herrscher wird konsequent nachvollzogen, und zwar der ostfränkisch-deutschen Könige und Kaiser, der Herzöge von Sachsen, der Grafen von Holstein, der dänischen Könige und der slawischen Herren. In diesem Rahmen, der nicht sehr prominent in den Vordergrund tritt, werden zahllose Episoden eingeordnet, in denen frühere oder auch heutige Potentaten miteinander in Konflikt geraten und sich bekriegen, Verhandlungen führen, Allianzen schmieden und sich doch wieder verraten und töten. Somit erscheint die Vergangenheit zwar nicht als Wiederholung des ewig Gleichen, wohl aber wie eine Wiederkehr immer wieder ähnlicher Situationen. Die viel beachtete Frage, welche finanziellen Lasten missionierten Sachsen und Slawen auferlegt werden, taucht zum Beispiel immer wieder auf – um aus der Geschichte die Lehre zu ziehen, dass fürstliche Habgier die Christianisierung gefährdet.[30] Auch die Rivalitäten zwischen den verschiedenen Herrschaftsträgern ähneln sich in der Schilderung Helmolds so stark, dass die Konflikte des 10. Jahrhunderts durchaus Lehren für seine Gegenwart zweihundert Jahre später bereithalten können. Diese Kontinuität der wesentlichen Akteure und Konfliktlinien findet sich auch in den wiederkehrenden Schilderungen der Slawen, die zwischen Grausamkeit und Gastfreundschaft changieren. Obwohl also Helmold durchaus zufrieden auf die Erfolge der militärischen Initiativen zur politischen Kontrolle der Slawen und ihrer Christianisierung schaut, ist sein Blick auf die Vergangenheit zugleich von einem Bewusstsein davon geprägt, wie ähnlich sich verschiedene Akteure über die Jahrhunderte verhalten haben und wie ähnlich die Kräftefelder geblieben sind.

Welche Stellung kommt Wundern im Zeitgefüge der ‚Chronica' zu? Zunächst einmal fällt auf, dass Wunder nur von wenigen Protagonisten berichtet werden und deren Heiligkeit zu beweisen haben. Besonders deutlich konstruiert Helmold dies am Beispiel Bernhards von Clairvaux. Für die chronikalische Erzählung hat Bernhard nur deswegen Bedeutung, weil er für den Zweiten Kreuzzug geworben hat, in dessen Ver-

---

29   SCIOR, Nachtrag, S. 401–403.
30   Zur Bewertung der Slawen und der Mission vgl. die Hinweise ebd. S. 403–406.

lauf auch ein großer Kriegszug gegen slawische Herrscher zwischen Elbe und Ostsee geführt worden ist. Helmold schildert einen Reichstag in Frankfurt, den Bernhard für die Kreuzzugspredigt genutzt hat und an dem unter anderem auch Graf Adolf II. von Holstein teilgenommen hat.[31] Adolf habe von den Wundertaten Bernhards gehört und habe ihn deswegen besonders beobachtet, als ein „blinder und lahmer Knabe [zu ihm] gebracht" worden sei.[32] Bernhard habe „wie erleuchtet" von der Skepsis des Grafen gewusst und habe den Knaben deswegen besonders augenfällig behandelt, um ihn von seinen Gebrechen zu heilen. Diese Episode ist die einzige, die von Bernhard berichtet wird. Sie wird vage zeitlich eingeordnet: „Etwa in jenen Tagen (*Circa tempora dierum illorum*) ereigneten sich Dinge, die ebenso neu wie für die ganze Welt erstaunlich waren."[33] Anschließend wird darauf verwiesen, Bernhard habe sich durch große Wunderzeichen hervorgetan, sodass alle Welt „begierig" gewesen sei, „die Wunder zu schauen, die durch ihn geschahen."[34] Mit dieser Episode verschwindet Bernhard aber schon wieder weitgehend aus der Erzählung – ein Wundertäter, ein herausragender Heiliger, dessen Bedeutung für die Erzählung sich aber weitgehend auf seine Predigt für den Zweiten Kreuzzug beschränkt. Ähnlich episodisch fällt der Auftritt des *vir[i] insignis claritate* (ein[es] durch seine Heiligkeit ausgezeichnete[n] Mann[es]) Otto von Bamberg aus, dem der Erzähler mit den Worten des Evangelisten Markus attestiert, seine Predigt sei von Gott durch die Signa bekräftigt worden, die er gewirkt habe. Das Zitat vom Ende des Markusevangeliums stellt Otto von Bamberg in die Tradition der Apostel, ohne dass er deswegen zu einem wichtigen Akteur der erzählten Geschichten würde.[35]

Die meisten Wunder, die Helmold zu berichten weiß, schreibt er zwei Priestern zu: Vizelin, dem ersten Bischof von Oldenburg nach der Wiedereinrichtung des Bistums um das Jahr 1150, und dessen Schüler Thetmar.[36] Sie begegneten einander, als Vizelin

---

31   Hier und im Anschluss Helmold von Bosau, Chronica 1,59, S. 214–217. Ein weiterer Verweis auf Bernhard von Clairvaux findet sich in einer Vision, mit der der verstorbene Bischof Vizelin einen Angehörigen des Klosters Neumünster tröstet, „ihm sei eine Ruhestätte neben dem Weltberühmten Bernhard von Clairvaux bereitet": ebd. 1,79, S. 268 f.: *Hic [...] audivit eum in visione dicentem repositam sibi requiem cum famosissimo illo Bernardo Clarevallensi* (Dieser hörte ihn [= den Bischof, Ch. D.], wie er ihm erschien und sagte, ihm sei eine Ruhestätte neben dem weltberühmten Abt Bernhard von Clairvaux bereitet).

32   Ebd. 1,59, S. 214 f.

33   Ebd. S. 214 f.: *Circa tempora dierum illorum ortae sunt res novae et toti orbi stupendae* (Etwa in jenen Tagen ereigneten sich Dinge, die ebenso neu wir für die ganze Welt erstaunliche waren).

34   Ebd. S. 214 f.: *Presidente enim sanctissimo papa Eugenio, Conrado quoque tercio gubernacula regni moderante, claruit Bernardus Clarevallensis abbas, cuius fama tanta signorum fuit opinione celebris, ut de toto orbe conflueret ad eum populorum frequentia cupientium videre quae per eum fiebant mirabilia* (Denn als der heilige Papst Eugen den Stuhl Petri innehatte und Konrad III. die Zügel des Reiches lenkte, wurde der Abt Bernhard von Clairvaux bekannt, der durch so große Wunderzeichen sich hervortat, daß ihm eine Menge Volks aus der ganzen Welt zuströmte, begierig, die Wunder zu schauen, die durch ihn geschahen).

35   Ebd. 1,40, S. 168 f., unter Verweis auf Mk 16,20.

36   Zu Vizelin vgl. BÜNZ, Art. ‚Vicelin'; zu Thetmar SAUSER, Art. ‚Thetmar'.

nach einer Ausbildung an der Paderborner Domschule in Bremen selbst als Lehrer tätig war, von wo aus sie zusammen nach Frankreich reisten zur weiteren Ausbildung. Vizelin ließ sich dann von Norbert von Xanten zum Priester weihen, um bei den Slawen zu predigen, und begründete im heutigen Neumünster eine Kanonikergemeinschaft. Später schloss sich auch Thetmar diesem Stift an, ehe er wie seine Mitbrüder als Kleriker die Region prägte. Während Thetmar als Angehöriger des Stifts von Segeberg starb, stieg Vizelin, wie erwähnt, zum Bischof von Oldenburg auf.

Die Leben beider Protagonisten werden in Form kleiner Miniaturbiographien in die ‚Chronica‘ eingeflochten, die zugleich auch das Gliederungsprinzip des zeitlichen Ablaufs durchbrechen.[37] Diese Erzähltechnik fällt aus dem Rahmen der sonst meist streng chronologischen Reihung der berichteten Ereignisse. Zudem werden im Rahmen dieser biographischen Miniaturen für Vizelin und Thetmar schon in jungen Jahren Wunder berichtet: Vizelins inniges Gebet zum heiligen Nikolaus habe noch während seiner Ausbildung in Paderborn einmal dazu geführt, dass Engel ein Responsorium gebetet hätten; der Tod seines Onkels Ludolf sei von einer Vision begleitet gewesen.[38] Thetmars Mutter habe sogar schon vor der Geburt in einer Vision die künftige Heiligkeit ihres Sohnes vorab offenbart bekommen.[39] Diese Episoden werden nicht weiter in der Gesamtchronologie der ‚Chronica‘ verankert, sind vielmehr an die Lebenszeit der Protagonisten angekoppelt. Ganz anders der Verweis auf ihr gemeinsames Wirken während einer Hungersnot, die im Gefolge militärischer Auseinandersetzungen in Holstein ausgebrochen war. Auf Anweisung Vizelins habe Thetmar gegen den Willen seiner Mitbrüder an Hungerleidende Getreide ausgegeben – und Gott habe die Vorräte wieder aufgefüllt. Der Hinweis auf die alttestamentarischen Propheten Elia und Elisa folgt hier auf dem Fuße.[40] Auch andere Wunder werden mit biographischen Stationen verknüpft: Eine Vision veranlasst den Bremer Dompropst Adalbert, Vizelin und Thetmar nach Frankreich reisen zu lassen;[41] der Erfolg von Vizelins Missionspredigt wird als großes Wunder bezeichnet;[42] unter der Leitung von ihm wird Neumünster zu einem Ort, an dem Kranke geheilt und Teufel ausgetrieben werden. Eine dieser Austreibungen, die in jenen Tagen (*in diebus illis*) geschah, wird ausführlich geschildert.

---

37   Helmold von Bosau, Chronica 42–46, S. 170–181.
38   Ebd. 1,42–43, S. 172–175.
39   Ebd. 1,44, S. 176 f.
40   Ebd. 1,66, S. 228–231.
41   Ebd. 1,45, S. 176–179.
42   Ebd. 1,47, S. 182–183: *Statim enim, ut gloriam Dei et bona futuri seculi carnisque resurrectionem predicare cepit, ad novitatem incogniti dogmatis gens bruta grandi miraculo percussa est* (Sobald er nämlich die Herrlichkeit Gottes, die Freuden der zukünftigen Welt und die Auferstehung des Fleisches zu predigen begann, wurde das rohe Volk von der neuen, unbekannten Lehre wie durch ein Wunder im Innersten ergriffen).

Über Umwege führt diese Geschichte zu der ‚Erkenntnis', dass der Teufel und seine Dämonen für die Gewalt und die Kriege der Dänen verantwortlich sind.[43]

Besonders um die Sterbeberichte von Thetmar und Vizelin verdichten sich Wundererzählungen. Thetmars Tod bietet Helmold erneut den Anlass, auf dessen Leben zurückzublicken und neben seinen Tugenden und Verdiensten auch die pränatale Weissagung seiner Mutter zu wiederholen.[44] Auf einen exemplarischen Sterbebericht folgt eine Vision, die ein Angehöriger des Stifts Neumünster vom zu diesem Zeitpunkt noch bevorstehenden Sterben Thetmars gehabt hat. Diese Vision verbindet sich mit der Nachricht, Thetmar sei gegen den Willen der Neumünsteraner nicht in ihrem Kloster, sondern in seinem Kloster bei Segeberg begraben worden. An dieser Stelle fällt auf, dass Helmold mehrfach die chronologische Abfolge seiner ‚Chronica' durchbricht: Er blickt zurück auf Thetmars Leben, er lässt auf den Sterbebericht eine Anekdote folgen, dass ein Mitmönch zuvor den Tod vorhergesehen hat. Außerdem endet diese Passage mit einer direkten Anrede an die Adressaten, die Angehörigen des Lübecker Domkapitels: „Auch ihr Väter [...] werdet reicheren Segen von Gott empfangen, wenn ihr einen solchen Mann würdig verehrt, ihn in die vorderste Reihe derer stellt, die eure zerstörte Kirche zu neuer Größe erhoben haben."[45] Dieser Satz lässt aufhorchen, denn Helmold spricht seine Adressaten jenseits der Prologe nur an einer anderen Stelle direkt an – und zwar nachdem er Vizelins postmortale Wunder referiert hat.[46]

Vizelin starb am 12. Dezember 1154, nachdem er fünf Jahre und neun Monate lang Bischof von Oldenburg gewesen war.[47] Nach seinem Tod, so Helmold weiter, sei er zunächst einer Frau erschienen, damit diese den Priester Volkward vom Stift Segeberg dazu auffordere, die gestifteten Almosen für den Verstorbenen auch wirklich auszugeben. Mit dieser Aufforderung verband der Verstorbene eine etwas verschlüsselte Prophezeiung, Volkward werde in neun Wochen sterben. In zwei weiteren Erscheinungen ermahnte Vizelin dazu, dass man ihn nicht betrauern müsse, schließlich führe er jetzt ein weitaus besseres Leben und habe seine Ruhestätte „neben dem weltberühmten Bernhard von Clairvaux"[48] gefunden. Eine dieser Erscheinungen koppelt das Wohlbefinden im Jenseits an die Gefühle, die seine noch nicht verstorbenen Freunde ihm gegenüber haben. Ein weiteres postmortales Wunder dient Helmold zufolge dazu, einer Frau, die dem Verstorbenen nahegestanden hat, ihr Augenlicht zurück zu geben. Pau-

43 Ebd. 1,55, S. 204–207.
44 Hier und im Anschluss ebd. 1,73 f. S. 256–261.
45 Ebd. S. 260 f.: *Vobis quoque, o patres Lubicanae rei publicae, salus abundantior erit a Domino, si virum talem digne excolueritis, statuentes eum in fronte eorum, qui diruta ecclesiae vestrae in nova culmina surgere fecerunt* (Auch ihr Väter des lübischen Gemeinwesens werdet reicheren Segen von Gott empfangen, wenn ihr einen solchen Mann würdig verehrt, ihn in die vorderste Reihe derer stellt, die eure zerstörte Kirche zu neuer Größe erhoben haben).
46 Ebd. 1,79, S. 270 f.
47 Hier und im Anschluss ebd. 1,78–79, S. 266–271.
48 Ebd. S. 268 f. Das Zitat vollständig oben in Anm. 31

schal verweist die ‚Chronik' darüber hinaus auf zahlreiche weitere Zeichen, die Vizelin nach seinem Tod gewirkt habe – mit einer Formulierung, die sich an eine entsprechende Formulierung im Johannesevangelium anschließt.[49] Auch die Schilderung der postmortalen Wunder, die Helmold Vizelin zuschreibt, mündet in einen erneuten Appell an die Adressaten der Schrift, die Mitglieder des Domkapitels zu Lübeck: „Auch ihr [...] preist diesen Mann, einen Mann, [...] den ich in klaren Worten vor euch hin stelle; klar zumal deshalb, weil wahr. Diesen Mann werdet ihr nämlich nicht gänzlich verleugnen können, der zuerst in eurem neuen Bischofssitz" einen Altar geweiht hat.[50]

Die auffällige Verbindung des Wunders mit den Appellen an die Lübecker Domkapitulare halte ich für einen wichtigen, in der Forschung bisher übersehenen Hinweis darauf, dass Helmold eine weitere Argumentationslinie verfolgt: Er markiert sehr deutlich, welch immense Bedeutung das Stift von Neumünster für die Etablierung kirchlicher Strukturen in der Diözese Lübeck besessen hat, weil Stifte innerhalb dieser Diözese Tochtergründungen von Neumünster waren und weil darüber hinaus zahlreiche Kleriker aus diesen Stiften die ersten Pfarrer in den neu errichteten Gemeinden waren.[51] Damit dienen diese Passagen als direkte Brücke zwischen dem Wundergeschehen zu Beginn der 1150er Jahre und der Kommunikation zwischen dem Chronisten und seinem intendierten Publikum um 1170. Die Verbindung wird nicht über den Begräbnisort hergestellt, sondern vor allem über die Forderung, die Verstorbenen in die liturgische Memoria bzw. die Heiligenverehrung der neuen Kathedralkirche zu Lübeck aufzunehmen. Damit dienen die Wunder in dieser Erzählung dazu, das Wirken zweier heiligmäßiger Männer postmortal zu approbieren, damit sie in den Zyklus der Lübecker Liturgie Eingang finden. Auffällig ist, dass Thetmar und Vizelin zu den wenigen Protagonisten zählen, deren Sterbetag in der ‚Chronica' genannt wird, eine Information, die für die Aufnahme in das liturgische Gedenken des Lübecker Domkapitels eine notwendige Voraussetzung war.[52]

---

49 Ebd. S. 270 f., unter Verwendung des primären Schlusses des Johannesevangeliums, wo auf Jesu Wunder hingewiesen wird, die er nach seiner Auferstehung vor den Augen seiner Jünger gewirkt habe: *Multa quidem et alia fecit Deus per virum hunc* [= Vizelin, Ch. D.] *laudabilia dignaque relatu, quae non sunt scripta in libro hoc* (Auch viele andere Zeichen tat Gott durch diesen Mann, die Lob und Erwähnung verdienen, aber nicht in diesem Buche geschrieben sind). Vgl. Joh 20,30: „Noch viele andere Zeichen hat Jesus vor den Augen seiner Jünger getan, die in diesem Buch nicht aufgeschrieben sind."

50 Ebd. S. 270 f.: *Vos quoque, qui residetis in architriclinio ecclesiae Lubikanae, excipite virum hunc, virum, inquam, quem mera narracione vobis propino, ideo utique mera, quia vera. Neque enim hunc dissimulare penitus valebitis, qui primus in civitate vestra nova erexit lapidem in titulum, fundens oleum desuper* (Auch ihr, die ihr an der hohen Tafel der Lübecker Kirche sitzt, preist diesen Mann, einen Mann, sage ich, den ich in klaren Worten vor euch hinstelle; klar zumal deshalb, weil wahr. Diesen Mann werdet ihr nämlich nicht gänzlich verleugnen können, der zuerst in eurem neuen Bischofssitz den Stein aufrichtete zu einem Male und Öl oben daruaf goß).

51 BÜNZ, Kanonikerreform.

52 Zum Totengedenken und seinen theologischen Grundlagen vgl. ANGENENDT, Geschichte der Religiosität, S. 705–716; umfangreich zusammenfassend und mit interkultureller Perspektive BORGOLTE, Enzyklopädie.

Insgesamt, so meine ich, lassen sich bei Helmold mehrere Zeitdimensionen differenzieren:

- die grundlegende Spannung zwischen der Wandelbarkeit alles Irdischen und der von Gottes Ewigkeit umspannten Heilsgeschichte (= 1. Dimension);
- die langfristige Missionierung im Hinterland der Ostsee und die Etablierung einer kirchlichen Infrastruktur (= 2. Dimension);
- die Wiederkehr des immer Ähnlichen in den Konstellationen der geistlichen und weltlichen Akteure und Machtkonstellationen (= 3. Dimension);
- die gegenwartsgenetische Erläuterung von aktuellen Problemlagen, aus denen der Chronist seine Appelle an die Domkapitulare zu Lübeck ableitet (= 4. Dimension).

Die Zeitlichkeit des Wunders lässt sich nicht nur einem dieser Zeitmodi zuordnen. Der einzelne Wunderbericht kann verschiedene Zeiten aufrufen,[53] und die Wunder stehen ganz unterschiedlich in den verschiedenen Zeitmodi: Es kann beweisen, dass Vizelin nach seinem Tod die ewige Gegenwart Gottes genießt (= 1. Dimension); es kann die Erfolge der Missionierung bekräftigen, wenn Thetmar wegen des Eingreifen Gottes die notleidende Bevölkerung mit Lebensmitteln versorgt oder wenn Bernhards Wundertätigkeit seine Kreuzzugspredigt autorisiert (= 2. Dimension); die Wundertäter sind zugleich als Kanoniker Protagonisten der kirchlichen Infrastruktur, die sich im Spannungsfeld geistlicher wie weltlicher Mächte zu behaupten haben (= 3. Dimension). Vor allem aber fällt auf, wie eng die Wunder an eines der Kernanliegen gebunden sind, die Helmold verfolgt: die herausragende Bedeutung des Neumünsteraner Stifts und seines Personals für das Lübecker Bistum zu unterstreichen (= 4. Dimension). Die Wunder stehen hier in Kontexten, in denen Helmold die chronologische Grundstruktur seiner Erzählung durchbricht, um auf die Entwicklung seiner ,Helden' zurückzuschauen und um seine primären Adressaten direkt anzusprechen. Die Wirkung der Wunder selbst reicht nicht bis in die Gegenwart des Erzählens – es handelt sich um retrospektive Prognostik für bereits eingetretene Ereignisse oder bereits abgeschlossene Heilungen; dennoch stehen sie in Zeitensembles, die sie unmittelbar an die Gegenwart der Erzählung anbinden. Helmold modelliert ihre Bedeutung also damit, dass mit ihnen die unmittelbare Vorgeschichte der Gegenwart dem Vergessen anheimzufallen droht – hier konkret wegen des Wechsels des Bischofssitzes, durch den der

---

53   In dem Modell analytisch zu scheidender, aber miteinander verflochtener Zeitdimensionen folge ich den Überlegungen von RATHMANN-LUTZ, Monastische Zeit. Das Speisewunder während der Hungersnot im Kloster Neumünster erweist sich zum Beispiel zugleich als typologische Wiederholung eines Speisewunders aus dem Alten Testament als auch als Beitrag zur dauerhaften Sicherung christlicher Infrastruktur nördlich der Elbe und begründet außerdem den Bedarf an einer besonderen Verehrung Vizelins und Thetmars in Gegenwart und Zukunft, ist also zugleich verschiedenen Zeitschichten oder -dimensionen zuzuordnen.

Verfasser offensichtlich die Erinnerung an die ältere Geschichte des Bistums Oldenburg und seiner Verbindung mit dem Stift Neumünster gefährdet sieht.

An dieser Stelle lässt sich, so meine ich, ein fundamentaler Unterschied in der
Zeitmodellierung von Wunderberichten zwischen der ‚Vita Arialdi‘ und Helmolds
‚Chronica‘ ausmachen. Beide Werke beanspruchen explizit, das, was in ‚unserer Zeit
geschieht‘, festzuhalten, und für beide ist plausibel zu machen, dass es ganz konkrete
aktuelle Anliegen gibt, für die die Erinnerung an die Wunder wichtig ist. In der ‚Vita
Arialdi‘ ging es darum, eine gemeinsame Gegenwart zu entwerfen, in der Gott schon
einmal den Kampf für eine Reform des priesterlichen Lebens autorisiert hat – nicht
zuletzt durch Wunder. In Helmolds ‚Chronica‘ ordnet sich die jüngste Vergangenheit
hingegen in eine lange Geschichte ein, in der die erzählten Wunder wichtige Episoden in langfristigen Entwicklungen sind. Sie stehen in einem gegenwartsgenetischen
Zusammenhang, aber schon so weit entfernt, dass gegen ihr Vergessen angeschrieben
und appelliert werden muss. Viel stärker als in der ‚Vita Arialdi‘ geht es ihm daher um
den Aufweis von Kontinuität angesichts einer fundamentalen institutionellen Zäsur.

Diese kurzen vergleichenden Bemerkungen betreffen nur eine der Dimensionen,
die eine Analyse von Zeitmodellierungen in und durch Wundererzählungen zu erfassen hat. Vorläufig kann man, so meine ich wenigstens drei Ebenen unterscheiden, analysiert man Wunderberichte als Sequenzen in längeren historiographischen Werken:

1)   Zeitmodellierungen in den Wundererzählungen selbst, etwa die Plötzlichkeit,
     mit denen Gott eine Wende herbeiführt;
2)   die Wunderepisoden im Rahmen der Chronoreferenzen des gesamten Werks zwi-
     schen Heilsgeschichte und irdischem Geschehen;
3)   Beziehungen der Wunder auf die intendierte Erzählsituation.

Eine solche Analyse kann, so mein Eindruck, dazu beitragen, über allgemeine Erkennt-
nisse zum Zeitverhältnis mittelalterlicher Historiographen zwischen Heilsgeschichte
und immanenter *mutatio temporum* oder zur Polychronie des Wunders zwischen irdischer Geschichte und überzeitlicher Transzendenz hinauszukommen. Das ermöglicht,
ein weitaus differenzierteres, für jeden Einzelfall eigenes Profil zu erarbeiten, wie die
plötzliche Intervention Gottes in der Wundererzählung eingesetzt wird, um erzähltes
Geschehen zeitlich zu modellieren.

Bibliographie

Quellen

Andrea von Strumi, Vita sancti Arialdi, hg. v. Friedrich BAETHGEN, in: Monumenta Germaniae Historica. Scriptores 30,2, Leipzig 1934, S. 1047–1075.

Helmold von Bosau, Chronica Slavorum = Slawenchronik, hg. v. Bernhard SCHMEIDLER / Heinz STOOB, mit einem Nachtrag von Volker SCIOR (Ausgewählte Quellen zur deutschen Geschichte des Mittelalters 19), Darmstadt ⁷2008.

Landulf Senior, Historia Mediolanensis, hg. v. Ludwig Carl BETHMANN / Wilhelm WATTENBACH, in: MGH Scriptores 8, Hannover 1848, S. 32–100.

Forschungsliteratur

ANGENENDT, Arnold, Corpus incorruptum. Eine Leitidee der mittelalterlichen Reliquienverehrung, in: Saeculum 42 (1991), S. 320–348.

DERS., Heilige und Reliquien. Die Geschichte ihres Kultes vom frühen Christentum bis zur Gegenwart, München 1994.

DERS., Geschichte der Religiosität im Mittelalter, Darmstadt 1997.

Enzyklopädie des Stiftungswesens in mittelalterlichen Gesellschaften, 3 Bde., hg. v. Michael BORGOLTE, München/Berlin/Boston 2014–2017.

BÜNZ, Enno, Art. ‚Vicelin‘, in: Lexikon des Mittelalters 8 (1998), Sp. 1622 f.

DERS., Zwischen Kanonikerreform und Reformation. Anfänge, Blütezeit und Untergang der Augustiner-Chorherrenstifte Neumünster-Bordesholm und Segeberg (12.–16. Jahrhundert) (Schriftenreihe der Akademie der Augustiner-Chorherren von Windesheim 7), Paring 2002.

BUSCH, Jörg W., ‚Landulfi senioris Historia Mediolanensis‘ – Überlieferung, Datierung und Intention, in: Deutsches Archiv für Erforschung des Mittelalters 45 (1989), S. 1–30.

ZeitenWelten. Zur Verschränkung von Weltdeutung und Zeitwahrnehmung, 750–1350, hg. v. Miriam CZOCK / Anja RATHMANN-LUTZ, Köln/Weimar/Wien 2016.

DARTMANN, Christoph, Wunder als Argumente. Die Wundergeschichten in der ‚Historia Mediolanensis‘ des sogenannten Landulf Senior und in der ‚Vita Arialdi‘ des Andrea von Strumi (Gesellschaft, Kultur und Schrift. Mediävistische Beiträge 10), Frankfurt am Main u. a. 2000.

FRAESDORFF, David, Der barbarische Norden. Vorstellungen und Fremdheitskategorien bei Rimbert, Thietmar von Merseburg, Adam von Bremen und Helmold von Bosau (Orbis mediaevalis. Vorstellungswelten des Mittelalters 5), Berlin 2005.

GENETTE, Gérard, Die Erzählung, Paderborn ³2010.

GOETZ, Hans-Werner, Geschichtsschreibung und Geschichtsbewusstsein im hohen Mittelalter (Orbis medievalis. Vorstellungswelten des Mittelalters 1), Berlin ²2008.

HÖLSCHER, Lucian, Die Entdeckung der Zukunft, Göttingen ²2020.

DERS., Zeitgärten. Zeitfiguren in der Geschichte der Neuzeit, Göttingen 2020.

KELLER, Hagen / ZUMHAGEN, Olaf, Art. ‚Pataria‘, in: Theologische Realenzyklopädie 26 (1996), S. 83–85.

KLEINE, Uta, Gesta, Fama, Scripta. Rheinische Mirakel des Hochmittelalters zwischen Geschichtsdeutung, Erzählung und sozialer Praxis (Beiträge zur Hagiographie 7), Stuttgart 2007.

KOSCHORKE, Albrecht, Wahrheit und Erfindung. Grundzüge einer Allgemeinen Erzähltheorie, Frankfurt am Main ⁴2017.

LAHN, Silke / MEISTER, Jan Christoph, Einführung in die Erzähltextanalyse, Stuttgart ³2016.

LANDWEHR, Achim, Die anwesende Abwesenheit der Vergangenheit. Essay zur Geschichtstheorie, Frankfurt am Main 2016.

DERS., Diesseits der Geschichte. Für eine andere Historiographie, Göttingen 2020.

LEHNER, Hans Christian, Prophetie zwischen Eschatologie und Politik. Zur Rolle der Vorhersagbarkeit von Zukünftigem in der hochmittelalterlichen Historiografie (Historische Forschungen 29), Stuttgart 2015.

NAGY, Piroska, Quand l'émotion collective prend corps. La Pataria milanaise (1057–1075), in: La chair du politique, hg. v. Ludivine BANTIGNY / Déborah COHEN / Boris GOBILLE = Sensibilités. Histoire, critique & sciences sociales 7 (2020), S. 24–31.

Zukunft im Mittelalter. Zeitkonzepte und Planungsstrategien, hg. v. Klaus OSCHEMA / Bernd SCHNEIDMÜLLER (Vorträge und Forschungen 90), Ostfildern 2021.

RATHMANN-LUTZ, Anja, Monastische Zeit – Höfische Zeit. Zeitregime zwischen St.-Denis und kapetingischem Hof im 12. Jahrhundert, in: ZeitenWelten. Zur Verschränkung von Weltdeutung und Zeitwahrnehmung, 750–1350, hg. v. Miriam CZOCK / Anja RATHMANN-LUTZ, Köln/Weimar/Wien 2016, S. 235–251.

SALVESTRINI, Francesco, Conflicts and Continuity in the Eleventh-Century Religious Reform. The Traditions of San Miniato al Monte in Florence and the Origins of the Benedictine Vallombrosan Order, in: Journal of Ecclesiastical History 72 (2021), S. 491–508.

SAUSER, Ekkard, Art. ‚Thetmar‘, in: Biographisch-Bibliographisches Kirchenlexikon 22 (2003), S. 1347, hier zitiert nach der online-Version: https://www.bbkl.de/index.php/frontend/lexicon/T/Th/thetmardietmar-71810 [abgerufen am 27.07.2022].

Mittelalterliche Zukunftsgestaltung im Angesicht des Weltendes – Forming the Future Facing the End of the World in the Middle Ages, hg. v. Felicitas SCHMIEDER (Beihefte des Archivs für Kulturgeschichte 77), Köln/Weimar/Wien 2015.

SCHMITZ-ESSER, Romedio, Der Leichnam im Mittelalter. Einbalsamierung, Verbrennung und die kulturelle Konstruktion des toten Körpers (Mittelalter-Forschungen 48), Ostfildern ²2016.

SCIOR, Volker, Das Eigene und das Fremde. Identität und Fremdheit in den Chroniken Adams von Bremen, Helmolds von Bosau und Arnolds von Lübeck (Orbis mediaevalis. Vorstellungswelten des Mittelalters 4), Berlin 2002.

DERS., Nachtrag, in: Helmold von Bosau, Chronica, S. 401–410.

SIGNORI, Gabriela, Wunder. Eine historische Einführung (Historische Einführungen 2), Frankfurt am Main/New York 2007.

Die Zeit der letzten Dinge. Deutungsmuster und Erzählformen des Umgangs mit Vergänglichkeit in Mittelalter und Früher Neuzeit, hg. v. Julia WEITBRECHT / Andreas BIHRER / Timo FELBER (Encomia Deutsch 6), Göttingen 2020.

ZUMHAGEN, Olaf, Religiöse Konflikte und kommunale Entwicklung. Mailand, Cremona, Piacenza und Florenz zur Zeit der Pataria (Städteforschungen A 58), Köln/Weimar/Wien 2002.

Gebetswunder ‚Rosenkranz‘
Erzählen vom geistlichen Kranzbinden im ‚Passional‘, in zwei Gebetbuchhandschriften und in der ‚Zwanzig-Exempel-Schrift‘

LARA SCHWANITZ

Im einundzwanzigsten ‚Passional‘-Mirakel ‚Marien Rosenkranz‘ ist das Gebetswunder und sein Sichtbarwerden eine Hilfeleistung Marias zur Rettung und Belohnung ihres treuen Dieners in der Not:

> Ein Schüler (*ein tumber betschelier*[1] [ein dummer, einfältiger Schüler]) erweist sich als intellektuell wenig begabt, pflegt jedoch die lobenswerte Gewohnheit, jeden Tag einen Kranz aus Blumen oder Blättern zu flechten, um ihn vor einem Marienbildnis abzulegen. Als er in den Zisterzienserorden eintritt, kann er entgegen seinem Versprechen dieser Gewohnheit nicht mehr nachgehen und verfällt deswegen in Trauer und Klage. Ein älterer Mönch tröstet ihn und rät ihm, Maria statt den Blumenkränzen jeden Tag fünfzig Ave Maria zu entrichten. Der junge Mönch nimmt diesen Rat an und wird über die Jahre ein vorbildlicher Bruder, der auch ein Amt im Orden bekleidet. Wegen eines Auftrags im Dienste des Ordens muss er eines Tages ausreiten. Als er am Wegesrand seine Gebete spricht, wird er von zwei Räubern beobachtet, die planen, ihn zu überfallen. Sie sehen, wie eine wunderschöne Frau neben ihm steht und für jedes Gebet eine Rose aus dem Mund des Mönchs empfängt und daraus einen Kranz bindet. Sie verschwindet mit dem fertiggestellten Kranz. Die Räuber beschließen, das Pferd des Mönches zu stehlen, fragen jedoch zuvor den Mönch nach der Identität der schönen Frau, die sie bei ihm gesehen haben. Da erkennt der Mönch, dass Maria erschienen ist, und offenbart den Räubern dieses Wunder. Die Räuber bekehren sich und folgen dem Mönch ins Kloster.

Dieses Mirakel führt den Rezipient*innen ein Gebetswunder vor Augen: Ausgehend von der Gebetspraxis des Mönchs greift Maria in die Welt ein, indem sie nach jedem Gebetsgruß vor den Augen der Räuber die aus dem Gaumen des Mönchs wachsenden Rosen für ihren Kranz entgegennimmt. Dass in der Transformation der einzelnen Ave

---

[1] Passional, V. 15493.

Maria zu Rosen das Wunder zu sehen ist, um das dieses Mirakel kreist, und dessen
Zeugen die Räuber und die Rezipient*innen werden, stellt der Text explizit heraus:

> als der munch hete entsaben
> ein ave Maria unde sprach,
> secht, welch ein wunder da geschach,
> wand ez wart zu einer rosen.[2]

Als der Mönch sich ein Ave Maria auf der Zunge zergehen ließ und schließlich artikulierte,
seht, welch ein Wunder da geschah, denn es verwandelte sich in eine Rose.

An die wundersame Transformation der Gebetsstrophen zu Rosen lagert sich dann
Mirakulöses an: die Bekehrung der Räuber, die Sichtbarkeitsreglementierung, die Ver-
schonung des unschuldigen Mönchs, aber auch die Deutung der Erscheinung, die den
erfolgreichen biographischen Wandel des ehemals dummen Schülers zum ämterbe-
kleideten Mönch ausstellt.

Das Erzählen vom Gebets- und Kranzwunder schließt in ‚Marien Rosenkranz' eine
Binnengliederung in drei Episoden ein, in denen die Entwicklung der Figur mit einer
Entwicklung des Kranzes als bedeutungstragendem Objekt und Medium[3] korrespondiert. Jede Episode umkreist das Objekt des Kranzes in einem anderen Status: als bota-
nischer Kranz, als Gebetsreihe und als Rosenkranz, der sich aus den fünfzig Ave Maria
materialisiert. Der Übergang vom botanischen Blumenkranz zum geistlichen Kranz

---

2   Passional, V. 15746–15749.
3   Der Begriff ‚Medium' geht in seiner Bedeutung darüber hinaus, ein ‚Vermittelndes' zu bezeichnen.
     Als Prämisse der Medialitätsforschung darf vielmehr gelten, dass ein Medium nicht als rein pas-
     siver Kanal eine Botschaft überbringt, sondern dass es Inhalte im Kommunikationsprozess auch
     konstituiert und transformiert (vgl. mit detaillierter Aufarbeitung der Forschung BUBERT/MER-
     TEN, Medialität und Performativität, bes. S. 31–33). Das gilt – folgt man den Ausführungen ARIS',
     der am Beispiel der Eucharistie und unter Rückgriff auf die Überlegungen Guiberts von Notgen
     zeigt, wie der Terminus *figura* zur Bezeichnung eines medialen Verhältnisses eingesetzt wird, in-
     dem er argumentiert, der sakramentale *corpus Christi* vermittle als *corpus figuratum* zwischen dem
     historischen Körper Jesu und dem verherrlichten *corpus Christi* des Auferstandenen – auch für ei-
     nen historischen Medien-Begriff (ARIS, Figura und Eucharistie, S. 98). Dabei zeigt die Diskussion
     um das Verhältnis von sakramentalem, historischem und verherrlichtem Körper Christi und die
     Funktionsweise der Eucharistie, dass das Sakrament etwas transformiert und konstituiert, indem
     es „der Erscheinungsform nach verhüllt, was es der Wirkung nach so vermittelt, wie es der voraus-
     gehenden Wahrheit entspricht" (ebd., S. 98).
     Am Beispiel des Rosenkranzes im Marienmirakel lässt sich das transformierende Potential von
     Medien ebenfalls – wenn gleich in anderer Weise, als es sich am besonderen Beispiel der Eucharis-
     tie zeigt – nachvollziehen: In der literarischen Ausgestaltung wird in besonderer Weise augenfäl-
     lig, dass der Text daran arbeitet, für das Objekt eine Biographie zu entwerfen, die in der Abfolge
     verschiedener Zustände des Kranzes Bezüge der Überbietung und Unterordnung schafft, Fragen
     nach dem Verhältnis der Barmherzigkeit Mariens zur Unzulänglichkeit der menschlichen Akteu-
     re aufgreift oder durch Mechanismen von Sichtbarkeit und Verhüllung bestimmte Figurentypen
     exponiert. In jedem Fall weist das Medium ‚Rosenkranz' in diesem Mirakel über die Botschaft, be-
     ständiger Mariendienst durch das fünfzigfache Sprechen des Ave Marias sei heilbringend, hinaus.

der Gebetsreihe ist als Unterweisung und Korrektur des Lobpreises konzipiert. Der
ältere Zisterziensermönch kommentiert, nachdem er dem jungen Mönch geraten hat,
Maria einen geistlichen Kranz aus fünfzig Ave Maria zu machen: *und wizze, daz si disen
crantz / vur lilien und vur rosen nimt, / wand er ir verre baz gezimt* (Und du kannst sicher
sein, dass sie diesem Kranz den Vorzug gibt vor einem Kranz aus Lilien und Rosen,
weil er so viel besser zu ihr passt).[4] Dieser Ratschlag führt vom konkreten Objekt der
Ehrerbietung hin zu einer geistlichen Form des Lobpreises. Der Lobpreis durch das
fünfzigfache Ave Maria ersetzt das Binden des botanischen Kranzes und wird in die
Strukturen der durch die Ordensregel auferlegten Tagzeitenandacht eingepasst:

wiltu der wandels vrien,
der kunigin Marien,
tegelich in edelen sachen
ein rosen crentzlin machen
und daz mit lobe zieren,
so saltu ez ordinieren,
daz du uber din tage zit,
di dir din regele sprechen git
immer sprechest ie dar na
vumfzic ave Maria,
da mite ist daz schepil gantz.[5]

Willst du der Makellosen, der Königin Maria, täglich in ausgezeichneter Art einen Kranz
aus Rosen binden und diesen mit Lob verzieren, so sollst du es so einrichten, dass du im
Rhythmus deiner Gebetszeiten, die dir deine Ordensregel zu sprechen auferlegt, immer
danach noch fünfzig Ave Maria sprichst. Mit diesen ist dein Kranz vollendet.

Die Materialität des botanischen Kranzes – Lilien und Rosen – überbietet der geistliche Gebetsdienst. Gleichzeitig wird diese Gebetspraxis mit dem Kranzbinden metaphorisch gleichgesetzt und abschließend in Form des dritten Kranzes als materiell
konkretisierter Herstellungsprozess vorgeführt. Dieser letzte, eingeschränkt sichtbare
Rosenkranz ist so das materielle Produkt eines geistlichen Dienstes. Vom Ende und
vom Wunder her betrachtet stellt sich im Kontext der Erzählung die Materialität dieses Kranzes jedoch nicht als selbstverständlich heraus. Seine Materialität ist zudem
nicht an die Voraussetzungen der Immanenz und der gängigen Sinneserfahrung gebunden, wie sich an seiner oszillierenden, adressatenbezogenen (Un-)Sichtbarkeit
zeigt. Die exzeptionelle Materialität dieses Kranzes kann ihn so als Medium ausweisen, das Heil in die Welt vermittelt. Marias Eingriff in die Welt, ihre Wundertätigkeit

---

4   Passional, V. 15662–15664.
5   Ebd., V. 15651–15661.

und die transzendente Erfahrung, die den Räubern zuteilwird, manifestiert sich am Objekt und Medium dieses Rosenkranzes, auf den die Erzählung zuläuft. Die Vermittlung der transzendenten Erfahrung ins Diesseits ist so insgesamt in diesem Marienmirakel als objektgestützte Heilsvermittlung konzipiert.

An diesem Beispiel zeigt sich, dass die Frage nach den Konfigurationen des Wunders auch die Frage nach den Medialisierungen des Wunders einschließen muss. Für das Gebetswunder stellt sich diese Frage in besonderer Weise, da das Gebet selbst ein Medium ist. Als die zentrale Sprachform einer Kommunikation zwischen dem Gläubigen in der immanenten Welt und verschiedenen transzendenten Adressaten strebt es darauf zu, „die Distanz zwischen Immanenz und Transzendenz zu überwinden"[6]. Das Gebet ist dabei gleichermaßen als Sprachgebilde und performativer religiöser Akt zu konturieren.[7] Mit seiner rhetorischen Gestaltung, Argumentation und Auswahl von Betrachtungspunkten aus dem Leben Christi, Mariens und der Heiligen macht der Gebetstext ein Angebot an die Glaubigen, ihr Anliegen, eine Nähe zur Transzendenz herzustellen, durch den vorformulierten Text im Akt des eigenen Betens umzusetzen – den Text also zum Gebet werden zu lassen und ihn als Medium der Kommunikation mit der Transzendenz zu nutzen.[8]

Vor diesem Hintergrund untersuchen die folgende Ausführungen, wie das Gebetswunder im Zusammenspiel mit den erzählerisch eingebundenen Medien in unterschiedlichen pragmatischen Zusammenhängen gestaltet ist. Die Erzählung vom Rosenkranzwunder wird im Laufe des 15. Jahrhunderts sehr prominent, wenn sie in den Dienst der Propagierung des Rosenkranzgebets gestellt wird. Doch dabei verschieben sich die medialen Voraussetzungen des Gebetswunders. So lässt sich fragen: Ist das geistliche Kranzbinden überhaupt noch als Wunder, also als exzeptionelles Eingreifen der Transzendenz in die immanente Welt, konzipiert? Diese Frage steht im Fokus der folgenden Analyse einer Textreihe, die das mirakulöse Erzählen um das Objekt des Kranzes und das geistliche Kranzbinden organisiert. Ausgehend vom Marienmirakel ‚Marien Rosenkranz', das an einundzwanzigster Stelle der Mirakelreihe im ‚Passional' steht, soll der Blick auf zwei gebetsbegleitende Mirakel in zwei spätmittelalterlichen Gebetbuchhandschriften aus Aachen und dem Kölner Raum gelenkt werden. Ab-

---

6   THALI, Strategien, S. 241. Vgl. auch LENTES, Gebetbuch und Gebärde, S. 21.
7   Vgl. zuletzt BUSCHBECK, Eintauchen in den Text, S. 391.
8   Der Gebetstext entwirft ein Rollen-Ich, über das das kommunikative Verhältnis mit Gott oder den Heiligen gestaltet ist (vgl. PALMER, The German Prayers, S. 378). Ausgangspunkt kann mit Kiening die Annahme bilden, dass der verschriftlichte Gebetstext „die Rahmenbedingungen für den Gebetsvollzug festhalten" könne und „zugleich als eine Art von Partitur diesem Vollzug je neue Realisierungsmöglichkeiten" eröffne (KIENING, Fülle und Mangel, S. 134). Katrin Chlench-Priber bezeichnet den Gebetstext des Mariengebets Nr. 20 von Johann von Neumarkt als Hilfsmedium, das einen erleichterten Zugang zur nahen Gnade schaffe, und berücksichtigt damit auch den Angebotscharakter des Textes (CHLENCH-PRIBER, Johann von Neumarkt, S. 183).

schließend rücken mit der Textkomposition der ‚Zwanzig-Exempel-Schrift' weitere Verschiebungen von Konfigurationen des Wunders in den Mittelpunkt.

I. Marienmirakel im ‚Passional':
Erzählen vom Gebetswunder zum Lobpreis Mariens

Die Mirakelreihe im ‚Passional' setzt Frömmigkeitsideal, Andachtspraxis und Wunder in Beziehung zueinander. So entwirft auch ‚Marien Rosenkranz'[9] über das Prinzip der Belohnung zum einen ein Frömmigkeitsideal, das wahre Innerlichkeit, demütigen und beständigen Gebetsdienst propagiert und die Einfachheit von Gemüt und Intellekt annimmt. Vorgeführt wird dieses Frömmigkeitsideal der *simplicitas* an der Figur des Schülers, der sich durch die Gnade Gottes vom weltlichen Leben abwendet und in den Zisterzienserorden eintritt. Der Kontrast zwischen intellektueller Unzulänglichkeit und vorbildlichem Mariendienst ist für diese Figurenkonzeption maßgeblich. Insgesamt konstatieren die Marienmirakel im ‚Passional' in ihrer Auswahl und Gestaltung der Figurentypen, dass das richtige Andachtsverhalten jeden Menschen erlösungsfähig macht. Diese religiöse Praxis ist ganz auf die Liebe zu Maria fokussiert, folgt dem Ideal der Innerlichkeit und vertraut auf Marias allumfassende Barmherzigkeit. Die Mirakel skizzieren so ein schon im Prolog angelegtes, niedrigschwelliges Frömmigkeitsideal, das eine spezifische Andachtshaltung als auch Andachtspraxis ausformt.

Vor allem ist es das Gebet, hier vornehmlich als einfacher oder mehrfach gesprochener Mariengruß, das zum Fluchtpunkt des Erzählens über Maria und zum Mittelpunkt von Mariendienst und Frömmigkeitspraxis erhoben wird:

---

9   Die zentralen Motive des Stoffes von ‚Marien Rosenkranz' sind ab dem Ende des 13. Jahrhunderts in verschiedenen lateinischen Prosafassungen, in zwei deutschen Versfassungen und ab der 1. Hälfte des 15. Jahrhunderts in zwei deutschen Prosafassungen überliefert (vgl. EICHENBERGER, Geistliches Erzählen, S. 109 f.). Nicht eigenständige, d. h. in umfangreichere Textkompositionen eingebundene Ausformungen des Stoffes, wie sie in der ‚Zwanzig Exempel-Schrift' begegnen, sind dabei nicht mit erfasst. Eichenberger unterscheidet zwei Fassungen des Erzählstoffes: Die erste Fassung erzählt in zwei Handlungssequenzen von der Praxis des Schülers, einen Kranz aus botanischem Material zu binden, der Ersetzung dieses Kranzbindens durch eine geistliche Praxis und im zweiten Schritt die Bedrohung durch die Räuber. Dieser Gruppe rechnet sie die beiden überlieferten deutschen Versfassungen zu: das ‚Passional'-Mirakel 21 und ‚Marien Rosenkranz II'. Die zweite Fassung erzählt demgegenüber nur von der Rettung durch Maria vor den Räubern. Die beiden „Grundausformungen des Stoffes" treten „etwa gleichzeitig in (erhaltener) schriftlicher Form auf und werden „nebeneinander weiter tradiert", was Eichenberger als „charakteristisch für die Komplexität der Tradierungswege geistlicher Erzählstoffe" betrachtet (ebd., S. 109). Eine direkte Bezugnahme oder eine gegenseitige Beeinflussung der beiden deutschen Verstexte hält Eichenberger für unwahrscheinlich, gleichwohl zeige sich aber an diesem Beispiel, dass der Erzählstoff bekannt und fest im literarischen Referenzrahmen verankert sei.

Ave Maria ist ein spruch,
swer in mit rechtem sinne
vor der kuneginne
sprichet an eime gruze
und vellet ir zu vuze,
daz er ie muz genade haben;
ist er in sunden ouch begraben
und wirt der gruz mit andacht
der edelen kuninne bracht,
im wirt genade in der zit,
di im ie ein teil git
der beger hin zu gote.
Ave Maria ist ein bote,
den di himel vrouwe
mit lieber an schouwe
deswar harte gerne sicht
und let im da verterben nicht,
swaz er zu rechte werben sal.[10]

Das Ave Maria ist ein Gebet, von der Art, dass demjenigen, der es mit der richtigen inneren Einstellung als Gruß vor die Königin bringt und ihr zu Füßen fällt, immer die Gnade
zuteilwerden muss. Wenn der Betende auch ein Übermaß an Sünde auf sich geladen hat,
wird der Gruß mit andächtiger Haltung der herrlichen Königin entrichtet, dann wird ihm
Gnade zur rechten Zeit erwiesen, die ihm zu einem Teil die Liebe zu Gott einbringt. Das
Ave Maria ist ein Bote, den die himmlische Frau mit Liebe zur Kenntnis nimmt und wahr-
lich gerne sieht, sodass sie dem Betenden das nicht vorenthält, was er zu recht erwerben
soll.

Mit der Personifikation des Mariengrußes als Bote ist die theologische Konzeption
des Gebets als Medium in einer Kommunikation der Distanz aufgerufen. Das Ave
Maria öffnet den kommunikativen Kanal, über den bei der Himmelskönigin Maria
Heilsteilhabe eingeworben werden kann. Vor diesem Hintergrund ist es die Aufgabe
der Mirakel zu zeigen, dass dieser kommunikative Kanal ‚betriebsfähig‘ ist: Sie führen
vor, dass auf den Mariengruß eine transzendente Erfahrung oder ein transzendenter
Eingriff folgen. Auffällig ist in Anbetracht des Verhältnisses von einwerbender Fröm-
migkeitsleistung[11], Gnadengabe und Barmherzigkeit dabei die Unbedingtheit und
Zwangsläufigkeit mit der die skizzierte Andachtshaltung und Frömmigkeitspraxis

---

10   Passional, V. 17954–17968.
11   Vgl. ebd., V. 17968.

zur Gnade führt, wenn es heißt, der oder die Betende *ie muz genade haben*[12] (muss immer Gnade erhalten). Die Ausgestaltung und Einbindung von Objekten erweist sich in diesem Zusammenhang in den Marienmirakeln des ‚Passional‘ insgesamt als zentrale erzählerische Strategie, die transzendente Erfahrung in die erzählte Welt zu vermitteln. In ‚Marien Rosenkranz‘ wird das heilsvermittelnde Potential des Objekts und Mediums ‚Kranz‘ deshalb – wie eingangs veranschaulicht – narrativ konstruiert und entfaltet, indem es eine erzählerische Biographie erhält und abschließend in ein Transformations- und Erscheinungswunder eingebunden ist.

Das Repertoire an Wundern, die sich mit dem Motiv des Gebets in den Marienmirakeln des ‚Passional‘ verbinden, ist insgesamt weit aufgespannt. Zum einen speisen sich diese Wunder aus einem der Bibel entlehnten Motivarsenal: Gezeigt werden eine Totenerweckung, die Bändigung von Naturereignissen, die Vertreibung des Teufels, Rettung und Befreiung in der Not und ein Geschenkwunder. Das Gebet ist außerdem der Ort des Wunders, an dem Maria in Visionen oder leibhaftig erscheint. Sie äußert sich dann als Fürsprecherin und Anwältin ihrer Schutzbefohlenen oder nimmt als Stellvertreterin ihren Platz ein. Vor diesem Hintergrund zeigt sich im Vergleich, dass das Mirakel ‚Marien Rosenkranz‘ eine besondere Konfiguration des Gebetswunders realisiert. Das Gebet ist in diesem Mirakel nicht nur Anlass der Errettung und Ausdruck einer vorbildlichen Frömmigkeitspraxis, die belohnt wird – wie etwa in den ebenfalls eine Blumenmetaphorik aufgreifenden Mirakeln ‚Die Blume im Munde‘ oder ‚Die Ave Maria-Lilie‘. Vielmehr wird das Gebet im Akt seiner Ausführung selbst zum Wunder.

Die Funktion des „kompletten Kranzes der 25 Mirakel“[13], die das Marienleben beschließen, ist in der nachfolgenden Paränese zum Mariengruß offengelegt. Die Mirakel im ‚Passional‘ sollen zu einer bestimmten Andachtshaltung und Andachtspraxis erziehen, deren Zielpunkt das Lobpreisen Mariens ist. Durch die *guete[n] maere*[14] (guten Erzählungen) wollen sie demonstrieren, das Maria *echtes lobes wol ist wert*[15] (sich wahrhaftigem Lob als würdig erweist). Ihre Überzeugungskraft gewinnen sie dabei daraus, dass sie den Blick auf das Eingreifen der Transzendenz in die Welt lenken. Den Zusammenhang von exzeptioneller Wundertätigkeit und Aufforderung zum Lobpreis bekräftigen dieses und alle anderen Mirakel der Sammlung mit der appellativischen Schlussformel *des sei gelobt die kunigin* (darum sei die Königin gelobt). So stehen die Marienmirakel, die das Gebet in den Mittelpunkt rücken oder

---

12 Ebd., V. 17960.
13 HAASE/SCHUBERT/WOLF, Einleitung, S. XIII. Schon früh bezeichnen Germanisten den Mirakelteil als „Legendenkranz“ (vgl. PFEIFFER, Marienlegenden, S. V), wohl in Übernahme der Titulatur aus der Handschrift Wien, ÖNB, Cod. 2677, Bl. 1r: „*Hiet* [Hier, Korrektur MENHARDT, Verzeichnis, S. 89] *heft sich an der juncvrowen chran* [*chranz*, Korrektur PFEIFFER, Marienlegenden, S. V]“ (Hier beginnt der Kranz der Jungfrau [Maria, Anm. L.S.]).
14 Passional, V. 12633.
15 Ebd., V. 12635.

thematisieren, explizit an einer Schnittstelle: Sie leiten über zu einem auf den Lobpreis durch den Mariengruß fokussierten, glaubenspraktischen Vollzug, indem sie die
Überzeugungsarbeit am Rezipienten leisten, dass dieser die Verehrungswürdigkeit
Mariens und ihre Möglichkeit zur Vermittlung des transzendenten Heils in die Welt
einsehe. Durch die sprachlich und positionell wiederholende Schlussformel am Ende
jedes Mirakels, die für die Textsorte Mirakel generell ein gängiges Textelement ist,
erscheint im ‚Passional‘ dabei auch die Struktur und Praxis des Reihengebets assoziiert. Aus struktureller Sicht drängt sich dieses assoziative Verhältnis auf, weil neben
dem durch die wiederholende Schlussformel hervorgerufenen repetitiven Moment
die meisten Handschriften die ‚Passional‘-Mirakel als geschlossene Sammlung präsentieren, die auf die Zahl 25 begrenzt ist – der Hälfte der verbreiteten Anzahl der
Strophen für das Reihen- und Rosenkranzgebet. Die Mirakel laden aber eben auch
aus inhaltlicher Perspektive – ähnlich wie reihende Kranzgebete – dazu ein, Betrachtung von Heilstatsachen, in diesem Fall die durch Maria gewirkten Wunder, und lob-
preisende Andacht miteinander zu verbinden. Die Hinführung zu einer Andachtspraxis leistet im ‚Passional‘ schließlich insbesondere die die Mirakelreihe beschließende
Paränese. Sie empfiehlt explizit noch einmal das Ave Maria als Gebet und fordert die
Rezipierenden zum Lobpreis mit diesem Gebet auf. Insofern bringt die Textkomposition besonders deutlich ein Spezifikum der Textsorte Mirakel zum Vorschein: Diese können mit einer Andachtspraxis enggeführt werden – sei es, indem die Lektüre
von Mirakeln eine betrachtende Andacht unterstützt, Mirakellektüre also selbst zur
Andachtsform avanciert, oder indem sie eine bestimmte Andachtspraxis favorisieren
und anempfehlen.

Insgesamt erweist sich so der Erzählstoff des Mirakels ‚Marien Rosenkranz‘ und
das Motiv des geistlichen Kranzbindens, das ab Ende des 13. Jahrhunderts auch durch
seine konkrete Realisierung im ‚Passional‘ fest im literarischen Referenzrahmen verankert ist, als sehr anknüpfungsfähig für die Textsymbiose von gebetsbegleitendem
Narrativ und Rosenkranz-Gebet in den eng mit der Frömmigkeitspraxis von Gebet
und Andacht verbundenen Gebetbuchhandschriften.

II. Rosenkranzgebet und Mirakel im Gebetbuch: Das Gebet als Kranz und Gabe

In der Gebetbuchhandschrift Köln, Archiv der Stadt, Best. 7010 47 leitet das folgende
Mirakel ein Rosenkranzgebet ein:

> It was eyn broder, der dit na geschreuen krentzen der selicher iunffrauwen Marien plach
> zo lesen. Do wart geseyn by eme stayn de moder gotz Maria, dat sy alle mailtz ouer eyn
> wele, als hei eyn Aue Maria hatte gesprochen, so intfeynck sy eyn suuerliche roese uis
> syme munde ind maichde da van eyn krentzen. Ind do sy it gemaicht hatte, do satte sy

it up ir houfft ind voir in den hemel. Ind da van hait dit krentzgen synen eirsten namen intfangen. Ind wer dit krentzgen al dage eyn iarr lanck spricht der sald verkregen sunderliche troist ind hulpe ind besserunge syns leuens van der moder gotz als it mircklichen bevonden is.[16]

16 Köln, Archiv der Stadt, Best. 7010 47, Bl. 103r. Das Mirakel ist auch überliefert in der Gebetbuchhandschrift Darmstadt, LBUB, Hs. 1852, Bl. 117r–124r. Beide Handschriften sind nicht datiert, werden aber aufgrund von paläographischen Charakteristika, äußeren Merkmalen und der Textauswahl in die zweite Hälfte des 15. Jahrhunderts datiert. Weitere Überlieferungen des Mirakels als gebetsbegleitendem Narrativ in Gebetbuchhandschrift, d. h. in kleinformatigen Textsammlungen, die Gebete und gebetsartige Andachtstexte zusammen überliefern, sind bisher nicht bekannt. Zum Begriff und zum Handschriftentyp Gebetbuch, bzw. deutschsprachigem Privatgebetbuch und deutschem Gebetbuch liturgischer Provenienz vgl. OCHSENBEIN, Privatgebetbücher, S. 379–398; und die kritische Diskussion bei CHLENCH-PRIBER, Johann von Neumarkt, S. 12–16; WIEDERKEHR, Hermetschwiler Gebetbuch, S. 81 f., 116–122. In Anschluss an die Einwände an der heuristischen Begrifflichkeit nach Ochsenbein wird in diesem Aufsatz nicht zwischen privatem und liturgischem Gebetbuch unterschieden. Zur besseren Einordnung der genannten Handschriften sei deshalb im Folgenden zusammengestellt, was über die Entstehungs- und Rezeptionssituation der Gebetbücher bekannt ist oder gefolgert werden kann. Menne vermutet für die Handschrift Köln, Archiv der Stadt, Best. 7010 47, sie sei „wohl aus einem Frauenkloster" des ripuarischen Sprachraums (MENNE, Deutsche und niederländische Handschriften, S. 275). Wichtige Hinweise für die Entstehungssituation der Handschrift liefern äußere Merkmale wie das einheitliche Layout mit sorgfältiger Strukturierung der einzelnen Textabschnitte durch Initialen und Rubrizierungen, die gute Schriftausführung (schleifenlose Bastarda, Drucktypen imitierende Majuskeln) sowie die Tatsache, dass eine Hand die ganze Handschrift geschrieben hat. Es handelt sich also um eine geplant angelegte, formal und inhaltlich konzeptionell durchdachte und in einem Guss ausgeführte Handschriftenfertigung von einer gut ausgebildeten Schreiberin innerhalb des von Menne vermuteten Frauenklosters oder um eine professionelle Auftragsarbeit, die dann an das Frauenkloster übergeben wurde. Ein schwer lesbarer Eintrag in Kurrentschrift auf dem Spiegelblatt des vorderen Innendeckels liefert weitere Hinweise zur Entstehung der Handschrift. Unter der mittig angebrachten Jahreszahl 1664 kann man dort lesen: *Mari*[…] *2. august°us hab ich diß buch d*[…] *Jungfraw MA'M bekomen Suster anna Sleißem* (Maria […] Am 2. August habe ich dieses Buch der Jungfrau Maria (oder: von der Jungfrau Maria?) bekommen. Schwester Anna Sleißem). Diese Handschrift ist demnach vielleicht – je nachdem, ob mit der Erwähnung der Jungfrau Maria auf eine zeitgenössische Person oder auf die Mutter Gottes verwiesen ist, von der das Buch handele – in eine Buchübergabe von Frau zu Frau eingebunden, wobei die Empfängerin *anna Sleißem* einem geistlichen Milieu zuzurechnen ist. Die wiederholte Bezeichnung der Ich-Rolle der Gebete als *arme sundersche* (arme Sünderin) ist hier ebenfalls ein Indiz für eine rein weibliche Rezeption der Gebetbuchhandschrift.

Die Handschrift Darmstadt, LBUB, Hs. 1852 wurde von drei Händen geschrieben, wobei die Wechsel der Hand jeweils mit einem Lagenende zusammenfällt (vgl. ACHTEN/KNAUS, Deutsche und niederländische Gebetbuchhandschriften, S. 153). Dabei ist es wahrscheinlich, dass die Lagen der drei verschiedenen Hände unabhängig voneinander entstanden sind und erst später für die gemeinsame Bindung vorbereitet wurden. Die Verwendung von Pergament, die sorgfältige Schriftführung von Hand 1 und 3 (Textualis), die Abschnitte mit in roter und blauer Farbe alternierenden Initialen, die Einleitung des dritten Teils mit einer fünfzeiligen Fleuroneé-Initiale und die Einbindung von zwei ganzseitigen mit Deckfarben kolorierten Federzeichnungen in breitem Blattgoldrahmen zeugt von einem hohen, repräsentativen Ausstattungsanspruch und einem professionellen Fertigungszusammenhang. Die Namenseinträge von vier Vorbesitzern belegen, dass die Handschrift als Andachts- und Sammlungsobjekt durch mehrere Hände gewandert ist. Hinweise zum über den Entstehungskontext hinausgehenden Buchgebrauch gibt die Schenkungsnotiz, die

Es war einmal ein Bruder, der die Gewohnheit hatte, dieses nachfolgend aufgeschriebe-
ne Kränzchen der seligen Jungfrau Maria zu lesen. Da sah jemand, wie Maria, die Mutter
Gottes, bei ihm stand, und dass sie jedes Mal nach einer Weile, wenn er ein Ave Maria
gesprochen und vollendet hatte, eine strahlende Rose aus seinem Mund empfing und daraus einen Kranz band. Und als sie den Kranz fertig gestellt hatte, setzte sie ihn auf ihr
Haupt und fuhr in den Himmel auf. Von dieser Begebenheit hat das Kränzchen allererst
seinen Namen bekommen. Und wer dieses Kränzchen jeden Tag ein Jahr lang spricht, der
verdient sich besonderen Trost und Hilfe und Besserung seines Lebens von der Mutter
Gottes, wie es deutlich bezeugt ist.

Dem rubrizierten Narrativ schließen sich umfangreiche Heils- und Ablassversprechen
an. Das Narrativ begründet diese an das Gebet gekoppelten Heilzusicherungen konzeptionell, indem es die religiöse Vorstellung vom Gebet als Gabe an die Transzendenz
in einer Ursprungsimagination aufruft.[17] Der narrative Kotext begründet die Namensgebung des Gebets, illustriert aber gleichzeitig den praktischen Vollzug des Gebets als
Gabentausch. Die Materialisierung der einzelnen Ave Maria zu Rosen steht als selbstverständlich ablaufender, an das Gebet gebundener Prozess im Mittelpunkt. Dass die
Betenden dieses Kranzgebets in einen Tauschprozess von im Kranz materialisierter
Gebetsleistung und Gnade eintreten, wird fruchtbar gemacht, wenn sich die Heilszusicherungen von Trost und mehrfachem Ablass anschließen.

   Diese Verschiebung wird zum einen dadurch umgesetzt, dass der Moment der Zeugenschaft auf eine anonyme Beobachterinstanz und eine passivische Formulierung
beschränkt ist. Das Kranzwunder ohne Räuberepisode unterliegt dabei keiner einge-
schränkten Sichtbarkeit mehr und die konditionale Relation aus beständigem Mariendienst und Errettung aus der Not wird nicht durchgespielt. Zum anderen rückt die
Figur, die die Gebetspraxis ausführt, in den Hintergrund, wenn sie schlicht auf die
Klassifizierung als *broder*[18] (Bruder, Mönch) reduziert ist. Die Entwicklung der Figur,

---

vor dem zwischengeschalteten Teil der zweiten Hand auf Bl. 96r und 98v eingefügt wurde: *Barbara
von brochhaussen* habe die Handschrift 1614 der *suster Catharina smalenberch zu liblar* vermacht.
Die Namensnennungen und die Schenkungsnotiz legen nahe, dass das Gebetbuch aus laikalem
Privatbesitz in einen klösterlichen Zusammenhang eingeht. Auch die von anderer Hand einge-
fügte Empfehlung für schwangere Frauen machen eine Auftraggeberschaft und Erstgebrauch der
Handschrift innerhalb einer wohlhabenden Familie weltlichen Standes wahrscheinlich. Auffällig
ist darüber hinaus, dass eine eindeutige geschlechtliche Differenzierung der Ich-Rolle nicht vorgenommen wird, bzw. neben der adressierten schwangeren Frau auch ein Nachtrag existiert, in dem
das Ich sich als Gottes *kneicht* (Knecht) charakterisiert und damit eine eher männlich konnotierte
Demutsform wählt. Achten/Knaus vermuten für dieses Gebetbuch eine Entstehung im Umkreis
Köln um 1470 (vgl. ebd., S. 152 f.). Für beide Handschriften ist übergeordnet das hohe Ausstat-
tungsniveau und die durchgängige Verwendung von Pergament als Beschreibstoff erstaunlich, was
insgesamt auf einen hohen Stellenwert der Handschriften für die Rezipient*innen hinweist.

17   Vgl. ANGENENDT, Geschichte der Religiosität, S. 373–378.
18   Darmstadt, LBUB, Hs. 1852, Bl. 117r; Köln, Archiv der Stadt, Best. 7010 47, Bl. 103r.

die im ‚Passional'-Mirakel als ein Resultat der Gebetspraxis ausgegeben wird, entfällt. Das Gebet des Mönches ist mit dem *na geschreuen krentzen*[19] (nachfolgend niedergeschriebenen Kränzchen) identifiziert, das ein Gebetsangebot für die Rezipient*innen der Handschrift macht. Das Wunder der Kranzwerdung erscheint auf diese Weise nicht als exzeptionelle Belohnung und Unterstützung für eine besondere Leistung in Glaube und Tugenden, sondern als ein auf Wiederholbarkeit hin angelegter Prozess, den das Gebet, bzw. die Betenden, die das Gebet performativ umsetzen, initiiert und durch den sich die Kommunikation zwischen den Betenden in der Immanenz und der transzendenten Macht konstituiert.

In der Handschrift Oxford, Bodleian Library, Ms. Germ. g. 1.[20] ist die neutrale Beobachterposition durch eine innere Vision, die ein Priester erlebt, ersetzt:

> Item men leyst van den roesenkrans · eyn exempel · van eynen preyster · dat he up eyne zeyt saich in den geyste · wye onse leyff vrauwe Maria, die moeder goitzs, geeirt wart mit dyssen roesenkrans, dye ere gesprochen worden up erden · ynde saich ouch, wanne die sproechen Aue Maria, soe nyegden eyr alle hemellsche heer · ynde so nam sy die rosen van den · Aue Maria · inde maichde dae van eynen · Rosenkrans · ynde wanne der rosenkrans volmaicht was · so sat sy den up eyr heufft · ynde dancket den, de in maichget · Ynde diser preister saich ouch · dat sy in dat boich des ewigen leuen worden gesat[21]

Ebenso liest man von dem Rosenkranz ein Exempel über einen Priester, der einst im Geiste sah, wie unsere liebe Frau Maria, die Mutter Gottes, mit diesem Rosenkranz, der ihr von den Gläubigen auf der Erde gesprochen wurde, geehrt wurde. Er sah dann auch, dass sich die himmlischen Heerscharen vor Maria verneigten, wenn jemand ein Ave Maria gesprochen hatte. Und so nahm sie die aus dem Ave Maria hervorgehenden Rosen und machte sich daraus einen Rosenkranz. Und als der Rosenkranz vollendet war, setzte sie ihn auf ihr Haupt und dankte denjenigen, die ihn angefertigt hatten. Der Priester sah auch, dass die Betenden in das Buch des ewigen Lebens eingetragen wurden.

19   Darmstadt, LBUB, Hs. 1852, Bl. 117r.
20   Der laikale Rezeptionskontext für die Gebetbuchhandschrift Oxford, Bodleian Library, Ms. Germ. g. 1 ist durch zwei Kolophone in lateinischer und deutscher Sprache gut dokumentiert (vgl. Oxford, Bodleian Library, Ms. Germ. g. 1, Bl. 80r (deutsch) und Bl. 94v (lateinisch), vgl. auch die Handschriftenbeschreibung Medieval manuscripts in Oxford Libraries [online]). Der Aachener Ratsherr Johannes Munten gibt die Handschrift 1495 für seine Ehefrau Maria Bestoltzs, die Tochter des Matthys Bestoltzs, in Auftrag. Schreiber ist Theoderich Clocker, Regularkanoniker in Aachen. Die Handschrift im Oktavformat ist auf Pergament geschrieben, enthält eine mit Deckfarben kolorierte Federzeichnung, mehrzeilige Initialen auf Goldgrund und Randverzierungen. Auch diese Handschrift weist also ein repräsentatives Äußeres auf, das gleichzeitig mit dem hohen Stellenwert, den die Handschrift für die Besitzerin hatte, in Verbindung steht.
21   Oxford, Bodleian Library, MS Germ. g. 1, Bl. 80r. Vgl. auch die Transkription bei PRIEBSCH, Deutsche Handschriften in England, S. 186.

Die Materialisierung der Ave Maria zu Rosen und das Binden des Kranzes ist eingebettet in eine himmlische Verherrlichung und Verehrung Marias. Das Gebet wird in
seiner Funktion als Bote vorgeführt, der im transzendenten Wirkfeld die Verehrung
Marias initiiert. Aus der irdischen Verehrung resultiert die Ehrerbietung der Engel
und Heiligen im Jenseits. Die Transformation der einzelnen Ave Maria zu Rosen ist
so selbstverständlich, dass die Verwandlung sprachlich gar nicht mehr umgesetzt ist,
wenn es heißt: *ynde so nam sy die rosen van den · Aue Maria · inde maichde dae van eynen · Rosenkrans*[22] (Und so nahm sie die aus dem Ave Maria hervorgehenden Rosen
und machte sich daraus einen Rosenkranz). Das Gebetswunder bezeugt ein durch
sein Amt autorisierter Priester. Die Heilszusicherungen, also der Dank Marias für die
Betenden und konkret das Eingetragenwerden der Gläubigen in das Buch des ewigen
Lebens, sind Teil der Vision des Priesters und erhalten ihre Absicherung innerhalb der
Narration. Der Priester schaut dabei keine Entstehungsfiktion, sondern erhält Einblick
in die transzendente Seite gegenwärtiger immanenter Formen der gebetsgebundenen
Verehrung. Die Gabenlogik tritt vor diesem Hintergrund noch deutlicher hervor und
erlangt eine Bestätigung in der doppelten Objektbezogenheit: Im Objekt des Rosen-
kranzes ist der Lobpreis der Gläubigen materiell konkretisiert, im Eintragen in das
Buch des Lebens ist Marias Dank objektgebunden manifest.[23]

Zusammenfassend zeigt sich, dass die gebetsbegleitenden Mirakel auf das Verhältnis des Gebets zum praktischen Vollzug reagieren. Sie nutzen das Erzählen vom Objekt und Gebetswunder ‚Rosenkranz' zur Inszenierung einer Gabenlogik. Beide Mirakel profilieren dabei auch durch deiktische Pronomen die konkrete Textgestalt des
Gebets, auf das sie sich beziehen, und befördern so den Zusammenhang von Authentisierung und Kodifizierung. Gleichzeitig wird jedoch mit Blick auf das Ziel der Authentisierung des Gebetstextes ein wesentlicher Unterschied deutlich: Die Rubrik im
ersten Beispiel der Kölner Gebetbuchhandschrift weist das gebetsbegleitende Mirakel
als Ursprungsfiktion aus, dass mit dem formgebenden Prinzip, fünfzig Ave Maria zu
kombinieren, die Namensgebung für das vorliegende Gebet motiviert habe. Demgegenüber authentisiert das gebetsbegleitende Mirakel in der Oxforder Handschrift das

22   Oxford, Bodleian Library, MS Germ. g. 1, Bl. 80r.
23   Die Metapher des Buches ist eine Leitmetapher im Diskurs der gezählten Frömmigkeit und
      wird in verschiedenen Kontextualisierungen metaphorisch, aber auch konkret zur Implementie-
      rung einer Gabenlogik und Verwaltung von Gebetsleistung und Heilszusicherung genutzt (vgl.
      ANGENENDT/BRAUCKS/BUSCH u. a., Gezählte Frömmigkeit, S. 1 f.). Auch die Rosenkranzbru-
      derschaften verwalten und organisieren die Mitgliedschaft in ihrer auf eine Gebetsverbrüderung
      ausgerichteten Gemeinschaft allein dadurch, dass sich ein neues Mitglied namentlich in ein Bru-
      derschaftsbuch einträgt (KÜHNE, Fegefeuer und Rosenkranz, S. 31). Damit geht die Verpflichtung
      einher, jede Woche drei Rosenkränze zu beten und auf diese Weise in der Gemeinschaft für die
      Verstorbenen Gebetsfürbitte zu leisten, als auch für das eigene Heil vorzusorgen. Kontrolliert wird
      die Einhaltung dieser Verpflichtung nicht. Dieser Umstand kann auf unterschiedliche Gründe und
      Motivationen zurückgeführt werden, legt aber doch auch offen, dass dem Eintragen in ein Buch
      eine hohe Verbindlichkeit beigemessen wurde.

Gebet und die Gebetspraxis dadurch, dass es in der Vision die Gebetspraxis und ihre Heilswirksamkeit in der Gegenwart aktiviert. Die Authentisierung der Gebete und ihrer heilsmedialen Leistung für die Gläubigen durch gebetsbegleitenden Kotexte ist nicht auf einen Weg festgelegt und wird in vielen Fällen für jedes Gebet durch mehrschichtige Authentisierungsmechanismen organisiert.

III. Exempel und Mirakel in der ‚Zwanzig-Exempel-Schrift‘: Freie Betrachtung und das Prinzip der Variation im Spiegel der Objekte

Die ‚Zwanzig-Exempel-Schrift‘ ist eine unikal in einer Handschrift aus der 2. Hälfte des 15. Jahrhunderts überlieferte Textkomposition aus einer erläuternden Vorrede, dem sogenannten Leben-Jesu-Rosenkranz, einer weiteren Bemerkung zur praktischen Umsetzung der Gebetsreihe und zwanzig Abschnitten, sogenannten Exempeln, die eine oder mehrere Erzählungen und diskursive Passagen unterschiedlicher Länge jeweils zu einem an die Praxis des Rosenkranzbetens angelagerten Überthema zusammenbringen. Die paratextuelle Rahmung durch Vorrede und Bemerkung zur praktischen Umsetzung verortet das Rosenkranzgebet mit den 50 Schlussklauseln zum Leben Jesu nicht nur innerhalb einer spezifischen Praxis, sondern liefert auch für die Exempel einen interpretatorischen Bezugspunkt.

III.1. Freie Betrachtung und Variation in der Vorrede

In der Vorrede ist das Verhältnis der denkenden, lesenden und sprechenden Umsetzung des Rosenkranzes als durchstrukturierter Gebetstext zur freien Betrachtung von Heilstatsachen thematisiert. Die *clausulae*, die jeweils ein Ave Maria beschließen sollen, präsentieren sich explizit als Vorschlag, der abgewandelt, erweitert und reduziert werden kann. Die *kortze vor rede in dem rosenkrantz* [24] (die kurze Vorrede zum Rosenkranz) hebt als ihr zentrales Anliegen hervor, dem am Rosenkranzgebet Interessierten die Verbindung der fünfzig gereihten Ave Maria mit der Betrachtung des Leben Jesu anzuempfehlen. Es deutet sich eine qualitative Abstufung an: Einen Rosenkranz betet der Mensch zwar bereits, wenn er *mynste [...] spreche 50 Ave Maria* [25] (mindestens 50 Ave Maria spricht), aber das Gebet wird *vil beser und schoner und auch entphenglicher gode und siner werden muter Marien* [26] (sehr viel besser und schöner und für Gott und seine würdige Mutter noch besser annehmbar), wenn man es mit der Betrachtung des

---

24 Köln, Archiv der Stadt, Best. 7002 47, Bl. 48r.
25 Ebd., Bl. 48r.
26 Ebd., Bl. 48rv.

heilige[n] leben unses herren Jhesu Christi[27] (heiligen Leben unseres Herren Jesus Christus) verbinde.

Trotzdem ist an dieser Stelle betont, dass eine wortgetreue Umsetzung nicht erforderlich sei.[28] Vielmehr steht es jedem frei, *die materia*[29], d. h. den Erzählstoff vom Leben und Leiden Christi als Thema der betrachtenden Andacht, zu *kortzen oder lengen sprechen us dem monde oder dencken mit dem hertzen dar nach her starck ist, zyt hait oder gnade von gode alleine*[30] (zu kürzen oder zu verlängern, mit dem Mund zu sprechen oder mit dem Herzen zu denken, so wie er die Kraft, Zeit oder Gnade von Gott alleine hat). Die Möglichkeiten zur Anpassung bezogen auf die Quantität der entrichteten Ave Maria, die Auswahl der Betrachtungspunkte und sogar die Qualität der performativen Umsetzung bedenken die individuellen Voraussetzungen der Gläubigen und die situativen Bedingungen, in denen das Gebet stattfindet.

Insgesamt zeigt sich, dass die Vorrede die Verschriftlichung des Ave Maria mit den funfzig Schlusssätzen, die anschließend folgen, nicht als kodifizierte, allein wirksame Textfassung präsentieren möchte. Die Zusammenstellung versteht sich vielmehr als Angebot und Hilfestellung, die eine individuelle Aneignung in Inhalt und performativem Vollzug ermöglichen möchte. Die Vorrede fügt sich damit gut in die spätmittelalterliche Glaubenspraxis, die sich noch nicht streng auf das *eine* kodifizierte Rosenkranzgebet festlegt. Für das reihende Beten, für das die Metapher des Kranzes Anwendung findet, ist „nicht die Kanonisierung des marianischen und jesuanischen Rosenkranzes"[31] der entscheidende Moment der Entwicklung, sondern die Verbreitung des „variationsreichen Kumulieren[s] von Paternoster, Ave Maria und Credo"[32] als eine Technik des Betens und der Imagination.[33] Das kurze, durch seinen biblischen Ursprung qualifizierte Ave Maria, das das Kernelement der spätmittelalterlichen Rosenkränze bildet, ist ein lobpreisender Gruß an die Gottesmutter. Im Lobpreis verschiebt sich der Fokus weg vom sprechenden Ich und seinen Bitten hin zum Objekt des Grußes und des Lobpreises, sodass die Vergegenwärtigung oder *betrahtung* von Heilstatsachen in den Mittelpunkt rückt. Die *betrahtung* oder das *betrahten* ist in der spätmittelalterlichen Andachtspraxis eine Leitvokabel.[34] Betrachtung meint dann im engeren Sinne „eine Technik des Betens"[35], „sich etwas innerlich so lange und inten-

---

27 Ebd., Bl. 48r.
28 *Doch ist ez nicht noit, daz ein mentsche an sehe die gesetzte des lebens unses herren Jhesu Christi von worte zu worte wie ez hier geschriben stet* (Doch ist es nicht notwendig, dass ein Mensch die Gesätze des Lebens unseres Herren Jesus Christus wortwörtlich betrachte, wie sie hier niedergeschrieben sind) (Köln, Archiv der Stadt, Best. 7002 47, Bl. 48v).
29 Ebd., Bl. 48v.
30 Ebd., Bl. 48v.
31 LENTES, Bildertotale des Heils, S. 69.
32 Ebd., S. 70.
33 Vgl. ebd., S. 69 f.
34 THALI, ‚andacht' und ‚betrachtung', S. 229.
35 Ebd., S. 246.

siv vorzustellen, bis es gegenwärtig wird."[36] Diese Technik des Betens ist in der Vorrede in die ‚Zwanzig-Exempel-Schrift‘ aufgerufen. Eine gelungene Betrachtung und Versenkung ist jedoch voraussetzungsreich, sodass insbesondere im Bereich der laikalen Frömmigkeit der Bedarf an unterstützendem Schrifttum besteht. In diesem Sinne kann man Rosenkranzklauseln als Hilfestellung interpretieren, die auf die Gefahr der Mechanisierung des Reihengebets ohne innere Anschauung und von Herzen kommender Gebetshaltung reagiert und die Betenden im Paratext explizit zur individuellen Aneignung ermutigt. Es stellt sich davon ausgehend die Frage, inwiefern die Exempel durch die erzählerische Einbindung der Objekte diese der freien Betrachtung zugeneigte Konzeption der Gebetspraxis spiegeln.

III.2. Die Vielfalt der Praxis des Rosenkranz-Betens im Spiegel der Objekte

In die ‚Zwanzig-Exempel-Schrift‘ ist das Mirakel ‚Marien Rosenkranz‘ als *daz erste exempel*[37] (das erste Exempel) in die Sammlung eingegangen. Es handelt sich um einen prosaischen Text, der handlungslogisch eng mit dem ‚Passional‘-Mirakel zusammenhängt.

Im Kontext der ‚Zwanzig-Exempel-Schrift‘ wird das Gebetswunder im Mirakel dahingehend funktionalisiert, dass es eine Traditions- und Tradierungslinie begründet, die vom Mönch als erstem Beter des Rosenkranzes bis zu denjenigen reicht, die in der Gegenwart dieses Gebet vollbringen und die Unterweisung der Gläubigen vorantreiben. Damit ändert sich die Perspektive auf das Erzählte, das Gebetswunder erhält eine Rahmung: Ein Sprecher, der seine Identität nicht weiter erläutert, setzt sich als Teil des Kollektivs der Betenden des Rosenkranzes zu diesem Gebetswunder in Beziehung. So gestaltet das erste Exempel über die Ursprungsfiktion und im Rahmen des abschließenden Erkenntnismoments einen Anschluss vom Mönch zum gegenwärtig betenden Kollektiv: *Da erkante der bruder und auch die ruber, daz die erwerdige muter godis were gewesen und hette iren rosenkrantze selber entphangen, den wir ir alle tage plegen zu senden mit unserm engel*[38] (Da erkannten der Bruder und die Räuber, dass das die ehrwürdige Mutter Gottes gewesen war und ihren Rosenkranz selbst empfangen hatte, den wir gewohnt sind ihr alle Tage mit unserem Engel zu senden). Die Formulierung lenkt den Blick im Unterschied zum Mirakel aus dem ‚Passional‘ vom Wunder der Transformation und Materialisierung weg und richtet den Fokus stattdessen auf den Aspekt der räumlichen Herstellung von Nähe: Maria überwindet die Distanz zur diesseitigen Welt und wendet die Gebetssituation, die der Sprecher über die Botenkonstruktion des Engels für die Gegenwart als Distanzkommunikation imaginiert, zur Nahbegegnung.

---

36 Ebd., S. 246.
37 Köln, Archiv der Stadt, Best. 7002 47, Bl. 50r.
38 Ebd., Bl. 50v.

Das zentrale Moment des Gebetswunders verschiebt sich so und lässt die im Rahmen des theologischen Gebetsverständnisses zentrale Frage aufscheinen, wie das Gebet als Sprachform und Medium eine Kommunikation zwischen dem Gläubigen in der immanenten Welt und den Adressaten der transzendenten Sphäre gestalten kann. Für diese Kommunikationsituation ist eine extreme räumliche Distanz kennzeichnend, während gleichzeitig Nähe, Dialogizität, Verfügbarkeit und direkter Kontakt als Ideale dieser Kommunikation imaginiert werden.[39] Vor diesem Hintergrund betont das erste Exempel sowie das Textensemble der ‚Zwanzig-Exempel-Schrift' im Ganzen in besonderer Weise, dass der Zusammenhang von Gebetsreihe und geistlichem Herstellen eines Kranzes nicht als einmalig und exklusiv gedeutet werden muss und soll, sondern als allgemein durch die Gläubigen initiierter Prozess aufgefasst wird und seine kommunikative und heilssichernde Leistung auch ohne ein wunderhaftes Eingreifen der Transzendenz erbringt.

Der diskursive Passus am Ende des Exempels rückt daneben das Potential des Rosenkranzbetens in den Vordergrund, die Sündigen zu bekehren und dauerhaft zu bessern:

> Alsus ist der rosenkrantze erste off komen und uns auch kunt worden. Auch ist woil zu gleuben, daz die rouber ir leben davon gebesert haben, den got so vil gnade det, daz sie die muder der gnaden also sehen mochten, wie die gebesert werden, die den rosenkrantz sprechen.[40]

So ist die Gebetspraxis des Rosenkranz-Betens entstanden und uns bekannt geworden. Man kann außerdem davon ausgehen, dass die Räuber, denen Gott so viel Gnade zuteilwerden ließ, dass sie die Mutter der Gnade sehen konnten, ihr Leben gebessert haben. So werden auch diejenigen gebessert, die den Rosenkranz sprechen.

Es verstärkt damit diskursiv, was die Figurenzeichnung im ‚Passional' und ihre Koppelung an die Transformation des Objektes narrativ umsetzt. Schon die Bekehrung des Bruders, der als *guder eynfaldiger wertlicher mentsche*[41] (herzensguter, einfältiger Mensch weltlichen Standes) Marias Gnade erfährt, indem sie ihm eingibt, ein geistliches Leben zu führen, ist im Gegensatz zum ‚Passional' explizit auf Marias Wirken zurückgeführt und dieses wiederum explizit ein Resultat der Gewohnheit, einen Kranz vor das Bildnis Mariens zu bringen. Das folgende Exempel nimmt den Gedanken auf, dass das Rosenkranzgebet zur Besserung und Ausrichtung auf ein geistliches Leben

---

39   Vgl. LENTES, Gebetbuch und Gebärde, S. 28–37, THALI, Strategien, S. 241–243 und in Anschluss und Fortführung BUSCHBECK, Sprechen mit dem Heiligen, S. 394.

40   Köln, Archiv der Stadt, Best. 7002 47, Bl. 50v. Syntaktisch und graphisch wäre es auch möglich, dass der letzte Teilsatz als Überleitung zum nächsten Exempel gedacht ist und nicht mehr zum Schlussabsatz des ersten Exempels gehört.

41   Ebd., Bl. 50r.

anregt, und verleiht ihm so Nachdruck: In einer Variante des Gleichnisses vom verlorenen Sohn eignet sich der umtriebige Sohn die Gewohnheit an, erst 1, dann 10, 20
und schließlich 50 Ave Maria zu beten. Innerhalb eines Jahres legt er sein wildes Leben
ab.[42] Mehrere Exempel der Sammlung spielen wie dieses Beispiel Fragen der richtigen
Gebetsandacht durch und thematisieren das Wechselverhältnis von Lebensführung
und Gebetspraxis. Dabei verfolgen sie weniger einen argumentativen Strang, sondern
illustrieren das heilssichernde Potential der Gebetspraxis in Abhängigkeit von der
Ausgangslage der Betenden.

Den End- und Höhepunkt dieser Schulung von Andachtsverhalten, Gebetspraxis
und Lebensführung, die in ihrer Verquickung die Ausrichtung auf ein gottgefälliges
Leben anvisieren, bildet das zwanzigste Exempel, das die *unio* als Krönung durch
Christus allegorisiert. Es schließt mit der Kronen-Vision der Katharina von Siena, die
für das Symbol des Blumenkranzes eine formbasierte heilsgeschichtliche Genealogie
assoziiert: Die Wahl zwischen einer goldenen Krone und der Dornenkrone wird vor
dem Hintergrund der Heilserwartung im Jenseits perspektiviert, sodass Katharinas
Annahme der Dornenkrone als Sinnbild für die Wahl eines Lebens in der Nachfolge Christi unmissverständlich als Aufforderung zur Nachahmung an den Gläubigen
überstellt wird:

Der kronen sullen wir geren und die krone sullen wir auch usz kiesen hie zu tragen und
begeren nach dissem leben zu komen da wir vor die kronen und rosenkrentze die wir
der jungfrauwen Marien machen nach der dornyn kronen entphaen die kronen der eren.
Amen.[43]

Diese Krone sollen wir begehren und diese Krone sollen wir auswählen, dass wir sie in
diesem Leben tragen und dass wir nach diesem Leben hoffen können, für die Kronen und
Rosenkränzen, die wir der Jungfrau Maria dargebracht haben, nach der Dornenkrone die
Krone der Ehre zu empfangen.

Wie sich an diesem Beispiel bereits andeutet, kommt es in der Gesamtschau der Ex-
empel zu einer Vervielfachung der Objekte, die über Material und Form mit dem
Kranz assoziiert sind. So resümiert auch der Erzähler zu Beginn des 20. Exempels:
Ich habe mancher handen kronen gedocht in dissem buchelin [...] (Ich habe in diesem
Büchlein an viel verschiedene Kronen erinnert [...]). Die Kompilation, insbesondere
das mehrteilige vierte Exempel und das sechste Exempel, bezieht Fragen der richtigen
Gebetsandacht wiederholt auf das Prinzip der freien Betrachtung und Variation der
Gebetstexte, wie sie die einleitenden Ausführungen beschreiben. Sie tun dies, indem
sie durch die Vervielfachung des Gebetskranzes als Blumenkranz aus Rosen, Lilien,

42 Köln, Archiv der Stadt, Best. 7002 47, Bl. 50v–51r.
43 Ebd., Bl. 59rv.

Veilchen und Kräutern, Edelsteinkrone und vergoldete Krone illustrieren, wie der Kranz durch verschiedene Gebete und geistliche Übungen geschmückt werden kann. Auf diese Weise ermutigt das erzählerische Arrangement der Objekte im übertragenen Sinn zu einer variierenden betrachtenden Andacht des Lobpreises:

> Etliche unser bruder thun alle tage mit willen und mit of satze allez etwaz zu den Ave Maria in dem rosenkrantze. Uber v oder x Ave Maria sprechen sie eine antiphona oder etwaz geistliches lobes. Dor mite sie ziren iglicher nach sinem vermogen den krantze, den sie Marien machen und begern daz nicht alleine rosen dar inne erschinen, sonder auch ander farben als lilien, fiolen und anderley edel krut, want mancherley farben by em gesatzt machent ein ding schoner dan rosen alleine mit eyne farbe.[44]

> Viele unserer Brüder geben jeden Tag bewußt und willentlich noch etwas zu den Ave Maria des Rosenkranzes hinzu. Nach fünf oder zehn Ave Maria sprechen sie eine Antiphon oder ein geistliches Loblied. Mit diesen geistlichen Übungen verzieren sie den Kranz, den sie Maria machen, ein jeglicher nach seinem Vermögen. Sie wünschen sich, dass nicht nur Rosen Teil des Kranzes sind, sondern dass auch andere Farben von Lilien, Veilchen und anderen edlen Kräutern in ihm erscheinen. Denn viele verschiedene Farben in dem Kranz machen ihn schöner als Rosen allein, die nur eine Farbe haben.

Der geistliche Stand der Betenden ist hier Ausgangspunkt der Variation der Gebetspraxis. Daneben tragen in der Sammlung mehrere Exempel und diskursive Passagen, die ihnen beigeordnet sind, der Kontingenz der Welt- und Alltagserfahrung Rechnung und verbinden dies auch – wie im Falle das neunten Exempels – mit Objekten: So steht die Aufforderung zur innigen Andacht oder auch das gesteigerte Gebetspensum neben Exempelfällen, in denen eine Figur, die die rechte Andacht nicht praktizieren kann oder die täglich immer weniger Ave Maria betet, im Netz der marianischen Barmherzigkeit aufgefangen wird.[45] Zum Prinzip von Gabe und Gegengabe, das eine aktive Eigenleistung des Gläubigen mit einer entsprechenden Heilsleistung verbindet, verhalten sich die Exempel so insgesamt polyvalent, indem sie zum einen die Möglichkeiten des einzelnen Gläubigen in die heilssichernde Leistungsevaluation einbeziehen

---

44 Köln, Archiv der Stadt, Best. 7002 47, Bl. 51v.
45 Vgl. das dritte Exempel (ebd., Bl. 51r): Ein Bürger von Trier betet immer weniger Ave Maria. Maria heilt ihn trotzdem von einer Vergiftung. Abschließend wird diese Heilung motiviert, wenn es heißt, sie tue dies in der Hoffnung, er werde zu seiner alten Gebetspraxis zurückkehren. Außerdem das neunte Exempel (ebd., Bl. 53v–54r): Ein Bruder aus dem Benediktsorden fertigt Maria himmlische Kleider aus seinen Gebeten und anderen geistlichen Übungen. Er empfängt eine Vision, in der er die Kleider präsentiert bekommt. Auch jene, die er nicht in rechter Andacht gesprochen hat, sind herrlich gestaltet, weil Maria dort seine Unzulänglichkeit in Gebet und Andachtshaltung ausgeglichen habe. Schließlich das zehnte und elfte Exempel (ebd., Bl. 54r–55r), die auf die Deutung zugeführt werden, auch ein*e Sünder*in, der/die einen unzulänglichen Gebetsdienst verrichtet, soll weiterbeten, denn er/sie kann bekehrt werden und auf Marias Barmherzigkeit hoffen.

und zum anderen der theologischen Überzeugung Raum geben, dass Gnade, die sich nicht auf ein vorheriges menschliches Handeln bezieht, heilswirksam ist.[46]

Auch die spezifische Verbindung des Ave Maria-Fünfzigers mit der Christusmeditation, die die Zusammenstellung der fünfzig Klauseln am Eingang der ‚Zwanzig-Exempel-Schrift‘ auszeichnet, erhält mit der Baumvision der Mechthild von Hackeborn im neunzehnten Exempel eine transzendente Begründung, indem die Betrachtungspunkte in eine objektgebundene Offenbarungssituation eingebunden werden: Mechthild erhält von Christus eine Vision, in der sie einen Baum sieht. Auf den Blättern des Baumes stehen mit goldenen Buchstaben Heilstatsachen zum Leben Christi, wie seine Geburt durch die Jungfrau Maria, seine Beschneidung, die Anbetung der drei heiligen Könige o. a. Daneben autorisieren das fünfte Exempel und schließlich das achtzehnte Exempel die Verbindung des Ave Maria-Fünfzigers mit der Betrachtung des Leidens und Lebens Christi. Sie berufen sich in diesem Zusammenhang auf den Ursprung des reihenden und betrachtenden Gebetsprinzips und den ersten Bruder, der diese Verbindung als seine Gebetspraxis etabliert habe, und dafür – das versichert das achtzehnte Exempel – mit seiner Seele in den Himmel aufgenommen worden sei.

Die Kompilation authentisiert auf diese Weise mit dem Mirakel ‚Marien Rosenkranz‘ eingangs und an erster Stelle das Prinzip der Reihung des Ave Marias, betont dann das Heilspotential der Gebetspraxis, die individuellen Voraussetzungen eingepasst werden kann und darf, und profiliert abschließend noch einmal das spezifische Gebetsprinzip der Verkoppelung von Reihengebet und Betrachtung des Leben Jesu. Damit geht die Zwanzig-Exempel-Schrift einen anderen Weg als die Gebetbuchhandschriften: Während kodifizierende Bestrebungen zur Nebensache erklärt werden, leisten die Exempel für ein ganz bestimmtes Thema – nämlich die Passion –, auf dem die Gebetspraxis aufbauen soll, und die Möglichkeit und Lizenz zur Variation eine besondere Legitimierung.

IV. Fazit

Die vorausgehende Analyse zielte darauf, das Erzählen vom Gebetswunder des Kranzbindens, wie es sich im ‚Passional‘-Mirakel ‚Marien Rosenkranz‘, in zwei spätmittelalterlichen Gebetbuchhandschrift und in ausgewählten Exempeln der ‚Zwanzig-Exempel-Schrift‘ realisiert, vergleichend zu beschreiben und danach zu fragen, welche Funktionen Medien in Erzählungen, die um das Objekt des Kranzes herum organisiert sind, je nach überlieferungsspezifischer Kontextualisierung einnehmen. Dabei hat sich gezeigt, dass das Erzählen vom Gebetswunder auf die pragmatische Bestimmung

---

46   Zum Verhältnis von Gnade und Heilsaneignung vgl. ANGENENDT/BRAUCKS/BUSCH u. a., Gezählte Frömmigkeit, S. 3–8; OTTE, Art. ‚Gnade‘, S. 459–511, bes. S. 465.

der Textkompositionen reagiert und Heilsvorstellungen ebenso wie die Medialität der Gebets- und Lektürepraxis reflektiert. Dadurch begründet und legitimiert das Wunder religiöse Praktiken wie das fünfzigfach gesprochene Ave Maria oder das Rosenkranzgebet, das das Ave Maria mit der Betrachtung des Lebens und Leidens Christi verbindet.

Lenkt man den Blick auf die Konfiguration des Wunders in den vorgestellten Texten, dann zeigt sich darüber hinaus, dass zwar das Motiv des Kranzbindens durch Gebete in allen Fällen zum Ausgangspunkt eines Erzählens im Gestus des Mirakulösen genommen wird, dass aber die sprachliche Markierung des Kranzbindens als Wunder – man denke an die gebetsbegleitenden Narrative – so stark reduziert sein kann, dass es nicht mehr als Wunder, also als exzeptionelles Eingreifen der Transzendenz, erscheint und trotzdem gerade dadurch seine Legitimierungsleistung für die Gebetspraxis erbringt.

Die gebetsbegleitenden Mirakel in den Gebetbuchhandschriften begegnen dem Verhältnis des Gebets zum praktischen Vollzug, indem sie die Handlungsmotive und die Figurenzeichnung stark reduzieren. Auf diese Weise rückt der Kranz als Produkt des geistlichen Herstellungsprozesses, dessen Ausgangspunkt und ‚Material‘ das Ave Maria ist, ganz in den Mittelpunkt. Die gebetsbegleitenden Narrative reflektieren so über das Objekt des Kranzes die Medialität der Gebetspraxis: Sie versichern der oder dem Betenden, die oder der mit Hilfe des Gebetbuchs eine Andacht vollzieht, nicht nur, dass die Distanzkommunikation zwischen Immanenz und Transzendenz funktioniert, sondern insinuieren auch, dass sie materielle Formen der Verehrung imitiert und eine Logik von Gabe und Gegengabe hinterlegt ist.

Die Praxis des Rosenkranzbetens und ihre Authentisierung bewegt sich insgesamt in einem Spannungsfeld, das mit den Begriffen der Kodifizierung und Betrachtung umrissen werden kann. Das Gebetbuch überliefert schriftlich fixierte und mehrfach autorisierte Gebetstexte und setzt so auf die Kodifizierung des Textmaterials, um dessen Heilswirksamkeit zu belegen. So ist den Narrativen und Gebetsanweisungen mit der Verwendung deiktischer Pronomen ein kodifizierender Impetus zu eigen. Gleichzeitig treten gebetsbegleitende Narrative in der Handschrift Köln, Archiv der Stadt, Best. 7010 47 gehäuft auf und verweisen durch narrativ inszenierte Lehr- und Offenbarungssituationen auf den besonderen Heilsstatus ganz bestimmter, schriftlich fixierter Gebetstexte.[47] Der Aspekt der Variation, der das Rosenkranzgebet in seiner Genese auszeichnet,[48] ist in diesem Sinne nicht in Form einer freien Betrachtung umgesetzt,

---

47 Vgl. z. Bsp. die Gebetsanweisung zu einem lobpreisenden Grußgebet an Maria in Köln, Archiv der Stadt, Best. 7010 47, Bl. 116v.

48 In Übernahme des Verfahrens, einzelne Psalmen oder Psalmengruppen marianisch oder situationsspezifisch durch Tituli, freies Gebet oder Kollekte oder Antiphone zu perspektivieren, d. h. ihren geistlichen Sinn herauszustellen, werden auch Reihengebete durch Meditationsimpulse oder Betrachtungspunkte angereichert, um sie „zum christlichen Gebet umzudeuten" mit einer inhaltlichen Anschauung zu füllen und den mahnende Stimmen zu begegnen, die eine Mechanisierung

sondern ergibt sich aus der Gesamtschau auf die innerhalb der Sammlung der Handschrift tradierten Gebete. Das gebetsbegleitende Mirakel gibt in der Fokussierung auf
das Ave Maria als Basiselement der Gebetspraxis den Blick frei auf die textuelle Umge-
bung des Rosenkranzgebets, also Gebete, die ebenfalls das Ave Maria integrieren, für
die also das Prinzip des geistlichen Kranzbindens ebenfalls wirkmächtig ist. Es handelt sich dann zwar nicht um eine frei betrachtende, aber eben doch kombinierende
und variationsfreudige Gebetspraxis. Dieses Konzept ist zum Beispiel in der Oxforder
Gebetbuchhandschrift belegt, wenn es in den begleitenden Heilszusicherungen zum
Rosenkranzgebet heißt: *Dar zu help Maria connynckynne der hemelen · alle den ghenen
die dich eren mit dissen rosenkrans off mit anderen gouden* [49] *gebederen dye Marien behege-
lich synt. Amen* [50] (Dazu verhelfe Maria, Königin des Himmels, all denjenigen, die dich
ehren mit diesem Rosenkranz oder mit anderen guten Gebeten, die dir wohlgefällig
sind. Amen).

Demgegenüber ist in der ‚Zwanzig-Exempel-Schrift‘ für das Rosenkranzgebet die
Möglichkeit zum variierenden Vollzug als Qualität dieses Gebets sehr viel deutlicher
betont und eingefordert. In die Textkomposition ist eine Vielzahl an Objekten erzählerisch integriert, die in der Gesamtschau das Variationsprinzip veranschaulichen und die
Methode des geistlichen Herstellens authentisieren. Während in den Gebetbuchhandschriften der Zusammenhang zwischen Gebetswunder und *virtus* weitestgehend aufge-
geben ist, zielt die Zusammenstellung in der ‚Zwanzig-Exempel-Schrift‘ insgesamt darauf, das heilssichernde Potential des Rosenkranzgebetes zu demonstrieren, indem die
Textkomposition argumentiert und betont, diese spezifische Gebetspraxis führe hin zu
einem asketischen, auf die *imitatio Christi* ausgerichteten Ideal der Lebensführung.

Auch das ‚Passional‘-Mirakel ‚Marien Rosenkranz‘ hält an dem Zusammenhang von
Tugend und Objekt fest und organisiert Glaubenshaltung und Frömmigkeitspraxis im
Zusammenspiel der *simplicitas* der nahbaren Figuren und dem wunderhaften, exklusi-
ven Eingreifen Marias um ein schmales Bündel an Werten und Praktiken. Das Prinzip
der Herstellung durch einen geistlichen Dienst, die Materialisierung der Mariengrüße
zu Rosen, bleibt in diesem Rahmen – anders als in der ‚Zwanzig-Exempel-Schrift‘ und
in den Gebetbüchern – jedoch ein exzeptionelles Ereignis: eben ein *vremdez zeichen* [51]
(ungewöhnliches Zeichen) und ein Wunder.

---

des Gebets, einen Verlust an wahrer Andacht befürchten (ACHTEN, Das christliche Gebetbuch,
S. 13; vgl. auch HEINZ, Die Entstehung des Leben-Jesu-Rosenkranzes, S. 32; LENTES, Die Bildertotale des Heils, S. 69)

49   In der Transkription von PRIEBSCH ist ein Nasalstrich über dem <u> angebracht. Es handelt sich
aber um ein Superskript <o> über dem <u>.

50   Oxford, Bodleian Library, Ms. Germ. g. 1., Bl. 80v.

51   Passional, V. 15905.

Bibliographie

Quellen

Gedruckte Quellensammlungen

Marienlegenden, hg. v. Franz PFEIFFER, Stuttgart 1846.
Passional, Buch I: Marienleben, hg. v. Annegret HAASE / Martin SCHUBERT / Jürgen WOLF (Deutsche Texte des Mittelalters 91,1), Berlin 2013.

Handschriften

Darmstadt, LBUB, Hs. 1852.
Köln, Archiv der Stadt, Best. 7010 47.
Köln, Archiv der Stadt, Best. 7002 47.
Oxford, Bodleian Library, MS Germ. g. 1.
Wien, ÖNB, Cod. 2677.

Forschungsliteratur

ACHTEN, Gerard, Das christliche Gebetbuch im Mittelalter. Andachts- und Stundenbücher in Handschriften und Frühdrucken. Ausstellung, 29. Mai – 14. August 1980, Berlin 1980.
Ders. / Hermann KNAUS, Deutsche und niederländische Gebetbuchhandschriften der Hessischen Landes- und Hochschulbibliothek Darmstadt (Die Handschriften der Hessischen Landes- und Hochschulbibliothek Darmstadt 1), Darmstadt 1959.
ANGENENDT, Arnold, Geschichte der Religiosität im Mittelalter, Darmstadt ⁴2009.
DERS. / Thomas BRAUCKS / Rolf BUSCH u. a., Gezählte Frömmigkeit, in: Frühmittelalterliche Studien 29 (1995), S. 1–71.
ARIS, Marc-Aeilko, Figura und Eucharistie, in: Figura. Dynamiken der Zeichen und Zeiten im Mittelalter, hg. v. Christian KIENING / Katharina Mertens FLEURY (Philologie der Kultur 8), Würzburg 2013, S. 91–112.
BUBERT, Marcel / MERTEN, Lydia, Medialität und Performativität. Kulturwissenschaftliche Kategorien zur Analyse von historischen und literarischen Inszenierungsformen in Expertenkulturen, in: Experten, Wissen, Symbole. Performanz und Medialität vormoderner Wissenskulturen, hg. v. Frank REXROTH / Teresa SCHRÖDER-STAPPER, München 2018, S. 29–68.
BUSCHBECK, Björn Klaus, Sprechen mit dem Heiligen und Eintauchen in den Text. Zur Wirkungsästhetik eines Passionsgebets aus dem ‚Engelberger Gebetbuch‘, in: Das Mittelalter 24 (2019), S. 390–408.
CHLENCH-PRIBER, Kathrin, Die Gebete Johanns von Neumarkt und die deutschsprachige Gebetbuchkultur des Spätmittelalters (Münchener Texte und Untersuchungen zur deutschen Literatur des Mittelalters 150), Wiesbaden 2020.
EICHENBERGER, Nicole, Geistliches Erzählen. Zur deutschsprachigen religiösen Kleinepik des Mittelalters (Germanistische Forschungen 136), Berlin 2015.
HAASE, Annegret / SCHUBERT, Martin / WOLF, Jürgen, Einleitung, in: Passional, Buch I: Marienleben, hg. v. DENS. (Deutsche Texte des Mittelalters 91,1), Berlin 2013, S. XI–CCLXVI.

HEINZ, Andreas, Die Entstehung des Leben-Jesu-Rosenkranzes, in: Der Rosenkranz. Andacht – Geschichte – Kunst, hg. v. Urs-Beat FREI / Freddy BÜHLER, Bern 2003, S. 23–48.

KIENING, Christian, Fülle und Mangel. Medialität im Mittelalter, Zürich 2016.

KÜHNE, Hartmut, Fegefeuer und Rosenkranz. Imaginationen und Realien der vorreformatorischen Frömmigkeit, in: Cranach in Anhalt. Vom alten zum neuen Glauben, hg. v. Norbert MICHELS (Katalog der Anhaltischen Gemäldegalerie Dessau 9), Petersberg 2015, S. 25–39.

LENTES, Thomas, Bildertotale des Heils. Himmlischer Rosenkranz und Gregorsmesse, in: Der Rosenkranz. Andacht, Geschichte, Kunst, hg. v. Urs-Beat FREI / Freddy BÜHLER, Bern 2003, S. 68–89.

DERS., Gebetbuch und Gebärde. Religiöses Ausdrucksverhalten in Gebetbüchern aus dem Dominikanerinnen-Kloster St. Nikolaus in undis zu Straßburg (1350–1550), Münster 1996.

MENHARDT, Hermann, Verzeichnis der altdeutschen literarischen Handschriften der Österreichischen Nationalbibliothek, Bd. 1 (Veröffentlichungen des Instituts für deutsche Sprache und Literatur 13), Berlin 1960.

Menne, Karl, Deutsche und niederländische Handschriften (Mitteilungen aus dem Stadtarchiv von Köln, Sonderreihe: Die Handschriften des Archivs X,1), Köln 1937.

PALMER, Nigel F., The German Prayers in their Literary and Historical Context, in: The Prayer Book of Ursula Begerin. Bd. 1: Art-Historical and Literary Introduction, hg. v. Jeffrey F. HAMBURGER / Nigel F. PALMER, Dietikon 2015, S. 377–488.

OCHSENBEIN, Peter, Deutschsprachige Privatgebetbücher vor 1400, in: Deutsche Handschriften 1100–1400. Oxforder Kolloquium 1985, hg. v. Volker HONEMANNE / Nigel F. PALMER, Tübingen 1988, S. 379–398.

OTTE, Klaus, Art. ‚Gnade‘, in: Theologische Realenzyklopädie 13, S. 459–511.

PRIEBSCH, Robert, Deutsche Handschriften in England. Bd. 1, Erlangen 1896, S. 186.

THALI, Johanna, ‚andacht‘ und ‚betrachtung‘. Zur Semantik zweier Leitvokabeln der spätmittelalterlichen Frömmigkeitskultur, in: Semantik der Gelassenheit. Generierung, Etablierung, Transformation, hg. v. Burkhard HASENBRINK / Susanne BERNHARDT / Imke FRÜH (Historische Semantik 17), Göttingen 2012, S. 226–267.

DIES., Strategien der Heilsvermittlung in der spätmittelalterlichen Gebetskultur, in: Medialität des Heils im späten Mittelalter, hg. v. Carla DAUVEN-VAN KNIPPENBERG / Cornelia HERBERICHS / Christian KIENING (Medienwandel – Medienwechsel – Medienwissen 10), Zürich 2009, S. 241–278.

WIEDERKEHR, Ruth, Das Hermetschwiler Gebetbuch. Studien zu deutschsprachiger Gebetbuchliteratur der Nord- und Zentralschweiz im Spätmittelalter. Mit einer Edition (Kulturtopographie des alemannischen Raums 5), Berlin u. a. 2013.

Internet-Ressourcen

Medieval manuscripts in Oxford Libraries. A catalogue of Western manuscripts at the Bodleian Libraries and selected Oxford colleges. Beschreibung der Handschrift Oxford, Bodleian Library, MS. Germ. g. 1. https://medieval.bodleian.ox.ac.uk/catalog/manuscript_4906 [abgerufen am 22.04.2022].

Digitalisat der Handschrift Oxford, Bodleian Library, MS. Germ. g. 1. https://digital.bodleian.ox.ac.uk/objects/0f263471-98f1-45ab-ada4-3084d394d5b0/ [abgerufen am 22.04.2022].

Digitalisat der Handschrift Köln, Archiv der Stadt, Best. 7010 47. http://historischesarchiv-koeln.de:8081/MetsViewer/?fileName=http%3A//historischesarchivkoeln.de%3A8080/actaproweb/mets%3Fid=2dafbee3-ea72-45b1-a925-13e6de972bb9_000612084_Orig_n_kons1_20200203112210.xml [abgerufen am 22.04.2022].

Digitalisat der Handschrift Köln, Archiv der Stadt, Best. 7002 47. http://historischesarchiv-koeln.de:8081/MetsViewer/?fileName=http%3A//historischesarchivkoeln.de%3A8080/actaproweb/mets%3Fid=71ED20CD-6A1B-45A7-B6D0-DDF02DA7CB0E___47_Mikro-film_20160728081721.xml [abgerufen am 22.04.2022].

Digitalisat der Handschrift Wien, ÖNB, Cod. 2677. https://digital.onb.ac.at/RepViewer/viewer.faces?doc=DTL_3195255&order=1&view=SINGLE [abgerufen am 22.04.2022].

IV. Evidenz und Episteme

Dy gancze warheit
Narrative Strategien der Evidenzerzeugung in der Mariendichtung Heinrichs des Klausners

SUSANNE SPRECKELMEIER

Dieser Beitrag geht der Frage nach, mit welchen narrativen Mitteln in Wundererzählungen Evidenz erzeugt werden kann. Dabei soll ein Werk in den Blick genommen werden, das bisher wenig Aufmerksamkeit in der Forschung erhalten hat, nämlich die Mariendichtung Heinrichs des Klausners aus dem ausgehenden 13. Jahrhundert. In dieser Dichtung, in der ‚Wahrheit‘ als Zuschreibungskategorie auf verschiedenen Ebenen des Erzählens und des Erzählten begegnet, zeigt sich ein komplexes Geflecht von ‚Evidentialisierungsstrategien‘. Evidenz soll hier verstanden werden als begründbare Gewissheit, die im Kontext religiösen Erzählens zwischen objektiver und subjektiver Ausprägung changiert.[1] Strategien der Evidentialisierung zielen als narrative Verfahren in der Mariendichtung zunächst auf die Hervorrufung von Gewissheit auf Seiten der Rezipient:innen. Normative Setzungen wie Wahrheitsbehauptungen hingegen zielen schließlich auf die Qualifizierung des Erzählten als religiöse ‚Wahrheit‘.

Heinrichs Erzählung ist nun für die Analyse von Evidentialisierungsstrategien besonders geeignet, weil er ein konkretes „Anliegen" verfolgt, das „theologisch einigermaßen brisant" ist:[2] Er bewirbt durch die Beschreibung einer Selbstoffenbarung Mariens ihre leibseelische Himmelsaufnahme, die aufgrund fehlender direkter Schriftbelege bis ins späte Mittelalter diskutiert wurde.[3] Er verfolgt somit mit seinem Werk „[p]ropagandistische[] Zwecke[]"[4] und ihm ist ein besonderes Interesse zu unterstel-

---

1 Vgl. zu den verschiedenen Verständnisperspektiven und Definitionsansätzen von ‚Evidenz‘ in der Philosophie sowie zur Differenzierung ‚subjektiver‘ und ‚objektiver‘ Evidenz HALBFASS, Art. Evidenz I.

2 BEHR, Literatur als Machtlegitimation, S. 210.

3 Vgl. zur kritischen Diskussion der *Assumptio Mariae* von den ersten *Transitus Mariae*-Berichten bis zum Ausgang des Mittelalters in lateinischen und volkssprachlichen Texten SPRECKELMEIER, Bibelepisches Erzählen.

4 JANOTA, Vom späten Mittelalter bis zum Beginn der Neuzeit, S. 248.

len, seine Rezipient:innen von der Wahrheit der leibseelischen Himmelsaufnahme zu überzeugen.

Nach einer literaturgeschichtlichen Einordnung Heinrichs des Klausners und seines Werks (1.) wird herausgearbeitet, inwiefern in Heinrichs Dichtung die *rede* von der *Assumptio Mariae* als legitimationsbedürftig dargestellt wird (2.). Anschließend soll gezeigt werden, dass die Offenbarung der *Assumptio* als Marienwunder erzählt wird und den Kern der Dichtung bildet, um den herum sich verschiedene Ebenen von Evidentialisierungsstrategien anlagern (3.). Schließlich sollen Textbeispiele verdeutlichen, wie in der Mariendichtung Evidenz durch narrative Verfahren erzeugt wird. Zwei Arten der narrativen Evidenzerzeugung werden hier besonders in den Blick genommen, nämlich *kausale* und *konfigurative Erklärungen* (Begriffe nach Martínez[5]). Durch den Anschluss an bekannte Handlungsschemata und kulturell verankerte Motive und Topoi sind es in der Wundererzählung nicht zuletzt interdiskursiv verwendete Konfigurationen, die einen evidenzerzeugenden Effekt zeitigen (4.).

I. Die Mariendichtung Heinrichs des Klausners

Heinrich der Klausner, oder *HEynrich cluzenere* (V. 45),[6] wie er sich selbst bezeichnet, verfasst seine Mariendichtung vermutlich zwischen 1280 und 1290 im Umkreis des böhmischen Hofs.[7] Er gibt an, von einem *iungen kunc vz bemírlant* (einem „jungen König aus Böhmen", V. 1355), man schließt hier auf den böhmischen König Wenzel II. (1278–1305),[8] dazu angeregt worden zu sein. *bruder pilgerím / Von gorlicz der gardian* („Bruder Pilgerim, Vorsteher des Franziskanerklosters in Görlitz", V. 54 f.) habe ihm die Geschichte erzählt (*Der fayte mír dit mere,* „Der erzählte mir die Geschichte", V. 67). Weder Heinrich der Klausner noch sein Gewährsmann, in dem Bartsch den Dichter

---

5   MARTÍNEZ, Können Erzählungen lügen?
6   Der Text wird im Folgenden fortlaufend zitiert nach dem 2011 erschienenen diplomatischen Abdruck der Handschrift von ZEMAN, Die Marienlegende des Heinrich Clûsenêre. Auch wenn die Ausgabe nicht in allen Teilen überzeugen kann, ersetzt doch der neutrale Text die frühere normalisierte Ausgabe von BARTSCH, Marienlegende. Wenn sie entscheidend zur Verständlichkeit beitragen, werden Korrekturen von Bartsch in eckigen Klammern im mittelhochdeutschen Zitat eingefügt. Eine freie Übertragung der Mariendichtung ins Neuhochdeutsche besorgte 1986 bereits LEMMER, Heinrich Clusenaere.
7   Schon Piper hat auf einen Aufenthalt Heinrichs am böhmischen Hof um 1290 geschlossen (PIPER, Die geistliche Dichtung des Mittelalters, S. 284). Schröder und Ehrismann hingegen möchten das Werk eher in die frühen Regierungsjahre Wenzels II., also bereits in die 1280er-Jahre datieren, da der König von Böhmen in der Anrede als „jung" bezeichnet wird (vgl. SCHRÖDER, Heinrich Cluzenere, S. 152; vgl. EHRISMANN, Geschichte der deutschen Literatur, S. 408). Vgl. zur Literatur am böhmischen Königshof BEHR, Literatur als Machtlegitimation.
8   RICHERT, Art. Heinrich der Klausner, Sp. 759; BEHR, Literatur als Machtlegitimation, S. 211 f. diskutiert die Argumente für eine Textentstehung in der Amtszeit von Wenzel II.

des ‚Passionals' vermutete,[9] können urkundlich belegt werden.[10] Schröder hat in ihm einen zur königlich-böhmischen Kanzlei gehörigen „cleriker" erkannt.[11]

Die von ihm verfasste Mariendichtung, die nach Bumke für ein „höfisches Publikum bestimmt" ist,[12] hat literaturgeschichtlich einen erratischen Status.[13] Weder sind andere Werke des genannten Heinrich bekannt, obschon im Text selbst auf weiteres Schaffen verwiesen wird,[14] noch lassen sich textuelle Verwandtschaften zu anderen lateinischen oder volkssprachlichen Mariendichtungen erkennen, die über einzelne Motive oder motivische Passungen in Bezug auf das Erzählen von der Himmelfahrt Mariens hinausgingen.[15] Zur literaturgeschichtlichen Verortung des Werks im Umkreis des kulturellen Zentrums des böhmischen Königshofs wird zudem eine polemische Passage gegen einen Dichterkollegen herangezogen, die, obschon sie oberflächlich ausfällt, als Kritik an Heinrich von Meißen, bekannt als ‚Frauenlob', gedeutet wurde.[16]

---

9   Vgl. BARTSCH, Mitteldeutsche Gedichte, S. XIIf.

10   Vgl. SCHRÖDER, Heinrich Cluzenere, S. 152.

11   Ebd.

12   BUMKE, Geschichte, S. 385.

13   Auch im Kontext der marianischen Literatur aus Böhmen handelt es sich bei der Wundererzählung Heinrichs um einen „[s]ingulär[en]" Text (GOTTZMANN, Art. Deutschsprachige marianische Literatur des Ostens, S. 829).

14   *HEynrich cluzenere / Der wil vns abir eyn mere / Durch zcurczewile machen / Von heuelichen ſachen / Vnd vnſer vrouwen wundir eyn* („Heinrich der Klausner will uns abermals eine Geschichte von höfischen Dingen und von einem Wunder unserer lieben Frau zur Unterhaltung vortragen", V. 45–49).

15   Einzig Wolkan gibt in seinem frühen Überblickswerk an, dass es für Heinrichs Dichtung zwei französische Vorlagentexte gibt: „Der Stoff scheint weit verbreitet gewesen zu sein, da wir einer zweifachen Bearbeitung in französischer Sprache bereits im 12. Jahrhunderte begegnen" (vgl. WOLKAN., Geschichte, S. 9). In den französischen Fassungen sei die Figur des armen Schülers einmal durch einen Gaukler und einmal durch einen Kartäuser besetzt (vgl. ebd., S. 10). Leider finden sich keinerlei Quellenbelege für die vermuteten Bezugstexte.

16   Heinrich verwehrt sich zunächst in einer ersten Textpassage gegen „gelehrte[] Sangspruchdichter" (JAHN, Art. Heinrich der Klausner, Sp. 853), betitelt mit *meyſterchínen* („kleine Meister", „Meisterchen", V. 11), „die sich durch persönliche Kritik zu großen Meistern aufblasen und sich ihrer *vündelín* rühmen" (DE BOOR, Die deutsche Literatur im späten Mittelalter, S. 418). Er möchte seine Dichtung mit Gottes Hilfe so vorbringen, […] *[d]az ich doch ſtrafens werde vrí / Von den meyſterchínen / Dy mít den worten ſchínen / Alz ab ſy groze meyſter ſín / Dy vundín maníg vundelín / Daz nícht eyn har geweſín* [gewegen] *mag* („dass ich doch von den kleinen Meistern/den Meisterchen nicht gestraft werde, die mit den Worten glänzen, als wären sie große Meister. Die finden manchen kleinen Fund, den kein Haar aufwiegen kann", V. 10–15). Gegen einen von ihnen, ein *meyſterlín* („Meisterchen", V. 524), wendet er sich dann in einer zweiten Passage gezielt. Hier kritisiert Heinrich, dass dieser Dichter sein Lob einigen Frauen zukommen lasse, anstatt sich auf das Lob der einen, also Mariens, zu beschränken: *Wír mugín vns dez wol anín / Daz wír der vrouwen ane geſícht / Begrífen myt gedanken nícht / Vnd mít worten nícht vollen lobín / Wir wollen denne ſere thobín / Dez ſoldín* [solde] *noch eyn meyſterlín / Vnmezlích lob lazen ſín / Daz her mít grozer werdikeít / An ſemeliche* [sumeliche] *vrouwen leít / Her wil ſich mete beſwichín* („Wir können darauf verzichten, das Angesicht der Frau mit Gedanken zu erfassen und mit Worten vollständig zu loben, es sei denn, wir wären nicht recht bei Verstand. Daher sollte doch ein Meisterlein sein maßloses Lob unterlassen, das er mit großer Ehre einigen Frauen zuteilwerden lässt: Er wird sich damit selbst betrügen", V. 519–528). Nach Schröder ist das keine „[…] allgemeine[] redensart[] gegen neider

Der zweimalige Verweis des Verfassers auf die Kräuterweihe als Brauch zum Fest der *Assumptio Mariae* könnte, wie Richert herausstellt, „die Annahme einer auf d[eu]t-[sches] Sprachgebiet beschränkten Tradition stützen".[17]

Im Zentrum des Werks stehen Wunder Mariens, die diese im Rahmen des Festes zu Marien Himmelfahrt als Gnadenbezeugung gegenüber einem armen Schüler wirkt. Der als tugendhaft und fromm, aber kindlich-einfältig gezeichnete Junge wird dazu auserwählt, die Offenbarung der leibseelischen Himmelsaufnahme Mariens zunächst zu empfangen und dann öffentlich zu verkünden. Vor die Wahl gestellt, entweder drei-ßig Jahre als Bischof zu herrschen oder nach drei Tagen in den Himmel aufgenommen zu werden, zieht er den Erwerb des Himmelreichs irdischem Besitz und kirchlicher Macht vor. So wird seine Seele schließlich von Maria in den Himmel geleitet. Dieses Muster der Offenbarung einer „für die Welt wichtige[n] Botschaft" durch Maria ge-genüber einem einfachen Menschen, dem zunächst nicht geglaubt wird, der geprüft und der schließlich (zu seinem eigenen Schutz) entrückt wird, ist im Kontext von Ma-rienerscheinungen bis in die Gegenwart verbreitet.[18]

Das Anliegen, die Rezipient:innen von der ‚Wahrheit' der leibseelische Himmels-aufnahme zu überzeugen, wird dabei im Text durch mehrschichtige, mal mehr und mal weniger subtil gewirkte Evidentialisierungsstrategien verfolgt. Schon Bartsch hielt mit Blick auf die persuasive Struktur des Werks fest, dass „[d]as tendenziöse der erzählung [...] in die augen [springt]."[19] Die Dichtung Heinrichs ist außerdem durchzogen von insgesamt neun predigthaften Einschüben der Erzählinstanz[20] und weist ein längeres

---

und hämische kritiker, wie wir sie wol auch sonst finden, sondern es ist eine ganz präcise polemik" (SCHRÖDER, Heinrich Cluzenere, S. 153). In dieser polemischen Referenz hat man einen Bezug auf Heinrich von Meißen (‚Frauenlob') erkannt, der ab 1278 ebenfalls in Verbindung mit dem böhmischen Hof steht bzw. sich in der zur Rede stehenden Zeit ebenfalls in Prag aufhält (vgl. ebd.; vgl. RICHERT, Art. Heinrich der Klausner, Sp. 759; vgl. BARTSCH, Mitteldeutsche Gedichte, S. XI). Behr weist allerdings darauf hin, dass „[...] Heinrichs Kritik an dem nicht näher identifizierten Literaten so unspezifisch [ist], daß sie mit der getadelten Nivellierung des Unterschiedes zwischen Maria und irdischen Frauen auch den zeitgenössischen Minnesang meinen könnte" (BEHR, Lite-ratur als Machtlegitimation, S. 209).

17   RICHERT, Art. Heinrich der Klausner, Sp. 759 mit Bezug auf V. 141 sowie V. 274 f.
18   Die Dichtung nimmt damit nach Zeman ein Muster vorweg, das im Bereich der Marienerschei-nungen erst im 19./20. Jh. im Zusammenhang mit bekannten Marienwallfahrtstätten wie La Salet-te, Lourdes, Fatima oder Medjugorje zur vollen Ausprägung gelangt (ZEMAN, Die Marienlegende des Heinrich Clûsenêre, S. 26 [Anm. 80]).
19   BARTSCH, Mitteldeutsche Gedichte, S. X.
20   Einschub I: V. 123–136 (Appell: Das Himmelreich wird durch gute Taten gewonnen); Einschub II: V. 148–155 (Appell: Bedenke, dass Du sterblich bist); Einschub III: V. 183–188 (Mahnung: Wer zu hoch steigt, fällt herab); Einschub IV: V. 245–271 (Lob der Armut); Einschub V: V. 388–405 (Eva-Maria-Antithese; Maria als Miterlöserin); Einschub VI: V. 449–462 (Unbeschreiblichkeit des Marienkleides); Einschub VII: V. 524–557 (Polemik gegenüber einem Dichterkollegen, der ‚gewöhnliche' Frauen wie Maria verehrt; Preis der Unvergleichbarkeit Mariens); Einschub VIII: V. 773–780 (Maria, die Versöhnerin, vermag ‚versteinerte' Sinne aufzuweichen); Einschub IX: V. 1174–1185 (Von den Sakramenten als Führer auf dem rechten Weg ins Himmelreich).

Abschlussgebet an Christus auf, in dem über die Passion und den Tod Christi medi-tiert wird.[21] Auch bietet die Reimpaardichtung schwankhafte und komische Elemen-te.[22] Indem diese aber konsequent mit der Darstellung des einfältig und naiv gezeichne-ten Protagonisten verbunden werden, geraten sie nicht in Konflikt mit dem religiösen Anliegen des Werks. Selbiges ist deshalb auch nicht als parodistisch anzusprechen, da es sich nicht um eine komische Nachbildung religiöser Praktiken, sondern lediglich um komische Elemente im erbaulichen Erzählen handelt.[23] Das Werk weist zudem an insgesamt dreißig Stellen Drei- oder Vierreime auf, die mal ganz augenfällig sinnhafte Abschnitte markieren und mal innerhalb eines Sinnabschnitts begegnen.[24] In ihnen erkennt Bartsch eine wichtige Verbindung zum ‚Passional' und seinem Verfasser,[25] ob-schon letztgenannter im Gegensatz zu Heinrich im Falle der Dreireime mit gleich- an-statt mit verschiedenlautenden Reimwörtern bzw. -silben arbeitet.

21 Als Abschluss einer Mariendichtung hätte man wohl eine abschließende Wendung an Maria er-wartet. In das Gebet sind „Betrachtungen über die Passion" und „in Gebetsform gekleidete Me-ditationen über Christi Leiden und Tod" eingestreut (THELEN, Das Dichtergebet, S. 556). Auch Thelen schließt daher: „Daß es sich um das Ende einer Marienlegende handelt, ist diesem Gebet nicht anzusehen" (ebd.).
22 So erkennt Wolkan im Werk Heinrichs eine „humoristische Dichtung" (WOLKAN, Geschichte, S. 9).
23 Die hier umgesetzte Komik ähnelt der in apokryphen Apostelgeschichten verbreiteten „Apostel-komik". Vgl. hierzu auch EICHHORN, Studien.
24 In 22, also den meisten Fällen handelt es sich um Dreireime, mit denen ein Sinnabschnitt markiert wird. Sie stehen jeweils am Ende einer thematischen Einheit und nach ihnen setzt der Text mit ei-ner (Sprech-)Handlung neu an (V. 42–44; 134–136; 177–179; 220–222; 269–271; 367–369; 403–405; 499–501; 603–605; 696–698; 748–749; 790–792; 833–835; 882–884; 1034–1036; 1081–1083; 1183–1185; 1236–1238; 1281–1283; 1362–1364). Dem Dreireim in V. 1132–1134 schließt sich wiederum ein sich mit dem Dreireim reimender Paarreim an. Aufgrund des Sinnabschnitts nach V. 1134 ist aber nicht von einem bewusst konstruierten Fünfreim auszugehen. In Bezug auf die V. 460–462 möch-te Bartsch in seiner Ausgabe einen Vers rekonstruieren und setzt einen dritten Reim voraus. Bei den drei Dreireimen in V. 33–35, V. 87–89 und V. 320–322 ist die Funktion als Sinnabschnitt nicht unmittelbar einsichtig. Nach den zwei Dreireimen in V. 731–733 und V. 977–979 liegt sicher kein Sinnabschnitt vor. Denkbar sind aber in einigen der letztgenannten Fälle inhaltliche Hervorhebun-gen. In den drei Passagen V. 554–557, V. 652–655 und V. 925–928 liegen Vierreime vor, die sicher einen Sinnabschnitt abschließen. Vgl. zur Beurteilung der Funktion der Dreireime auch BARTSCH, Mitteldeutsche Gedichte, S. XII; PIPER, Die geistliche Dichtung des Mittelalters, S. 284 f.; SCHRÖ-DER, Heinrich Cluzenere, S. 154.
25 Vgl. BARTSCH, Mitteldeutsche Gedichte, S. XII. Auch RICHERT, Art. Heinrich der Klausner, Sp. 759 hat auf eine Verbindung zwischen Heinrichs Dichtung und dem ‚Passional' hingewiesen. Er möchte in der Rede des guten Schächers in V. 1253 f. der Mariendichtung – *Der ſprach gedenke* [*myn*, in der Handschrift als Falschschreibung markiert] *herre myn / In dem hemelriche dín* („Der sprach: Gedenke meiner, Herr, in deinem Himmelreich") – ein Zitat des ‚Passionals' erkennen: ‚*er-barme', sprach er, ,herre, dich / genedeclichen uber mich / daz du gedenken wollest min / in dem himelri-che din, / als du mit vreuden kumst da hin'* („Lass gnädig Erbarmen walten, Herr", sprach er, „indem Du meiner gedenkst, in Deinem Himmelreich, wenn Du dort mit Freuden eingehst" [Passional, V. 6567–6571]). Mir erscheinen die Formulierungen für sich genommen jedoch zu floskelhaft, um eine Verbindung anzunehmen; bedenkenswert ist aber freilich die Nennung im selben Szenen-kontext der Schächerrede. Auch HAASE/SCHUBERT/WOLF, Passional, S. L, halten die vermuteten Zusammenhänge zwischen Heinrich und dem ‚Passional' für „nicht beweisend".

Die Erzählung ist unikal in einer Pommersfelder Papierhandschrift aus dem 14. Jahrhundert überliefert.[26] Die Mariendichtung findet sich nach dem Werk ‚Marien Rosenkranz' inmitten einer Sammlung von weltlichen Erzählungen mit Minne-Schwerpunkt und zudem zwei heldenepischen Texten.[27] Ein Programm der Sammlung ist nicht klar ersichtlich.[28] Aufgrund der heterogenen Überlieferungsgemeinschaft und je nach Forschungsperspektive wird das Werk auf der einen Seite als ‚Marienlegende' und auf der anderen Seite als ‚Kurzerzählung' mit dem Titel ‚Von einem Schüler' oder ‚Der arme Schüler' adressiert, Bezug nehmend auf die Überschrift des Textes in der Handschrift (*Dit mer ift von eyme fchuler,* „Diese Geschichte handelt von einem Schüler", vor V. 1). Der immerhin in beiden Texteditionen (Bartsch, Zeman) verwendete Terminus ‚Marienlegende' ist dabei insofern unpassend, als es sich bei Heinrichs Dichtung vielmehr um ein durch theologisch-didaktische Einschübe erweitertes Mirakel handelt, in dessen Zentrum die wunderbare Hilfstätigkeit Mariens und die Propagierung der leibseelischen *Assumptio* stehen.[29] Der Erzähler formuliert den Anspruch, dass sein Mariengedicht von *heuelichen fachen* („höfischen Dingen", V. 48) handelt. Er kündigt

26   Es handelt sich um: Pommersfelden, Gräfl. Schönbornsche Schloßbibl., Cod. 54 (2798), Mitte/2. Hälfte 14. Jh., Schreibsprache: thüringisch, Schreibort: Erfurt (?) (vgl. den Eintrag im Handschriftencensus: WOLF/BAUER/HEINZLE, Handschriftenbeschreibung 4153).

27   Die Handschrift weist den folgenden Inhalt auf (vgl. ebd.): ‚Der Schüler zu Paris A' (unvollständig) [Bl. 1ʳ–11ʳ]; ‚Minner und Trinker' [Bl. 11ʳ–13ʳ]; Stricker: ‚Das heiße Eisen' (p) (Moelleken Nr. 28) (p) [Bl. 13ʳ–16ʳ]; ‚Die Heidin I' [A] (P) [Bl. 16ʳ–35ʳ]; ‚Daz brechen leit' [Bl. 35ʳ–40ᵛ]; ‚Schampiflor' [Bl. 40ᵛ–48ᵛ]; ‚Marien Rosenkranz' [Bl. 48ᵛ–54ʳ]; Heinrich der Klausner: ‚Mariendichtung' / ‚Der arme Schüler' [Bl. 54ʳ–76ᵛ]; Gebet [Bl. 76ᵛ–77ʳ]; ‚Laurin' (L₃) [Bl. 77ᵛ–101ʳ]; ‚Rosengarten zu Worms' (R₆) [Bl. 101ᵛ–128ᵛ]; ‚Die halbe Birne A' (P) (unvollständig) [Bl. 129ʳ–133ᵛ].

28   Eichenberger hat darauf hingewiesen, dass das Werk ‚Marien Rosenkranz' und Heinrichs des Klausners Mariendichtung insofern miteinander verbunden sind, als beide Werke „den besonderen Mariendienst eines Mönchs bzw. eines Knaben hervorheben"; sie überschreibt die Textsammlung der Handschrift mit dem Titel „Minneerzählungen und Marienmirakel" (EICHENBERGER, Geistliches Erzählen, S. 206). Beide Mariendichtungen weisen mit der Ankündigung *Dit mer ift von eyme fchuler* dieselbe Überschrift auf (vgl. die Handschriftenbeschreibung bei BARTSCH, Mitteldeutsche Gedichte, S. VII) und zudem eine Verbindung zum ‚Passional' auf. In Bezug auf die Dichtung Heinrichs ist diese spekulativ (vgl. hierzu bereits ebd., S. VII, XIII), in Bezug auf ‚Marien Rosenkranz' besteht diese in einer in der ‚Passional'-Sammlung des ersten Buches befindlichen „inhaltlich fast identische[n], aber erzählerisch breitere[n] Fassung" des Marienmirakels (WILLIAMS, Art. Marien Rosenkranz, Sp. 1279).

29   Vgl. zur Differenzierung von ‚Legende' und ‚Mirakel' ASSION, Die mittelalterliche Mirakel-Literatur, S. 173: „Die Merkmale, die das Mirakel von der Legende unterscheiden, sind offensichtlich. Ist der Wunderbericht in einer Legende nur ein Element, und zwar ein beliebig wiederholbares, erhebt das Mirakel das Wunder zum Mittelpunkt einer eigenen, in sich abgeschlossenen Erzählung. Steht dort der Heilige im Zentrum, der Wunder vollbringt, ist es hier der Mensch, an dem ein Wunder geschieht. Ihm wird durch gnadenhaftes Eingreifen jenseitiger Mächte in die Naturgesetze unverhoffte Hilfe oder Belehrung zuteil, was zugleich ein der Novelle verwandtes Element der Spannung und Lösung in die Mirakel-Erzählung hineinbringt, das sie ebenfalls von der Legende unterscheidet. Wird in der Legende der Heilige als sittlich-religiöses Vorbild verherrlicht, so kehrt das Mirakel mehr seinen Fürbitt- und Hilfscharakter hervor." Vgl. speziell zum Terminus ‚Marienlegende' auch das problematisierende Kapitel in WEBER, Studien, S. 117–146.

zugleich an, seine Dichtung [*d*]*urch zcurczewile* („um der Unterhaltung willen", V. 47) wiederzugeben. Dass dann aber neben der ebenso unterhaltsamen wie erbaulichen Wundererzählung auch Didaktik und Gebet, eine gezielte Bewerbung der *Assumptio*-Lehre und eine Passionsmeditation folgen, wurde angesichts der Ankündigungen in der Vorrede noch in der mediävistischen Forschung der 1980er-Jahre als unstimmig empfunden.[30] Heute hingegen ist Forschungskonsens, dass religiöses Erzählen, groß- wie kleinepisches, ‚Weltliches' und ‚Geistliches' in Integration aufbietet, mithin die interdiskursive Verflechtung von Erzähltraditionen, Themen und Motiven die Voraussetzung volkssprachlichen Erzählens ist.[31]

II. Zur Legitimationsbedürftigkeit der *rede*: Die Darstellung der *Assumptio Mariae* im intertextuellen Zusammenhang

Der Aspekt der Evidenzerzeugung, damit die Rezipient:innen der Wundererzählung und der dogmatisch relevanten Aussage der leibseelischen *Assumptio Mariae* ‚Wahrheit' zuschreiben, ist mit Blick auf religiöses Erzählen und den theologisch-dogmatischen Diskurs als ein normatives System von besonderer Relevanz. ‚Wahrheit' ist dabei freilich nicht als objektive Qualität einer Aussage zu verstehen, sondern als das, was im zeitgenössischen religiösen Diskurs Geltung besitzt und deshalb ‚Wahrheit' beansprucht. Außerhalb der Praxis des Geltung zuschreibenden Diskurses als Referenzsystem hat eine Aussage unter Umständen keine Bedeutung. Haubrichs nimmt den Aspekt der Wahrheitszuschreibung in seine Definition der Gattung ‚Mirakel' (‚Wundererzählung') auf, was die Bedeutung eines normativen Referenzsystems für das Erzählen von Wundern unterstreicht. So seien ‚Mirakel' eine

[l]iterarische Gattung vorwiegend der antiken, mittelalterlichen und frühneuzeitlichen hagiographischen Literatur, *in der für wahr gehaltene (oder als solche fingierte) Geschichten*

---

30 Vgl. RICHERT, Art. Heinrich der Klausner, Sp. 759: „Nach v. 47 wurde das Werk *durch kurzewile* geschrieben. Dem widersprechen neun predigthafte Einschübe, die die strikte Form des Mirakels sprengen, sowie der Tenor der Nachrede. Betont wird die Heilswirkung des Mariendienstes, speziell in der Form des Ave Maria, und die Tatsache der Assumptio."

31 Dies haben im Bereich der Kleinepik-Forschung zuletzt die Studien von EICHENBERGER, Geistliches Erzählen sowie von NOWAKOWSKI, Sprechen und Erzählen beim Stricker, S. 196–208 gezeigt. Vgl. für eine theoretische Fundierung des Interdiskurs-Gedankens SPRECKELMEIER, Bibelepisches Erzählen, S. 22–73. Heinrich differenziert offenbar auch weniger zwischen geistlicher und weltlicher als zwischen höfischer Dichtung und dezidierter Minnedichtung, wie seine Kritik am Zeitgenossen ‚Frauenlob' zeigt. Vgl. EICHENBERGER, Geistliches Erzählen, S. 92: „Heinrich versucht, ähnlich wie der ‚Passional'-Dichter, sich zwar von der weltlichen, besonders der als inferior empfundenen Minne-Dichtung zu distanzieren (V. 519–552) [polemische, vielleicht auf Frauenlob zielende Passage, Anm. der Verf.], übernimmt aber gleichzeitig konzeptionelle und ästhetische Modelle aus der höfischen Literaturtradition, um sein Publikum auf angenehme Weise zu unterhalten." Vgl. zur Kritik an Heinrich von Meißen die Ausführungen in Anm. 16.

über die Begegnung von (oft hilfebedürftigen) Menschen mit dem Heiligen oder dem Nu-
minosen (Gott, Heilige, Sakramente, sakrale Gegenstände) erzählt werden, die zu einer
Änderung ihres körperlichen, sozialen oder geistigen Zustandes führen (z. B. Heilung,
Bekehrung, Rettung).[32]

Tatsächlich wird auf vielfältige Weise an der Glaubwürdigkeit des Erzählten gearbeitet: Mit dem Akt der Verschriftlichung der Geschichte,[33] der autoritativen Absicherung
der Quelle (Autornennung und Verweis auf Gewährsmann) und der Wahrheitsrefe-
renz des Berichtenden (es gehe ihm um die *gancze warheit*, V. 64) begegnen bereits in
der Vorrede drei wichtige Authentizitätsmarker.

Nach einer nur kurzen inhaltlichen Exposition folgt direkt zu Beginn ein Exkurs
der Erzählinstanz zum Festgegenstand der *Assumptio Mariae*: Heinrich erklärt, dass
am nämlichen Hochfest die Himmelsaufnahme Mariens [*m*]*it fele vnd myt liebe* („mit
Seele und Leib", V. 165) gefeiert wird. Sie sei als Lohn ihrer Tugend von ihrem Sohn vor
den höchsten Thron im Himmel geführt worden. An dieser Stelle ist neben der Berufung auf den Franziskanerbruder offenbar die Referenz auf eine größere Autorität zur
Evidenzgenerierung notwendig, weshalb Heinrich außerdem auf nicht weiter identi-
fizierte „drei weise Meister" verweist, die für die leibseelische Aufnahme einstünden:

> Wer mich dez wedír tribe
> Daz dy rede nicht warhaft ſi
> Der frage wiſer meyſter drí
> Dy wiſen yme di ganczín vart
> [...]
> (V. 166–169)

Wer mir entgegenhalten möchte, dass die Ausführung nicht der Wahrheit entspricht, der
frage die drei weisen Meister [Apostel, Kirchenlehrer], die können ihm den ganzen Her-
gang beschreiben [...].

Zeman möchte die genannten *meyſter* mit den in der Tradition der apokryphen Mari-
en Himmelfahrt-Erzählungen den Tod Mariens begleitenden Aposteln (im Zentrum
stehen vor allem Johannes, Petrus, Paulus) identifizieren.[34] Allerdings könnte an dieser
Stelle auch ein Beleg der Einschreibung der Dichtung Heinrichs in einen bestimmten
Traditionsstrang der Marien Himmelfahrt-Versdichtungen vorliegen.

Maria sei, so erklärt Heinrich, in der Nähe der Stadt Jerusalem im Tal Josaphat begraben worden (*Zcu Ieruſalem by der ſtat / In deme tale zcu ioſouat*, V. 171 f.). In ihrem

---

32   HAUBRICHS, Art. Mirakel, S. 608 [Herv. durch Verf.].
33   Vgl. zur Bedeutung der schriftlichen Fixierung für die Glaubwürdigkeit des Wunderberichts SIG-
     NORI, Wunder, S. 16 f.
34   Vgl. ZEMAN, Die Marienlegende des Heinrich Clûsenêre, S. 14 (Anm. 30).

Grab habe man nichts als ihren Schleier und ihren Gürtel auffinden können; die Wahrheit seiner Rede wird dabei durch den Hinweis auf zahlreiche Augenzeugen des leeren Mariengrabes unterstrichen.[35] Von den drei im Mittelalter im deutschen Sprachraum verbreiteten Traditionssträngen der Marien Himmelfahrt-Versdichtungen, die jeweils charakteristische Geschehensabläufe und Motive aufweisen, nämlich die ‚Transitus‘-, die ‚Vita rhythmica‘- und die ‚Legenda aurea‘-Tradition,[36] steht Heinrich der letztgenannten am nächsten.[37] Einzig die multiperspektivische Schilderung der Himmelaufnahme im 119. Kapitel ‚De assumptione beatae Mariae virginis‘ der ‚Legenda aurea‘ (um 1265) des Jacobus de Voragine weist in ihren verschiedenen nacheinander aufgebotenen Berichten[38] Übereinstimmungen auf.[39] Hier finden sich nicht nur der Gürtel, die Kleider und schließlich das Grabtuch Mariens als Reliquien, sondern ebenso Augenzeugen des leeren Grabes. Zudem verweist Jacobus auf Bernhard [von Clairvaux], [Pseudo-]Hieronymus und [Pseudo-]Augustinus als Gewährsmänner der Wahrheit der leibseelischen Aufnahme.[40] Im Zusammenhang ihrer Erwähnung geht es allerdings nicht um die Wahrheit des erzählten Geschehens, sondern um die am pseudo-augustinischen Traktat ‚De assumptione Beatae Mariae Virginis liber unus‘[41] orientierte konvenienztheoretische Argumentation, weshalb eine leibseelische Aufnahme Mariens angemessen, wahrscheinlich und geboten ist. Auch die genannten Kirchenlehrer könnten als *wiſe[] meyſter* angesprochen sein.

Vor dem Hintergrund des auf mehreren Ebenen vermuteten Zusammenhangs der Dichtung Heinrichs mit dem ‚Passional‘ erscheint es auch möglich, dass ihm das entsprechende, an der ‚Legenda aurea‘ orientierte Kapitel des ‚Passionals‘ als dessen „älteste[s] deutschsprachige[s] Rezeptionszeugnis“[42] vor Augen stand. Die Darstel-

---

35 *Dez ſelbin tages quam man dar / Vil gute lute daz iſt war / Dy vundín andirs nichtis nícht / Alſo ich der rede bin bericht / Vleyz noch daz gebeyne / Den eyn gurtil kleyne / Vnd eyn ſleyger reyne* („Am selben Tag kam man an diesen Ort. Es kamen viele aufrichtige Menschen, das ist wahr, und sie fanden nichts im Grab, so berichtete man mir, weder den Leib noch die Gebeine, nur einen kleinen Gürtel und einen reinen Schleier“, V. 173–179).

36 Vgl. für einen Überblick KERN, Art. Marien Himmelfahrt. Vgl. zur Tradition der *Transitus*-Berichte im deutschen Sprachraum umfassend SPRECKELMEIER, Bibelepisches Erzählen.

37 In den *Transitus Mariae*-Berichten (ab dem 6. Jh.) spielt die Beurteilung und durch Augenzeugenschaft abgesicherte Evidenz des leeren Grabes ebenso wenig eine Rolle wie Marienreliquien. Aus diesem Grund ist die Verknüpfung, die Zeman zum Figurenbestand der *Transitus Mariae*-Berichte herstellt, nicht weiterführend (vgl. ZEMAN, Einige Bemerkungen, S. 76). Daneben setzt auch der Bericht im entsprechenden Kapitel der ‚Vita rhythmica‘ (vor 1250) motivisch eigene Schwerpunkte.

38 Auf den *Transitus*-Bericht des Evangelisten Johannes folgt ein Bericht nach Kosmas Vestitor; die Reliquien Mariens sind dann auch das Thema eines in die ‚Legenda Aurea‘ interpolierten Kapitels der ‚Historia Euthymiaca‘.

39 Jacobus de Voragine, Legenda aurea, Kap. 119.

40 Ebd., Kap. 119, Abs. 511, S. 1526–1529.

41 [Pseudo-]Augustinus, De assumptione.

42 HAASE/SCHUBERT/WOLF, Passional, S. CCXV.

lung im ‚Passional' weist viele Übereinstimmungen mit Heinrichs Dichtung auf,[43] allerdings werden in der volkssprachlichen Bearbeitung die im Grab zurückgelassenen Kleider Mariens nicht konkretisiert und es fehlt auch der Verweis auf die „drei weisen Meister" zur autoritativen Absicherung der dogmatischen Diskussion. Das ‚Passional' als Vorlage würde somit das Vorliegen weiterer Quellen voraussetzen.

Im Anschluss an die rudimentäre Darstellung des Festgegenstands wird von der Erzählinstanz auch der dogmatische Status der *Assumptio Mariae* reflektiert. Hier zeigt sich die Diskrepanz zwischen der mittelalterlichen Frömmigkeitspraxis, welche die leibseelische Aufnahme bereits voraussetzt, und dem dogmatischen Schwebezustand der leibseelischen *Assumptio,* die erst 1950 durch Papst Pius XII. zum Dogma erhoben werden sollte.[44] Dass Heinrich – wie im Übrigen auch der ‚Passional'-Dichter[45] – um diese Schwierigkeit weiß, zeigt sich nicht zuletzt daran, dass er das Erzählen vom *Transitus Mariae* aus Sorge, auf dogmatisch unreguliertes Gebiet zu geraten, abbricht:

> Der rede wil ich ſwigen
>
> Vnd dy nicht vor baz triben
>
> Ich mochte lichte vallen
>
> Daz geſchit den allen
>
> Dy zcu ho ſtigen
>
> Dy muzen nyder ſigen
>
> Vnd valden [vallen] zcu der erden
>
> (V. 180–186)

Nun will ich schweigen und meine Rede nicht weiter ausführen: Ich könnte leicht zu Fall kommen. Das geschieht allen, die zu hoch steigen – die müssen nieder sinken und zu Boden stürzen.

Die theologische Diskussion des Früh- und Hochmittelalters ist, ausgehend von der einflussreichen [pseudo-]hieronymianischen ‚Epistola beati Hieronymi ad Paulam et Eustochium de assumptione sanctae Mariae virginis',[46] von einer Tendenz zum

---

43   Zum Tal Josaphat als Begräbnisort vgl. Passional, V. 12367–12373; vgl. für die nachträgliche Graböffnung für einen namenlosen Apostel und die Beglaubigung des leeren Grabes durch Augenzeugenschaft ebd., V. 12456–12496; vgl. zu den im Grab zurückgelassenen Kleidern ebd., V. 12491; vgl. zur konvenienztheoretischen Argumentation für die leibseelische Aufnahme ebd., V. 12497–12624.

44   Pius XII., ‚Munificentissimus Deus'.

45   Auch der ‚Passional'-Dichter scheint die Uneinigkeit theologischer Autoritäten (*meister*[], V. 330; 333) in der *Assumptio*-Frage zu reflektieren (ZEMAN, Die Marienlegende des Heinrich Clûsenêre, S. 15 [Anm. 36]). Im ‚Passional' findet sich folgende Vorrede: […] *ob in sumelichen orten / die meistere an ir worten / und an ir schrift entzwei tragen, / da wil ich einen sin sagen, / der mir gevellet beste* („[…] wenn an manchen Stellen die Lehrmeister sich in ihren Worten und ihren Schriften entzweien, da will ich mich für eine Auslegung entscheiden, die mir am passendsten erscheint", Passional, V. 332–336).

46   [Paschasius Radbertus,] Epistola beati Hieronymi.

‚frommen Nichtwissen' in Bezug auf die leibseelische Aufnahme geprägt, die von der Ablehnung eines apokryphen *Transitus*-Berichts herrührt. Diesem Zeugnis nach, das vermutlich auf Paschasius Radbertus (um 790–um 865) zurückgeht, ist bei unsicherer Informationslage Zurückhaltung angezeigt. Diese Position wird erst durch die Durchsetzung der Argumente des bereits genannten pseudo-augustinischen Traktats, die ja auch in die ‚Legenda aurea' und das ‚Passional' Eingang finden, allmählich überwunden.[47] Heinrichs Vorgehen – die Präsentation von nur wenigen Informationen aus dem *Transitus*-Bericht mit Bezug auf theologische Autoritäten und unter demonstrativer Zurückhaltung – ist somit typisch für die zeitgenössische Auseinandersetzung. Anstatt mit der scholastisch-geprägten argumentativen Ausfaltung von Konvenienzgründen arbeitet Heinrichs Erzählung im Folgenden mit dem Wunder der Selbstoffenbarung Mariens. Eine ähnliche Strategie wird im mariologischen Diskurs der Entstehungszeit auch von Werken verfolgt, welche die populäre *Assumptio*-Vision der Elisabeth von Schönau (1129–1164, Visionen zur *Assumptio* im Zeitraum von 1156–1159) argumentativ einbinden.[48]

III. Marienwunder als Offenbarungsmedien: Heinrichs *mere* vom armen Schüler

Den Kern der Erzählung Heinrichs des Klausners bildet die Offenbarung der leibseelischen Himmelsaufnahme durch die Aufgenommene selbst. Die Selbstoffenbarung wird als Wunder erzählt, das ein armer Schüler erlebt. Der Offenbarungsinhalt wird auf der einen Seite bestätigt durch den in Heinrichs Erzählung einführend platzierten Verweis auf das als historisch markierte *Transitus*-Geschehen und auf der anderen Seite gespiegelt durch das Wunder der von Maria erwirkten seelischen Himmelsaufnahme des armen Schülers im Augenblick seines Todes. Die doppelte Funktion des Offenbarungswunders bildet dabei die Ambivalenz ab, die dem Wunder als Medium der Transzendenzerfahrung grundsätzlich eignet: Es ist als Element der christlichen Frömmigkeitspraxis und als Begebenheit, die sich unabhängig von der Natur und natürlichen Geschehensabläufen zeigt,[49] evidenzerzeugend und legitimationsbedürftig zugleich. Die Marienwunder, welche die *Assumptio Mariae* beglaubigen, werden in Heinrichs Werk von der Erzählung vom armen Schüler umschlossen.

---

47 Vgl. für eine detaillierte Auseinandersetzung mit den verschiedenen Argumentationsstrategien im theologisch-dogmatischen Spezialdiskurs SPRECKELMEIER, Bibelepisches Erzählen.

48 Die Visionen der Elisabeth von Schönau.

49 Grundsätzlich und umfassend über das Wunder informiert mit einem besonderen Schwerpunkt auf der Vormoderne SIGNORI, Wunder.

Der Klausner berichtet von einem Schüler, der zwar einfältig, aber zugleich gelehrig ist, und sich durch eine besondere Marienfrömmigkeit auszeichnet.[50] In Ermangelung eines Paars Schuhe bleibt dem Jungen die Teilnahme am Gottesdienst zu Marien Himmelfahrt versagt. Er bittet Maria in intensiven Gebeten vergeblich um Schuhe. Seine Trauer um den enttäuschten Wunsch schlägt schließlich in Trotz um: Er „kleidet" Maria durch das Beten von *Ave Maria* (hundert *Ave Maria* für einen Rock, wiederum hundert für einen Mantel usw.)[51] und verpflichtet sich zu ewigem Mariendienst, woraufhin sich ein erstes Wunder ereignet: Maria tritt von einem Altar herab und auf ihrer Kleidung sind allenthalben mit goldenen Buchstaben gewirkte *Ave Maria* zu lesen – der [v]z *reyníz herczín grunde* („aus dem Grund eines reinen Herzens", V. 583) geflossene Text ist Textil geworden. Maria erklärt, dass der Schüler sie heute um alles, was sein Herz begehrt, bitten dürfe. Sie wiederholt das Blanko-Versprechen dreimal, und dreimal glaubt der Schüler ihr nicht, da sie bereits seiner einfachen Bitte nach Schuhen nicht nachkomme.[52] Maria kommt dem einfältigen Schüler schließlich durch die Eingrenzung des zunächst vollkommen offenen Wunsches auf ein alternatives Entscheidenssetting entgegen.[53] Sie stellt den Schüler vor die Wahl, ob er entweder im hiesigen Bistum dreißig Jahre lang Bischof sein und in Reichtum herrschen oder ob er in drei Tagen sterben, in den Himmel aufgenommen werden und somit das ewige Leben erlangen möchte. Auch das reduzierte Entscheidenssetting wird von Maria dreimal angeboten. Vor seiner Entscheidung fordert der Schüler dann ein Zeichen der Glaubwürdigkeit Mariens ein. Sie stellt in Aussicht, ihr Versprechen mit einer Offenbarung zu belegen, die *got der lieben criftenheit / Vz dínen munde kunden wil* („Gott der lieben Christenheit aus deinem Mund verkünden möchte", V. 808 f.). Der Schüler wählt daraufhin den Tod in drei Tagen. Maria setzt dann zur Offenbarung ihrer leibseelischen Aufnahme an:

> Daz tu der werlde vor baz fchín
> Daz gotis muter reyne mait
> An aller kuzheít vn vor zcaít
> Von yeffe dy gerte
> An tugenden vn vor herte
> Nach íres liben kíndes lone
> Zcu dem hoften trone
> Von dirre welde geuarn ift
> Sundír zcwiuilliche lift

---

50 Der Junge wird zum einen als [e]*ynveldic alz eyn kalp* („einfältig wie ein Kalb", V. 72) beschrieben, zum anderen als durch Gottes Kunstfertigkeit mit Verstand gesegnet (*Daz kint hatte fínne / Von vnfes herín meyfterfchaft*, V. 76 f.) und sehr gelehrig (*gar gelerńt*, V. 79).
51 Vgl. V. 416–487.
52 Vgl. V. 624–698.
53 Vgl. V. 701–738.

Mit fele vnd mit liebe
Daz fy da vrouwe blibe
Immer mer an ende
Vri vor miffe wende
Daz falt tu fagín offenbar
Al der criftenheit vor war
(V. 845–859)

Offenbare der Welt von nun an, dass die Gottesmutter – die reine Jungfrau, fest in aller
ihrer Keuschheit, die Gerte aus der Wurzel Jesse, keiner Tugend beraubt – als Lohn ihres
lieben Kindes aus dieser Welt wahrhaftig und ohne allen Zweifel mit Seele und Leib aufge-
fahren ist zu dem höchsten Thron. Und dass sie dort für alle Zeit als Herrin herrsche, ohne
jeden Tadel. Dies sollst du sichtbar und deutlich der ganzen Christenheit als Wahrheit
verkünden.

Die Offenbarung, in der Maria in der dritten Person über sich selbst spricht, wird
von zwei beinahe identischen Hinweisen umklammert, die zugleich die Wahrheit des
Berichts hervorheben und Zeichen für die Glaubhaftigkeit der versprochenen Himmelsaufnahme der Seele des Jungen in drei Tagen sind: *Daz fi daz vrkunde dín* („Dies
sei dein Zeichen/dein Beweis", V. 844) und *Daz fy dín vrkunde* (V. 860). Durch die
Ambivalenz des Ausdrucks *vrkunde* – „Zeichen", „Merkmal", aber auch „Zeugnis",
„Beweis"[54] –, der mal bilanzierend zurück- und mal prognostizierend vorauszuweisen
scheint, wird die Ambivalenz des Wunders zwischen Legitimationsbedürftigkeit und
Evidenzerzeugung abgebildet und zugleich eine strukturelle Analogie des Offenbar-
ungsinhalts der *Assumptio animae et corporis* und der versprochenen Himmelsaufnahme der Seele des Schülers hergestellt. Die Offenbarung fungiert als Beweis der Wahrheit der dogmatischen Aussage und als Zeichen der Wahrheit des Versprechens.
   Der Junge soll die Himmelsaufnahme predigen und für die Wahrheit der Rede ein-
stehen. Viele Menschen seien nämlich im Zweifel über die leibseelische Aufnahme;
diesen Zweifel gelte es ebenso auszuräumen wie eine Anfechtung der *Assumptio Mariae* durch ,die Juden' zu entkräften.[55] Während sich der Schüler noch über die *warheit*

54   „ur-künde, stn. f.", in: Mittelhochdeutsches Handwörterbuch von Matthias LEXER.
55   Vgl. V. 867–879: *Vil luten wanet der zcwíuel by / Daz gotis muter nicht vor war / Mit fele vnd mit liebe
     gar / Nicht zcu hymelriche fi geuarn / Den zwiuel faltu gancz bewarn / Vnd faltes immer fín eyn bote / Al
     der werlde her von gote / Daz dar an keyn zcwiuel lít / Der armen iuden wedír ftrít / Muz der warheit
     vndír legen / Sy hat den hymel obír ftígen / Dy vríe rofe fundír dorn / Vor allen meyden vz ír korn* („Viele
     Menschen zweifeln nämlich und nehmen an, dass die Gottesmutter in Wahrheit nicht mit See-
     le und Leib ins Himmelreich aufgefahren ist. Diesen Zweifel sollst du abwenden – du sollst der
     ganzen Welt immer ein von Gott gesandter Bote dessen sein, dass daran kein Zweifel besteht. Die
     Anfechtung der armen Juden muss der Wahrheit unterliegen: Sie hat den Himmel überstiegen,
     die edle Rose ohne Dorn, auserwählt aus allen Jungfrauen"). Der Hinweis auf die Widerrede ,der

(V. 882) der *Assumptio Mariae* freut, scheidet Maria von dannen. Sie wirkt jedoch eine umfassende Inspiration des Schülers, der sich – [*s*]*o gar dír lucht vnd ínprant* („ganz und gar erleuchtet und entbrannt", V. 887) – die Rede genau einprägen kann. Freudig über die *felzcenyn mere* („die fremdartige Erzählung", V. 900) geht er aus dem Dom heim zu seiner Mutter. Die Vorfreude des Jungen auf die Schule am nächsten Morgen steht dann ganz im Gegensatz zum Zorn, mit dem der Schulmeister ihn nach seiner Abwesenheit in der Vesper am Vortag empfängt. Die Schul-Szene weist Schwankelemente auf und ‚kippt' vom Hohn und der Gewalt des Schulmeisters, der den Entschuldigungen des Jungen nicht glaubt und ihn verprügelt,[56] zur ehrfürchtigen Dokumentation der Offenbarung Mariens durch die Schüler. Der arme Schüler trägt sein *orkunde* („Zeichen", V. 1015), das er als seinen ‚Lohn' bezeichnet (*Daz gab fy mír zcu lone*, „Das gab sie mir als Lohn", V. 1017), schließlich sorgfältig vor.[57] Indem die Marienerscheinung in der Kirche und die Marienoffenbarung in der Binnenerzählung noch einmal wiederholt werden, wird für die Rezipient:innen ein mnemotechnischer Effekt erzielt. Der Schüler gibt die Offenbarung recht genau wieder, einige Verse der Rede sind iden-

Juden' verweist wiederum auf die oben bereits skizzierte zeitgenössische Tradition der Marien Himmelfahrt-Versdichtungen, welche im Kontext der Grablegung Mariens von einem Angriff ‚der Juden' auf die Apostel berichten, die den Marienleib nach seinem Tod verbrennen und den Umstand des leeren Grabes christusanalog – so die Sorge der Apostel – auf eine Fortnahme des Leichnams durch die Jünger selbst zurückführen möchten.

56 Der Schulmeister hält dem armen Schüler seine Abwesenheit in der Vesper vor – *Wa fit ír gewefín* („Wo seid ihr gewesen?", V. 935) – und droht ihm Prügel an. Der Schüler erklärt, die *warheít* (V. 942) sagen zu wollen, und gesteht: *Ich waz by vnfer vrouwen* („Ich war bei unserer Frau", V. 943). Der Schulmeister erkennt in der wahrheitsgetreuen Angabe des Schülers das Geständnis einer Liebschaft, verprügelt ihn und unterstellt ihm Trunkenheit: *By welcher vrouwen her / Daz fult ír knappe fagin mír* („Bei welcher Frau wart ihr? Das sollt ihr, Jüngling, mir sagen!", V. 951f.). Der Junge nimmt wiederholt Bezug auf die *vrouwe*, ohne Maria beim Namen zu nennen, umschreibt sie aber mit preisenden Worten (vgl. V. 957–963), was den Schulmeister angesichts der wohl eher gewohnten Schlichtheit des Schülers stutzig macht: *Wanne kumen defe wort* („Woher kommen diese Worte?", V. 964). Er schlägt ihn wieder und vermutet, dass ihm die Sinne verwirrt worden sind – die ‚Erleuchtung' derselben und die Begnadung des Schülers werden von ihm zunächst nicht erkannt. Der Junge rekonstruiert für den Schulmeister das gesamte Geschehen vom Aufsuchen der Grotte, über die Schuh-Bitte und die *Ave Maria* bis zum Wunder der Marienerscheinung (vgl. insg. V. 972–994). Die Gewaltanwendung und Verspottung angesichts des wahrhaften Berichts lässt den Schüler trotz aller Schwankelemente dieser Szene auch bekennerhafte Züge annehmen. Der Dialog spielt an dieser Stelle außerdem mit dem Begriff ‚wunderlich' (*wuderlich*, V. 996; *wudirlich*, V. 1006; „wunderbar", „wunderlich"), der aus der Perspektive des Jungen positiv, aus der Perspektive des Schulmeisters jedoch negativ besetzt ist.

57 Vgl. V. 1021–1036: *Nu merket defe mere / Daz dy fuze vrie / Dy reyne mait maríe / Dy heyfet von der alden E / Dy blunde gerte von yeffe / Vur zcu hymelriche / Dy gewaldige vnd dy riche / Zcu dem hoften trone / Nach ires liben kindes lone / Mit fele vnd mít libe / Daz fi da vrowe blibe / Immer mer an ende / Sundír miffe wende / Daz hiz fi mích den luten / Ebene gar beduten / Dy fi von herczín truten* („Nun vernehmt die Kunde, dass die liebliche, edle Maria – sie wird im Alten Testament die blühende Gerte der Wurzel Jesse genannt –, dass diese Mächtige und Reiche mit Seele und Leib in den Himmel auffuhr zum höchsten Thron als Lohn ihres lieben Kindes. Dass sie dort als Herrin herrsche für immer, ohne Ende und ohne jeden Tadel, das trug sie mir auf, denjenigen sorgfältig zu verkünden, die sie von Herzen lieben").

tisch. Im Folgenden wird deutlich, dass sich die Offenbarung als ‚Urkunde' und das Versprechen der seelischen Himmelsaufnahme des Schülers wechselseitig beglaubigen; der Zeugniswert der Offenbarung kehrt sich gewissermaßen um. Zunächst dient die Offenbarung der leibseelischen *Assumptio Mariae* durch Maria dem Schüler als Sicherheit, sich auf die Entscheidung einzulassen. Nun wiederum dient das Versprechen der seelischen Himmelsaufnahme – neben unspezifischen Wahrheitsbeteuerungen der Rede[58] – als ‚Urkunde' der Offenbarung des in der Schrift nicht fixierten Glaubensinhalts. Die Marienwunder fungieren hier somit als Medien, als Kommunikationsmittel der dogmatischen Aussage. Der Schüler antizipiert die Zweifel der Offenbarungsempfänger:innen und verweist auf das Beglaubigungspotential des in Aussicht gestellten, an ihm zu wirkenden Wunders. Die Himmelsaufnahme seiner Seele wird als zur *Assumptio Mariae* analog konstruierte göttliche Gnadenhandlung die Wahrheit der Offenbarung unterstreichen und einem Vorwurf der Lüge entgegenwirken:

Sie hat mír ouch geſait daz
Ich ſulle morne ſterbín
So wil ſy mír dír werbín
Daz ich mít gote bliben ſal
Da by merket vbir al.
Let daz got an mír geſchen
So moget ir ſicherlichen ien
Daz myn rede warhaft ſy
So bín ich denne lugene vrí
(V. 1042–1050)

Sie hat mir auch gesagt, dass ich morgen sterben werde. So will sie für mich erreichen, dass ich bei Gott bleiben darf. Daran erkennt alle: Lässt Gott dies an mir geschehen, so könnt ihr mit Sicherheit sagen, dass meine Ausführungen wahrhaft sind. Dann bin ich frei von jeder Lüge.

Auch der Schulmeister erkennt schließlich die Begnadung des Schülers. Die zuvor von ihm als *rede* („Ausführung", V. 996) und *mere* („Geschichte", V. 1004) bezeichnete Wundererzählung des Jungen wird nun in der Erzählerrede zur *lere* („Lehre", V. 1112), die der Schulmeister und die Schüler unverzüglich niederschreiben.[59] Der Offenbarungsinhalt wird ebenso wie sein Medium, das Marienwunder, verschriftlicht, damit beglaubigt und konserviert, vervielfältigt und weiterverbreitet. Dem Schüler wird

58 Vgl. z. B. V. 1037 f.: *By den dingen ſult ír gar / Merken daz dy wort ſín war* („Daran sollt ihr gänzlich erkennen, dass die Worte wahr sind").
59 Vgl. V. 1109–1112: *Do ſcreyb her zcu der ſelbín vriſt / Vnd dy ſchulere alle / Mit eyme groſzin ſcalle / Dez guten kindes lere* („Da schrieben er und die Schüler unverzüglich und unter großem Jubel die Lehre des guten Kindes nieder").

dann *an der ſtat* [...] / *An dem herzcín alſo we* („sogleich weh ums Herz", V. 1135–1137),
woraufhin er wenig später im Beisein der städtischen Geistlichkeit in seiner ärmlichen
Behausung stirbt. Dabei ereignet sich das Wunder der seelischen Himmelsaufnahme
des Jungen, von dem die Umstehenden Augenzeug:innen werden: Er schaut nach
oben und sieht Maria aus dem Himmel auf sich zukommen. Das Kind wird von einem
strahlenden Lichtschein und von Wohlgeruch (*signa sanctitatis*) eingeschlossen.[60] Er
haucht seine Seele aus, die sofort von Maria aufgenommen wird.[61] Der Bericht schließt
mit dem Hinweis, dass Maria also das Wort, das sie dem Schüler anstatt der erbetenen
Schuhe gab, gehalten habe.[62] Der Nachweis der Verlässlichkeit Mariens leitet zu einer
Werbung für den Mariendienst über, die die Erzählung vom armen Schüler pointiert
mit einem Dreireim abschließt: Wer Maria dient, darf zuversichtlich sein und kann
daran nichts verlieren.[63]

Es zeigt sich somit, dass verschiedene Erzähleben den Kern des duplizierten *Assumptio*-Wunders wie konzentrische Kreise umschließen. Auf mindestens fünf strukturellen Ebenen lassen sich Evidentialisierungsstrategien unterscheiden. Blickt man
von außen auf die Mariendichtung, begegnet zunächst auf einer äußersten Ebene die
Verschriftlichung und schriftliche Tradition des Werks selbst als eine Form der Qualifi-
kation und Authentifizierung des überlieferten Inhalts. Hierbei handelt es sich freilich
um eine unspezifische und von der konkreten Erzählung abgelöste Form der Evidenzerzeugung. Eine zweite Ebene setzt bei der extradiegetischen Erzählung durch den
Verfasser Heinrich an. In seiner Vorrede finden sich mit der Quellenberufung auf den
Franziskanerbruder Pilgerim und der Beteuerung, Wahres zu erzählen, weitere Authentizitätsmarker: Die folgende Ausführung wird als Schilderung eines realen, ,wah-
ren' Ereignisses ausgegeben. Diese Ebene rahmt die Dichtung und bestimmt Anfang
und Ende: Zum Abschluss des Werks finden sich mit theologischen Erörterungen,
welche die Sündenvergebung und Fürbitte ins Zentrum stellen, und einem Abschlussgebet an Christus Belege der Rechtgläubigkeit des Verfassers und zudem der Verweis
auf den Schreibauftrag durch den König von Böhmen. ,Erzähler-Exklaven' finden sich
in Form der neun predigthaften Einschübe in die Erzählung vom armen Schüler, die
ebenfalls dazu dienen, in der Verbindung von *common sense*-Wissen und Bibelreferen-

---

60   Vgl. V. 1204–1215 sowie V. 1219–1226. Beide Motive spielen auch in den zeitgenössischen Berichten
      von Marien Himmelfahrt eine wichtige Rolle.
61   Vgl. V. 1216–1230: *Vf gab her ſine ſele da / Gotis mutír maria / Nam dy ſele myt gewalt /* [...] */ Sus wart
      daz eweclíche lebín / Dem kinde vor dez libis tot / Vnd vor dy bitterlichen not / Gegebín daz hemelriche
      dort* („Da hauchte er seine Seele aus. Die Gottesmutter Maria nahm sie machtvoll in Empfang.
      [...] So wurden dort dem Kind für den leiblichen Tod und für die bitterliche Not das ewige Leben
      und das Himmelreich gegeben").
62   Vgl. V. 1231–1234.
63   Vgl. V. 1235–1238: *Her tribet eyn harte lichte ioch / Wer vnſer vrouwen dínet icht / Dar an vor luſet her
      nymmer nicht / Daz iſt eyn vrolich zcu vor ſicht* („Wer unserer Frau nur irgendwie dient, der hat ein
      leichtes Joch zu tragen und wird dabei niemals etwas verlieren – das ist eine fröhliche Aussicht auf
      das, was uns erwartet.")

zen die Erzählinstanz in ihrer theologischen Verlässlichkeit zu stützen.[64] Eine dritte Ebene, auf der an der Zuschreibung von Wahrheit durch die Rezipient:innen gearbeitet wird, ist die intradiegetisch erzählte Wundergeschichte vom armen Schüler selbst mit ihren spezifischen Motiven, kulturellen Konfigurationen und narrativen Verfahren, mit denen, wie das folgende Kapitel aufzeigen soll, auf die Glaubwürdigkeit des Erzählten eingewirkt wird. Eine vierte Ebene der Erzählung ist die Binnenerzählung von der leibseelischen Himmelsaufnahme Mariens vermutlich in Anlehnung an die ‚Legenda aurea'-Tradition und die analog konzipierte seelische Himmelsaufnahme des Protagonisten. Diese Geschehnisse werden in der Dichtung als wechselseitig funktionierende Beglaubigungen konzipiert, während jeder einzelne Bericht darüber hinaus weitere Strategien der Evidentialisierung aufbietet. Dies sind im Falle der Erzählung von Marien Himmelfahrt die Bestätigung durch Autoritäten des theologisch-dogmatischen Spezialdiskurses vermutlich nach Vorbild der ‚Legenda aurea', wiederum intradiegetisch zu verortende Augenzeugen des leeren Grabes und die Reflexion des unklaren dogmatischen Status der *Assumptio Mariae* durch die Erzählinstanz. Im Falle der Erzählung von der seelischen Himmelsaufnahme des armen Schülers sind weitere Evidenzmarker klassische *signa sanctitatis* der zeitgenössischen Heiligsprechungs- und Wunderdiskurse (Wohlgeruch, Lichtzeichen) sowie die Augenzeugenschaft der Anwesenden. Den Kern wiederum dieser Binnenerzählungen, eine fünfte Ebene und den innersten Rahmen, bildet die Selbstoffenbarung Mariens, die sie gegenüber dem Kind ausspricht. Die als exklusiv markierte Offenbarung wird in ihrer öffentlichen Verkündung, d. h. in der Rekapitulation des Offenbarungstextes durch den Schüler, gespiegelt und mnemotechnisch wirksam dupliziert.

IV. Evidenzerzeugung durch normative Setzung und narrative Verfahren

Auf extradiegetischer Ebene wird die Erzeugung von Evidenz vor allem über normative Setzungen im Sinne von Wahrheitsbehauptungen und Autoritätsreferenzen versucht. Innerhalb der Erzählung vom armen Schüler begegnen Konfigurationen der Wiederholung und Spiegelung, die auf eine Evidenzerzeugung durch Ähnlichkeitsrelationen abzielen. Der Erzählung fehlen hingegen gänzlich Referenzen auf realhistorisch bezeugte Orte oder Personen. Heinrichs Mariendichtung weist dabei dennoch als religiöse Erzählung einen faktualen Anspruch auf und schließt gleichzeitig durch die Aufbietung literarischer Erzähltechniken an fiktionale Erzähltraditionen an,[65] die zur

---

64 Vgl. zur Bedeutung der Autorität der Erzählerfigur in Bezug auf die narrative Umsetzung von Wundern in mittelalterlichem Erzählen MIEDEMA, Wunder sehen.

65 Luther erkennt unter Verweis auf KLEIN/MARTÍNEZ, Wirklichkeitserzählungen, S. 4 f. in neutestamentlichen Wundererzählungen Erzählungen mit faktualem Anspruch, die gleichzeitig literarische Erzähltechniken verwenden. Sie skizziert ausführlich die Schwierigkeit, in Bezug auf

Unterstützung des Referentialitätsanspruchs funktionalisiert werden.[66] Die Dichtung ist in den Passagen, in denen sie „Wirklichkeitserzählung" sein will, d. h. in Bezug auf das *mere* vom armen Schüler und das Wunder der Selbstoffenbarung Mariens, sowohl „konstruktiv" als auch „referentiell", sowohl „deskriptiv" als auch „normativ" in Bezug auf die extraliterarische Wirklichkeit.[67] Dabei fällt Heinrichs Erzählung insbesondere in den theologisch reflektierenden Erzählerrede-Passagen in den kürzlich von Koch beschriebenen Bereich ‚fidealen Erzählens', welcher der Dichotomie von fiktionalem und faktualem Erzählen einen narrativen Modus an die Seite stellt, der den besonderen epistemologischen Bedingungen glaubensbasierter Texte gerecht wird, die sich mit der genannten Dichotomie nicht vollständig verrechnen lassen:[68]

> Fideales Erzählen ist Erzählen aus dem Glauben heraus, um Glauben zu erzeugen oder zu stärken, und zwar im Sinne einer existenziellen Vertrauenshaltung auf etwas, das man nicht wissen kann, oder über das man jedenfalls nicht so verfügen kann, wie über irgendeinen anderen Wissensbestand.[69]

Fideales Erzählen markiert somit eine Art epistemologischen Sonderbereich, funktioniert aber hinsichtlich der Konstruktion eines normativen Systems von Wahrheit und Unwahrheit wie faktuales Erzählen. Was sich fundamental unterscheidet, ist, wie Koch herausstellt, die Verfügbarkeit und Organisation der grundsätzlich ‚unwissbaren' Inhalte,[70] die der alltäglichen und menschlichen Erfahrung eben nicht zugänglich sind. Religiöses Erzählen hat mit der christlich imprägnierten höfischen Kultur und einem Diskurs zeitgenössisch gültiger theologisch-dogmatischer Aussagen feste Referenzsysteme. Die populären Anteile dieser Systeme werden in einen höfisch-geistlichen Interdiskurs, aus dem die volkssprachliche Literatur des Mittelalters hervorgeht,

---

    genannte Wundererzählungen zwischen faktualem und fiktionalem Erzählen zu unterscheiden (vgl. LUTHER, Erdichtete Wahrheit, S. 356 f.). Klein/Martínez unterscheiden zwischen den vier Kategorien „Faktuale Erzählungen mit fiktionalisierenden Erzählverfahren", „Faktuale Erzählungen mit fiktiven Inhalten", „Fiktionale Erzählungen mit faktualen Inhalten" und „Fiktionale Erzählungen mit faktualem Redemodus" (KLEIN/MARTÍNEZ, Wirklichkeitserzählungen, S. 4 f.). Vgl. zum Christentum als ‚Erzählgemeinschaft' und den Formen und Funktionen von Erzählen in der Religion auch MAUZ, In Gottesgeschichten verstrickt.

66   Auch Zimmermann erkennt in Wundererzählungen „eine mehrgliedrige Erzählung, die in faktualer Erzählweise präsentiert wird" (ZIMMERMANN, Gattung „Wundererzählung", S. 323). Der schmale Grat zwischen „Realitätsbezug" und „Realitätsdurchbrechung" ist für ihn gattungskonstitutiv: „Wundergeschichten sind im Redemodus grundsätzlich faktuale Erzählungen, die gleichwohl fiktionalisierende Erzählverfahren in unterschiedlichem Maße einschließen. Im Blick auf die erzählten Inhalte bewegen sie sich bewusst auf der Grenze zwischen Realitätsbezug (Realistik) und Realitätsdurchbrechung (Phantastik)" (DERS., Frühchristliche Wundererzählungen, S. 39).

67   KLEIN/MARTÍNEZ, Wirklichkeitserzählungen, S. 1 u. 6.

68   KOCH, Fideales Erzählen.

69   Ebd., S. 100.

70   Vgl. ebd., S. 100 f.

implementiert.[71] Die Beurteilung, ob eine dogmatische Aussage eine ‚tatsächliche Entsprechung' hat, ob sie also ‚wahr' ist, hängt im Falle religiösen Erzählens von der Passung mit dem spezifischen Referenzsystem des theologisch-dogmatischen Spezialdiskurses ab, da dieser exklusiv und normativ strukturiert ist und aufgrund der grundsätzlichen „Nicht-Wissbarkeit"[72] transzendenter Sachverhalte die Tatsachenqualität entscheidend an den Wortlaut verbindlicher dogmatischer Aussagen knüpft. Eine objektiv beurteilbare Referenz im Sinne einer ontologischen Wahrheitsdefinition, die Augustinus ansetzt – „[…] Wahrheit scheint mir zu sein, was ist" ([…] *verum mihi videtur esse id quod est*)[73] –, wie sie ein (freilich dennoch immer subjektiv gefärbter) faktualer Text bzw. eine ‚Wirklichkeitserzählung' beanspruchen würde, gibt es im religiösen Kontext nicht. Daher weist Koch darauf hin, dass die „Erzähler faktualer Texte […] lügen [können], die fidealer Texte nicht."[74] Aber Erzähler:innen fidealer Texte können Glaubensinhalte verbreiten, die nicht von der „Wahrheit der Lehre bzw. dem Verständnis der Offenbarung"[75] gedeckt sind, und sich somit dem Vorwurf der Häresie, der falschen Lehre, aussetzen – der Antrieb dieser Handlung kann in der Frömmigkeitspraxis und einer persönlichen Glaubenshaltung begründet sein und setzt eben nicht, wie die Lüge, den Vorsatz einer bewussten Täuschung über eine Tatsache voraus.

Die Entwicklungen im Bereich der *Assumptio*-Lehre (und der Mariologie im Speziellen) zeigen, dass im Verlauf von Jahrhunderten auch im theologisch-dogmatischen Spezialdiskurs ‚Wahrheiten' durch Evidentialisierungs- und Argumentationsstrategien ‚entdeckt' werden können, d.h., dass das Glaubenssystem grundsätzlich dynamisch ist. In der Mariendichtung Heinrichs, die sich nun eben mit einem Glaubensgegenstand auseinandersetzt, für den es keine direkten Schriftbelege gibt, begegnen als Evidentialisierungsstrategien sowohl einfache Setzungen („x ist wahr") als auch einfache Schlüsse zwischen zwei (oder mehr) Sachverhalten (Inbezugsetzungen in Form von intratextuellen Analogien und intertextuellen Verweisen). Die Himmelfahrt Christi, die freilich immer als Hintergrundfolie für die *Assumptio Mariae* fungiert, die leibseelische Himmelsaufnahme Mariens selbst, die zumindest szenisch umrissen wird, und die seelische Himmelsaufnahme des Schülers, die im Werk geschildert wird, stehen im Verhältnis von strukturellen Analogien, die für die Rezipient:innen in ihrer Vergleichbarkeit zunächst Wahrscheinlichkeit und im Anschluss schließlich Glaubwürdigkeit begründen können. Auch die Wiederholungen des Offenbarungsberichts und das wechselseitig funktionierende ‚Bezeugungsgeflecht' der gewirkten Wunder arbeiten mit solchen beglaubigenden Ähnlichkeitsrelationen. Der Inhalt der Selbstoffenbarung

---

71 Zum höfisch-geistlichen Interdiskurs vgl. SPRECKELMEIER, Bibelepisches Erzählen.
72 KOCH, Fideales Erzählen, S. 101.
73 Vgl. AERTSEN, Art. Wahrheit unter Verweis auf Augustinus, Selbstgespräche, II, 8, 5 (S. 90).
74 KOCH, Fideales Erzählen, S. 101.
75 Ebd., S. 105.

Mariens wird so in der Erzählung (nochmals) narrativ entfaltet, inszeniert und nach-vollziehbar. Es liegt also nicht nur eine beinahe wortgleiche Wiederholung der Offen-barungsrede, sondern auch eine Kongruenz der Erzählstruktur vor, wodurch der Tod und die Himmelsaufnahme des Jungen die Geschehnisse um Maria plausibilisieren und umgekehrt. Während normative Setzungen Wahrheit behaupten, geht es den im-plizit funktionierenden Ähnlichkeitsrelationen um die Suggestion von Wahrschein-lichkeit. Beiden Gruppen ist aber gemein, dass sie Wahrheit in Bezug auf ein normativ und autoritativ strukturiertes Bezugssystem attestieren, eine individuelle Beurteilung des erzählten Geschehens – Wie wahrscheinlich ist das Erzählte vor dem Hintergrund der Erfahrungen der Rezipient:innen? – aber suspendieren.

Die Verhandlung einer individuellen Wahrscheinlichkeitszuschreibung findet auf der Ebene syntagmatischer Verknüpfungen, und zwar auf der Ebene der Erklärun-gen, statt, die ebenfalls zur Evidenzerzeugung eingesetzt werden. Ich nehme an, dass auf dieser Ebene, auf der fideale Inhalte individuell und ggf. durch mediale Vermitt-lung ‚wissbar' sind, Beglaubigungsstrategien faktualer Texte greifen. Sie setzen auf einer mittleren Ebene der Konkretion zwischen der Behauptung von Wahrheit und der Suggestion von Ähnlichkeit und Wahrscheinlichkeit heilsgeschichtlicher Makro-strukturen an und sind in viel stärkerem Maße ‚integrativ' und interdiskursiv organi-siert. Diese Art der Evidenzerzeugung hat jüngst Martínez in Bezug auf die Evidentia-lisierungsstrategien faktualer Erzählungen beschrieben.[76] Er schlägt vor, „zwischen zwei Arten narrativer Evidenz" zu unterscheiden, nämlich zwischen „kausalen" und „konfigurativen Ereignisverknüpfungen".[77] Er nimmt an, dass bei faktualen Texten ein ‚Referentialitätsanspruchspakt' zwischen Verfasser:innen und Rezipient:innen be-steht.[78] Eine solche Annahme darf auch für ‚fideales Erzählen' vorausgesetzt werden, da dem Erzählen aufgrund der geteilten religiösen Praxis ein ‚Glaubwürdigkeitskre-dit' gewährt wird.

IV.1. Kausale Erklärungen

Es liegt auf der Hand, dass die kausale Erklärung einer Zustandsveränderung Evidenz erzeugt. Für eine kausale Ereignisverknüpfung gilt nach Martínez: „Die Ereignisse werden [...] so verstanden, dass sie nicht grundlos, wie aus dem Nichts, aufeinander, sondern nach Regeln oder Gesetzen auseinander folgen."[79] Die kausale Verknüpfung („weil", „deshalb") auf der Grundlage von Erfahrungswissen führt zu einer Zuschrei-bung von Wahrscheinlichkeit. Im Falle der Abweichung von Naturgesetzen, wie sie

76   MARTÍNEZ, Können Erzählungen lügen?
77   Ebd., S. 15.
78   Vgl. ebd.
79   Ebd., S. 16.

im Zusammenhang mit Wundern üblich ist, wird dabei eine naturwissenschaftliche Unwahrscheinlichkeit offenbar durch religiöses Erfahrungswissen kompensiert. Dieses Erfahrungswissen ist in Bezug auf Wundererzählungen und eine korrespondierende Frömmigkeitspraxis ebenfalls kausal organisiert. So hat Haubrichs für den im Mittelalter „quantitativ dominierenden" Typus des „Hilfe-Mirakels" vier „prozessuale Strukturelemente" differenziert,[80] die eine kausale Organisation der Wundererzählung voraussetzen:

> (1.) Bericht einer aus der Sicht des/der Hilfebedürftigen ausweglosen Situation; (2.) Hinwendung (Votum) zu einem göttlichen oder heiligen Fürbitter (göttliche Personen, Gottesmutter, Heilige, Heiligtum); (3.) Erzählung der erwirkten wunderbaren Hilfe; (4.) legitimierende und historizitätssichernde, protokollartige Informationen (Angabe von Ort, Zeit, Personalien, evtl. Nennung von Zeugen), denen oft Akte wie öffentliche Verkündigung und Akklamation (‚mirakel schrein'), Predigt, Votivtafeln usw. zugrundeliegen.[81]

Diese „Strukturelemente" – Hilfsbedürftigkeit, Fürbitte, wunderbare Hilfe, Dokumentation – lassen sich freilich auf die Geschichte des armen Schülers in der Mariendichtung Heinrichs des Klausners übertragen.[82] Die von Haubrichs beschriebene prozessuale Struktur bezeichnet nun ein rudimentäres Mirakel-Narrativ, das die Grundlage einer Vielzahl von Wundererzählungen bildet und Teil des mittelalterlichen religiösen Erfahrungswissens und einer alltäglichen Frömmigkeitspraxis ist. Wer Not leidet, und eine/n Heilige/n in angemessener Form um Hilfe bittet, dem wird durch die/den Heiligen geholfen – das ist eine Grundannahme der christlichen Heiligenverehrung. Die Zustandsveränderung erfährt durch den Hinweis auf die Anrufung der Heiligen eine kausale Erklärung. Es ist anzunehmen, dass die Kausalstruktur des Hilfe-Mirakels von Teilnehmer:innen des religiösen Diskurses im Mittelalter für wahrscheinlich gehalten wurde und sich die Orientierung der Wundererzählung Heinrichs des Klausners an den genannten Strukturelementen positiv auf ihre Glaubwürdigkeit ausgewirkt haben wird.

---

80 HAUBRICHS, Art. Mirakel, S. 609.
81 Ebd., S. 609.
82 (1.) Ein Schüler leidet Armut und ist von der ersehnten Messe zum Hochfest der *Assumptio Mariae* ausgeschlossen. (2.) Er betet zu Maria und bittet um Schuhe als Zugangsvoraussetzung zum Dom bzw. zum Mariendienst. (3.) Mariens Hilfe übertrifft die Bitte um ein Vielfaches. Er empfängt ihre Offenbarung und zudem Hilfe in Form des Erwerbs des Himmelreichs, wodurch sowohl alle seine irdischen Nöte suspendiert als auch der ersehnte Mariendienst unmittelbar gewährt werden. (4.) Der Schulmeister, die Mitschüler, die Mutter des Jungen sowie die Stadtöffentlichkeit und -geistlichkeit werden Zeug:innen des Wunders, das umgehend verschriftlicht wird und – zusammen mit der Lehre der leibseelischen Himmelsaufnahme Mariens – weitere Verbreitung erfährt.

IV.2. Konfigurative Erklärungen

Die Erklärung eines Geschehnisses ist aber nicht nur möglich, indem Ereignisse kausal verknüpft werden, sondern auch – und hier greift Martínez auf die *emplotment*-Theorie Whites zurück[83] – indem der Bezug zu einem übergeordneten „Handlungsschema" gesucht und ein Ereignis „als Beispielfall eines allgemeinen Geschichtentyps" verstanden wird.[84] Der „referentielle[] Wahrheitsanspruch" kausaler Erklärungen wird im Falle konfigurativer Erklärungen durch den Bezug zur „narrative[n] Gesamtstruktur",[85] der unmittelbare Zielpunkt ‚Wahrheit' zunächst durch ‚Wahrscheinlichkeit' ersetzt. Wenn die Rezipient:innen erkennen, dass eine Geschichte in der Art eines bestimmten Geschichtentyps erzählt wird, können sie das Geschehen unter ein Handlungsschema (*plot*) subsumieren.[86] „Kohärenz entsteht hier nicht so sehr durch die Annahme plausibler Ursache-Wirkungs-Zusammenhänge, sondern durch die Zuweisung eines übergreifenden Schemas", das „[…] disparate Geschehenselemente zu einem Ganzen [konfiguriert]".[87] Konfigurative Erklärungen sind vereinfachend und besitzen eine „hoch suggestive Überzeugungskraft", weil sie „ein eigentlich kontingentes Geschehen an vorbewusste kulturelle Grundüberzeugungen anschließen".[88]

Ich nehme an, dass konfigurative Erklärungen des Geschehniszusammenhangs in der untersuchten Wundererzählung eine besondere Rolle spielen. Denn die Zustandsveränderung von Not und Armut zur Erlösung des Jungen ‚vor der Zeit' wird im Text nicht nur durch die Analogie zur leibseelischen Himmelsaufnahme Mariens und die individuelle Tugend- und exorbitante Gebetsleistung des Schülers erklärt, sondern ebenso über die Grundierung der Erzählung durch übergeordnete Schemata. Es handelt sich um kulturell verankerte Konfigurationen, Motive und Topoi, die bei christlichen Rezipient:innen als bekannt vorausgesetzt werden und zudem vielfach in einen Grenzbereich zwischen Alltags- und Bibelwissen fallen.[89]

In der Darstellung des Halbwaisen werden in Heinrichs Erzählung eine auf Begnadung basierende Tugendhaftigkeit und kindliche Naivität von Beginn an verknüpft.

---

83 WHITE, Das Problem der Erzählung.
84 MARTÍNEZ, Können Erzählungen lügen?, S. 19.
85 Ebd., S. 21.
86 Ebd., S. 19.
87 Ebd.
88 Ebd., S. 20.
89 Die im Falle der leiblichen Himmelsaufnahme Mariens in Ermangelung von Schriftbelegen notwendige Konvenienzargumentation des zeitgenössischen theologisch-dogmatischen Spezialdiskurses, die das Ziel verfolgt, aufzuzeigen, dass die *Assumptio* angemessen und geboten ist, greift ebenfalls auf in der christlichen Tradition verankerte Handlungsschemata zurück. So wird zum Beispiel mit dem Gebot, Vater und Mutter zu ehren, sowie mit dem Konzept der ‚Concarnalität', dem Umstand, dass Christus und Maria ‚ein Fleisch teilen' und der Leib Mariens deshalb nicht der Verwesung anheimfallen dürfe, argumentiert. In der untersuchten Wundererzählung wird hingegen aufgrund des weltlichen Protagonisten und der höfischen Zielgruppe des Werks auf Handlungsschemata zeitgenössischen Erzählens im höfisch-geistlichen Interdiskurs zurückgegriffen.

Heinrich nobilitiert die Einfältigkeit und Not des Jungen durch ein Lob der Armut und die Rückbindung an das Ideal der kindlichen Unschuld der Evangelien[90] – stellt doch das Matthäusevangelium im Kontext des Rangstreits der Jünger die Aufnahme in das Himmelreich gerade für ein Kind bzw. die, die sind wie die Kinder, in Aussicht.[91] So ist *daz alwere kint* („das einfältige Kind") in seiner Dankbarkeit für die kleinste Sache [*w*]*iſer den di griſen ſint* („verständiger, als es die Greise sind", V. 388 f.).[92] Auch lässt Heinrich Maria die Einfalt des Schülers rekapitulieren.[93] Der Junge kann in seiner Schlichtheit nicht erkennen, dass seine Bemühungen, die Voraussetzungen für den Mariendienst zu schaffen, bereits frommen Mariendienst darstellen, der Weg also das Ziel ist – mit seiner Bitte um ein Paar Schuhe bleibt er auf der Ebene des Konkreten und Materiellen. Eichenberger hat in diesem Zusammenhang auf die besondere Ausprägung der „Naivität als Ideal" hingewiesen, die sich in Heinrichs Werk in Form des „Motiv[s] der naiven Verehrung eines kindlichen Protagonisten" zeige:

> Eine Transgression des Objekthaften und Hinwendung zum Abstrakten, wie sie bei religiösen Reflexionen stattfinden müsste, bleibt hier aus – aufgrund des kindlich-einfältigen Protagonisten wird dies jedoch nicht als mangelhaft, sondern im Gegenteil gerade als besonders rührend empfunden.[94]

Die Darstellung des Protagonisten diene nicht zuletzt dazu,

> [...] die emotionale Funktion der Transzendenzerfahrung zu steigern – dadurch, dass das Kind so einfältig auf das Wunderbare reagiert, erscheint die Transzendenzerfahrung auch für den Rezipienten in einem ganz unmittelbaren Licht.[95]

---

90   Der Schüler beklagt seine Armut, der Heinrich ein ausdrückliches Lob in einem seiner predigthaften Einschübe widmet (V. 245–271, siehe zu den Einschüben bereits oben Anm. 20); er arbeitet hier zum einen mit *common sense*-Wissen (‚Armut hat wenig Gutes') und zum anderen mit dem Verweis auf die Seligsprechung der Armen im *ewangelio* (V. 264, vgl. die entsprechende Passage der Bergpredigt Mt 5,3 bzw. der Feldrede Lc 6,20).

91   Vgl. Mt 18,1–5: *in illa hora accesserunt discipuli ad Iesum dicentes quis putas maior est in regno caelorum | et advocans Iesus parvulum statuit eum in medio eorum | et dixit amen dico vobis nisi conversi fueritis et efficiamini sicut parvuli non intrabitis in regnum caelorum | quicumque ergo humiliaverit se sicut parvulus iste hic est maior in regno caelorum | et qui susceperit unum parvulum talem in nomine meo me suscipit* (Biblia sacra. Iuxta Vulgatam versionem). („In jener Stunde traten die Jünger zu Jesus und sprachen: Wer ist denn der Größte im Reich der Himmel? Und als Jesus ein Kind herbeigerufen hatte, stellte er es in ihre Mitte und sprach: Wahrlich, ich sage euch, wenn ihr nicht umkehrt und werdet wie die Kinder, so werdet ihr keinesfalls in das Reich der Himmel hineinkommen. Darum, wenn jemand sich selbst erniedrigen wird wie dieses Kind, der ist der Größte im Reich der Himmel; und wenn jemand ein solches Kind aufnehmen wird in meinem Namen, nimmt er mich auf." Übersetzung nach der Elberfelder Bibel (ERF Bibleserver).

92   Vgl. auch V. 447 f.

93   Maria stellt [*ſ*]*ine kintliche wort* („seine kindliche Rede", V. 693), *ſine alwere keit* („seine Einfältigkeit", V. 694) und seine *groſe tumheit* („große Unverständigkeit", V. 695) heraus.

94   EICHENBERGER, Geistliches Erzählen, S. 355.

95   Ebd., S. 357 f.

So wie der Wunsch nach religiöser Teilhabe und die fromme Gebetsleistung des Schülers in Form der Bitte um die Schuhe und der ‚Ave-Textur' des Marienkleides verdinglicht werden, so bleibt auch die Anspruchshaltung des Jungen auf der Ebene der konkreten Erfahrung, die in ihrer Schlichtheit und Armut auch dem Wunsch nach weltlichem Reichtum fern ist, wie ihn Maria als Alternative zur vorzeitigen Erlösung in Aussicht stellt. Auch die Infragestellung der Glaubwürdigkeit Mariens ist ein Aspekt des Einfältigkeitsmotivs, wie es sich auf intradiegetischer Ebene ausprägt; so fordert der Junge vor seiner Entscheidung zwischen dem Bischofsamt und der seelischen Himmelsaufnahme in drei Tagen ein Zeichen ein, das die Glaubwürdigkeit Mariens unter Beweis stellt, um vor weiteren ‚Enttäuschungen' bewahrt zu werden.[96] Entscheiden realisiert sich hier auf der Ebene sichtbarer Evidenzen und funktioniert nicht auf der Ebene der Erkenntnis einer religiösen Wahrheit, die rationales Abwägen suspendiert.[97] Eine analoge Konstruktion zeigt sich im Dialog zwischen dem armen Schüler und dem zornigen Schulmeister, dessen schwankhafte Komik vor allem daraus resultiert, dass der Schüler alle Nachfragen wörtlich versteht. Diese Form der ‚Ehrlichkeit' korrespondiert aus Sicht des Kindes mit der *warheit* (V. 942), zu deren Verkündung es aufgefordert ist. Auch die kindliche Unvoreingenommenheit liefert somit eine Erklärung, weshalb der Junge schließlich in den Himmel aufgenommen wird. Zudem fügt sich die Mariendichtung des Klausners in eine Reihe zeitgenössischer religiöser Erzählungen ein, in denen es Kinder sind, die Wunder ganz unmittelbar erleben und besondere Begnadung erfahren.[98]

Daneben finden sich weitere konfigurative Erklärungen, die Evidenz erzeugen: So zum Beispiel das im Text so präsente Dienst-Lohn-Verhältnis, das zwischen rechtlichem Paradigma und religiöser Pflicht changiert. Es kennzeichnet sowohl das Verhältnis von Christus und Maria[99] als auch das Verhältnis von Maria und dem armen Schüler. Entsprechend der naiven Anrede Mariens durch den Jungen beklagt dieser zunächst den ausgebliebenen Dienst Mariens, obschon er sie doch in Form seiner Gebete entlohnt habe.[100] Dann wird das Verhältnis jedoch umgekehrt und die Entlohnung des Mariendienstes des Schülers rückt ins Zentrum. Beklagt er zuerst noch die fehlende Entlohnung in weiterer Ermangelung der Schuhe,[101] empfängt der Junge schließlich

---

96   *Eyn vrkunde gib mír widír* („Setze mir gegenüber ein Zeichen", V. 783).

97   Vgl. zur Differenzierung von explizit ausagierten Entscheidensprozessen, (göttlichen) Eingebungen und dem religiösen ‚Erkennen' der gebotenen Handlungsoption in legendarischem Erzählen SPRECKELMEIER, Zweifellos heilig.

98   Vgl. z. B. die Erzählung des ‚Zwölfjährigen Mönchleins' und die Ausführungen dazu bei EICHENBERGER, Geistliches Erzählen.

99   So führt Heinrich aus, dass Maria als ‚Lohn' (*Noch ir liben kindes lone*, V. 159) ihrer Tugenden vor den höchsten Thron im Himmel geführt worden sei.

100   Vgl. V. 476: *Daz ſaltu haben zcu lone* („Dies sollst du als Lohn bekommen").

101   Vgl. V. 679 f.: *Du haſt nícht wol gelonít mír / Ane ſchu bín ich doch* („Du hast mich nicht recht entlohnt: Ohne Schuhe bin ich noch!")

mehrfachen Lohn: Nachdem zuerst die Eingrenzung des Blanko-Versprechens auf ein alternatives Entscheidenssetting als ‚Lohn' bezeichnet wird,[102] erklärt Maria, dass der arme Schüler ihre Offenbarung als *riche[n] folt* („reichen Lohn", V. 881) empfangen soll. Der Junge übernimmt die Bezeichnung ‚Lohn', als er die *Assumptio Mariae* gegenüber den Mitschülern verkündet.[103] Für dieses Verhältnis als historische Organisationsform vertikaler Beziehungen, das auf den Mariendienst übertragen wird, liefert auch die zeitgenössische volkssprachliche Literatur viele Vorbilder. Es ist anzunehmen, dass Zeitgenoss:innen von der Konfiguration des Dienstes auf die berechtigte Erwartung eines Lohnes, hier also die seelische Himmelsaufnahme, schließen.

Das Angebot eines alternativen Entscheidenssettings führt zur Konfiguration des Scheideweges (*bivium*), an dem sich der Schüler befindet, die antike sowie biblische Erzähltraditionen der Entscheidung zwischen dem richtigen und dem falschen Weg aufruft.[104] Der Junge hat die Wahl zwischen zwei Optionen, die von Maria anhand des ‚Teilen und Wählen'-Motivs[105] dargestellt werden:

> [...]
> Ich wil dír gebín íungelíng
> Teylen zcweyr hande díng
> Daz eyne faltu kífen
> [...]
> Frunt nu kus daz eyne
> Du falt bifhof fín vor war
> In defeme lande drifzig iar
> Gewaldig vnd riche
> [...]
> Adír amme dritten tage
> [...]
> So faltu hie írfterbín
> Vnd da mete ír werbín
> Dez hymelriches erbeteil

---

102 Vgl. V. 708.
103 Vgl. V. 1017: *Daz gab fy mír zcu lone* („Das gab sie mir als Lohn").
104 Vgl. die von Xenophon tradierte Geschichte des Prodikos über Herakles am Scheideweg: Xenophon, Erinnerungen an Sokrates, II, 1, S. 21–34. Das Motiv der Wegscheide begegnet in der Bibel z. B. als Motiv der Wahl zwischen dem breiten und dem schmalen Weg in Mt 7,13 f. Grundlegend zum *bivium*-Motiv in der mittelalterlichen lateinischen und volkssprachlichen Literatur HARMS, Homo viator in bivio. Entscheidensfigurationen in mittelalterlicher volkssprachlicher Literatur wurden zuletzt im Rahmen des DFG-Sonderforschungsbereichs 1150 „Kulturen des Entscheidens" untersucht. Vgl. für die Ergebnisse u. a. die Sammelbände WAGNER-EGELHAAF u. a., Mythen und Narrative des Entscheidens; sowie HOFFMANN-REHNITZ u. a., Semantiken und Narrative des Entscheidens.
105 Vgl. WACKERNAGEL, Theilen.

Frunt nu kus daz bezzer teil.

Daz iſt aller ſaldín heyl.

Frunt nu kus nach díner ger

Daz ich dez eynen dich gewer

Vor dem lieben kinde mín

Dez ſaltu gewez ſín

Nu kuz waz daz beſte ſí

(V. 709-738)

[...] Ich lege dir, mein Junge, zwei Dinge zur Wahl vor. Eines davon sollst du auswählen. [...] Mein Freund, nun wähle eines [von beiden]: Du sollst gewiss Bischof dieses Landes werden und dreißig Jahre im Amt sein, mächtig und reich. [...] Oder du sollst am dritten Tag hier von uns gehen und damit einen Platz im Himmelreich erwerben. Mein Freund, nun wähle das Bessere: das ist das Glück aller Seligkeit. Mein Freund, nun wähle, wonach es dir verlangt, damit ich dir das eine vor meinem lieben Kind gewähre – dessen sollst du gewiss sein. Nun wähle, was das Beste ist!

Der Vorzug der letztgenannten Alternative wird durch den Dreireim *erbeteil – teil – heyl* (V. 731–733) noch unterstrichen; in Bezug auf das Bischofsamt scheint durch die beabsichtigte Kontrastwirkung zwischen den Optionen – das Bischofsamt wird immerhin dem Seelenheil entgegengestellt – Kritik am ausschweifenden Lebensstil kirchlicher Würdenträger durch. Die Dringlichkeit der Ansprache wird außerdem durch die Wiederholung der Aufforderung *Frunt nu kus* bzw. *Nu kuz* (V. 716; 732; 734; 738) intensiviert. Nachdem der Junge den Tod in drei Tagen gewählt hat, wird die nicht gewählte Alternative disqualifiziert und als verkehrter Weg, die gewählte hingegen als rechter Weg (*rechte ſtroſe*, V. 822) im Sinne des *bivium*-Motivs markiert.[106] Durch die Konfiguration des Scheidewegs wird die Entscheidung des Jungen für die seelische Himmelsaufnahme als Wahl des ‚rechten Weges' dargestellt, obschon sich das Einschlagen eines falschen Weges ohne die Konstruktion des Entscheidenssettings durch Maria in der Biographie des Halbwaisen nicht abgezeichnet hätte. Entscheiden begegnet somit als Inszenierung eines Tugendbeweises und wirkt sich wiederum positiv auf die Glaubwürdigkeit der besonderen Auszeichnung des Schülers aus.

Daneben dienen weitere religiöse Konfigurationen dem Anschluss an bekannte Handlungsschemata, so etwa der Zusammenhang von Sünde und Buße, wenn Maria dem Schüler gegenüber Buße für ihre ‚Vergehen' verspricht. Mit diesem Angebot be-

---

106 Vgl. V. 816–823: *Ich wil an dem dritten tage / Vrouwe gerne ſterben / Vnd wil danne irwerbín / Dez hemelriches erbeteyl. / Vor waſín ſí die werlde heyl. / Ich wil daz biſchum laſín / Vnd wil die rechte ſtroſe / Hín zcu gote kerín* („Ich möchte gern am dritten Tage, liebe Frau, sterben und dann einen Platz im Himmelreich erlangen. Verflucht sei das weltliche Glück! Ich möchte auf das Bistum verzichten und stattdessen den rechten Weg zu Gott einschlagen").

gibt sich Maria auf die Verständnisebene des Jungen, für den die Marienerscheinung seine Enttäuschung bezüglich der nicht entsprochenen Schuh-Bitte nicht aufzuwiegen vermag. Er soll seinen Zorn fahren lassen und endlich zwischen Bischofsamt und seelischer Himmelsaufnahme wählen, wenn sie alle ihre ‚Vergehen‘ büßt (*Ob ich daz allez buze / Daz ich gegín dír habe getan*, V. 769 f.). Die Darstellung Mariens als Büßerin und schließlich als *funerínne* (V. 774), als Versöhnerin, legt wiederum nahe, die besondere Begnadung des armen Schülers für wahrscheinlich zu halten.

Darüber hinaus trägt auch die religiöse Vorstellung der Prädestination zur Beglaubigung des Erzählten bei. Dabei scheinen die Unschuld des Schülers und seine Vorherbestimmung als Offenbarungsempfänger in einem zirkulären Verhältnis zu stehen:

Du biſt noch ane ſunde
Durch daz hat dich got ir korn
Daz du biſt dar zcu geborn
Vnd ſalt daz brechin vbir al
Daz man dez geloubín ſal
Daz dy rede waraſt ſí
(V. 861–866)

Du bist noch ohne Sünde – deswegen hat Gott dich erwählt, sodass du dafür geboren bist. Und du sollst dies [die *Assumptio Mariae*, Anm. der Verf.] überall verkünden, damit man glauben möge, dass diese Botschaft der Wahrheit entspricht.

Durch die Mittelstellung von V. 862 wird nicht ganz deutlich, in welchem Verhältnis die Unschuld und die Erwählung stehen, d. h. ob der Schüler erwählt wurde, weil er ohne Sünden ist, er sich also durch besondere Tugend auszeichnet, oder ob er ohne Sünden ist, weil er zur Verkündung der *Assumptio* erwählt wurde, der Sünde also durch die Prädestination absteht. An der Auserwähltheit des Jungen wird jedoch nach beiden Lesarten kein Zweifel gelassen.

Während nun kausale Erklärungen die Nachvollziehbarkeit eines bestimmten Prozesses oder einer Zustandsveränderung anstreben, zielen konfigurative Erklärungen auf das „Geschehen als Ganzes".[107] Die genannten Schemata führen dazu, dass die Rezipient:innen eine bestimmte Erwartung an die weitere Handlung haben und bestimmte Resultate (freilich vor dem Hintergrund der Vervollständigung des Schemas)[108] als wahrscheinlich oder gar notwendig erachten. Die kindliche Naivität als Ideal, die Leistung des Mariendienstes als Anspruchsvoraussetzung für einen ‚Lohn‘ Mariens, die Entscheidung des Schülers für den ‚richtigen‘ Weg zum Seelenheil als Inszenierung eines Tugendbeweises, der Begnadung legitimiert, das Zugeständnis eines ‚Fehlver-

---

107 MARTÍNEZ, Können Erzählungen lügen?, S. 20.
108 Vgl. ebd., S. 19 f.

haltens' Mariens zugunsten der Versöhnung mit dem enttäuschten Jungen sowie die Feststellung, dass der Schüler für die Verkündung einer außerordentlichen Botschaft auserwählt ist – letztendlich tragen alle genannten Konfigurationen dazu bei, dass seine wundersame Begnadung durch die seelische Himmelsaufnahme als wahrscheinlich und vielleicht sogar als geboten eingeschätzt wird. Auf diese Weise wird auch die leibseelische Himmelsaufnahme Mariens mit einem *argumentum a fortiori* beglaubigt.

Das Verhältnis kausaler und konfigurativer Erklärungstypen im „Alltagsgebrauch" ist Martínez zufolge unsystematisch, vielfach treten Vermischungen auf.[109] Welche Schwerpunktsetzung vorgenommen wird, hängt maßgeblich davon ab, was mit der Erzählung bezweckt werden soll.[110] Während kausale Geschehenserklärungen einen „referentiellen Wahrheitsanspruch" erheben, unterliegt der „Geltungsanspruch einer konfigurativen Geschehenserklärung [...] eher Kriterien wie ‚Bündigkeit', ‚Überzeugungskraft' oder ‚Sinnhaftigkeit'".[111] Es ist anzunehmen, dass auch in Bezug auf Wundererzählungen in den meisten Fällen, wie für Heinrichs Mariendichtung aufgezeigt, eine Vermischung beider Erklärungstypen vorliegt. Im Falle mittelalterlichen religiösen Schrifttums wird nicht zuletzt die Nähe zur klassischen höfischen Literatur und die Öffnung für interdiskursive Begründungsstrukturen und intertextuelle Verweise bestimmend für die Ausprägung konfigurativer Erklärungen sein.

V. Schluss

Wundererzählungen beschreiben und erklären das Unbeschreibbare und Unerklärliche.[112] Sie arbeiten sich an der Ambivalenz des Wunders zwischen Legitimationsbedürftigkeit und Evidenzerzeugung ab und müssen dabei Wege finden, für ihre Rezipient:innen glaubwürdig zu sein. Trotz eines gewissen ‚Glaubwürdigkeitskredits' vor dem Hintergrund geteilter Vorannahmen ‚fidealen Erzählens' kommt Evidentialisierungsstrategien in der Wundererzählung eine große Bedeutung zu. Die Untersuchung der Mariendichtung Heinrichs des Klausners hat gezeigt, dass die theologische Aussage der *Assumptio animae et corporis* in eine Wundererzählung gekleidet wird, die verschiedenste Strategien der Evidenzherstellung aufbietet. Dabei werden kausale und konfigurative Erklärungen, also narrative Verfahren, der Perspektivierung von Zeugenschaft[113] und realhistorischen Referenzen vorgezogen. Auch der Einkleidung des

---

109 Ebd., S. 20.
110 Vgl. ebd., S. 21.
111 Ebd.
112 Vgl. zu dieser spezifischen Spannung auch ZIMMERMANN, Phantastische Tatsachenberichte.
113 Zu juridischen, religiösen und ästhetischen Perspektiven auf Zeugenschaft und Wahrheit vgl. DREWS/SCHLIE, Zeugnis und Zeugenschaft.

mere in die *rede* eines als theologisch verlässlich markierten Erzählers kommt wesentliche Bedeutung zu.[114]

Glaubwürdigkeit kann, wie gezeigt, durch normative Setzungen nach dem Muster „x ist wahr" oder durch kausale Erklärungen („x ist wahr, weil wir wissen, dass x üblicherweise aus y folgt") hergestellt werden. Das Wunder der Himmelsaufnahme des armen Schülers wird als kausal-strukturierter Prozess eines „Hilfe-Mirakels", als strukturelle Analogie zur Himmelsaufnahme Mariens – wobei sich beide wunderbaren Vorgänge wechselseitig beglaubigen – sowie als wahrscheinliche Folge einer narrativen Konfiguration erzählt. Durch den Bezug auf bekannte Erzählschemata wird im untersuchten Werk Glaubwürdigkeit durch narrative Verfahren erzeugt. Konfigurative Erklärungen wie die Entscheidung für den richtigen Weg, die (berechtigte) Erwartung eines Lohns für einen Dienst oder das Motiv der Begnadung der Kinder und Einfältigen zielen auf die gedankliche Vervollständigung bekannter (christlich-religiöser) Narrationsschemata ab, die, wie sich hier einmal mehr zeigt, eine interdiskursive Reichweite aufweisen.

Indem im untersuchten Werk Marienwunder als Medien, als Kommunikationsmittel der dogmatischen Aussage fungieren, wird nicht nur Wahrheit für das Wunder der seelischen Himmelsaufnahme des armen Schülers, sondern auch für einen Glaubensgegenstand beansprucht, für den Schrift- und Offenbarungszeugnisse fehlen. Dies unterstreicht die Bedeutung von Evidentialisierungsstrategien für religiöses Erzählen und legt – betrachtet man das komplexe Geflecht beglaubigender Strukturen und Verfahren – nahe, dass Autoren wie Heinrich der Klausner um diese Bedeutung durchaus wussten.

Bibliographie

Quellen

[Paschasius Radbertus,] Epistola beati Hieronymi ad Paulam et Eustochium de assumptione sanctae Mariae virginis, in: Albert RIPBERGER, Der Pseudo-Hieronymus-Brief IX „Cogitis me". Ein erster marianischer Traktat des Mittelalters von Paschasius Radbert (Spicilegium Friburgense. Texte zur Geschichte des kirchlichen Lebens 9), Freiburg (Schweiz) 1962, S. 57–113.

[Pseudo-]Augustinus, De assumptione Beatae Mariae Virginis liber unus, in: Patrologia latina 40 (1865), Sp. 1141–1148.

Aurelius Augustinus, Selbstgespräche. Von der Unsterblichkeit der Seele. Lateinisch und deutsch. Gestaltung des lateinischen Textes v. Harald FUCHS. Einführung, Übertragung, Erläuterungen und Anmerkungen v. Hanspeter MÜLLER (Sammlung Tusculum), Düsseldorf/Zürich ³2002.

Biblia sacra. Iuxta Vulgatam versionem, hg. v. Robert WEBER / Roger GRYSON, Stuttgart ⁵2007.

Die Marienlegende des Heinrich Clûsenêre. Manuskript, diplomatischer Abdruck, Übersetzung, Kommentar, hg. v. Jaromír ZEMAN, Brünn 2011.

---

114 Vgl. hierzu auch LUTHER, Erdichtete Wahrheit, S. 367.

Die Visionen der Elisabeth von Schönau, in: Die Visionen und Briefe der hl. Elisabeth sowie die Schriften der Äbte Ekbert und Emecho von Schönau. Nach den Original-Handschriften hg. v. Ferdinand Wilhelm Emil ROTH. Mit historischem Abrisse des Lebens und Wirkens der hl. Elisabeth, der Äbte Ekbert und Emecho von Schönau. Ein Beitrag zur Mystik und Kirchengeschichte. Zweite durch einen Nachtrag vermehrte und verbesserte Ausgabe, Brünn 1886, S. 1–87.

ERF Bibleserver. https://www.bibleserver.com/ [abgerufen am 24.04.2022].

Heinrich Clusenaere, Marienwunder (33.), in: Mutter der Barmherzigkeit. Mittelalterliche deutsche Mirakelerzählungen von der Gottesmutter. Ausgewählt und aus dem Altdeutschen übertragen v. Manfred LEMMER, Graz/Wien/Köln 1986, S. 135–157.

Jacobus de Voragine, Legenda aurea. Goldene Legende. Einleitung, Edition, Übersetzung und Kommentar v. Bruno W. HÄUPTLI (Fontes Christiani. Sonderband. Teile 1 u. 2), Freiburg i. Br. 2014.

Marienlegende, in: Mitteldeutsche Gedichte, hg. v. Karl BARTSCH (Bibliothek des Litterarischen Vereins in Stuttgart 53), Stuttgart 1860, S. 1–39.

Passional. Buch I: Marienleben, hg. v. Annegret HAASE / Martin J. SCHUBERT / Jürgen WOLF (Deutsche Texte des Mittelalters 91,1), Berlin 2013.

Pius XII., ,Munificentissimus Deus'. Constitutio apostolica qua fidei dogma definitur deiparam Virginem Mariam fuisse corpore et anima ad caelestem gloriam assumptam, in: Kirchliches Amtsblatt für die Diözese Münster 85,3 (1951).

Xenophon, Erinnerungen an Sokrates. Griechisch-deutsch, übers. und hg. v. Peter JAERISCH, mit Literaturhinweisen v. Rainer NICKEL (Sammlung Tusculum), Zürich 2003.

Forschungsliteratur

„ur-künde, stn. f.", in: Mittelhochdeutsches Handwörterbuch von Matthias LEXER, digitalisierte Fassung im Wörterbuchnetz des Trier Center for Digital Humanities, Version 01/21. https://www.woerterbuchnetz.de/Lexer?lemid=U05589 [abgerufen am 25.04.2022].

AERTSEN, Jan A., Art. ,Wahrheit. II. Mittelalter. B. Hochmittelalter', in: Historisches Wörterbuch der Philosophie, hg. v. J. RITTER u. a., Basel. DOI: 10.24894/HWPh.5632 [abgerufen am 24.04.2022].

ASSION, Peter, Die mittelalterliche Mirakel-Literatur als Forschungsgegenstand, in: Archiv für Kulturgeschichte 50 (1968), S. 172–180.

Mitteldeutsche Gedichte, hg. v. Karl BARTSCH (Bibliothek des Litterarischen Vereins in Stuttgart 53), Stuttgart 1860.

BEHR, Hans-Joachim, Literatur als Machtlegitimation. Studien zur Funktion der deutschsprachigen Dichtung am böhmischen Königshof im 13. Jahrhundert (Forschungen zur Geschichte der älteren deutschen Literatur 9), München 1989.

BUMKE, Joachim, Geschichte der deutschen Literatur im hohen Mittelalter (Geschichte der deutschen Literatur im Mittelalter), München 1990.

DE BOOR, Helmut, Die deutsche Literatur im späten Mittelalter. Zerfall und Neubeginn. Erster Teil: 1250–1350. Mit einem bibliographischen Anhang von Klaus P. Schmidt (Geschichte der deutschen Literatur von den Anfängen bis zur Gegenwart III,1), München ⁴1973.

Zeugnis und Zeugenschaft. Perspektiven aus der Vormoderne, hg. v. Wolfram DREWS / Heike SCHLIE (Trajekte. Eine Reihe des Zentrums für Literatur- und Kulturforschung Berlin), München 2011.

EHRISMANN, Gustav: Geschichte der deutschen Literatur bis zum Ausgang des Mittelalters, 2. Teil: Die mittelhochdeutsche Literatur, Schlussband (Handbuch des deutschen Unterrichts an höheren Schulen, 6. Band, 2. Teil, 2. Abschnitt, 2. Hälfte), München 1966.

EICHENBERGER, Nicole: Geistliches Erzählen. Zur deutschsprachigen religiösen Kleinepik des Mittelalters (Hermaea. N. F. 136), Berlin/München/Boston 2015.

EICHHORN, Heinrich: Studien zur literarischen Apostelkomik. Diss. masch. Münster 1955.

GOTTZMANN, Carola L., Art. ‚Deutschsprachige marianische Literatur des Ostens‘, in: Marienlexikon 6 (1994), S. 828–832.

HALBFASS, Wilhelm, Art. ‚Evidenz I‘, in: Historisches Wörterbuch der Philosophie, hg. v. J. RITTER u. a., Basel. DOI: 10.24894/HWPh.5122 [abgerufen am 17.10.2022].

HARMS, Wolfgang, Homo viator in bivio. Studien zur Bildlichkeit des Weges (Medium Aevum. Philologie Studien 21), München 1970.

HAUBRICHS, Wolfgang, Art. ‚Mirakel‘, in: Reallexikon der deutschen Literaturwissenschaft, Bd. 2, hg. v. Harald FRICKE u. a., Berlin 2000, S. 608–612.

Semantiken und Narrative des Entscheidens vom Mittelalter bis zur Gegenwart, hg. v. Philip HOFFMANN-REHNITZ u. a. (Kulturen des Entscheidens 4), Göttingen 2021.

JAHN, Bruno, Art. ‚Heinrich der Klausner‘, in: Deutsches Literatur-Lexikon. Das Mittelalter 1 (2011), Sp. 853–854.

JANOTA, Johannes, Vom späten Mittelalter zum Beginn der Neuzeit. Teil 1: Orientierung durch volkssprachige Schriftlichkeit (1280/90–1380/90) (Geschichte der deutschen Literatur von den Anfängen bis zum Beginn der Neuzeit III,1), Tübingen 2004.

KERN, Peter, Art. ‚Marien Himmelfahrt (deutsche Versdichtungen)‘, in: ²VL 5 (1985), Sp. 1270–1276; 11 (2004), Sp. 968 f.

KLEIN, Christian / MARTÍNEZ, Matías, Wirklichkeitserzählungen. Felder, Formen und Funktionen nicht-literarischen Erzählens, in: Wirklichkeitserzählungen. Felder, Formen und Funktionen nicht-literarischen Erzählens, hg. v. DENS., Stuttgart/Weimar 2009, S. 1–13.

KOCH, Elke, Fideales Erzählen, in: Poetica 51 (2020), S. 85–118.

LUTHER, Susanne, Erdichtete Wahrheit oder bezeugte Fiktion? Realitäts- und Fiktionalitätsindikatoren in frühchristlichen Wundererzählungen – eine Problemanzeige, in: Hermeneutik der frühchristlichen Wundererzählungen. Geschichte, literarische und rezeptionsorientierte Perspektiven, hg. v. Bernd KOLLMANN / Ruben ZIMMERMANN (Wissenschaftliche Untersuchungen zum Neuen Testament 339), Tübingen 2014, S. 345–368.

MARTÍNEZ, Matías, Können Erzählungen lügen?, in: Postfaktisches Erzählen? Post-Truth – Fake News – Narration, hg. v. Antonius WEIXLER u. a. (spectrum Literaturwissenschaft 71), Berlin / Boston 2021, S. 13–22.

MAUZ, Andreas, In Gottesgeschichten verstrickt. Erzählen im christlich-religiösen Diskurs, in: Wirklichkeitserzählungen. Felder, Formen und Funktionen nicht literarischen Erzählens, hg. v. Christian KLEIN / Matías MARTÍNEZ, Stuttgart/Weimar 2009, S. 192–216.

MIEDEMA, Nine, Wunder sehen – Wunder erkennen – Wunder erzählen, in: Sehen und Sichtbarkeit in der Literatur des deutschen Mittelalters. XXI. Anglo-German Colloquium London 2009, S. 322–347.

NOWAKOWSKI, Nina, Sprechen und Erzählen beim Stricker. Kommunikative Formate in mittelhochdeutschen Kurzerzählungen (Trends in Medieval Philology 35), Berlin/Boston 2018.

PIPER, Paul, Die geistliche Dichtung des Mittelalters. Erster Teil. Die biblischen und die Mariendichtungen, Zürich 1986 [Nachdruck der Ausg. Berlin/Stuttgart 1888 (Deutsche National-Litteratur III,1)].

RICHERT, Hans-Georg, Art. ‚Heinrich der Klausner‘, in: ²VL 3 (1981), Sp. 758 f.

SCHRÖDER, Edward, Heinrich Cluzenere, in: Zeitschrift für deutsches Altertum und deutsche Literatur 67 (1930), S. 152–154.

SIGNORI, Gabriela, Wunder. Eine historische Einführung (Historische Einführungen 2), Frankfurt a. M. 2007.

SPRECKELMEIER, Susanne, Bibelepisches Erzählen vom *Transitus Mariae* im Mittelalter. Diskurshistorische Studien (Literatur – Theorie – Geschichte 14), Berlin/Boston 2019.

DIES., Zweifellos heilig? Formen der Entscheidungsfindung in Hartmanns von Aue ‚Gregorius‘, in: Entscheidung zur Heiligkeit? Autonomie und Providenz im legendarischen Erzählen vom Mittelalter bis zur Gegenwart, hg. v. Daniela BLUM u. a. (Myosotis. Forschungen zur europäischen Traditionsgeschichte 10), Heidelberg 2022, S. 17–65.

THELEN, Christian, Das Dichtergebet in der deutschen Literatur des Mittelalters (Arbeiten zur Frühmittelalterforschung 18), Berlin 1989.

WACKERNAGEL, Wilhelm, Theilen, theilen und wählen, theilen und kiesen, in: Zeitschrift für deutsches Alterthum 2 (1842), S. 542–548.

Mythen und Narrative des Entscheidens, hg. v. Martina WAGNER-EGELHAAF u. a. (Kulturen des Entscheidens 3), Göttingen 2019.

WEBER, Hans Heinrich, Studien zur deutschen Marienlegende des Mittelalters am Beispiel des Theophilus, Diss. Hamburg 1966.

WHITE, Hayden, Das Problem der Erzählung in der modernen Geschichtstheorie, in: DERS., Die Bedeutung der Form. Erzählstrukturen in der Geschichtsschreibung. Aus dem Amerikanischen von Margit SMUDA (Fischer-Taschenbücher 7417), Frankfurt a. M. 1990, S. 40–77.

WILLIAMS, Ulla, Art. ‚Marien Rosenkranz‘, in: ²VL 5 (1985), Sp. 1278–1280.

WOLF, Jürgen / BAUER, Manuel / HEINZLE, Joachim, Handschriftenbeschreibung 4153 (Stand 2018). https://handschriftencensus.de/4153 [abgerufen am 28.02.2022]

WOLKAN, Rudolf, Geschichte der deutschen Literatur in Böhmen und in den Sudetenländern, Augsburg 1925.

ZEMAN, Jaromír, Einige Bemerkungen zum Übersetzen mittelhochdeutscher Texte am Beispiel der Marienlegende Heinrich Klausners, in: Brünner Beiträge zur Germanistik und Nordistik 27 (2013), S. 73–82.

ZIMMERMANN, Ruben, Frühchristliche Wundererzählungen – eine Hinführung, in: Kompendium der frühchristlichen Wundererzählungen. Bd. 1: Die Wunder Jesu, hg. v. DEMS. (Kompendium der frühchristlichen Wundererzählungen), Gütersloh 2013, S. 5–67.

DERS., Gattung „Wundererzählung". Eine literaturwissenschaftliche Definition, in: Hermeneutik der frühchristlichen Wundererzählungen. Geschichte, literarische und rezeptionsorientierte Perspektiven, hg. v. Bernd KOLLMANN / Ruben ZIMMERMANN (Wissenschaftliche Untersuchungen zum Neuen Testament 339), Tübingen 2014, S. 311–343.

DERS., Phantastische Tatsachenberichte?! Wundererzählungen im Spannungsfeld zwischen Historiographie und Phantastik, in: Hermeneutik der frühchristlichen Wundererzählungen. Geschichte, literarische und rezeptionsorientierte Perspektiven, hg. v. Bernd KOLLMANN / Ruben ZIMMERMANN (Wissenschaftliche Untersuchungen zum Neuen Testament 339), Tübingen 2014, S. 469–494.

Ostentation, Wirklichkeit und Schein
Zur Theatralität der Wunder in der Frühen Neuzeit

DANIEL WEIDNER

In der Frühen Neuzeit werden die Wunder umstritten. Neue Diskurse und neue Entdeckungen, vor allem aber auch die konfessionellen Auseinandersetzungen machen die Wunder zu Schauplätzen andauernder und heftiger Verhandlungen, in denen ihr Wundercharakter, ihr Nutzen und ihre Interpretation ebenso nachdrücklich in Frage gestellt wie bekräftigt werden; wobei grundsätzlich immer die Wunder der einen die Blendwerke der anderen sind. Gerade durch diesen Streit, gerade indem die Diskussionen über Wunder zugespitzt und polemisch aufgeladen werden, intensiviert sich nicht nur der diskursive Umgang mit dem Wunder, es wird auch auf eine neue Weise komplex, weil es gewissermaßen von vornherein schon mit seiner Bestreitung rechnet. Das Ineinander von Sein und Schein, von Behauptung und Spiegelung dieser Behauptung in einer anderen Aussage, bestimmt das, was Wolfgang Iser einmal den „Spielraum" frühneuzeitlicher Darstellungspraktiken bezeichnet hat: die charakteristische Verdoppelung von Zeichen, die sich zugleich wechselseitig bekräftigen und in Frage stellen.[1] Das Wunder im Modus seiner Fragwürdigkeit tritt in diesen Praktiken in seiner doppelten Gestalt hervor: als Sichtbares und Unsichtbares, als Bezweifeltes und Geglaubtes, Heilsames und Täuschendes. Im Folgenden soll nach einigen einführenden Überlegungen zur historischen Situierung des Wunders in der Frühen Neuzeit an einer dieser Darstellungspraktiken gezeigt werden, wie Wunder ‚ins Spiel gebracht‘ werden: indem sie auf dem Theater zugleich gezeigt und verborgen werden.

---

[1]   Vgl. ISER, Das Fiktive und das Imaginäre.

I.

Die frühneuzeitlichen Auseinandersetzungen über das Wunder vollziehen sich in neuen Kontexten: In dem Maße, in dem sich das Weltverhältnis öffnet, wird auch das Verständnis des Wunders erweitert, verändert und verschoben. Mit Kopernikus wird ein offenes Universum entworfen, in welchem auch die aristotelische Natur nicht mehr vorbehaltlos gilt und damit auch die supranaturale Ontologie der Wunder ihren Rahmen verliert: An die Stelle eines – aus irdischer Sicht – regelmäßig verständlichen Kosmos, der fallweise wunderhaft unterbrochen wird, tritt ein unendliches, unvorstellbares Universum, indem zugleich alles und nichts wunderbar ist.[2] Mit Kolumbus tritt neben unsere Welt eine andere, „Neue Welt", die bald zum Inbegriff eines anderen „Wunderbaren" wird: des Marvels, des Staunenerregend Fremden und Unbekannten, das in mancher Hinsicht das Mirakulöse ablöst – eine Verschiebung, die sich auch in den sich rasant entwickelnden technischen Künsten widerspiegelt, deren „mechanical magick" (John Wilkins) das Wunderbare jetzt zunehmend künstlich hervorbringt.[3] Nicht zufällig schreibt die mechanische Puppe von Pierre Jacques Droz dann 1774 als erstes Wort „merveilleux" – auch hier sind Glaubwürdigkeit (credibilitas) und Bewunderung (admiratio) eng miteinander verbunden. Ihre Beziehung ändert sich jedoch, ja, kehrt sich fast um, denn irgendwann richtet sie sich weniger auf die Beweiskraft der Wunder als auf die der Beweise für das Wunder.[4] Aber diese Verschiebung geschieht nicht linear und nicht ohne Zwischenstufe. Es wäre daher verkehrt, die spätaufklärerische Diskussion über die Epistemologie des Wunders zurück zu projizieren: David Humes Argument, es sei immer wahrscheinlicher, die Zeugen eines Wunders hätten sich geirrt, als dass ein wirkliches Wunder stattgefunden hätte, ist nicht nur in seinem Kontext viel weniger eindeutig, als es uns scheint – und wird dann auch von Richard Price sofort mit dem statistischen Gegenargument gekontert, dass es im Gegenteil wahrscheinlicher sein könne, dass ein wirkliches Wunder stattgefunden habe, wenn die Zahl der unabhängigen Zeugen nur hinreichend groß sei –, die Wunderdebatte des späten 18. Jahrhundert bildet auch eher den Abschluss einer Entwicklung, in der die Frage des Wunders isoliert wird von den beiden Momenten, die es auch in der Frühen Neuzeit noch prägen: das Moment der Bewunderung, aber auch der Darstellung.[5]

Besonders deutlich wird dieser Schwellencharakter der frühen Neuzeit in Bezug auf die religiösen Kontexte des Wunders. Die lang dominante Säkularisierungserzählung hat den Protestantismus direkt mit der Entzauberung und diese mit der Zurückdrän-

---

2   Vgl. BLUMENBERG, Die Kopernikanische Wende.
3   Zur Neuen Welt vgl. GREENBLATT, Marvelous Possessions.
4   Vgl. dazu DASTON, Wunder, Beweise, Tatsachen.
5   Zur Spätaufklärung vgl. BURNS, The Great Debate; vgl. auch WEIDNER, Die (Un-)möglichkeit der Ausnahme.

gung des Wunderbaren assoziiert.[6] Aber auch hier handelt es sich nicht so sehr um eine einfache Reduktion als um eine Verschiebung, die durchaus auch Momente der Konzentration beinhaltet. Luther etwa betont nicht nur das Wunder der Wandlung des Abendmahls gegen die reformierte oder täuferische Deutung als bloßes Zeichen – und die Polemik gegen diese Position wird bald wichtiger als die gegen die katholische Transsubstantiationslehre –, er hebt auch immer wieder das „admirable commercium", den „wunderbarlichen Wechsel" hervor, durch den Christus unsere Schuld nimmt und seine Gnade gibt.[7] Gerade durch die Verbindung von Wunder, Wort und Glauben, die bei Luther alle durch ein stark kontrafaktisches Moment miteinander in Beziehung stehen, bildet sich so etwas wie eine Alternative zur klassischen, supranaturalen Theorie des Wunders. Sie findet sich allerdings eher in verstreuten Dikta als in einer kohärenten Doktrin: *Alle Wunder, die einmal geschehen sind, geschehen auch noch bis auf den heutigen Tag durch den Glauben; Das größte Wunder ist Christi rettendes Wort; Keinen Werken und Wundern darf man vertrauen, wenn sie nicht den Glauben darbieten und stützen.*[8] Der Glaube ist also Wunder, und das Wunder besteht in dem Glauben, den es hervorbringt und zugleich braucht; Glaube und Wunder kulminieren in dem immer fremden Wort vom Heil Christi: Der ganze Zusammenhang ist ‚unwahrscheinlich', aber nicht in Bezug auf eine erkennbare Natur der Dinge, sondern hinsichtlich der menschlichen Neigung zum Unglauben.

Das ist nicht nur theologische Spekulation, sondern betrifft auch die Kultur des Wunders. Die Reformatoren nehmen zwar selbst keine Wunder in Anspruch – wenngleich ihnen solche bald in großer Menge zugesprochen werden –, aber sie beschreiben die Ausbreitung des neuen Glaubens selbst als ein Wunder, samt der Medien, die das möglich machen: das gepredigte Wort, die Übersetzung der Heiligen Schrift und bald auch den Buchdruck. So wie sich das Wunder theologisch an den Glauben, so wird es medial an das Wort geknüpft. Besonders deutlich, aber auch besonders ambivalent ist das in einer bestimmten Form des Wortes: am Zeugnis der Märtyrer, an dem die Schnittstelle von Wort, Glauben, Körper permanent ausverhandelt wird. Mit den Religionskriegen, aber auch mit der kolonialen Expansion gibt es erstmals seit langem wieder eine große Zahl christlicher Märtyrer.[9] Insbesondere der reformierte Protestantismus entwickelt eine höchst elaborierte Märtyrerkultur, die mit modernen Mitteln von Sammlung, Archivierung und Buchdruck eine Reihe von monumentalen Martyrologien produzieren, die für das protestantische Selbstverständnis, für die Erfindung einer protestantischen Tradition von entscheidender Bedeutung sind. Auch hier gilt,

---

6   Vgl. etwa KEITH, Religion and the Decline of Magic.

7   Vgl. zur Sakramentenlehre ERTZ/SCHLIE/WEIDNER, Sakramentale Repräsentation; zum „wunderbarlichen Wechsel": ALTHAUS, Theologie Luthers, S. 186–191.

8   WA 3, 543; 14,312.; 10/3,81.

9   Vgl. dazu BURSCHEL, Sterben und Unsterblichkeit; GREGORY, Salvation at Stake; sowie WEIDNER, Sagen, Glauben, Zeigen.

dass die Märtyrer Glauben bezeugen, insofern sie selbst bezeugt werden – Darstellung und Wahrheitsanspruch durchdringen sich auf agonale Weise, weil die Märtyrer der einen Konfession jeweils die Götzendiener der anderen sind.

Das Reflexionsmedium dieser Darstellung wiederum wird das Theater. Es eignet sich besonders, die neue Weltvorstellung der Frühen Neuzeit zu verkörpern, und das nicht nur durch die natürliche Magie der verschiedenen Illusionstechniken, sondern auch als Ort des Aufeinandertreffens von Körper und Wort, wie es die Bezeichnungen für die Bühne – englisch ‚scaffold‘, französisch ‚escafauld‘ deutsch Schauplatz – noch deutlich ausdrücken. Das Theater der Frühen Neuzeit inszeniert dabei Repräsentation, sowohl im politischen als auch im religiösen Bereich. Es stellt den imaginären Körper des Königs aus und es bringt das unanschauliche Heil vor Augen. Das ist weder einfach eine Fortschreibung von Politik oder Religion noch deren ästhetische Einklammerung, sondern zunächst deren Wiederholung. Allerdings ist diese Repräsentation latent immer problematisch und wird dann auch gerne zum Gegenstand der Kritik – bekanntlich kritisieren die Protestanten die Messe oder eben auch die Prozessionen als bloßes Theater.[10] Das Theater kann aber, gerade im Paradigma der Repräsentation, diese Infragestellung selbst wieder auf die Bühne bringen. Erst indem es Repräsentation selbst repräsentiert, wird es, gemäß einer berühmten Formulierung Richard Alewyns, nicht nur zum Abbild, sondern auch zum Sinnbild der Welt.[11] Doch es ist zugleich mehr als ein Sinnbild, weil es stattfindet, weil es selbst an einen konkreten Ort und eine konkrete Zeit gebunden ist. Gerade das frühneuzeitliche Theater impliziert zugleich Präsenz und Absenz: Es stellt konkrete Körper auf die Bühne, aber diese Körper bedeuten zugleich ‚etwas anderes‘, sie haben einen allegorischen Sinn – wenn man Allegorie nicht einfach modernistisch als dauernden Aufschub von Sinn versteht, sondern als zu viel und zu wenig Sinn zugleich. Walter Benjamin hat dafür den Begriff der „Ostentation" geprägt; ein pointiertes Zeigen, das seine eigene Zeigefunktion mit zeigt, anschaulich in der ‚Ponderacion misteriosa‘, der Verwandlung am Schluss des spanischen Barocktheaters, in der sich der irdische Schauplatz der Handlung in den Himmlischen verwandelt, aber damit zugleich auch die Theatermaschinerie sichtbar wird.[12] Ostentativ ist auch der Märtyrer, der hier immer mehr ist als nur ein Figurentyp oder ein Exemplum: ein theatrales Zeichen, dessen Bluttaufe das Heilige in der Welt darstellbar macht und diese Darstellung zugleich problematisiert. So ist er ein Zeichen, das, wie Christopher Wild argumentiert hat, metatheatralisch ist, insofern es die

---

10   Zur Theaterfeindschaft vgl. WILD, Theater der Keuschheit.
11   Vgl. ALEWYN/SÄLZLE, Das große Welttheater, S. 48. Zur epistemologischen Bedeutung der Theatralität in der Wissenschaft und Philosophie vgl. auch SCHRAMM, Karneval des Denkens.
12   Den barocken Dramen „eignet eine gewisse Ostentation. Ihre Bilder sind gestellt, um gesehen zu werden, angeordnet, wie sie gesehen werden wollen", BENJAMIN, Ursprung des Trauerspiels, S. 298.

Möglichkeitsbedingungen theatralischer Darstellung bzw. der Figuralität des Unsichtbaren am Schnittpunkt zwischen Körper und Sprache darstellt.[13]

II.

Die Zweideutigkeit des Ostentativen wird exemplarisch deutlich an einer Reihe von Dramen über den Heiligen Genesius, den Schutzheiligen der Schauspieler, der nach den spärlichen Überlieferungen im Jahre 286 (oder 305) in Rom das Martyrium erlitten haben soll, nachdem er während einer Theateraufführung zum Christentum bekehrt worden war. Die Figur des Genesius erlebt im 17. Jahrhundert eine kurze, aber intensive Renaissance in drei Stücken, die an ihm die Theatralität des Märtyrers durchspielen, indem sie die Notwendigkeit und Unmöglichkeit seiner Darstellung sowie die Zweideutigkeit des Martyriums zwischen Theater, Ernst und höherem Spiel reflektieren. Das erste dieser Stücke, Lope de Vegas ,Lo fingido veradero', ,Der wahre Schein' oder ,Sein ist Schein', 1622 erstmals gedruckt, schildert zunächst welthistorisch weit ausholend den Aufstieg des Kaisers Diokletian vom tugendhaften Herrscher zum Usurpator, der schließlich eine Christenverfolgung initiiert: *Der fremde Glaube nagt an meinem Staat! Dies Übel rott ich mit der Wurzel aus!*[14] Währenddessen probt Genesius ein Stück, das die Christen lächerlich machen soll: Er übt sich im Beten, flucht auf den Herrscher als Tyrannen und betet für ein Martyrium, immer wieder unterbrochen von Kommentaren, in denen er sein Spiel lobt und bemerkt, wie sehr er in Begeisterung verfällt. Diese Begeisterung steigert sich schließlich so sehr, dass er – schon aus der Rolle fallend, er soll ja schon Christ sein –, um die Taufe bittet: *Doch da der Himmel mir verschlossen bliebe, und ich in Euern Kreis nicht treten könnte, weil mir das Sakrament der Taufe mangelt, so fleh ich Dich auf meinen Knieen an: Gib Du mir selbst die Taufe, Herr, mein Gott!*[15] Prompt erscheint jetzt Christus im Kreise der Märtyrer auf der Hinterbühne, halb verdeckt durch einen Schleier, und damit sichtbar für uns, die Zuschauer, nicht aber für Genesius, der der Erscheinung den Rücken zukehrt und sich wundert, dass die von ihm gerade vorgetragene Bitte gar nicht in seinem Textbuch stand. Als er versucht, den Text zu wiederholen, ertönt eine Stimme: *So spiel die Rolle Gott zum Preis, Genesius.*[16] Genesius bleibt verwirrt und fragt sich, ob er von seinen Kollegen oder vom Himmel verspottet wird oder wirklich eine Sphärenstimme gehört hat.

---

13   Vgl. WILD, Fleischgewordener Sinn.
14   DE VEGA, Lope, Sein ist Schein, S. 156. Zu einer umfassenderen Lektüre der Genesius-Dramen
      s. WEIDNER, Gespielte Zeugen.
15   Ebd., S. 161.
16   Ebd., S. 162.

Im Anschluss beginnt das Spiel im Spiel, in dem Genesius dem Kaiser das gewünschte Stück darbietet. Ist der Hofstaat zunächst angetan von der ‚Natürlichkeit'
der Darstellung, die gerade das Absurde des Christenglaubens so glaubhaft verkörpere
und so der Lächerlichkeit preisgebe, so beginnt bald Verwirrung. Verwirrt sind die
Schauspieler, denn Genesius fällt immer wieder aus der Rolle und trägt Dinge vor, die
nicht im Textbuch stehen, sie trösten sich aber zunächst noch damit, dass er eben oft
improvisiere. Wie in der Probe vollzieht sich auf der Hinterbühne eine Taufe durch
einen Engel; wieder bewundern die Zuschauer die Echtheit der Szene, wieder geraten
die Schauspieler in Verwirrung, als sich herausstellt, dass jener Engel auf der Bühne
gar nicht vom Schauspieler Fabius gespielt wurde – der immer noch auf seinen Auftritt
wartet –, sondern dass hier etwas anderes passiert zu sein scheint, was Genesius nun
explizit bekräftigt: *Ein echter Engel stieg aus Himmelshöhn hernieder auf die Erde, und
dieser Engel spielte ... seine Rolle.*[17]. Schließlich merkt der zornige Kaiser, was ‚gespielt'
wird und beendet die Aufführung: *Dein Leben spieltest Du in der Komödie, nun sollst
Du auch in der Komödie sterben,* die für Genesius erst mit seinem Martyrium eigentlich
zu ihrem Höhepunkt kommt: *Jetzt spiel ich unter einem neuen Meister, sein hoher Name
lautet Jesus Christus, und seine Bühne ist das Himmelreich, wo Gott der Herr auf goldnem
Thron regiert.*[18] Als Martyrium wird das Hoftheater zum Welttheater. Mit seinem Spiel
im Spiel reflektiert ‚Lo Fingido Veradero' in typisch barocker Form die Theatralität des
Martyriums, der christlichen Existenz und des Theaters zugleich; möglich ist das, weil
die Theaterzuschauer sich in den Zuschauern auf der Bühne und ihren Illusionen gespiegelt sehen. Gerade durch diese Vermittlung wird es zugleich möglich, das Wunderbare selbst zu theatralisieren, denn das Stück thematisiert in seinen Spiegelungen doch
auch die Wirkmächtigkeit der Taufe, die hier durch sich selbst wirkt, *ex opere operato.*
Theatersemiotisch kann dieses Wunder sichtbar gemacht werden zunächst durch die
Institution der Hinterbühne, jenes Bereichs hinter der Szene, auf welchen diese sich in
Momenten der Wahrheit hin öffnet, und zwar so, dass es zunächst nur für uns, dann
auch für Genesius und erst am Schluss für alle durchsichtig ist. Dieser Ort wird nun
auch in weiteren Darstellungen des Genesius-Stoffes entscheidend.

    1645 erschienen gleichzeitig zwei Adaptionen von de Vegas Stück in Frankreich, ‚Le
véritable Saint Genest' von Jean Rotrou und ‚L'Illustre Comédien' von Nicolas Mary,
sieur de Desfontaines. Beide beschränken sich auf die eigentliche Genesiushandlung,
verbinden aber den Inhalt des Spiels im Spiel enger mit der Handlung des Dramas und
verzichten auch auf das paraliturgische Element des Schleiers bzw. ersetzen es durch
die immanente Reflexivität des Dramas. Bei Rotrou spielt Genest nicht irgendeinen
Christen, sondern den heiligen Adrian, der sich vom Christenverfolger zum Christ
bekehrt hat. Dementsprechend nimmt das hier sehr viel umfassendere Spiel im Spiel

17   Ebd., S. 172.
18   Ebd., S. 173, 177.

auch viel von der eigentlichen Handlung vorweg; insbesondere die langen Dialoge des gefangenen Adrianus werden zur dramatischen Auseinandersetzung mit dem Christentum, seiner Politik und seiner Moral, die dem Corneilleschen ‚Polyeucte‘ und damit einem ganz anderen Typ von Märtyrerdrama ähneln. Die Wirkung dieser Dramen beruht weniger auf der Art, wie die Aussagen der Figuren zwischen Verhör und Bekenntnis schwanken – denn wo der Kaiser und seine Beamten Adrians Illoyalität vermuten und dessen Schuld nachweisen wollen, spricht dieser von einer höheren Pflicht und seinem Glauben. Das Wort des Märtyrers ist also umstritten, und dieser Streit kann auf dem Theater dargestellt werden, wobei das sprachliche Handeln mehr und mehr das wirkliche Erscheinen ersetzt. Zwar hört der probende Genest auch bei Rotrou eine Stimme: *du ahmst nicht vergebens nach;* diese verwirrt ihn aber mehr als dass sie ihn bekehrt. Er vermutet sogar die Täuschung eines Kollegen: *Aber vergeblicher Glaube und frivoler Gedanke, dass mich vom Himmel eine Stimme anspricht.*[19] Auch die gespielte Taufe im Stück im Stück kommt ohne himmlisches Personal aus – auch für uns Zuschauer wird kein Engel sichtbar – und die Bühnenanweisung *Adrian schaut zum Himmel, von dem Flammen herabfallen,* lässt offen, ob es sich um eine Inszenierung der Kollegen handelt oder um ein ‚wirkliches‘ Wunder. Es ist daher auch in den darauffolgenden langen Dialogen nicht immer sicher, wer da eigentlich spricht. Erst viel später, gewissermaßen nachträglich, wird es bestätigt, und zwar durch den Namenswechsel des Schauspielers, der *nach einem Moment des Zögerns* betont:

> Ich muss die Maske lüften und Dir meine wahren Gedanken zeigen / Der Gott, den ich hasste, inspirierte mich mit seiner Liebe / Adrian sprach, jetzt spricht Genest an seiner Stelle, / Nicht mehr Adrian, sondern Genest atmet / Die Gnade der Taufe und die Ehre des Martyriums.[20]

Auch hier gibt es einen radikalen Wechsel des Sprechers und der Person: Der früher als Adrian sprach, spricht nun als Genest. Aber so radikal, wie dieser Vorgang auch ist, so unsichtbar ist er auch, denn auch in der eigentlichen Szene des Wunders, im Vorspielen der Taufe auf dem Theater werden wir als Zuschauer zwar auf etwas hinter der Bühne verwiesen, bekommen jedoch nichts zu sehen; den Wandel von Adrian/Genest verstehen wir erst durch dessen Worte, durch den willentlichen Entschluss, als jemand anders zu sprechen, der nun auch anders spricht oder, genauer, singt: Er bedient sich wie schon in Corneilles ‚Polyeucte‘ nicht mehr des dramatischen Alexandriners, sondern der Stanzen, die aus religiösen Meditationsformen stammen.

---

19   „Mais ô vaine creance, & frivole pensée/ Que du Ciel cette voix me doive estre adressée!“, ROTROU, Le véritable Saint Genest, Vs. 433 f.

20   „Il faut lever le masque, & t'ouvrir ma pensée; Le Dieu que j'ay haï m'inspire son amour; / Adrian a parlé, Genest parle a son tour, / Ce n'est plus Adrian, c'est Genest qui respire, / La grace du Baptesme, & l'honneur du Martyre.“, ebd., Vs. 1244–1248.

Noch enger ist das Spiel im Spiel bei Desfontaines mit der Haupthandlung verbunden, denn hier spielt Genest gewissermaßen sich selbst: Er sei nur deshalb Schauspieler geworden, so erfahren wir nun in Rückblende, weil er sich in seiner Jugend geweigert hatte, sich taufen zu lassen und deshalb von seinen Eltern verstoßen wurde. Damals hatte ihm ein Freund geraten, sich zum Schein taufen zu lassen, das sei ganz ungefährlich, denn nach den bizarren Ansichten der Christen würden deren Zeremonien ja nur wirken, wenn man daran glaubte – ein kleiner antiprotestantischer Seitenhieb. Genau diese Szene einer schon damals vorgespielten Taufe wiederholt nun der alte Genest, in dem er spielt, wie der junge Genest spielte, sich taufen zu lassen: also Spiel im Spiel im Spiel. Der zuschauende Hofstaat ist in einer Pause ganz begeistert von der Handlung und freut sich schon auf die gespielte Taufe – als Genest sichtlich verwirrt auf die Bühne tritt: *Wo war ich und was sah ich? Welche göttliche Flamme blendete meine Augen und erleuchtete meinen Geist? … Ich glaube, ich bin Christ, und diese äußerste Gnade, deren Wirken ich fühle, ist die der Taufe.*[21]

Die Zuschauer sehen hier noch weniger als bei Rotrou, denn selbst die gespielte Taufe findet hinter den Kulissen statt. Zugleich wird durch die dramatische Konstruktion noch schwieriger zu sagen, was eigentlich passiert ist beziehungsweise was wir sehen: Handelt es sich um den jungen Genest, der den Effekt der Taufe vorspielt? Oder um den jungen Genest, dem wirklich ein Wunder geschehen ist? Oder um den alten Genest, der den jungen spielt? Oder der erst jetzt wunderbarerweise bekehrt worden ist? Scheinen die ersten beiden Interpretationen per se unmöglich – hätte der junge Genest die Taufe gespielt, wäre er nicht verstoßen worden; hätte er ein Wunder erlebt, wäre er Christ geworden –, so ist auch die dritte problematisch, weil sie ja bedeuten würde, dass die Schauspieler sich entschlossen hätten, Genest irgendwo hinter der Bühne zu taufen. Die paradoxe Rahmenstruktur scheint zur seltsamen Annahme zu zwingen, irgendwo ‚zwischen' den Auftritten und ‚hinter' der Bühne sei ein Wunder geschehen, das man dann eben nicht anders als ein ‚wirkliches' denken kann – ‚wirklich' nicht mehr auf der Ebene des Spiels im Spiel, aber auch nicht des Stücks selbst, sondern eben ‚außerhalb' des Stücks, in der Welt der Zuschauer, – die damit an einem Wunder in ihrer Welt teilgehabt hätten, ohne freilich etwas gesehen zu haben.

Die Stücke um den heiligen Genesius drehen sich um Sein und Schein der christlichen Existenz, aber auch um das Wunderbare der christlichen Taufe. Beides wird durch paradoxe Verdoppelungen in Szene gesetzt: Das Spielen von etwas wird zum Zeichen seiner Wirklichkeit, die wirkliche Taufe wird durch das vermeintliche Spielen eines vermeintlichen Rituals in seiner Wirklichkeit und Wirksamkeit erfahrbar, indem eben Wirkliches und Vermeintes konstant aufeinander bezogen werden. Dass dabei das Wundersame auf der Bühne nicht mehr direkt sichtbar wird, kann nicht ohne wei-

---

21   „Où suis-je? Qu'ai-je vu? Quelle divine flamme / Vient d'éblouir mes yeux, et d'éclairer mon âme? / […] Je crois, je suis Chrétien; et cette grâce extrême / Dont je sens les effets est celle du Baptême", DESFONTAINES, L'illustre comédien, Vs. 641–646.

teres als dessen Schwächung oder Verdrängung betrachtet werden, sondern ist geradezu Bedingung seiner Darstellbarkeit. Denn je weniger das sakramentale Geschehen auf
der Bühne selbst erscheint, je weniger die heiligen Handlungen gezeigt werden, desto
wichtiger werden Figuren und Reden, die davon zeugen.

III.

Dass wahre und falsche Wunder nicht nur dramatisch, sondern auch theatersemiotisch schwer zu unterscheiden sein können, zeigt Andreas Gryphius' 1650 erstmals
gedrucktes erstes Trauerspiel ‚Leo Armenius‘, eine Bearbeitung Joseph Simons Jesui-
tendramas ‚Leo Armenus Seu Impietas Punita‘ von 1644.[22] Beide Dramen erzählen, wie
der byzantinische Kaiser Leo Armenus seinen Heerführer Michael Balbus wegen Ver-
rats verhaften und zum Tode verurteilen lässt, die Hinrichtung dann aber verschiebt,
um nicht das Weihnachtsfest zu entweihen. Aufgrund dieser Verzögerung kann sich
Leo aus dem Kerker befreien, dringt mit einer Schar als Priester verkleideter Anhänger in die Weihnachtsmesse ein und ermordet dort den König. Bei Simon war das in
den Kontext des Bilderstreits eingebettet, denn Leo war hier Anhänger der Partei der
Ikonoklasten. Das Stück beginnt damit, wie er sich an der Folterung der Bilderdiener
ergötzt; der Königsmörder Balbus wird daher zum Verteidiger der Bilderverehrung
und damit zum Werkzeug göttlicher Gerechtigkeit, und der Mord in der Kirche leitet
die Apotheose ein, in der jene Bilderdiener als Märtyrer erscheinen und betonen, dass
Leo nun vom Kreuz unterjocht wird, unter dem er stirbt und dann ausdrücklich zur
Hölle fährt.

Dieser gesamte Diskurs über die Bilderfrage fällt in Gryphius' Drama aus, ohne dass
dadurch freilich auch die Frage nach den heiligen Zeichen völlig verschwindet – sie
wird vielmehr auch hier verschoben und in die theatrale Struktur selbst eingesenkt:
Das Stück wird insgesamt zu einem Stück über Zeichen. Bereits in der Vorrede betont Gryphius die große Bedeutung der Vorzeichen, wie Träume, Gesichter, Visionen
und Embleme.[23] Tatsächlich spielen Vorzeichen bereits in Gryphius' Quellen eine entscheidende Rolle, die nicht weniger als fünf Vorzeichen kennen, die Leo Armenius
seinen Untergang voraussagen. Im Drama wird freilich auch betont, dass diese Vorzeichen höchst unzuverlässig und vieldeutig sind. Anders als bei Simon gibt es hier
also in der Handlung keine direkte Äußerung der Transzendenz durch Visionen und
Prophezeiungen, sondern nur ambige und schwer zu deutende Zeichen.

---

22 Zum Verhältnis der beiden Texte s. HARRING, Andreas Gryphius und das Drama der Jesuiten.
    Dort ist Simons' ‚Leo Armenus‘ abgedruckt (S. 74–126). Die Ambivalenz von Gryphius' Stück hat
    auch zu dezidiert verschiedenen Lektüren geführt, vgl. dazu sowie zu einer genaueren Lektüre des
    Stücks: WEIDNER, Schau in dem Tempel an.
23 Vgl. dazu v. a. DRÜGH, Zur Ambivalenz des Allegorischen.

Das bedeutet aber nicht, dass sich die Zeichenhaftigkeit überhaupt in bloße Unverbindlichkeit und Kontingenz auflöst. Zu den theatersemiotisch auffälligsten Zügen von Gryphius' Text gehört es, dass der Autor in der Vorrede betont, der Kaiser sei am *echten* Kreuz Christi gestorben:

> Daß der sterbende Keyser / bey vor Augen schwebender todes gefahr ein Creutz ergriffen ist unlaugbar: daß es aber eben dasselbe gewesen / an welchem unser Erlöser sich geopffert / saget der Geschichtschreiber nicht / ja vielmehr wenn man seine Wort ansiehet / das widerspiel; gleichwol aber / weil damals die übrigen stücker deß grossen Söhn-Altares, oder (wie die Griechen reden) die heiligen Höltzer zu Constantinopel verwahret worden: haben wir der Dichtkunst / an selbige sich zu machen / nach gegeben / die sonsten auff diesem Schauplatz ihr wenig freyheit nehmen dürffen.[24]

Auch diese Echtheit ist sehr verschieden gedeutet worden. Für Peter Szondi ist sie Zeichen, dass auch die christliche Transzendenz in den Untergang miteinbezogen sei und das Stück daher kein Heiligendrama, sondern eine Tragödie sei; Gerhard Kaiser hat die Echtheit des Kreuzes dagegen im Gegenteil als genuin christliches Moment gedeutet:

> Sie unterstreicht die Realpräsenz Christi in diesem Geschehen. Der Dichter braucht das historische Kreuz Christi, um das Gewicht der sinnbildlichen Situation zu vertiefen, die im Drama anstelle der Apotheose steht, ja die Apotheose selbst ist – wie Christus wird der Kaiser erhöht als Erniedrigter.[25]

In jedem Fall grenzt die Behauptung, es handele sich hier gewissermaßen um ein echtes Requisit, theatersemiotisch an eine Paradoxie. Gesteigert wird diese noch dadurch, dass die Echtheit des Kreuzes im Stück keine Rolle spielt – niemand spricht davon – und dass dieses echte Zeichen im Stück auch nie gezeigt, sondern nur erwähnt wird. Im fünften Akt lässt sich die Kaiserin Theodosia, selbst durch eine Geistererscheinung auf die Zukunft vorbereitet, die Geschichte von Leos Tod erzählen: „Erzähle wie sich denn diß Traurspiel angefangen". Darauf folgt eine detaillierte ekphrastische und emblematische Beschreibung Leos Sterbens durch einen Boten: Noch einmal wird Leo hier als *erhitzter Löw* figuriert, der seine Verfolger erschrecken will, aber zugleich auch selbst vom Tod ergriffen ist und daher so der Bericht, *das Holtz ergriff / an welchem Der gehangen Der sterbend unß erlöst.*[26] Seine Augenzeugenschaft betonend berichtet der Bote von der Wirklichkeit der Szene:

> Ich hab es selbst gesehn / wie Er das Creutze küßte: / Auff das sein Cörper sanck / und mit dem kuß verschied / Wie man die Leich umbriß / wie man durch jedes glied Die stumpfen

---

24 GRYPHIUS, Leo Armenius, Vorrede, III.

25 KAISER, Leo Armenius, S. 24; vgl. auch SZONDI, Versuch über das Tragische, S. 229–234.

26 GRYPHIUS, Leo Armenius V Akt, Vs. 144 f.

Dolchen zwang / wie JESUS letzte haben / Sein thewres fleisch und blutt / die matte Seele laben / Die ein verschmachtend Hertz in letzter angst erflischt / Mit keyserlichem Blutt, (O grewell!) sind vermischt.[27]

Leo stirbt wirklich am Kreuz und muss daher wohl auch am wirklichen Kreuz sterben. Allerdings ist dieses wirkliche Kreuz seinerseits nur virtuell da: Von ihm wird gesprochen, es ist für uns aber nur indirekt, als Beschreibung einer Szene sichtbar, von der wir nur hören bzw. die dann auch wieder von der Kaiserin evoziert wird:

Wer itzund zweifeln kan Ob ihr noch Christen seyd; Schaw in dem Tempel an Den gantz zerstückten Leib der auf dem Creutze lieget. An welchen JESUS hat der Höllen obgesieget: Des HERREN wares Fleisch: das ihr mit blutt besprengt / Sein blutt / das ihr mit blutt des Keysers habt vermengt.[28]

Hier setzt sich das Wechselspiel von Körper und Wort fort. Die Kaiserin will aus dem Märtyrertum Leos ein politisches Argument machen – doch das misslingt schon bald, da wenig später der tote Körper des Kaisers auf die Bühne gezerrt wird und also keinesfalls mehr im Tempel angeschaut werden kann. Dementsprechend vollzieht sich auch, während die Kaiserin dem Wahnsinn verfällt, daneben ungerührt die Krönung des Balbus zum neuen Kaiser.

Beide Zitate betonen nicht nur den Tod des Kaisers am Kreuz, sondern laden ihn auch sakramental auf, und zwar ambivalent: Ist der Kaiser durch seinen Tod zum Märtyrer geadelt, dessen Blut nun sakramentale Funktionen hat? Oder werden damit die sakramentalen Gaben entweiht, wie Leo selbst seine Mörder warnt: *Befleckt des Herren Blut / das diesen Stam gefärbt. / Mit Sünder blut doch nicht.*[29] Diese Unentscheidbarkeit wird selbst figuriert in der ‚Vermischung' des Blutes, die es eben unmöglich macht, das Blut des Kaisers und das Blut Christi zu unterscheiden; einer Vermischung, die noch dazu einer paradoxen Logik zu gehorchen scheint: Wirklich radikal ‚vermischen' kann sich das Blut des Kaisers nur mit den ‚gewandelten' Altargaben, wenn es also Christi wirkliches Blut ist; handelt es sich dagegen noch um profanen Wein, so bleiben es zwei verschiedene, vielleicht vermengte, aber doch deutlich unterscheidbare Stoffe. Handelt es sich in diesem Fall um einen sakramental gesehen eher harmlosen Unfall, so impliziert die Vermischung von Blut und Blut zugleich ein Wunder – eben die Wandlung – und die radikalste Blasphemie. Welcher der beiden Fälle aber eingetreten ist, ob es sich um (radikale) Vermischung oder (äußerliche) Vermengung handelt, anders gesagt, ob vom ‚Blut' des Erlösers wirklich oder nur figürlich die Rede ist, bleibt offen. Auch die sakramentale Figuration ist also weit entfernt davon, die Bedeutung stillzu-

27 Ebd., V Akt, Vs. 164–170.
28 Ebd., V Akt, Vs. 277–282.
29 Ebd., V Akt, Vs. 149 f.

stellen und dem Tod des Kaisers eine religiöse Bedeutung zu verleihen, sondern verstärkt die Ambiguität eher noch.

Das geschieht schließlich auch durch die konkrete Darstellung auf der Bühne, auf der sich – nicht unähnlich den Genesius-Stücken – fingierte Realpräsenz mit realer Absenz verbindet und die theatrale Repräsentation gerade durch diese Verdoppelung den Effekt des Wunders hervorbringt. Konkret dürfte auch hier ein Vorhang, der die Vorder- von der Hinterbühne trennt, eine entscheidende Rolle gespielt haben: Der vierte Akt endet mit dem Beschluss der Verschwörer, sich als Priester zu verkleiden und Leo während der Weihnachtsmesse zu ermorden: *Wolan denn / folgt / ich will euch in dis Zimmer führen: In welchem euch erlaubt alß Priester aus-zu-ziehren.*[30] Daraufhin schließt sich der Zwischenvorhang, und der Reyen der Priester singt einen Weihnachtshymnus auf der Vorderbühne, der noch einmal den paradoxen Chrarakter des Geschehens betont, wo die Erlösung in der Mitte der Nacht kommt: *Der immerhelle glantz / Der Finsterniß verhüll't / den dunckel hat verborgen Reißt nun die deck entzwey / die Sonne [...] Geht plötzlich auff / in schwartzer Mitternacht.*[31] Daraufhin öffnet sich der Vorhang wieder; laut Bühnenanweisung wird die schlummernde Theodosia enthüllt, der wenig später die Mordnachricht überbracht wird. Die entscheidende Szene des Mordes hat daher gewissermaßen zwischen den Akten stattgefunden, präziser: während des zitierten Reyens, der daher weniger die vorhergehende Handlung des vierten Aktes deutet, sondern den gleichzeitig mit ihm stattfindenden Mord. So wie im Glanz der Mitternacht das Licht aufgeht, wird auch der Kaiser erst im Moment seiner tiefsten Erniedrigung wieder seine christoforme Natur erlangen – und damit auch seine sakramentale Wirklichkeit, in der sich sein Blut mit dem Blut Christi vermengt.

Aber der Reyen ist der Handlung nicht nur symbolisch, als deutendes Gegenüber zugeordnet, sondern mit ihr auch verflochten, denn er stellt ja auch die Weihnachtsmesse dar, während der Leo ermordet wird. Der Reyen gehört also zugleich zur Handlung und transzendiert diese. Das bedeutet aber auch, dass seinerseits zweideutig ist, wer hier eigentlich singt: Hören wir echte Priester, die das Geschehen heilsgeschichtlich kommentieren, oder den Gesang jener falschen, verkleideten Priester, von denen kurz vorher, beim Abgang aus dem vierten Akt die Rede war?[32] Handelt es sich hier also um einen Einbruch der Transzendenz oder um eine Blasphemie höchsten Grades? Die Darstellung macht nicht nur das Signifikat, Weihnachten und das Kreuz, grundsätzlich mehrdeutig, sondern auch den Signifikanten, der Gesang auf der Bühne, der unentscheidbar zwischen Theater und Metatheater schwankt.

---

30   Ebd. IV Akt, Vs. 359 f.

31   Ebd., IV Akt, Vs. 369–376.

32   Vgl. zu dieser Möglichkeit und der in ihm angedeuteten „Grenze zur religiösen Blasphemie": KAISER, Leo Armenius, S. 18; sowie KAMINSKI, Gryphius, S. 97: Hier verkehre sich „im Zeichen undurchschaubarer Verkleidung", „die vom göttlichen Evangelium zeugende Weihnachtsmesse in ‚sub contrario obiecto, sensu, experientia' verkleidetes blasphemisches Theater, in dem Weihnachtskerzen und Weihnachtshymnus zur Maskerade für Schwerter und Mordlosung werden."

IV.

Stephen Greenblatt hat in seiner Lektüre der Eröffnungsszene von ‚Hamlet' die Zwei-deutigkeit der Erscheinung des väterlichen Geistes betont, die weit mehr sei als ein Fortleben ‚abergläubischer', nämlich katholischer Praktiken des Totengedenkens auf der Bühne: „the palpable effect is something like the reverse: ‚*Hamlet'* immeasurably in-tensifies a sense of the weirdness of the theatre, its proximity to certain experiences that had been organized and exploited by religious institutions and rituals.“[33] Das Theater wird für die Frühe Neuzeit der Raum, in dem Wunder nicht bloß geglaubt oder gewusst, sondern auch erfahren werden – und zwar gerade erfahren in ihrer ganzen ‚weirdness', ihrer Ambivalenz zwischen Täuschung und Schein, Materialität und Bedeutung, An-wesenheit und Abwesenheit, die Samuel Weber in einer Interpretation derselben Szene auch als „Gespenstigkeit“ bezeichnet: „Spectrality distinguishes itself from spirituality by being inextricably linked to visibility, physicality, and localizability.“[34]

In gewisser Hinsicht sind Wunder in der Frühen Neuzeit gespenstisch: Sie sind nicht einfach Manifestationen göttlicher Macht, aber sie werden auch nicht als ‚Aus-nahmen' von allgemein geltenden Gesetzen gedacht. Sie zeigen sich vielmehr in dop-pelter Gestalt: als besondere Wirklichkeit, die aber immer auch mit der Möglichkeit der Täuschung und Verhüllung einhergeht, als Präsenz, die erst vor dem Hintergrund von Absenz funktioniert. Wesentlich ist den Wundern der Frühen Neuzeit der Modus des Zur-Schau-Stellens und damit auch des Ausstellens: der Produktion von Evidenz, die immer auch in die bloße Evidenz des Produziert-Seins umschlagen kann und die ihren Wirklichkeitscharakter gerade aus der Möglichkeit dieser Gegenüberstellung verschiedener Seinsweisen gewinnt. Für sie erweist sich das Theater mit seinen me-dialen und maschinellen Möglichkeiten der Erzeugung künstlicher Effekte ebenso wie mit dem metatheatralen Potential, diese Effekte zu reflektieren und auszustellen, als besonders geeignet: Wahre Wunder und Täuschungen können einander nicht nur abwechseln, sondern auch gleichzeitig präsent sein, weil das Theater ohnehin daran gewöhnt, an eine andere Wirklichkeit neben oder hinter der gezeigten Welt der Bühne zu glauben, die das dort Zu-Sehen-Gegebene erst eigentlich wirklich macht.

---

33   GREENBLATT, Hamlet in Purgatory, S. 253.
34   WEBER, Theatricality, S. 181.

Bibliographie

Quellen

DESFONTAINES, Nicolas Mary, L'Illustre Comédien, in: DERS., Tragédies hagiographiques, hg. v. Claude BOURQUI / Simone DE REYFF, Paris 2004, S. 445–543.

GRYPHIUS, Andreas, Leo Armenius (1650), in: DERS., Gesamtausgabe der deutschsprachigen Werke, 9 Bde., hg. v. Marian SZYROCKI / Hugh POWELL, Tübingen 1963–1964., Bd. 5, II, S. 1–96.

ROTROU, Jean, Le véritable Saint Genest, kritische Ausgabe hg. v. José SANCHEZ, Mont de Marsan 1991.

DE VEGA, Lope, Sein ist Schein, übersetzt von Hans SCHLEGEL, in: DERS, Das Dorf Fuente Ovejuna, Sein ist Schein, Frankfurt a. M. 1963.

Forschungsliteratur

ALEWYN, Richard / SÄLZLE, Karl, Das große Welttheater. Die Epoche der höfischen Feste in Dokument und Deutung (Rowohlts deutsche Enzyklopädie 92), Reinbek bei Hamburg 1959.

ALTHAUS, Paul, Die Theologie Martin Luthers, Gütersloh 1962.

BENJAMIN, Walter, Der Ursprung des deutschen Trauerspiels, in: DERS., Gesammelte Schriften, hg. v. Rolf TIEDEMANN / Hermann SCHWEPPENHÄUSER, Bd. 1, Frankfurt a. M. 1974.

BLUMENBERG, Hans, Die Genesis der kopernikanischen Wende, Frankfurt a. M. ²1985.

BURNS, Robert M., The Great Debate on Miracles. From Joseph Glanvill to David Hume, London/Toronto 1981.

BURSCHEL, Peter, Sterben und Unsterblichkeit. Zur Kultur des Martyriums in der frühen Neuzeit (Ancien Régime, Aufklärung und Revolution 35), München 2004.

DASTON, Lorraine, Wunder, Beweise und Tatsachen. Zur Geschichte der Rationalität, übers. v. Gerhard HERRGOTT u. a. (Fischer-Taschenbücher 14763), Frankfurt a. M. 2001.

DRÜGH, Heinz J., „Was mag wol klärer seyn?" Zur Ambivalenz des Allegorischen in Andreas Gryphius' Trauerspiel ‚Leo Armenius', in: Künste und Natur in den Diskursen der Frühen Neuzeit, hg. v. Hartmut LAUFHÜTTE u. a., 2 Bde. (Wolfenbütteler Arbeiten zur Barockforschung 35), Wiesbaden 2000, Bd. 2, S. 1019–1030.

ERTZ, Stefanie / SCHLIE, Heike / WEIDNER, Daniel, Sakramentale Repräsentation. Substanz, Zeichen und Präsenz in der Frühen Neuzeit (Trajekte), Frankfurt a. M. 2012.

GREENBLATT, Stephen, Hamlet in Purgatory, Princeton 2002.

DERS., Marvelous Possessions. The Wonder of the Free World (The Clarendon Lectures and the Carpenter Lectures 1988), Chicago 1992.

GREGORY, Brad S., Salvation at Stake. Christian Martyrdom in Early Modern Europe (Harvard Historical Studies 134), Cambridge, MA 2001.

HARRING, Willi G., Andreas Gryphius und das Drama der Jesuiten (Hermaea 5), Toronto 1907.

ISER, Wolfgang, Das Fiktive und das Imaginäre. Perspektiven literarischer Anthropologie, Frankfurt a. M. 1991.

KAISER, Gerhard, Leo Armenius, Oder Fürsten-Mord, in: Die Dramen des Andreas Gryphius. Eine Sammlung von Einzelinterpretationen, hg. v. DEMS., Stuttgart 1968, S. 3–34.

KAMINSKI, Nicola, Andreas Gryphius (Universal-Bibliothek 17610), Stuttgart 1998.

KEITH, Thomas, Religion and the Decline of Magic. Studies in Popular Beliefs in 16. and 17. Century England, London 1971.

SCHRAMM, Helmar, Karneval des Denkens. Theatralität im Spiegel philosophischer Texte des 16. und 17. Jahrhunderts (Literaturforschung), Berlin 1996.

SZONDI, Peter, Versuch über das Tragische, in: Schriften Bd. 1, hg. v. DEMS. (Suhrkamp-Taschenbücher Wissenschaft 219), Frankfurt a. M. 1978, S. 149–260.

WEBER, Samuel, Theatricality as a Medium, New York 2004.

WEIDNER, Daniel, Gespielte Zeugen. Der Schauspieler-Märtyrer auf dem Barocktheater, in: Grenzgänger der Religionskulturen. Kulturwissenschaftliche Beiträge zu Gegenwart und Geschichte der Märtyrer (Trajekte), hg. v. Silvia HORSCH / Martin TREML, München 2001, S. 259–279.

DERS., Sagen, Glauben, Zeigen. Politik der Repräsentation in Martyriologien der Reformation, in: Zeugnis und Zeugenschaft. Perspektiven aus der Vormoderne (Trajekte), hg. v. Wolfgang DREWS / Heike SCHLIE, München 2011, S. 167–195

DERS., „Schau in dem Tempel an den zerstückten Leib, der auf dem Kreuze lieget", in: Daphnis 39 (2010), S. 287–312.

DERS., Die (Un-)möglichkeit der Ausnahme. Wissen und Nichtwissen im aufklärerischen Diskurs der Wunderkritik, in: Formen des Nichtwissens der Aufklärung, hg. v. Hans ADLER / Rainer GODEL (Laboratorium 4), München 2010, S. 121–140.

WILD, Christopher, Fleischgewordener Sinn. Inkarnation und Performanz im barocken Märtyrerdrama, in: Theatralität und die Krisen der Repräsentation. Das 17. und das 20. Jahrhundert, hg. v. Erika FISCHER-LICHTE (Germanistische Symposien-Berichtsbände 22), Stuttgart 2001, S. 125–154.

DERS., Theater der Keuschheit – Keuschheit des Theaters. Zu einer Geschichte der (Anti-)Theatralität von Gryphius bis Kleist (Rombach Wissenschaften 113), Freiburg 2003.

Das synkretistische Wunder im späthöfischen Roman am Beispiel der Himmelstuhlepisode in Johanns von Würzburg ‚Wilhelm von Österreich'

JUTTA EMING

Wie der französische Romanist Daniel Poirion vor einigen Jahren feststellte, wäre es sinnlos und außerdem unergiebig, für das Wunderbare in der Literatur des Mittelalters spezifische Quellen, zum Beispiel aus der Antike, identifizieren zu wollen. Poirion machte einen „syncrétisme de l'imagination merveilleuse"[1] im Rahmen von Kulturtransfers geltend, im Zuge derer sich ältere Vorstellungsinhalte über außergewöhnliche oder übernatürliche Vorgänge immer neu mit aktuelleren verbinden: „D'une culture à l'autre, du plus lointain passé au présent le plus proche le merveilleux fait circuler le murmure des croyances censurées."[2] Diese älteren, bearbeiteten (censurées) Glaubensinhalte im mittelalterlichen Wunderbaren sieht Poirion der theologischen Begriffstradition von Synkretismus gemäß in erster Linie religiös und mythologisch fundiert.

Synkretismus ist kein eingeführter literaturwissenschaftlicher Begriff, in der germanistischen Mediävistik wird er auch polemisch für ein scheinbar einfallsloses ‚Zusammenschustern' vorausgehender Dichtungen verwandt.[3] Weil er vielfältige Bezüge zu früheren literarischen Texten umfassen kann, steht er dem Begriff des Palimpsestes nach Genette nahe;[4] insofern er auch eine Integration außerliterarischer Quellen bezeichnen kann, ist er der Montage vergleichbar, die allerdings grundsätzlich ein intentionales künstlerisches Prinzip meint.[5] Für mein Interesse sind im Folgenden beide Ebenen relevant, die religiöse wie die ästhetische, darüber hinaus und im Besonderen soll eine dritte, epistemische Ebene bestimmt werden, auf welcher der Begriff des

---

1 POIRION, Le merveilleux, S. 44.
2 POIRION, Le merveilleux, S. 45.
3 Zugespitzt bei SCHRÖDER, Der synkretistische Roman des Wirnt von Gravenberg.
4 Vgl. GENETTE, Palimpseste.
5 Vgl. JÄGER, Montage. Als ästhetisches Prinzip für das Mittelalter (wie für beinahe sämtliche Epochen mit Ausnahme der klassischen Moderne) wurde dies besonders nachdrücklich von Umberto Eco geltend gemacht, vgl. etwa ECO, Auf dem Wege zu einem neuen Mittelalter.

Synkretismus eine Integration heterogener Wissensdiskurse bezeichnen kann. Für die Form dieser Integration ist insbesondere die von Poirion metaphorisch evozierte nahezu gleichförmige Vermischung vorgängiger Diskurse im Wunderbaren anschlussfähig, die eher als ‚Flüstern' vernehmlich würde denn als profiliertes Konzept.

Im (Mittelhoch)Deutschen gibt es allerdings keine Entsprechungen für *merveilleux* (*merveile*). Sein Äquivalent, das Wunderbare, erscheint als Lexem in der Literatur des Mittelalters regelmäßig erst ab dem 16. Jahrhundert.[6] Stattdessen begegnet – in einer sehr breiten Verwendung – das Wort *wunder*. Regelmäßig ist in der mittelhochdeutschen Literatur ferner das Adjektiv *wunderlîch* vertreten. In einer ersten Verwendung bezeichnet *wunder* das Wirken Gottes in der diesseitigen Welt. Diese Verwendung schließt eng an die von *miraculum* und *mirabilium* an, eine Unterscheidung im klerikalen Schrifttum, die einen Eingriff Gottes einerseits bezeichnet, ein weltliches Kuriosum oder auch eine natürliche Gegebenheit der Schöpfung andererseits, wobei zwischen beiden viele Übergangsphänomene bestehen. Souverän verfügt Gervasius von Tilbury zu Beginn des 13. Jahrhunderts in seinen *otia imperialia* über diese begriffliche Tradition:

> Porro miracula dicimus usitatius que preter naturam diuine uirtuti ascribimus, ut cum uirgo parit, cum Lazarus resurgit, cum lapsa membra reintegrantur. Mirabilia uero dicimus que nostre cognicionig non subiacent, etiam cum sunt naturalia; sed et mirabilia constituit ignorantia reddende rationis quarc sic sit.[7]

> Als Wunder bezeichnen wir gewöhnlich Vorgänge, die wir als übernatürlich der göttlichen Wundermacht zuschreiben: wenn zum Beispiel die Jungfrau gebiert, wenn Lazarus wiederaufersteht oder verletzte Körperteile wieder heil werden. Wunderbar nennen wir das, was unser Fassungsvermögen übersteigt, auch wenn es natürlich ist. Wunderbar wird etwas auch durch unser Unvermögen zu erklären, warum etwas so ist, wie es ist.[8]

In der volkssprachigen höfischen Literatur des Mittelalters ist mhd. *wunder* sowohl breiter als auch differenzierter konnotiert, und daraus leite ich meinen Begriff des Wunderbaren ab. *Wunder* bezieht sich dort im religiösen Sinne auf das Wirken Gottes, aber auch auf ein schönes Bauwerk, einen Automaten, eine ungewöhnliche Erscheinung in der Natur oder ein Monstrum, dem der Ritter begegnet. Wenn literarische Helden sich mit einem solchen schönen, unbekannten, anziehenden und/oder be-

---

6   Dieser Befund gilt nur für die mittelhochdeutsche Sprache. Seit dem 12. Jahrhundert begegnet im Französischen bereits regelmäßig *merveilleux*, im Englischen *marvelous*, beides Ableitungen von der Wurzel des lateinischen *mirari*. Vgl. LECOUTEUX, Introduction à l'étude du merveilleux médiéval, S. 273 f.

7   Gervase of Tilbury, Otia imperialia. Recreation for an Emperor, S. 558.

8   Die Übersetzung wurde der Ausgabe von STIEME in Gervasius von Tilbury, Kaiserliche Mußestunden, S. 309, entnommen.

ängstigenden Objekt oder Erlebnis konfrontiert sehen und es von ihnen oder vom Erzähler als *wunder* bezeichnet wird, bleibt zudem die Frage, welche Kraft sich womöglich hinter einem Wirken verbirgt, göttlich oder dämonisch, oftmals offen. Ob eine
solche Offenheit eine neue Qualität von *wunder* konstituiert, die begrifflich anders,
und zwar insbesondere als fantastisch, bezeichnet werden sollte, ist in der Mediävistik
umstritten.[9] Mittelalterliche Dichter der höfischen und späthöfischen Literatur schöp-
fen jedoch große Potentiale an Spannung aus dieser mangelnden epistemologischen
Eindeutigkeit. Solche Uneindeutigkeit kann sich schließlich auch im Rahmen von literarischen Konstellationen herstellen, in denen das Wort *wunder* nicht erscheint. Auch
aus diesem Grund verwende ich den Begriff des Wunderbaren als Kategorie, die sich
nicht nur an der historischen Lexik orientiert.[10] Es gilt darum, einen Geltungsradius
festzulegen, der letztlich auch moderne Vorstellungen dessen berücksichtigt, was als
abweichend charakterisiert werden kann.

Unter diesen Voraussetzungen ist das Wunderbare nicht nur als Objektbereich zu
verstehen – *mirabilia* wie Magnetberge oder monströse Völker – und auf Seiten eines wahrnehmenden Subjekts nicht nur über die emotional-intellektuelle Haltung
des Staunens. Vielmehr entfaltet es sich als ein umfassender Zusammenhang erzäh-
lerischer Inszenierung, zu dem rhetorische Stilisierungen durch *descriptiones* und Ek-
phrasen ebenso gehören wie Erzählerkommentare und Fokalisierungen; Handlungs-
vollzüge und Erfahrungen, Emotionen und Reflexionen der literarischen Figuren;
atmosphärische Effekte und Spannungserzeugung, die sich oft über längere Strecken

---

9   Die Debatte wurde in der Germanistik durch verschiedene Arbeiten von Walter Haug angesto-
     ßen, in der Romanistik durch die dann auch interdisziplinär rezipierte große Untersuchung von
     DUBOST, Aspects fantastiques. Vgl. dazu WOLFZETTEL, Das Problem des Phantastischen im Mit-
     telalter, und weitere Aufsätze im betreffenden Band, ferner EMING, Mittelalter. ZIMMERMANN,
     Phantastische Tatsachenberichte?! zeigt eindrücklich, welche Aspekte mit dem Begriff des Fan-
     tastischen gerade in Bezug auf Erzählungen vom Wunder(baren) erfasst werden könnten; die Fra-
     ge – die auch viele Beiträge im Band von Wolfzettel diskutieren – bleibt, ob es dafür eines eigenen
     Begriffes bedarf oder ob der Begriff des Wunderbaren diese nicht bereits abdeckt.
10   DASTON/PARK, Wonders and the Order of Nature, sprechen sich in ihrer einflussreichen Studie
     für eine strikte Orientierung an historischen Begriffsverwendungen aus, um eine Aufweichung
     („loose category coextensive") hin zu Kategorien wie Fiktionalität, Fantastik etc., zu vermeiden.
     Vgl. ebd., S. 15. Dies ist eine nachvollziehbare und gut begründbare Entscheidung, die in ähnli-
     cher Weise BYNUM, Metamorphosis and Identity, S. 38f., trifft, jedoch nicht weiter problemati-
     siert, dass es sich zugleich um ästhetische Kategorien handelt, deren Geltung für historische Texte
     allererst diskutiert werden muss. Gerade das Verhältnis des Wunderbaren zum Fantastischen ist
     klärungsbedürftig und hat zu Diskussionen auch über den epistemischen Status der betreffenden
     Kategorien geführt. Vgl. auch WYSS, Über Vergnügen und Missvergnügen, S. 134: „Wir müssen den
     Begriff des Wunderbaren, mit dem wir arbeiten wollen, selber verantworten", und die betreffenden
     Ausführungen in diesem Aufsatz. Dessen ungeachtet gibt es einen Komplex von typischen Figu-
     ren, Wesen, Motiven, Szenerien des Wunderbaren, wie ihn Claude Lecouteux in seinen Arbeiten
     erforscht hat. Vgl. auch das von Francis Dubost und Francis Gingras für die französische Litera-
     tur des Mittelalters erarbeitete Register typischer Motive bei DUBOST, La Merveille médiévale,
     S. 395–425.

einer Dichtung hinziehen können. Schließlich ist es um eine Begriffsdimension zu erweitern, der gemäß es sich als epistemische Konfiguration auffassen lässt.[11] Diese hängt eng mit der subjektiven Komponente des Wunderbaren zusammen, mit dem Umstand, dass eigentlich alles zu ihm gehören kann, das bewundert wird, verwundert, Wissensdrang erzeugt. Sie gehört zum Begriff seit der Antike.[12]

I. Das Wunderbare als Episteme

Grundlegend für mein Verständnis vom Wunderbaren als Episteme ist die Prämisse, dass es auf Transfers verschiedener historischer Wissensdiskurse und Wissenselemente aus Historiographie, Theologie, Naturgeschichte oder Medizin beruht und in Beschreibungen des höfischen Europa wie des Nahen Ostens und Ostasiens, der Antike und verschiedener Anderswelten zu Erlebnisbereichen kultureller und historischer Alterität je neu konfiguriert wird – in einem solchen umfassenden Sinne also synkretistisch wird. Die Transfers werden in zeitlicher, räumlicher, kultureller, gattungsmäßiger Hinsicht oder in einer Kombination aller vollzogen, und es ist gleichgültig, ob in den betreffenden Texttraditionen der Eindruck vermittelt wird, dass dieses Wissen gerade stabil bleibt. Jedes Mal wird ein Topos z. B. gelehrten Wissens zum Gegenstand eines mit verschiedenen narrativen Mitteln inszenierten Prozesses einer Erfahrung des Wunderbaren.

Entscheidend ist nun einerseits, dass sich im Zuge solcher *Re*-Konfigurationen im literarischen Text Wissenstraditionen und ihre Versatzstücke verändern. Das Wunderbare formiert sich auf diese Weise zu neuen Darstellungsmustern in der fiktionalen Literatur des Mittelalters, die seit dem 12. Jahrhundert transkulturell verbreitet sind und in der Folge ihrerseits rekurrent werden. In Form von unterschiedlichen Objekten, Figuren, Topographien, Narrativen und Konfliktkonstellationen werden die Wissenselemente auf einer neuen Ebene re-inszeniert: sie begegnen als Anderswelten, als deren Boten oder Bewohner (Monstren, Feen, Zauberer), als Dinge mit besonderen Eigenschaften, wie Edelsteine oder Automaten, aber auch als Wirken Gottes oder verschiedene Vorgänge aus dem Bereich des Magischen, wie Zauber und Transformationen.[13] Das Wunderbare folgt dabei einer immanenten Überbietungslogik und muss den Effekt, Staunen oder Verwunderung zu erzeugen, immer wieder neu herstellen.[14] Wichtig ist andererseits, dass die speziellen Darstellungsmuster des Wunderbaren ebenfalls grundsätzlich Wissen vermitteln, auch wenn sie in eben dieser Spezifik allererst bestimmt werden müssen. In der Forschung wird das Wunderbare im Allge-

---

11   Dies entspricht dem Forschungsprogramm meines Teilprojekts im SFB 980 *Episteme in Bewegung*.
12   Vgl. HOFFMANN/SITTIG, Das Wunderbare.
13   Vgl. zu dieser Systematisierung bereits EMING, Funktionswandel des Wunderbaren, S. 5–27.
14   Vgl. dazu auch EMING/QUENSTEDT/RENZ, Das Wunderbare als Konfiguration des Wissens.

meinen nicht je spezifisch für literarische und für Wissensdiskurse konzeptualisiert.[15] Dagegen verstehe ich literarisches Wissen als Wissen mit Geltungsanspruch, auch wenn ein solcher Anspruch nicht notwendig über explizite Formulierungen manifest werden muss. Dies kann stattdessen über spezielle Formen der materiellen und medialen Repräsentation, über bestimmte Institutionen oder ästhetische und performative Strategien zum Ausdruck kommen. Es ist gerade die poetische Konfiguration, welche Wissen repräsentiert oder erzeugt.

Die Frage nach dem Verhältnis von Wunderbarem und Wissen ist schon deshalb nicht trivial, als beider Relationierung seit der Antike als Grundvoraussetzung von Erkenntnis gilt. Das Wunderbare wurde gerade in der subjektbezogenen Variante, der Verwunderung oder dem Sich-Wundern (*thaumazein*) in einer seither immer wieder zitierten Formulierung schon früh und prominent an den Erwerb von Wissen gebunden: in Aristoteles' berühmter Setzung aus der ,Metaphysik', dass Menschen sich gewundert hätten, um den Zustand der Unkenntnis zu verlassen: „Weil sie sich nämlich wunderten, haben die Menschen zuerst wie jetzt noch zu philosophieren begonnen; sie wunderten sich anfangs über das Unerklärliche, das ihnen entgegentrat."[16] Diese Einsicht beförderte allerdings die verbreitete – gegenüber der philosophischen Tradition verkürzte – Auffassung, dass Wissenserwerb und Bildung über Verwunderung hinausgehen und diese schließlich ersetzen. Die Vorstellung eines Ersetzungs- oder Auflösungsverhältnisses hat auch eine literatur- und rezeptionsästhetische Dimension: „Zu wundern brauchen wir uns ja nicht, wenn wir zu verstehen meinen, was uns die Wundergeschichte sagen will. Wir durchschauen es leicht. Dann wird es schnell schal und seine Faszination droht zu erlahmen. Das *merveilleux* hebt sich, so gesehen, selber auf."[17]

Mit der Anglistin Michelle Karnes lässt sich geltend machen, dass das Wunderbare in theologischen und literarischen Diskursen des Mittelalters nicht zurückgewiesen, sondern mit Hilfe des Imaginären als Objekt erst einmal sukzessive zur Erscheinung gebracht wird.[18] „Marvels necessarily exceed perception and imagination represents the excess, bringing an object to life by representing the full experience of it."[19] Solche ,vollständige Erfahrung' stellt eine Form des Wissens dar, die nicht aus einer Auflösung des Wunderbaren resultiert, sondern aus seiner Entfaltung. Dies kann Bereiche betreffen oder sich mit ihnen überschneiden, in denen *admiratio* oder *stupor* Einsicht

---

15   BYNUM, Metamorphosis and Identity, S. 38 f., schließt literarische Texte weitgehend aus, DASTON/PARK, Wonders and the Order of Nature, S. 60 *et passim*, behandeln sie *en passant*, Kieckhefer zufolge wird Magie im höfischen Roman ,psychologisiert'.

16   Aristoteles, Metaphysik, S. 21.

17   WYSS, Über Vergnügen und Missvergnügen, S. 130. Offenkundig ist auch eine epistemische Dimension solcher Auflösung des Wunderbaren, die sich nicht zuletzt diachron und wissen(schafts) geschichtlich abbilden lässt, vgl. dazu STROSETZKI, Mirabiliratio.

18   Vgl. KARNES, Marvels in the Medieval Imagination, S. 365.

19   KARNES, Wonder, Marvels, and Metaphor, S. 484.

in die Allmacht Gottes ermöglichen.[20] Aber es geht darüber hinaus. Wie ich im Folgenden zeigen möchte, kann es sich bei einem aus dem Wunderbaren sich konstituierenden Wissen – scheinbar paradox – sogar um eines handeln, das sich auf Grenzen des Wissens bezieht. Mein Beitrag schließt damit auch an Überlegungen der rezenten Forschung zur Verrätselung in der Mediävistik an, zu Darstellungstraditionen und Diskursivierungen von *obscuritas*.[21] Synkretistisch, dies halte ich hinsichtlich meiner einführenden Erläuterungen fest, ist das Wunderbare des höfischen Romans grundsätzlich, indem es Versatzstücke verschiedener Wissensdiskurse ineinanderfließen lässt, ästhetisiert und rekonfiguriert. Dabei entsteht neues, spezifisch literarisches Wissen.

Das grundlegende Prinzip wird im späthöfischen Roman gesteigert und intensiviert. Dies lässt sich auf den immanenten Überbietungsmodus des Wunderbaren zurückführen, welches ein Wissen um seine Prinzipien voraussetzt, das grundsätzlich veränderbar ist und durch das Erzählen modifiziert wird. Eingeführte Motive vermögen es folglich immer weniger, Verwunderung auszulösen. Wer vom Wunderbaren erzählt, muss auf diesen Horizont reagieren und Erwartungen der Zuhörer brechen – und das immer wieder von Neuem. In vielen mittelalterlichen Romanen insbesondere der späthöfischen Zeit können Inszenierungsmodi des Wunderbaren sich so verdichten, dass sie, wie man mehrfach festgestellt hat, rätselhaft oder geheimnisvoll wirken und sich zum Beispiel vom literarischen Helden selbst dann nicht auflösen lassen, wenn dieser sich dazu dezidiert Fragen stellt. Texte, die in diesem Zusammenhang immer wieder genannt werden, sind der ‚Wigalois‘ des Wirnt von Grafenberg, die ‚Crône‘ Heinrichs von dem Türlin oder auch der ‚Jüngere Titurel‘ Albrechts von Scharfenberg.

In dem Roman, mit dem ich mich im Folgenden befasse, kommt die skizzierte Tendenz, bezüglich eingeführter Topoi des Wunderbaren zu luxurieren und diese noch ungewöhnlicher, noch origineller und zugleich zunehmend poetologisch reflektiert zu gestalten, ausgeprägt zur Geltung: Johanns von Würzburg ‚Wilhelm von Österreich‘ (1314), der vergleichsweise reich überliefert ist.[22] Es ist ein langer, hybrider und hochgradig zitatförmiger Text. Seine Basisstruktur lässt sich als Gattungsmischung zwischen Liebes- und Abenteuerroman und Artusroman bestimmen, ferner integriert er Elemente aus Kreuzzugsdichtungen und Minnereden. Dabei entsteht selbst „für spät-

---

20 Deren Konzeptualisierung wird insbesondere mit Augustinus und Thomas von Aquin in Verbindung gebracht, vgl. dazu zuletzt QUENSTEDT, Mirabiles Wissen, S. 13–21. Eine ps.-dionysische Traditionslinie, welche Fragen des rhetorischen *aptum* an Erscheinungsformen des göttlich Wunderbaren bindet, beschreibt hingegen MEIER, *Ut rebus apta sint verba*.

21 Vgl. BUSCHINGER/OLIVIER, Das Geheimnisvolle; TRÎNCA, Verrätselung und Sinnzeugung; EMING/WELS, Darstellung und Geheimnis.

22 Der Roman ist in 11 vollständigen oder fast vollständigen Handschriften und einer Reihe von Fragmenten in drei Redaktionen überliefert, ferner in mehreren Drucken aus dem 15. und 16. Jahrhundert, vgl. im Einzelnen RIDDER, Mittelhochdeutsche Minne- und Aventiureromane, S. 376–384. Ich verwende im Folgenden den eingeführten Titel ‚Wilhelm von Österreich‘, obwohl Wildhelm als Name des Protagonisten im Text begegnet.

mittelalterliche Verhältnisse [...] ein extrem hybrider Text"[23] mit einer schwer über-
schaubaren Erzählstruktur, die zudem von einer überbordend gesprächigen Erzählinstanz überformt wird.[24] Die Dichtung steckt voller intertextueller Anspielungen, und
die Bezüge zur zeitgenössischen Minnerede werden in vielen Allegorien manifest, welche den Erzählfluss ebenso sistieren wie Exkurse und Erzählerkommentare. Der Text
ist transkulturell ausgelegt und kontrastiert Orient und Okzident; nicht zuletzt stellt
er durch Quellenberufungen und Gönnernennungen historische Bezüge her. Gerade
diese Kombinatorik hat in den letzten Jahren im Zuge der Hinwendung zur Poetik
des spätmittelalterlichen Romans ein verstärktes Interesse an dem Text geweckt und
zu einer intensiven Auseinandersetzung mit Gattungszugehörigkeit und Gattungsmischung, Fiktionalität und Faktualität, Erzählform und Erzählerfigur geführt.[25]

Dezidiert als Dichtung, die mit eingeführten Erzählmustern des Wunderbaren vari-
antenreich experimentiert, hat der Text bislang wenig Berücksichtigung gefunden, was
auch ein Effekt der literaturwissenschaftlichen Zuordnung ist: Was ich als Element des
Wunderbaren auffasse, wurde und wird, je nach Frageperspektive, zum Beispiel auch
als Allegorie, Indiz für Fiktionalität oder Tugendprobe behandelt. Die entsprechenden
textuellen Phänomene evozieren tatsächlich multiple Fragestellungen und Deutungsperspektiven, zugleich sind Klassifizierungen weder austauschbar noch beliebig. Doch
markiert ihre Häufung – worauf schon aus Anlass der Kategorie des Fantastischen hingewiesen wurde – auch ein tatsächliches Defizit, die Begriffe noch trennschärfer voneinander abzuheben.[26] Im folgenden Versuch, die Produktivität meines Begriffs des
Wunderbaren für den ‚Wilhelm von Österreich' zu erweisen, muss ich mich auf eine
einzige, allerdings lange Episode beschränken. Zugleich kann gerade eine solche Beschränkung verdeutlichen, wie komplex Konfigurationen des Wunderbaren in diesem
Roman gestaltet sind.

Zum Kontext der Episode: Der Protagonist Wildhelm ist in kriegerische Auseinandersetzungen im fremden ‚Orient' verwickelt, die ihn von seiner Geliebten Aglye tren-

---

23   SCHULZ, Poetik des Hybriden, S. 124.
24   Autor und Erzähler sind in der jüngeren Mediävistik hinsichtlich Fiktionalitäts- und Epigonalitäts-
     bewusstsein intensiv erforscht worden, vgl. zuletzt GEDIGK, Inszenierung als *poeta minor.*
25   Wegweisend waren hier die Arbeiten von RIDDER, Mittelhochdeutsche Minne- und Aventiure-
     romane; DIETL, Minnerede, Roman und *historia;* SCHULZ, Poetik des Hybriden. Mit dem schon
     älteren Vorwurf der Epigonalität hat sich zuletzt GEDIGK, Inszenierung als *poeta minor,* auseinan-
     dergesetzt.
26   RIDDER, Mittelhochdeutsche Minne- und Aventiureromane, stellt im Fazit seiner Textanalysen –
     neben ‚Wilhelm von Österreich' auch ‚Reinfried von Braunschweig' und ‚Friedrich von Schwa-
     ben' – richtig fest: „Besondere Aufmerksamkeit ist in den Texten dem Wunderbaren gewidmet"
     (S. 352). Doch hat er die Kategorie vorher nicht als Ansatz ausgewiesen. Wenn er in diesem Zu-
     sammenhang ferner „Wunder", „das Phantastische" und die „,Eigenwirklichkeit' der Fiktion" mehr
     oder weniger als Synonyma für das Wunderbare verwendet, offenbart sich der Einfluss der Fiktio-
     nalitätstheorie von Walter Haug, der ein gesteigertes Wunderbares, das zum Fantastischen tendie-
     re, als Fiktionalitätskriterium gewertet hatte. Vgl. zu diesem Punkt EMING, Wunder über Wunder,
     passim; sowie DIES., Funktionswandel des Wunderbaren, S. 22–27.

nen. In diesem Zusammenhang hat er einen Botengang zum muslimischen Herrscher
Melchinor übernommen, der – was er nicht weiß – seinen Tod zur Folge haben soll,
so hat es Wildhelms Widersacher im Werben um die schöne Aglye eingerichtet: Denn
Melchinor lässt grundsätzlich jeden Boten umbringen. Der Botengang trägt zugleich
Züge einer Aventiure-Queste: Gerade ist der Held im Wald einer monströsen Gestalt
begegnet, dem sog. Aventiure-Hauptmann, einer Personifikation des Abenteuers, die
ihn seiner Identität versichert.[27] Er macht Station im Reich des Joraffin inmitten des
Feuergebirges und zieht dann weiter.

II. Aventiure um den Himmelstuhl des Vergil

Dem Protagonisten ist vom Aventiure-Hauptmann ein Bracke, also ein Jagd- oder
Spürhund beigegeben worden. Diesem folgt er durch die Nacht, bis er auf eine kunst-
volle Einrichtung (*ain werk mit richer kunst*)[28] trifft, von welcher es heißt, dass Vergil
sie mit Hilfe von Zauberkunst (*diu kunst nigromanci*, V. 4908) erschaffen habe. Die
Eigenart, den antiken Dichter Vergil als Zauberer und Astrologen zu behandeln, folgt
hochmittelalterlicher gelehrt-literarischer Tradition und ist folglich nichts Singuläres.
Bereits seit dem *Policraticus* des John von Salisbury (ca. 1159) und den französischen
Antikenromanen des 12. Jahrhunderts gilt Vergil zudem als Inbegriff des gelehrten Au-
tomaten-Konstrukteurs,[29] dessen Wissen von der Naturgeschichte bis zu Magie und
Theologie reicht.[30] Bekannt ist er nicht zuletzt aus den *otia imperialia* des Gervasius
von Tilbury, in denen sich Historiographie, Enzyklopädie und Mirabiliensammlung
miteinander verbinden.[31] Interessant ist die Erwähnung von Nigromantie als Magie in
einer speziellen, wissenschaftlichen Variante. Gemeint ist Zauberkraft, welche sphä-
risch-astrologische Konstellationen nutzt. Auf den Terminus der ‚Nigromantie‘ (her-
vorgegangen aus ‚Necromantie‘) wird in Europa im Zuge

---

27   Diese Begegnung gilt als zentral für den Roman und ist hinsichtlich ihrer Spiegelungsfunktion für
      die Konstitution des Helden und die Poetik des Textes eingehend untersucht worden. Vgl. mit
      Akzent auf der Anlehnung an Minnereden, DIETL, Minnerede, Roman und *historia*, S. 146–154;
      auf der Identitätsthematik SCHNEIDER, Chiffren des Selbst, S. 74–81; auf der poetologischen
      Selbstreflexion GEISTHARDT, Monster als Medien literarischer Selbstreflexion, S. 207–233.
28   Johanns von Würzburg ‚Wilhelm von Österreich‘, V. 4906, Hervorhebungen und Übersetzungen
      sind im Folgenden meine. Ferner werden im Folgenden Versangaben direkt im Anschluss an das
      Zitat nachgewiesen.
29   Vgl. TRUITT, Medieval Robots, S. 65–68.
30   Vgl. TRUITT, Medieval Robots, S. 41.
31   Dies hat Michael Rothmann in verschiedenen Aufsätzen dargelegt, vgl. etwa ROTHMANN, Wissen
      bei Hofe zwischen Didaxe und Unterhaltung.

der Rezeption der arabischen Wissenschaften im 12. Jahrhundert zur Bezeichnung der astrologisch-astralmagischen Verfahren zurückgegriffen, obwohl diese nach Meinung der arabischen Autoren und ihrer lateinischen Übersetzer gerade nicht dämonisch bewirkt sind, sondern auf rein naturwissenschaftlichen Kausalitäten beruhen.[32]

Zunächst wird vor allem das landschaftliche *setting* von Vergils Stuhl näher beschrieben:

> nu lief der brack uf siner var
> die riht in daz gestůl:
> ainen brunnen kůl
> den kund er da wol vinden
> under ainer linden,
> diu gab von laube witen schaten.
> welt ir der wile mir gestaten,
> ich mache iu michel richait
> kunt. als diu aventůr sait
> und diu gůte rede hie,
> der selben linden schat gie
> sehtzec schůhe von dem stam;
> **ni můter kint so verre kam**
> **daz ie *gesæhe* in ainem raif**
> **geziehen ie so witen swaif**
> **als an der selben linden was**.
> (V. 4912–4927)

Da lief der Bracke auf seiner Fährte in Richtung dieses Gestühls; da fand er auch einen kühlen Brunnen unter einer Linde, die gab von ihren Blättern so reichen Schatten, dass ich Euch davon, wenn Ihr so viel Zeit erübrigt, gerne noch etwas berichten möchte. Wie aus der Erzählung hervorgeht und man es verlässlich berichtet, reichte der Schatten vom Stamm der Linde aus sechzig Fuß weit, keine Menschenseele hat jemals irgendwo einen so weiten Umkreis eines Schattens gesehen wie jenen, der von dieser Linde ausging.

Auch in dieser Beschreibung eines Ortes in der Natur als *locus amoenus,* Lustort, werden mehrere hochmittelalterliche gelehrt-literarische Topoi und Traditionen aufgerufen. Die einladende, Schatten spendende Linde verweist durch Elemente von Irrealisierung auf die Tradition von Anderswelten. Die besondere Größe des Schatten spendenden Baums könnte aber auch theologisch fundiert und auf der Basis von Eze-

---

chiel 17,22–24 als Machtsymbol ausgewiesen und eventuell kritisiert sein.[33] Es handelt sich um *spiritual vegetation* im Sinne einer theo- und anthropozentrisch fundierten Bedeutungsaufladung der Pflanzenwelt in der mittelalterlichen Kultur und Literatur, die viele zeichenhafte und religiös konnotierte Dimensionen aufweist, in ihren Wirkmöglichkeiten zugleich aber nicht auf diese beschränkt ist: Es geht, wie sich noch zeigen wird, im Rahmen der Erzählung auch um einen konkreten Ort, an dem der Held sich niederlassen wird.[34]

Der literarische Text ruft also Wissenselemente aus verschiedenen gelehrten Überlieferungen auf und setzt vielleicht informierte Rezipient:innen voraus, welche diese Elemente identifizieren können. Zugleich kann er auch unabhängig von der Kenntnis solcher Wissensspuren rezipiert werden, denn im Wunderbaren werden sie neu konfiguriert, und dadurch schillert der Text zwischen den verschiedenen Dimensionen. Durch sein Werk ist Vergil nicht nur als Zauberer, sondern genauer als Kenner der Astronomie oder Astrologie ausgewiesen, zudem als Baumeister oder Ingenieur, denn es war:

> gegozzen uz ere
> mit manigem wæhen **bilde**.
> tier und vogel **wilde**
> ergraben waren spæhe
> in daz gestůl wæhe,
> *ouch* was ez kostlich vergult:
> [...]
> enmitten stůnt dar inne
> gefůget an der linden stan
> ain sezzel, da was nihtes an
> wan ytel golt von Kaukasas;
> schôlt ich vol loben alles das
> da mit der sezzel was geziert,
> und daz gestain daz drab liert,
> ez wůrd in ainer wochen
> nymmer vollen sprochen.
> da von wil ich der rede gedagen
> und wil von dem gewelbe sagen

33　[Hes 17,22–24] „So spricht der Herr, HERR: Und ich werde vom Wipfel der hohen Zeder einen Schössling nehmen und ihn setzen; vom obersten ihrer Schösslinge werde ich einen zarten abbrechen und ihn auf einen hohen und erhabenen Berg pflanzen. Auf den hohen Berg Israels werde ich ihn pflanzen; und er wird Zweige treiben und Frucht tragen und zu einer herrlichen Zeder werden; und unter ihr werden alle Vögel wohnen, alles Geflügelte – im Schatten ihrer Zweige werden sie wohnen." Für den Hinweis danke ich Ruben Zimmermann.

34　Vgl. TRÎNCA, Einleitung, S. 17.

daz ob dem sezzel swebt
gelich als ob ez lebt.
(V. 4938–4960)

aus Erz gegossen und mit vielen kostbaren Verzierungen versehen. Fremdartige/wilde Tiere und Vögel waren auf wundersame Weise in das kostbare Gestühl eingemeißelt. Außerdem war es wunderschön vergoldet. Mitten darin und direkt an den Lindenstamm gearbeitet stand ein Sessel, der bestand ganz und gar aus reinem Gold aus dem Kaukasus. Sollte ich alles das hervorheben, womit dieser Sessel verziert war und welche Edelsteine darauf angebracht waren, würde eine volle Woche hierfür nicht ausreichen. Diese Rede will ich mir sparen und lieber über das Gewölbe sprechen, das so über dem Sessel angebracht war, dass es wirklich zu sein schien.

Diese hyperbolische Beschreibung eines ‚selbstbeweglichen Objekts, das seinen Antriebsmechanismus ausdrücklich verdeckt‘,[35] steht in der Tradition von Automaten-Darstellungen, die mitunter auch als *mirabilia mechanica* bezeichnet werden.[36] Seine kostbare Materialität wird als Element des Wunderbaren selbst zum Wissensträger, die aussagekräftig ist: Gold und Edelsteine markieren einen erhabenen, ‚Sonder‘-Bereich, der auf Angehörige der höfischen Gesellschaft vertrauenswürdig wirkt. Automaten-Konstruktionen werden in der höfischen Literatur seit dem 12. Jahrhundert in erster Linie auf Gelehrte und ihr ‚prekäres‘, d. h. anspruchsvolles und eventuell arkanes Wissen zurückgeführt,[37] und sie verweisen immer auf fernöstliche oder arabische Baukunst, über deren genaues Ausmaß man sich womöglich gar nicht im Klaren war. Als Elemente des Wunderbaren etablieren sie im literarischen Text ein ‚Wissen‘ darüber, dass Automaten und/oder Zauber Illusionen erschaffen und dabei vielschichtige emotionale Reaktionen erzeugen. Dieses Wissen wird seit den Eneas-, Alexander-, Flore- oder Partonopier-Romanen transportiert und ständig erweitert, und die Texte beobachten genau, welche emotionalen Prozesse jeweils ausgelöst werden.[38] Martin Zimmermann zufolge handelt es sich im vorliegenden Fall um einen Thronautomaten, bei dem – anders als sonst vielfach bei literarischen Automatenschilderungen – auf Grund der Herleitung aus Nigromantie und der naturwissenschaftlich-kosmologischen Einbettung keine biblischen Bezüge aufgerufen werden.[39] Ob hier wirklich eine

---

35 Vgl. FRIEDRICH, *Contra Naturam,* S. 92. Vgl. im selben Band den Beitrag von ERNST, Zauber – Technik – Imagination, dort S. 132–133 die Zuordnung des Sessels des ‚Wil(d)helm von Österreich‘ zu „magischen Automaten".

36 Von ERNST, Mirabilia mechanica.

37 Vgl. TRUITT, Medieval Robots, S. 41.

38 Vgl. TRUITT, Medieval Robots, S. 41: „they evoke a complicated network of emotions." Vgl. außerdem EMING, Schöne Maschinen, versehrte Helden; DIES., Luxurierung und Auratisierung von Wissen.

39 Vgl. ZIMMERMANN, Technische Meisterkonstruktionen, S. 245–250.

Ausschlussrelation vorliegt, scheint ebenso schwer zu entscheiden, wie die in der Automaten- und Technikforschung schon zur antiken Literatur[40] notorisch diskutierte Frage, ob solche Konstruktionen Sinnbilder menschlicher Hybris bilden. Denn eine Reihe von biblischen Bezügen dürften sich für gebildete Zuhörer hergestellt haben.

Wichtig und speziell ist im vorliegenden Fall die Fügung von *wilde* und *bilde,* die hier scheinbar *en passant* aus einem Reim hervorgeht. Aus der höfischen Literatur ist die Reim-Verbindung von *wilde* mit *bilde* wohlbekannt,[41] es handelt sich tatsächlich um Signalworte der Poetik des späthöfischen Romans.[42] Für ‚Wilhelm von Österreich' ist kennzeichnend, dass nicht nur immer neue Fügungen von *wilde/bilde,* sondern auch von *wilde/wunder* begegnen, und zwar je nach Kontext adjektivisch, substantivisch oder als Verb. Dabei wird ein breites semantisches Spektrum aufgerufen, das gerade in den verschiedenen Kopplungen und Kombinationen und abhängig vom Kontext stark changiert und zugleich eine Leitmotivik des Romans konstituiert. *Wilde* deutet dabei nicht nur auf Unzivilisiertes oder nicht Kultiviertes z. B. einer Landschaft; *wilde* ist abstrakter auch das, was fremd ist, bis hin zum Selbst-Fremdwerden. *Wilde* kann das genannt sein, was ungewöhnlich oder unerwartet ist, etwas, das womöglich nicht auf Anhieb verstanden wird. *Wilde* ist auf *wunder* bezogen, aber es ist nicht mit diesem identisch. Vielmehr verspricht das Wilde ein Wunder.[43]

Hervorzuheben ist schließlich ein für Automaten und ihre Wirkung typisches, aber in literarischen Texten je neu ausgearbeitetes Charakteristikum, welches das Diffus-Werden der durch die mechanischen Anteile der Automaten erzeugten Phänomene und ihrer Wahrnehmung auf Seiten der intradiegetischen Betrachter betrifft. Im vorliegenden Beispiel bezieht es sich auf die Beschaffenheit des ‚Himmels': Handelt es sich noch um eine künstliche Himmelskonstruktion oder bereits um das Firmament? Das lässt sich auf der Ebene der Beschreibungssprache kaum mehr trennen. Das hier verwendete mittelhochdeutsche *leben* transportiert diese Verwirrung der Sinneseindrücke besonders gut: Es geht um das Konzept einer beseelten, gleichsam atmenden, die menschlichen Verhältnisse spiegelnden Natur, die künstlich evoziert wird. Zu vermerken sind auch naturgeschichtliche Wissens-Einsprengsel: Als Kaukasus gilt die

40   Vgl. ARMSTRONG, Against Nature?

41   Zugleich ist es nicht auf diesen beschränkt, wie KOCH, Wilde und verweigerte Bilder, herausgearbeitet. Sie zeigt, dass in der Gattung der Heldenepik ‚wilde Bilder' auf Grund einer stereotypen Benennungstechnik der zentralen Figuren entstehen, welche die Visualisierung an die Rezipienten delegiert, S. 64–70.

42   Dies hat Wolfgang Monecke in einer grundlegenden Untersuchung am Beispiel von Konrad von Würzburg gezeigt, insbesondere an Konrads ‚Trojanerkrieg', vgl. MONECKE, Studien. Seine Ergebnisse sind, wie im Folgenden an einigen Verweisen deutlich wird, auch für die späthöfische Literatur generell relevant.

43   Vgl. zur ‚semantischen Expansion' von *wilde* im Mittelhochdeutschen HAUBRICHS, *Wild, grimm und wüst,* hier S. 50; zur Fügung von *wunder wilde* auch MONECKE, Studien, S. 8–10. Für ‚Wilhelm von Österreich' wird der Begriff auch von LINDEN, *wildiu rede* und ethische Funktion, poetologisch ausgelotet.

Bergkette von Kleinasien bis Indien, also in Richtung des Mirabilienorients; die Region wird in ‚Wilhelm von Österreich‘ später noch eine Rolle spielen, weil ein verzaubertes Reich dort situiert ist. Damit handelt es sich hier also auch um eine Prolepse. Wie häufiger in Bezug auf Regionen Asiens erscheint der Kaukasus auch als Ort des Goldes, der unaussprechlichen Kunstfertigkeit und schließlich der ‚Heidenschaft‘. Das Ausmaß von Vergils Kunst, auf die noch mehrfach hingewiesen wird (*Virgilius, nicht ain kristen, / der het in so gemachet,* V. 4978 f.) wird auf diese Weise sukzessive entfaltet. Dies kulminiert in einer Beschreibung der emotionalen Manipulation des und durch den Sessel-Automaten, die in der Forschung auch als ‚Tugendprobe‘ beschrieben wird:

> ain man der nie geswachet
> sich selb an kainen orten
> mit werken noch mit worten,
> an manigen tugenden uzerwelt,
> an degenhait ain mannes helt,
> der maister was in eren schůl,
> so der gesezzen uf den stůl
> was von dem ich sait vor,
> do gieng er über sich enbor
> durch die linden este
> in daz gewelb veste
> von dem ich gesaget han.
> da zunten inne sunn und man,
> Mars und Mercurius,
> Jovis und Venus,
> Saturnus der planet
> auch *do* geschönet het
> daz gewelbe wunnesam.
> daz gestirne für sich bran
> die naht in schönem glast,
> des tages lieht *es* last
> nach der aventůr sage.
> (V. 4980–5001)

Ein Mann, der noch nie schwankend wurde und noch nie in Handlungen oder Reden von seinen Überzeugungen abgewichen ist oder seine vielen herausragenden Tugenden verloren hat, ein Mann von einzigartiger Tapferkeit und Meister ehrenhaften Verhaltens, wenn der sich in den Sessel setzte, den ich gerade beschrieben habe, dann fuhr dieser hoch hinaus durch die Äste der Linden hindurch in das starke Firmament, von dem ich Euch gerade erzählt habe. Da entzündeten sich Sonne und Mond, Mars und Merkur, Jupiter und Venus. Auch der Planet Saturn verschönerte dann das herrliche Himmelsgewölbe. Die Sterne erleuchteten dann die Nacht in schönstem Glanz wie das Tageslicht, so wird es beschrieben.

Zu denken ist an der vorliegenden Stelle offensichtlich an einen sich selbst entzünden-
den und sodann hell leuchtenden Baldachin. Charakteristisch für literarische Diskurse
über das Wunderbare ist der behauptete Zusammenhang zwischen Wirkungen und
einem dafür disponierten Subjekt,[44] der eventuell auf die aus Rhetorik und Heilkun-
de übernommene Kairos-Tradition als dem richtigen Moment für die Entfaltung von
(Natur)Magie zurückgeht[45] und hier als Tugendprobe figuriert. Der Held setzt sich
müde in den Stuhl:

> [...] da schain listiclich
> Virgilien grozziu maisterschaft:
> siner starken kunst kraft
> den man und auch den sezzel zoch
> uf in daz gewelbe hoch,
> dar inne er daz gestirne sach.
> zu im selben er do sprach:
> ,wa von mag diu genade sin
> daz du sůnder on allen pin
> scholt zu hymelriche komen?
> ich wont daz mir hie benomen
> daz leben schőlte werden:
> nu wil ich mich von der erden
> mit Gotes helfe ziehen,
> so daz ich můge enpflehen
> des kůnges gewalt.'
> **nu sach der wol gestalt**
> **vil richer wunne dem gelich**
> **als er wær in dem hymelrich.**
> (V. 5038–5056)

Da zeigte sich auf überlegene Weise Vergils große Meisterschaft: Die Macht seiner Kunst
zog den Helden mitsamt Sessel aufwärts in das hohe Firmament, in dem er dann die Sterne erkennen konnte. Er fragte sich: ,Wie kommt es, dass du die Gnade erfahren hast, dass
du armer Sünder ohne weitere Anstrengung schon in den Himmel kommen solltest? Mir
schien, dass mir hier das Leben genommen werden sollte, jetzt will ich mich von der Erde
mit Gottes Hilfe entfernen und mich in die Gewalt dieses mächtigen Königs begeben.'
Der schöne Mann sah also so viele herrliche Dinge, als ob er schon ins Himmelreich eingegangen wäre.

---

44   Vgl. SCHMID, Da staunt der Ritter.
45   So erläutert bei KODERA, Der Kairos des Naturmagiers.

Die Kunstfertigkeit Vergils soll sich in der Wirkweise seines Bauwerks bewähren, und um diesen Nachweis zu führen, wird auf die Innenperspektive des Protagonisten gelenkt. Spätestens an einer solchen Stelle, an der die Begegnung mit einem bizzaren Wunderwerk in eine Auseinandersetzung mit den eigenen Gefühlen mündet, stellt sich die Frage nach dem Status der Welt der *âventiure* zumindest dort, wo sie auf der Basis von Elementen des Wunderbaren entworfen wird, und dies ist im (spät)höfischen Roman fast immer der Fall. Inwieweit, so lässt sich mit Blick auf meinen Fragehorizont zuspitzen, kann diese angesichts ihres ausgeprägt phantasmatischen Charakters überhaupt noch als eine Auseinandersetzung mit Formen des Wissens begriffen werden?

Tatsächlich herrscht eine verbreitete Tendenz, einer solchen *âventiure*-Welt einen Realitätsstatus abzusprechen und die Erlebnisse, die sie bereithält, als „Chiffren des Selbst" aufzufassen, also als Bebilderungen und Projektionen vom Innenraum eines Helden, oder auch als Medium literarischer und Erzähl-Reflexion.[46] Das ist ein schwieriger Punkt: So problematisch es ist, in Bezug auf literarische Texte mit Ebenen von Realität zu argumentieren, so offensichtlich wird in höfischen Romanen mit verschiedenen Sphären der Welthaltigkeit operiert, werden intertextuelle Anspielungen und rhetorische Verfahren der Uneigentlichkeit wie Allegorien und Metaphern verwendet und Identitätsproblematiken verhandelt. Ein Ansatz allerdings, mit dem der Fluchtpunkt dessen, was geschieht, in einer Begegnung mit dem Selbst oder einer poetologischen Aussage situiert wird, geht darüber hinweg, dass die Texte ja Topographien entwerfen. Es handelt sich um Räume, Anders- oder Aventiurewelten, die man in der Logik der Romane tatsächlich betreten kann und die zugleich eigene kommunikative Modi aufweisen.[47] Und diese Räume werden zumeist konkret lokalisiert, nämlich im Orient bzw. in Asien (Kaukasus). Am prägnantesten scheint mir dieser Status in den Ausführungen von Uta Störmer-Caysa gefasst, welche Anderswelten im höfischen Roman als aus der fiktionalen Welt ausgegrenzte Räume definiert, in denen die Figuren anders, und zwar experimenteller, handeln und leben, und die auf Grund ihrer schweren Zugänglichkeit semantische Verweise auf Tod und Jenseits beinhalten.[48] Die andere Welt erklärt die übliche des Romans dabei ebenso wenig wie umgekehrt, beide existieren als Wirklichkeitsebenen nebeneinander.[49]

---

46 So generell SCHNEIDER, Chiffren des Selbst; GEISTHARDT, Monster als Medien literarischer Selbstreflexion, S. 217, sie spricht von einem Übertritt „aus der bekannten und geordneten Sphäre einer vergleichsweise ‚realen' (oder doch zumindest realitätsnahen) Welt in den Bereich der *âventiure*".

47 Anregende Überlegungen finden sich dazu bei WAGNER, Erzählen im Raum.

48 Vgl. STÖRMER-CAYSA, Grundstrukturen mittelalterlicher Erzählungen, S. 203 f.

49 Vgl. STÖRMER-CAYSA, Grundstrukturen mittelalterlicher Erzählungen, S. 207. Vgl. jetzt auch den Ansatz, den phantasmatischen Charakter der höfischen Aventiure-Welt grundlegend aus ihrer Überblendung mit der Feenerzählung narratologisch zu fassen bei BLEUMER, Ereignis, S. 143 *et passim*.

Doch weist Störmer-Caysa auch darauf hin, dass sich in Anderswelten für Helden und Hörer „intellektuelle Aufgabe[n]" und „Rätselspiele über die Einschätzung einer Situation" ergeben, dass es darum geht, bestimmte Formen von „Wissen zu teilen".[50] Genau diese Figurenzeichnungen, in denen den Held Emotionen und *manic fürgedanc* (s. o.) bewegen, sind für Konfigurationen des Wissens von Interesse. Denn das Wunderbare ist dafür prädestiniert, sie zu erzeugen. Plausibel scheint mir für die vorliegende Stelle – andere aus anderen höfischen Romanen ließen sich ebenfalls anführen –, einen Einfluss von Theorien des Imaginären vorauszusetzen.

An der Entfaltung des Wunderbaren scheint ein ‚Exzess der Imagination' im Sinne der früher zitierten Ausführungen von Karnes am Werke, der produktions- ebenso wie rezeptionsästhetisch funktioniert und die Wahrnehmung des Protagonisten in den Mittelpunkt rückt. Dabei wird Vergil erneut als überlegener Kenner von Naturmagie exponiert. Seine Kunst zeigt sich in einer Beherrschung von Technik und Materie, die bis zur Manipulation der Wahrnehmung und eventuell der Dinge reicht. Bei der Konstruktion eines in rasender Geschwindigkeit in die Höhe schießenden Gestühls geht es offensichtlich darum, Erlebnisse von Schnelligkeit, Rauscherfahrungen, Deregulierungen der Sinne oder Sinnestäuschungen zu verschaffen. Dies sind durchaus verbreitete Erzählmuster des Wunderbaren dort, wo eine Wirksamkeit von Zauberkraft beschrieben wird,[51] und sie haben immer auch eine gewisse Unterhaltungsfunktion sowohl für intradiegetische Zeugen als auch für Textrezipient:innen. Der Held stellt sich (scheinbar sinnlose) Fragen, die zunächst seine Desorientierung und die Verunklärung der Erscheinungen zum Ausdruck bringen, ihn dann aber dazu führen, für sich die Dinge zu rationalisieren und Schlüsse aus ihnen zu ziehen. Dass seine Wahrnehmungs- und Einsichtsfähigkeit dabei klare Grenzen aufweist, ‚demontiert' ihn in seinem Heldenstatus keineswegs.

In antiken und mittelalterlichen Wahrnehmungstheorien fungiert die in einer Hirn-‚Fakultät' situierte Imagination[52] als Mittler zwischen Außenwelt und Seele: Sie transformiert Wahrnehmungsreize in konventionalisierte Bilder. Die inneren Bilder müssen rational bewertet und eingeordnet werden, und dabei kann es zu Fehldeutungen kommen. Deshalb wird Imagination als Erkenntnisinstrument ambivalent beurteilt.[53] Bei Philosophen der arabischen und westlateinischen Tradition werden *mirabi-*

---

50   STÖRMER-CAYSA, Grundstrukturen mittelalterlicher Erzählungen, S. 211. Eine „Dialektik von Verborgenheit und Enthüllung" und „Vieldeutigkeit und Verrätselung" in Anderswelten betont auch KLINGER, Anderswelten, S. 16 f.

51   Vgl. dazu EMING, Reiz, Rausch, Remedium, zu wahrnehmungspsychologischen Aspekten auch das Fazit von ERNST, Zauber – Technik – Imagination, S. 171 f.

52   Zur Anbindung an Konzeptionen des Gehirns vgl. umfassend SUDHOFF, Die Lehre von den Hirnventrikeln.

53   Vgl. die Überblickdarstellungen bei BUNDY, The Theory of Imagination in Classical and Mediaeval Thought, bes. S. 177–198; LACHMANN, Phantasia, imaginatio und rhetorische Tradition, sowie, mit noch stärkerem Akzent auf den auch positiv gewendeten Anteilen der Imagination in der ara-

lia des Inneren und des Äußeren unterschieden und übereinstimmend so konzipiert, dass sie durch die Kraft einer außerordentlichen Imagination bewirkt werden können. Die Grenze zwischen Innen und Außen wird dabei auf unterschiedliche Weise unscharf. Innere Wunder werden durch äußere Kräfte, die auf die Imagination einwirken, erzeugt und manifestieren sich als Träume, Prophetien und dämonische Besessenheit. Die ‚imaginativen Wunder' können einen privilegierten Zugang zu verborgenem Wissen verschaffen, bergen aber stets Unsicherheiten, da sie nur in Form auszudeutender Bilder zugänglich sind und über ihre Urheber keine Gewissheit zu erlangen ist. Umgekehrt werden äußere *mirabilia* im Kontext magisch-kosmologischer Wissenstraditionen als durch imaginative Kräfte hervorgerufene reale Phänomene erachtet. So werden Wetterzauber oder die dämonische Beförderung eines Körpers durch die Luft erklärlich. In dieser Hinsicht befindet sich Wildhelm tendenziell in einem Zustand der Gefährdung – ist es der Teufel, der den Stuhl in die Luft wirft?

Nicht zuletzt aufgrund der so notwendigen wie störanfälligen Mittlerrolle der Imagination bei Wahrnehmungs- und Erkenntnisvorgängen sind historische Darstellungen ihrer Potentiale und Mechanismen gerade im Hinblick auf literarische Interessen relevant[54] – Interessen an der Darstellung von Erlebnisfähigkeit, Emotionen oder Krisenanfälligkeit eines literarischen Protagonisten. Die Gestaltung einer Störung der Imaginationskraft ist in Bezug auf den Helden Wildhelm gegeben – er fährt ja gerade nicht in den Himmel und ist nicht gestorben, sondern erlebt eine Kostprobe der Künste des Vergil.

Soliloquium und interne Fokalisierung machen offenkundig, dass sich der Protagonist instantan in einem Moment perzeptiver und metaphysischer Verunsicherung befindet. Er fragt sich mehr oder weniger, ob er bereits gestorben sei, dies legt die Himmelserscheinung für ihn nahe. Doch bei dieser Verunsicherung bleibt es nicht.

> In disen wunnen saz Ryal,
> ez wart in sines hertzen wal
> manic fůrgedanc erwelt;
> mit grozem jamer sprach der helt:
> ‚ey liebes liep Agly!
> hertzen trut amy!
> vor allem lieb bistu mir.
> ich waiz wol, sam bin ich dir;
> und bistu mir doch **wilde**,
> ich dich in sel **bilde**

---

bischen und lateinischen Philosophie des Mittelalters, KARNES, Marvels in the Medieval Imagination.

54   Die Produktivität der Auseinandersetzung wird etwa durch die unterschiedlichen Ansätze von SCHEUER, Cerebrale Räume; GEROK-REITER/WALDE, Traum und Vision in der Vormoderne; KARNES, Wonder, Marvels, and Metaphor in the *Squire's Tale*, illustriert.

ze allen ziten, truter zart!

(V. 5059–5069)

In solchem Entzücken saß Ryal und ihm kam in seinem Herzensaufruhr mancher spezielle Gedanke; in großem Leid sagte der Held: ‚Ach, geliebte Aglye, geliebte Herzensfreundin, ich liebe dich vor allen anderen, und ich weiß, so liebst du mich, und doch bist du jetzt nicht bei mir, ich werde dich in meinem Inneren zu allen Zeiten nachschaffen, meine teure Vertraute!'

Wildhelm (hier mit seinem Pseudonym Ryal vom Erzähler adressiert) vermag sich durch die Erlebnisse auf sich selbst zu beziehen und wird sich über seine Situation im Klaren (oder so klar, wie er sich unter den gegebenen Bedingungen werden kann). An dieser Stelle kippt das Erzählen in den Liebesdiskurs; die Identitätsproblematik des Helden und seine Unsicherheit angesichts der eigenen Situation münden in die Profilierung der Liebesbeziehung. Aus Anlass solcher Stellen ist mitunter in der Forschung zu lesen, dass das Wunderbare oder Magische in der höfischen Literatur grundsätzlich psychologisiert werde.[55] Solche Einschätzungen greifen generell zu kurz und würden die vorliegende Textpassage speziell schon deshalb verfehlen, weil die Erlebnisse und Erscheinungen in Begriffen von Faktualität und Realität gemessen werden und der Held um eine Klärung bemüht ist. Vielmehr wird das Wunderbare zum Reflexionsmodus einer Überprüfung des Wissens und der Selbstverortung des Protagonisten. Zeitgenössische Theorien des Imaginären verleihen diesen Vorgängen dabei die Tiefendimension. Besonders interessant ist aber, wie sich die Selbstvergewisserung des Helden entlang der Leitmotivik von *wilde* und *bilde* vollzieht.

Wildhelm entwirft sein Inneres[56] als einen Raum, in dem die Geliebte zuverlässig erinnert, wörtlich nach-gebildet werden kann (*bilde*), nachdem er sich räumlich von ihr entfernt hat (*wilde*). Dies schließt in einem spezifischen Sinne an die Liebeskonzeption an, denn Aglye ist Wildhelm, bevor er ihr je begegnet war, als Traumbild erschienen (*Aglyen bilde*, V. 677),[57] das sein Herz in Aufruhr versetzt (*wilde*, V. 678). Literarische Träume des Mittelalters (wie der Antike) können Realitätsgehalte in verschiedenen Abstufungen von göttlicher Prophetie bis zur allegorischen Aufbereitung des zukünftigen Schicksals des Träumenden transportieren. Wildhelm war vom Realitätsgehalt des *bilde* im Traum überzeugt und hat nicht geruht, bis er das Mädchen in der Fremde (*wilde*), nämlich im Orient, gefunden hat. Die zitierten Verse rechnen mit einem Erwartungshorizont, der solche Bezüge kennt, und sie nutzen den allusiven Radius der verwendeten Signalwörter. Im ‚Wilhelm von Österreich' vertreten *wilde bilde*

---

55   Vgl. etwa in der klassischen Studie von KIECKHEFER, Magie im Mittelalter, S. 127.
56   Zu *wilde* als Element der Figur vgl. auch SCHNEIDER, Chiffren des Selbst, S. 142–146.
57   LAUER/HERBERS, *bilde* bei Frauenlob, resümieren zur Semantik von *bilde* seit dem Althochdeutschen einen kontinuierlichen Bedeutungsumfang, der zwischen abstraktem und konkretem Gebrauch und dabei auch von Vorstellung, Bild und Gestalt changiert.

eine konsequent durchgehaltene Leitmotivik, die semantisch nuanciert immer neue Erlebensinhalte bezeichnet und sich langfristig konstruktiv auf Identität und Liebesbeziehung des Helden auswirken. Das innere *bild* (die Traumerscheinung) ermöglicht die Annäherung an das äußere *bild* (die reale Gestalt) dabei auf stabiler semantischer Grundlage und in Ausschöpfung der Möglichkeiten, welche zeitgenössische Theorien des Imaginären entwerfen.

Schließlich bläst Wildhelm in das Horn, das am Stuhl hängt, was einen gewaltigen Effekt hat:

> und blies also crefticlich
> daz Melchinor der kûnc rich
> uf sinem bette erschrac.
> zehant er do niht lenger lac:
> er slof in sin gewæt
> und sprach: ,von was getæt
> ist erschellet hie daz horn?
> ich wæn daz so wol geborn
> kain mensch uf der erde si,
> so ahbær, so wandels vri,
> daz er von rehter wirde part
> hie der aventûre vart
> so schone hab genûwet.'
> (V. 5099–5111)

und blies so kraftvoll, dass Melchinor, der mächtige König, aus seinem Bett aufschreckte. Sofort blieb er nicht länger liegen: Er legte seine Kleidung an und rief: „Durch wessen Tun ist hier das Horn erklungen? Ich glaube, dass auf der ganzen Welt niemand von so reiner Herkunft ist, so ehrenwert, so beständig, dass er in angemessener Weise den Vorgang hier schön wiederholt hat."

Wildhelms Tat erzeugt Schrecken und, typisch für Verwunderung als eines hochgradig affektiv gesättigten Zustands, einen Tumult an Emotionen und Reaktionen, die indessen aufgefächert werden. Träger dieses Zustands ist die Figur des Melchinor, des Herrschers, dem Wildhelm seine Botschaft zu überbringen hatte. Durch Melchinors Reaktion auf den Schall wird Wildhelm selbst zum Gegenstand von Verwunderung: Seine Tat löst eine Sensation aus. Der gesamte Hofstaat wird zusammengerufen und staunt; die rituelle Bestrafung des Botengangs wird angesichts solcher Exzeptionalität wie selbstverständlich ausgesetzt.

Seit die ältere Germanistik dem späthöfischen Roman eine ,Übersteigerungs'-Rhetorik nachsagte oder ihm mitunter eine ,überreizte' dichterische Phantasie zuschrieb, hat sich die Auseinandersetzung mit Texten wie dem ,Wilhelm von Österreich' entscheidend weiterentwickelt, und man arbeitet intensiv an Erzählformen und Ästhetik

dieser Texte. Mit dem Begriff des Synkretismus wollte ich dem gegenüber bei der Ar-
chäologie der Wissens-Schichten des Wunderbaren ansetzen. Von ihnen konnte die
kursorische Lektüre zwar nur einen Eindruck geben, und sie lassen sich vielleicht gar
nicht vollständig abtragen. Zugespitzt wurde die Interpretation vor allem auf eine Auseinandersetzung mit historischen Konzepten des Imaginären, die sich auch in anderen
späthöfischen Romanen bis hin zum Faustbuch verfolgen ließen (in dem es sogar zu
einer ähnlichen ‚Sesselfahrt' kommt, diesmal in die Hölle). Es gibt tatsächlich nicht
wenige vergleichbare Konstellationen, welche immer wieder Fragen behandeln wie
die, in welchem Umfang Sinneswahrnehmungen täuschen können, in manchen Kontexten auch (aber das ist hier weniger relevant): Wirkt hier Gott, ein Dämon, oder eine
Personifikation wie die Minne? Was sind Möglichkeiten des Wissens, wo geraten sie
an Grenzen, welche Reflexionen lösen die Extremsituationen aus, und wie münden
sie in neue Gewissheit und in tatsächlich in neues Wissen. Für die diskutierte Stelle schien besonders wichtig, dass alle Verwirrungen des Wunderbaren trotzdem Erkenntnis vermitteln, indem sie auf das Zentrum der Identitätskonstitution des Helden
hinsteuern, die ferne Geliebte. Sie bringen ihn dazu, inmitten der ‚wilden Wunder' den
Weg zur Selbststabilisierung zu finden – durch *bilde*.

Bibliographie

Quellen

Aristoteles, Metaphysik. Schriften zur Ersten Philosophie, übers. u. hg. v. Franz F. SCHWARZ,
    Stuttgart 1970.
Bibel, Elberfelder Übersetzung (Edition CSV Hückeswagen). https://www.csv-bibel.de/bibel/
    hesekiel-17 [abgerufen am 11.05.2022].
Gervase of Tilbury, Otia imperialia. Recreation for an Emperor, hg. u. übers. v. Shelagh E.
    BANKS / James W. BINNS, Oxford 2002.
Gervasius von Tilbury, Kaiserliche Mußestunden. Otia imperialia, eingel., übers. u. mit Anmer-
    kungen versehen v. Hans Erich STIENE, erster Halbband (Bibliothek der Mittellateinischen
    Literatur 6), Stuttgart 2009.
Johanns von Würzburg ‚Wilhelm von Österreich', aus der Gothaer Handschrift, hg. v. Ernst RE-
    GEL (Deutsche Texte des Mittelalters 3), Berlin 1906 [ND Dublin/Zürich 1970].

Forschungsliteratur

ARMSTRONG, Rebecca, Against Nature? Some Augustan Reponses to Man-made Marvels, in:
    Paradox and the Marvellous in Augustan Literature and Culture, hg. v. Philip HARDIE, Ox-
    ford/New York 2009, S. 75–94.
BLEUMER, Hartmut, Ereignis. Eine narratologische Spurensuche im historischen Feld der Lite-
    ratur, Würzburg 2020.

BUNDY, Murray Wright, The Theory of Imagination in Classical and Mediaeval Thought (University of Illinois Studies in Languages and Literatures XII), Urbana 1928.

Das Geheimnisvolle im Mittelalter und anderswo. Le Mystérieux au Moyen Age et ailleurs. Colloque international en l'honneur d'Alexander Schwarz, hg. v. Danielle BUSCHINGER / Mathieu OLIVIER, Amiens 2015.

BYNUM, Caroline Walker, Metamorphosis and Identity, New York 2005.

DASTON, Lorraine / PARK, Katharine, Wonders and the Order of Nature. 1150–1750, New York 1998.

DIETL, Cora, Minnerede, Roman und *historia*. Der ‚Wilhelm von Österreich' Johanns von Würzburg, Tübingen 1999.

DUBOST, Francis, Aspects fantastiques de la littérature narrative médiévale (XIIème–XIIIème siècles). L'Autre, l'Ailleurs, l'Autrefois (Nouvelle Bibliothèque du Moyen Âge 15), 2 Bde, Genf 1991.

DUBOST, Francis, La Merveille médiévale (Essais sur le Moyen Âge 60), Paris 2016.

ECO, Umberto, Auf dem Wege zu einem neuen Mittelalter, in: DERS., Über Gott und die Welt. Essays und Glossen, München/Wien 1985, S. 7–33.

EMING, Jutta, Reiz, Rausch, Remedium. Zur emotionalen Wirkung von Zauberkraft in höfischen Romanen des 12. und 13. Jahrhunderts, in: Das Wunderbare in der arthurischen Literatur. Probleme und Perspektiven, hg. v. Friedrich WOLFZETTEL, Tübingen 2003, S. 141–157.

EMING, Jutta, Schöne Maschinen, versehrte Helden. Zur Konzeption des künstlichen Menschen in der Literatur des Mittelalters, in: Textmaschinenkörper. Genderorientierte Lektüren des Androiden, hg. v. Eva KORMANN / Anke GILLEIR / Angelika SCHLIMMER, Amsterdam/New York 2006, S. 35–46.

DIES., Luxurierung und Auratisierung von Wissen im ‚Straßburger Alexander', in: Fremde – Luxus – Räume. Konzeptionen von Luxus in Vormoderne und Moderne, hg. v. DERS. u. a., Berlin 2015, S. 63–83.

DIES., Mittelalter, in: Phantastik. Ein interdisziplinäres Handbuch, hg. v. Hans-Richard BRITTNACHER / Markus MAY, Stuttgart/Weimar 2013, S. 10–18.

DIES., Wunder über Wunder. Immanente Überbietung im mittelhochdeutschen Roman, in: Jenseits der Epigonalität. Selbst- und Fremdbewertungen im Artusroman und in der Artusforschung, hg. v. Cora DIETL / Christoph SCHANZE / Friedrich WOLFZETTEL (Schriften der Internationalen Artusgesellschaft 15), Berlin/Boston 2020, S. 225–243.

DIES., Funktionswandel des Wunderbaren. Studien zum ‚Bel Inconnu', zum ‚Wigalois' und zum ‚Wigoleis vom Rade' (Literatur – Imagination – Realität 19), Trier 1999.

DIES. / QUENSTEDT, Falk / RENZ, Tilo, Das Wunderbare als Konfiguration des Wissens – Grundlegungen zu seiner Epistemologie, in: Working Paper 12/2018 des Sonderforschungsbereichs 980 „Episteme in Bewegung. Wissenstransfer von der Alten Welt bis in die Frühe Neuzeit". Freie Universität Berlin. https://refubium.fu-berlin.de/handle/fub188/26668 [abgerufen am 11.05.2022].

Darstellung und Geheimnis in Mittelalter und Früher Neuzeit, hg. v. Jutta EMING / Volkhard Wels (Episteme in Bewegung 21), Wiesbaden 2021.

ERNST, Ulrich, Mirabilia mechanica. Technische Phantasmen im Antiken- und im Artusroman des Mittelalters, in: Das Wunderbare in der arthurischen Literatur. Probleme und Perspektiven, hg. v. Friedrich WOLFZETTEL, Tübingen 2003, S. 46–77.

ERNST, Ulrich, Zauber – Technik – Imagination. Zur Darstellung von Automaten in der Erzählliteratur des Mittelalters, in: Automaten in Kunst und Literatur des Mittelalters und der Frühen Neuzeit, hg. v. Klaus GRUBMÜLLER / Markus STOCK (Wolfenbütteler Mittelalter-Studien 17), Wiesbaden 2003, S. 115–172.

FRIEDRICH, Udo, *Contra Naturam*. Mittelalterliche Automatisierung im Spannungsfeld politischer, theologischer und technologischer Naturkonzepte, in: Automaten in Kunst und Literatur des Mittelalters und der Frühen Neuzeit, hg. v. Klaus GRUBMÜLLER / Markus STOCK (Wolfenbütteler Mittelalter-Studien 17), Wiesbaden 2003, S. 92–114.

FÜRBETH, Frank, Propheten, Beschwörer, Nigromanten, Märchenzauberer, Illusionisten, Automatenbauer. Phänotypen des Zauberers in der deutschen Literatur des Mittelalters unter diskursgeschichtlichem Aspekt, in: Der Begriff der Magie in Mittelalter und Früher Neuzeit, hg. v. Jutta EMING / Volkhard WELS (Episteme in Bewegung 17), Wiesbaden 2020, S. 47–80.

GEDIGK, Katharina, Inszenierung als *poeta minor*. Zum künstlerischen Selbstverständnis Johanns von Würzburg im ‚Wilhelm von Österreich', in: Jenseits der Epigonalität. Selbst- und Fremdbewertungen im Artusroman und in der Artusforschung, hg. v. Cora DIETL / Christoph SCHANZE / Friedrich WOLFZETTEL (Schriften der Internationalen Artusgesellschaft 15), Berlin/Boston 2020, S. 195–222.

GEISTHARDT, Constanze, Monster als Medien literarischer Selbstreflexion. Untersuchungen zu Hartmanns von Aue ‚Iwein', Heinrichs von dem Türlin ‚Crône' und Johanns von Würzburg ‚Wilhelm von Österreich' (Trends in Medieval Philology 38), Berlin/Boston 2019.

GENETTE, Gérard, Palimpseste. Die Literatur auf zweiter Stufe, Frankfurt a. M. 1993.

Traum und Vision in der Vormoderne. Traditionen, Diskussionen, Perspektiven, hg. v. Anette GEROK-REITER / Christine WALDE, Berlin 2012.

HAUBRICHS, Wolfgang, *Wild, grimm* und *wüst*. Zur Semantik des Fremden und seiner Metaphorisierung im Alt- und Mittelhochdeutschen, in: *wildekeit*. Spielräume literarischer *obscuritas* im Mittelalter. Zürcher Kolloquium 2016, in Verbindung mit Ricarda BAUSCHKE-HARTUNG / Franz-Josef HOLZNAGEL hg. v. Susanne KÖBELE / Julia FRICK (Wolfram-Studien XXV), Berlin 2018, S. 27–51.

HOFFMANN, Torsten / SITTIG, Claudia, Art. ‚Wunderbare, das', in: Historisches Wörterbuch der Rhetorik 9 (2009), Sp. 1444–1459.

JÄGER, Georg, Art. ‚Montage', in: Reallexikon der deutschen Literaturwissenschaft II (2007), S. 631–633.

KARNES, Michelle, Marvels in the Medieval Imagination, in: Speculum 90 (2015), S. 327–365.

DIES., Wonder, Marvels, and Metaphor in the ‚Squire's Tale', in: Journal of English Literary History 82 (2015), S. 461–490.

KIECKHEFER, Richard, Magie im Mittelalter, übers. v. Peter KNECHT, München 1995.

KLINGER, Judith, Art. ‚Anderswelten', in: Literarische Orte in deutschsprachigen Erzählungen des Mittelalters. Ein Handbuch, hg. v. Tilo RENZ / Monika HANAUSKA / Mathias HERWEG, Berlin/Boston 2018, S. 13–39.

KOCH, Susanne, Wilde und verweigerte Bilder. Untersuchungen zur literarischen Medialität der Figur um 1200, Göttingen 2014.

KODERA, Sergius, Der Kairos des Naturmagiers, in: Der Begriff der Magie in Mittelalter und Früher Neuzeit, hg. v. Jutta EMING / Volkhard WELS (Episteme in Bewegung 17), Wiesbaden 2020, S. 237–265.

LACHMANN, Renate, Phantasia, imaginatio und rhetorische Tradition, in: Rhetorische Anthropologie. Studien zum Homo rhetoricus, hg. v. Josef KOPPERSCHMIDT, München 2000, S. 245–270.

LAUER, Claudia / HERBERS, Birgit, *bilde* bei Frauenlob. Begrifflichkeiten, Bilder und Bedeutungen im Dialog zwischen Literaturwissenschaft und Lexikographie, in: Vor Augen Stellen jenseits der Dichotomie von Text und Bild. Konzepte von Veranschaulichung und Verlebendigung in Mittelalter und Früher Neuzeit, hg. v. Franziska WENZEL (Imagines medii aevi. Interdisziplinäre Beiträge zur Mittelalterforschung 54), Wiesbaden 2021, S. 333–357.

LECOUTEUX, Claude, Introduction à l'étude du merveilleux médiéval, in: Etudes Germaniques 36 (1981), S. 273–290.

LINDEN, Sandra, *wildiu rede* und ethische Funktion. Zum Konzept der *wildekeit* im ‚Wilhelm von Österreich' Johanns von Würzburg, in: *wildekeit*. Spielräume literarischer *obscuritas* im Mittelalter. Zürcher Kolloquium 2016. In Verbindung mit Ricarda BAUSCHKE-HARTUNG / Franz-Josef HOLZNAGEL hg. v. Susanne KÖBELE / Julia FRICK (Wolfram-Studien 25), Berlin 2018, S. 135–156.

MEIER, Christel, *Ut rebus apta sint verba*. Überlegungen zu einer Poetik des Wunderbaren im Mittelalter, in: Das Wunderbare in der mittelalterlichen Literatur, hg. v. Dietrich SCHMIDTKE (Göppinger Arbeiten zur Germanistik 606), Göppingen 1994, S. 37–83.

MONECKE, Wolfgang, Studien zur epischen Technik Konrads von Würzburg. Das Erzählprinzip der *wildekeit*. Mit einem Geleitwort v. Ulrich PRETZEL (Germanistische Abhandlungen 24), Stuttgart 1968.

POIRION, Daniel, Le merveilleux dans la littérature française du Moyen Age (Que sais-je 1938), Paris 1982.

QUENSTEDT, Falk, Mirabiles Wissen. Deutschsprachige Reiseerzählungen um 1200 im transkulturellen Kontext arabischer Literatur. ‚Straßburger Alexander', ‚Herzog Ernst', *Reise*-Fassung des ‚Brandan' (Episteme in Bewegung 22), Wiesbaden 2021.

RIDDER, Klaus, Mittelhochdeutsche Minne- und Aventiureromane. Fiktion, Geschichte und literarische Tradition im späthöfischen Roman. ‚Reinfried von Braunschweig', ‚Wilhelm von Österreich', ‚Friedrich von Schwaben' (Quellen und Forschungen zur Literatur- und Kulturgeschichte 12), Berlin 1998.

ROTHMANN, Michael, Wissen bei Hofe zwischen Didaxe und Unterhaltung. Die höfische Enzyklopädie des Gervasius von Tilbury, in: Erziehung und Bildung bei Hofe. 7. Symposion der Residenzen-Kommission der Akademie der Wissenschaften in Göttingen, hg. v. Werner PARAVICINI / Jörg WETTLAUFER (Residenzenforschung 13), Stuttgart 2002, S. 127–156.

SCHEUER, Hans Jürgen, Cerebrale Räume. Internalisierte Topographie in Literatur und Kartographie des 12./13. Jahrhunderts (Hereford-Karte, ‚Straßburger Alexander'), in: Topographien der Literatur. Deutsche Literatur im transnationalen Kontext, hg. v. Hartmut BÖHME, Stuttgart 2005, S. 12–36.

SCHMID, Elisabeth, Da staunt der Ritter, oder der Leser wundert sich. Semantische Verunsicherungen im Wald der Zeichen, in: Das Wunderbare in der arthurischen Literatur. Probleme und Perspektiven, hg. v. Friedrich WOLFZETTEL, Tübingen 2003, S. 79–94.

SCHNEIDER, Almut, Chiffren des Selbst. Narrative Spiegelungen der Identitätsproblematik in Johanns von Würzburg ‚Wilhelm von Österreich' und in Heinrichs von Neustadt ‚Apollonius von Tyrland' (Palaestra 321), Göttingen 2004.

SCHRÖDER, Werner, Der synkretistische Roman des Wirnt von Gravenberg. Unerledigte Fragen an den ‚Wigalois', in: Euphorion 80 (1986), S. 235–277.

SCHULZ, Armin, Poetik des Hybriden. Schema, Variation und intertextuelle Kombinatorik in der Minne- und Aventiureepik (Philologische Studien und Quellen 161), Berlin 2000.

STÖRMER-CAYSA, Uta, Grundstrukturen mittelalterlicher Erzählungen. Raum und Zeit im höfischen Roman, Berlin/New York 2007.

Mirabiliratio. Das Wunderbare im Zugriff der frühneuzeitlichen Vernunft, hg. v. Christoph STROSETZKI, Heidelberg 2015.

SUDHOFF, Walther, Die Lehre von den Hirnventrikeln in textlicher und graphischer Tradition des Altertums und Mittelalters, in: Archiv für Geschichte der Medizin 7 (1913), S. 149–205.

Verrätselung und Sinnzeugung in Spätmittelalter und Früher Neuzeit, hg. v. Beatrice TRÎNCA, Würzburg 2016.

TRÎNCA, Beatrice, Einleitung, in: Spiritual Vegetation. Vegetal Nature in Religious Contexts Across Medieval and Early Modern Europe. With the collaboration of Tobias PETRY, hg. v. DERS. / Guita LAMSECHI (Berliner Mittelalter- und Frühneuzeitforschung 26), Berlin 2022, S. 9–20.

TRUITT, Elly R., Medieval Robots. Mechanism, Magic, Nature, and Art, Philadelphia 2015.

WAGNER, Silvan, Erzählen im Raum. Die Erzeugung virtueller Räume im Erzählakt höfischer Epik (Trends in Medieval Philology 28), Berlin/Boston 2015.

WOLFZETTEL, Friedrich, Das Problem des Phantastischen im Mittelalter. Überlegungen zu Francis Dubost, in: Das Wunderbare in der arthurischen Literatur. Probleme und Perspektiven, hg. v. DEMS., Tübingen 2003, S. 3–21.

WYSS, Ulrich, Über Vergnügen und Missvergnügen an Erzählungen vom Wunderbaren, in: Das Wunderbare in der arthurischen Literatur. Probleme und Perspektiven, hg. v. Friedrich WOLFZETTEL, Tübingen 2003, S. 129–139.

ZIMMERMANN, Martin, Technische Meisterkonstruktionen – dämonisches Zauberwerk: der Automat in der mittelhochdeutschen Literatur. Eine Untersuchung zur Darstellung und Funktion von Automatenschilderungen in Erzähltexten des 12. bis 14. Jahrhunderts unter Berücksichtigung des kulturgeschichtlichen Hintergrundes (Studium Litterarum 20), Berlin 2011.

ZIMMERMANN, Ruben, Phantastische Tatsachenberichte?! Wundererzählungen im Spannungsfeld zwischen Historiographie und Phantastik, in: Hermeneutik der frühchristlichen Wundererzählungen. Geschichtliche, literarische und rezeptionsorientierte Perspektiven, hg. v. Bernd KOLLMANN / Ruben ZIMMERMANN (Wissenschaftliche Untersuchungen zum Neuen Testament 339), Tübingen 2014, S. 469–494.

Jan Seehusen

Schützende Heilige des lateinischen Westens (370–600 n. Chr.)

BEITRÄGE ZUR HAGIOGRAPHIE – BAND 24
2021. 351 Seiten
978-3-515-13020-2 KARTONIERT
978-3-515-13021-9 E-BOOK

Mit dem Ende Westroms stellte sich die Frage, wer nun politische Aufgaben in der Spätantike übernehmen konnte. Lateinische Heiligenviten (*Vitae sanctorum*) dokumentieren, dass es die ‚Heiligen' waren, die zwischen dem vierten und sechsten Jahrhundert n. Chr. einen großen Teil der öffentlichen Funktionen wahrnahmen. In diesen Biographien erscheinen die Heiligen als Mittler zwischen der städtischen und ländlichen Bevölkerung auf der einen und den römischen wie gentilen Machthabern auf der anderen Seite. Bischöfe, Äbte, Äbtissinnen und andere heilige Männer und Frauen setzten sich für die Befreiung von Kriegsgefangenen ein, organisierten die Versorgung mit Nahrungsmitteln und führten Gesandtschaftsreisen durch.

Jan Seehusen zeigt, wie sich die ‚schützenden' Heiligen im hagiographischen Diskurs des lateinischen Westens zunehmend etablierten und in welchen Schattierungen ihr Wirken zu beobachten ist. Neben einer neuen Typisierung der Heiligen liegt ein weiterer Schwerpunkt auf der Wirkabsicht und den intendierten Adressaten ihrer Viten. Seehusen macht damit in umfassender Weise rezeptionsästhetische Überlegungen für die Erforschung von Heiligenviten fruchtbar, die zum Verständnis ihrer Genese sowie ihrer Einbindung in die spätantike Lebenswelt insgesamt beitragen.

DER AUTOR

Jan Seehusen ist Studienreferendar am Seminar für Lehrerbildung in Freiburg im Breisgau. Seine Forschungsschwerpunkte und Interessen umfassen die spätantike Hagiographie, die Vermittlung der attischen Demokratie in Schule und Unterricht sowie die Erstellung von eLearning-Szenarien im Bildungsbereich.

AUS DEM INHALT

Einleitung | Hagiographischer Vergleich | Hagiographische Plausibilität und Sitz im Leben | Anhang | Verzeichnisse | Register

Franz Steiner Verlag

Hier bestellen:
service@steiner-verlag.de

Visionen und ihre Kontexte

Kodifizierung, Autorisierung und
Authentisierung von Offenbarung
(12.–17. Jahrhundert)

Herausgegeben von
Andreas Bihrer und Julia Weitbrecht

Beiträge zur Hagiographie | 25

Franz Steiner Verlag

Andreas Bihrer, Julia Weitbrecht (Hg.)

Visionen und ihre Kontexte

Kodifizierung, Autorisierung und
Authentisierung von Offenbarung
(12.–17. Jahrhundert)

BEITRÄGE ZUR HAGIOGRAPHIE – BAND 25
2023. 460 Seiten mit 13 farbigen Abbildungen.
978-3-515-13414-9 KARTONIERT
978-3-515-13415-6 E-BOOK

Offenbarungen, Visionen und Jenseitsreisen interessieren nicht nur mittelalterliche Schreiber, sondern auch die moderne Forschung. Die Beiträge erschließen dieses vielfältige Quellenkorpus anhand hermeneutischer, überlieferungs- und medienhistorischer Zugänge und fragen insbesondere nach dem Zusammenhang von Authentisierung und Kodifizierung.

Die Erforschung der Wechselwirkung zwischen Authentisierungsstrategien des Jenseitigen und der transzendenten Autorisierung und Begründung konkreter diesseitiger Zusammenhänge ist für die mediävistischen Bild-, Literatur- und Geschichtswissenschaften gleichermaßen von Bedeutung. Ihre Analyse eröffnet reichhaltige Möglichkeiten, Visionen im Spannungsfeld von Kodifizierung, Autorisierung und Authentisierung zu beschreiben und so die Verbindungen von Dies- und Jenseits in der Vorstellungswelt des Mittelalters auszuloten.

DIE HERAUSGEBER

Andreas Bihrer ist Professor für die Geschichte des frühen und hohen Mittelalters sowie Historische Grundwissenschaften an der Christian-Albrechts-Universität zu Kiel. Seine Forschungsinteressen liegen im Bereich der Kulturtransferforschung, der Kommunikationsgeschichte der Vormoderne und der Erforschung der religiösen und höfischen Kultur des Mittelalters.

Julia Weitbrecht ist Professorin für deutsche Literatur des frühen und hohen Mittelalters im europäischen Kontext. Ihre Forschungsinteressen liegen im Bereich der religiösen Textkulturen und ihrer Materialität sowie der Antikenrezeption und -transformation.

Franz Steiner
Verlag

Hier bestellen:
service@steiner-verlag.de